MAX G...

Max Gallo est né à Nice en 1932. Agrégé d'histoire,
docteur es lettres, il a longtemps enseigné, avant
d'entrer dans le journalisme – éditorialiste à
L'Express, directeur de la rédaction du *Matin de
Paris* – et d'occuper d'éminentes fonctions politiques : député de Nice, parlementaire européen,
secrétaire d'État et porte-parole du gouvernement
(1983-1984). Il a toujours mené de front une œuvre
d'historien, d'essayiste et de romancier.

Ses œuvres de fiction s'attachent à restituer les
grands moments l'Histoire et l'esprit d'une époque.
Elles lui ont valu d'être un romancier consacré.
Parallèlement, il est l'auteur de biographies de
grands personnages historiques, abondamment
documentées (*Napoléon* en 1997, *De Gaulle* en
1998), écrites dans un style extrêmement vivant qui
donne au lecteur la place d'un spectateur de premier
rang.

Depuis plusieurs années Max Gallo se consacre à
l'écriture.

DE GAULLE

1 – L'APPEL DU DESTIN

DU MÊME AUTEUR
CHEZ POCKET

MAX GALLO

DE GAULLE

1

L'APPEL DU DESTIN

ROBERT LAFFONT

© Éditions Robert Laffont, S.A., Paris, 1998
ISBN : 2-266-09302-9

Pour tous ceux qui ne renoncent pas à une « certaine idée de la France ».

Et pour mon fils.

« En somme, je ne doutais pas que la France dût traverser des épreuves gigantesques, que l'intérêt de la vie consistait à lui rendre, un jour, quelque service signalé et que j'en aurais l'occasion. »

Charles de Gaulle,
Mémoires de guerre, L'Appel

« Le héros de l'Histoire est le frère du héros de roman. »

André Malraux,
Les chênes qu'on abat...

« C'était de Gaulle : un homme qui habitait sa statue. »

Alain Peyrefitte,
C'était de Gaulle, tome II

Prologue

*... en offrant à Dieu ses souffrances
pour le salut de la patrie
et la mission de son fils*

C'est l'un des premiers jours d'août dans l'été tragique de l'an 40.

Le général de Gaulle regarde s'avancer vers lui un jeune Breton qui arrive de Paimpont, une petite ville située à quelques kilomètres de Rennes, au cœur de la forêt de Brocéliande, celle de l'Enchanteur Merlin et des romans de la Table ronde.

Là, à Paimpont, le 16 juillet 1940, la mère de Charles de Gaulle, Jeanne, est morte.

Le jeune Breton s'arrête au milieu du bureau.

Il a entendu, explique-t-il, l'appel lancé le 18 juin par le général de Gaulle. Il veut s'engager aux côtés des combattants de la France libre. Il répète timidement quelques phrases de l'appel :

– « Moi, général de Gaulle, actuellement à Londres, j'invite les officiers et les soldats français... »

Il s'interrompt et reprend plus fort :

– « Quoi qu'il arrive, la flamme de la résistance française ne doit pas s'éteindre et ne s'éteindra pas. » Donc, conclut-il, il est venu.

Il ajoute à mi-voix qu'il veut remettre au général de Gaulle une photographie qu'il a prise lui-même au cimetière de Paimpont.

Le général de Gaulle fait un pas vers lui.

Le bureau de cet immeuble de Carlton Gardens, mis à la disposition de la France libre par l'administration anglaise, est inondé de soleil.

L'été, cette année-là, à Londres comme dans toute l'Europe, est radieux.

Les soldats de Hitler défilent torse nu en chantant sur les routes des pays conquis, et les musiques de la Wehrmacht donnent des concerts sous les feuillages des jardins de Paris.

Dans les allées ombragées et fraîches qui entourent l'Hôtel du Parc, à Vichy, le maréchal Pétain, après avoir demandé à la France de « cesser le combat », se promène, débonnaire et souriant, caressant la tête des enfants.

– Cette photographie... murmure le jeune Breton.

Il commence à chercher maladroitement dans ses poches sans oser quitter des yeux le Général.

Celui-ci s'est immobilisé. Il sait depuis plus de deux semaines que sa mère est morte. Il se souvient de chacun des traits de cette femme ardente et fière, qui lui a tant de fois raconté comment, en 1870, petite fille de dix ans, elle a sangloté avec ses parents en apprenant la capitulation du maréchal Bazaine devant les Prussiens. Il se rappelle les leçons que sa mère, durant toute son enfance, lui a prodiguées. Elle était énergique. Elle disait qu'elle avait hérité de la vertu intransigeante de sa propre mère, Julia Maillot-Delannoy, qui descendait d'un Irlandais, Andronic MacCartan, et d'une Écossaise, Annie Fleming. Elle avait été si fière et si reconnaissante à Dieu lorsque, à la fin de la guerre, en 1918, ses quatre fils, Xavier, l'aîné, Charles, puis Jacques et Pierre, avaient été photographiés côte à côte, tous officiers, tous décorés, tous sortis vivants, grâce à Dieu, du carnage de la Première Guerre mondiale.

Charles de Gaulle se raidit. Elle est morte. Il est persuadé que, depuis le 18 juin, si elle a entendu ses Appels à la résistance, répétés presque chaque jour à la BBC, elle a partagé sa conviction, sa détermination.

Il a souvent pensé d'elle qu'avec son refus de toutes les compromissions et son exigence de vérité et de sincérité, elle était une âme du XIIᵉ siècle, l'une de ces héroïnes fidèles et combattantes : épouse et mère de croisé.

Charles de Gaulle tend la main pour saisir la photo que le jeune Breton a enfin trouvée. Il voit cette tombe couverte de fleurs.

– J'étais à Paimpont, dit le jeune Breton.

Le journal *Ouest-Éclair*, raconte-t-il, le 17 juillet 1940, a annoncé la mort de Jeanne Maillot. Le nom de de Gaulle a été censuré. Mais, poursuit le Breton d'une voix exaltée, l'église de Paimpont était pleine. Les gens étaient venus de toute la région, à pied, à bicyclette, en carriole. Chacun savait que Jeanne Maillot était la mère du général de Gaulle, celui qui, le 14 juillet, avait assuré à la radio de Londres :

« Si le 14 juillet 1940 est un jour de deuil pour la patrie, ce doit être en même temps une journée de sourde espérance. Oui, la victoire sera remportée ! Et elle le sera, j'en réponds, avec le concours des armes de la France. »

On se répétait à Paimpont que la vieille dame, apprenant par le curé de la ville que son fils avait lancé un appel à continuer le combat, avait murmuré :

« Je reconnais bien Charles. Il a fait ce qu'il devait faire. »

Puis, quelques jours plus tard, elle avait prié pour lui et la patrie, et ajouté :

« Il ne faut pas croire tout ce qu'on raconte. Mon fils est un bon Français. »

De Gaulle écoute, immobile. Sa silhouette est imposante et étrange. Un large ceinturon de cuir serre sa taille. La vareuse d'uniforme couvre en grande partie une culotte bouffante d'officier de cavalerie. Des leggings allongent encore ses jambes. Le visage sous le képi, auquel sont accrochées deux minuscules étoiles de général de brigade à titre temporaire, semble à la fois petit et massif. Le nez fort écrase les traits, la bouche, à peine recouverte par une mince moustache. Les yeux entourés de cernes qui mordent sur les joues sont enfoncés sous des paupières lourdes.

Dans sa main gauche, gantée de blanc, le général serre le second gant. Mais la main droite, qui tient la photo, est longue, fine, sensible, comme une main d'artiste.

– Le curé de la paroisse, continue le jeune Breton, a décidé que ce serait un enterrement de première classe. Gratuit.

Les gens dans l'église se sont agenouillés, poursuit-il. Jamais messe n'a été plus fervente. Un détachement de gendarmerie sous le commandement d'un capitaine présentait les armes. « Nous avons tenu à rendre hommage à la mère du général de Gaulle, malgré l'interdiction des Allemands », a expliqué l'officier.

Au cimetière, reprend le jeune Breton en montrant la photo, la tombe est restée continuellement fleurie. Mais, ajoute-t-il, les gens emportaient en souvenir les petits cailloux entourant la dalle.

Charles de Gaulle regarde à nouveau la photo. Il n'a pas dit un mot.

Plus tard, dans ses *Mémoires de guerre*, il évoquera cet été 40 et la France libre qui « se débattait dans les misères qui sont le lot des faibles ».

« À Carlton Gardens, écrit-il, déferlait sur nous, jour après jour, la vague des déceptions. Mais c'est là, aussi, que venait nous soulever au-dessus de nous-mêmes le flot des encouragements.

« Car, de France, affluaient les témoignages... Telle cette image d'une tombe, couverte de fleurs

16

innombrables que des passants y avaient jetées; cette tombe étant celle de ma mère, morte à Paimpont, le 16 juillet, en offrant à Dieu ses souffrances pour le salut de la patrie et la mission de son fils. »

Première partie

Quand je devrai mourir, j'aimerais
que ce soit sur un champ de bataille...

22 novembre 1890 – octobre 1909

1

Jeanne de Gaulle, un demi-siècle avant l'été 40, est une femme de trente ans.

Son visage aux traits réguliers sous des cheveux courts, ses grands yeux, son regard droit qui ne se dérobe jamais donnent une impression d'harmonie, de rigueur et de détermination. Elle a le port altier. Cette femme ne doute pas. Elle croit à l'ordre des choses. Elle est habitée par la vérité. Elle a foi en Dieu.

Elle sort de chez elle, au 15 avenue de Breteuil, cette large voie dont le terre-plein central est planté d'arbres, et qui est bordée d'immeubles en pierre de taille, typiques des quartiers aisés de Paris. Jeanne s'appuie au bras de son époux, Henri de Gaulle.

Il est grand. Il porte le haut-de-forme. Il est digne, presque austère dans sa redingote noire. Il marche d'un pas assuré. C'est un homme de quarante-deux ans en 1890. Le visage est juvénile, le sourire, sous la moustache soigneusement peignée, un peu dédaigneux. Le regard est vif, pénétrant, les yeux plutôt petits, enfoncés. Après quelques pas, il se tourne. Les deux enfants, Xavier et Marie-Agnès, âgés de trois et deux ans, donnent la main à une domestique.

On se rend à la messe dominicale ou aux vêpres à l'église Saint-François-Xavier, puis on se dirige vers l'esplanade des Invalides et le Champ-de-Mars, où s'élève cette étrange tour métallique conçue par l'ingénieur Eiffel. Les enfants jouent.

À la fin de l'après-midi, on rentre lentement avenue de Breteuil.

Souvent, Henri de Gaulle s'arrête, regarde. Il ne se lasse pas d'admirer sa ville. Les de Gaulle ont fait souche à Paris depuis quatre générations. Il est heureux que ses enfants grandissent eux aussi dans ce VIIe arrondissement de la capitale, où le dôme des Invalides, les bâtiments de l'École militaire, les longues avenues rectilignes, la majesté des églises expriment la grandeur monarchique, la place de la religion au cœur de l'histoire nationale et le rayonnement de l'État. C'est cela que de Gaulle veut transmettre à ses enfants et à ses élèves du collège de l'Immaculée-Conception ou de l'école Sainte-Geneviève, ces établissements tenus par les jésuites où il est professeur.

Henri de Gaulle regarde une nouvelle fois le dôme des Invalides.

– L'orgueil de Louis XIV, qu'on lui a tant reproché, murmure-t-il, ne fut que l'orgueil de la France.

Jeanne serre le bras de son époux. Elle partage ses convictions, peut-être même est-elle plus intransigeante que lui sur le respect des traditions. Mais aucun conflit n'a jamais séparé le couple. Depuis qu'ils se sont mariés en 1886, ils avancent droit, l'un près de l'autre. Deux enfants sont nés déjà et, maintenant, en cet automne 1890, Jeanne porte le troisième.

Un instant, Jeanne pèse plus lourdement sur le bras d'Henri de Gaulle. La grossesse est proche de son terme. Dans quelques jours, ils quitteront Paris pour Lille. Jeanne veut accoucher dans la maison de sa mère, Julie Maillot-Delannoy, au 9 rue Princesse. Elle aime ces rues composées de maisons bourgeoises où se succèdent, dans ce quartier de l'ancien Lille, les familles pieuses, discrètes, pudiques.

C'est là que Jeanne a grandi. Elle a toujours vu, dans la niche creusée dans la façade de la maison maternelle, la statuette de Notre-Dame-de-Sainte-Foy. Elle veut que son enfant naisse sous la protection de Notre-Dame, qu'il soit baptisé dans l'église carmélitaine de Saint-André, l'église de la paroisse. Ainsi, il s'inscrira dans la lignée familiale. Plus tard, elle lui apprendra le nom de ses ancêtres dont les portraits sont accrochés aux murs de l'escalier de la maison de la rue Princesse. Il découvrira des Irlandais, des Écossais et même des Badois, les Kolb, auxquels une branche de la famille Maillot s'est alliée. Et il y a surtout les aïeux de Lille et de Dunkerque, qui furent entrepreneurs, industriels, tous gens du Nord, sa proche famille, que Jeanne n'a jamais eu le sentiment de quitter en se mariant.

Dans les semaines précédant son mariage, on lui avait parlé de cet Henri de Gaulle, fils d'un Julien Philippe de Gaulle et d'une Joséphine Anne Marie Maillot, une cousine de Jeanne. Henri, un cousin éloigné donc et qui demandait sa main. Elle avait été tout de suite conquise, intriguée aussi, par cet homme qui avait douze ans de plus qu'elle, qui avait été blessé durant les combats du siège de Paris en 1870, et qui surtout était le fils de Joséphine Anne Marie Maillot.

Cette cousine de Jeanne était la plus extraordinaire des femmes de la lignée des Maillot. De temps à autre, les journaux rendaient compte de l'un de ses livres. Car la mère d'Henri de Gaulle passait ses journées à sa table d'écriture, publiant des romans et des contes, des récits, des biographies de Chateaubriand, du général Drouot, du patriote irlandais O'Connell, qui, disait-elle, « lutta pour la libération de son pays sans briser les liens de l'ordre et le respect de la loi ».

Jeanne avait lu certains des ouvrages de celle qui signait Madame de Gaulle, mais qui était une Maillot. Joséphine Anne Marie avait aussi dirigé une revue, *Le Correspondant des familles*, et l'on s'était étonné chez les Maillot qu'elle y publiât un article de Jules Vallès, l'écrivain insurgé de la Commune, et qu'elle commentât les œuvres du socialiste Proudhon !

Femme étrange, fascinante, pieuse, énergique, et dont Jeanne est fière qu'elle soit la mère d'Henri et donc la grand-mère paternelle de ses enfants. Sans doute Henri lui doit-il beaucoup, et elle sera pour ses petits-fils un exemple.

« La vie humaine a été souvent comparée à une mer orageuse, et la position de l'homme à celle d'un marin aux prises avec l'élément perfide si fécond en vicissitudes, écrit la mère d'Henri de Gaulle, en avant-propos à l'un de ses livres. Si cette image poétique fut vraie en tout temps, on peut dire qu'elle se réalise plus que jamais, aujourd'hui que les flots révolutionnaires ont bouleversé un si grand nombre d'existences et ne sont pas encore tellement apaisés... a-t-elle poursuivi, avant de conclure : Apprendre à souffrir est une des sciences politiques les plus nécessaires à l'humanité. »

Jeanne se répète cette phrase. Elle est la clé de voûte de sa morale. Et elle sait qu'Henri de Gaulle est aussi pénétré de cette idée. Il faut que leurs enfants soient nourris de cette pensée.

Jeanne se tourne vers Henri de Gaulle. Elle a pleine confiance en lui. Il est plus que son époux. Il est de sa famille. Et peut-être sa mère lui a-t-elle transmis ce goût pour l'étude, les mots, l'Histoire, qui fait que lorsqu'il parle d'une voix grave, le plus souvent posée mais qui peut parfois s'enflammer, tous l'écoutent.

Grâces soient rendues à Dieu de lui avoir donné cet homme-là pour père de ses enfants.

Elle le voit chaque jour quitter la rue de Breteuil en fiacre. Il refuse d'emprunter ces nouveaux véhicules qui commencent à circuler dans Paris, les « taximètres automobiles ».

Il se rend au 389 rue de Vaugirard, au collège de l'Immaculée-Conception, ou bien rue des Postes, derrière le Panthéon, à l'école Sainte-Geneviève où l'on prépare les grandes écoles. Les collégiens et les étudiants l'appellent avec respect et affection « le père de Gaulle », ou bien « le Vicomte ».

On sait qu'il a été lui-même un brillant élève des jésuites. Il enseigne le grec, le latin, la littérature, les mathématiques avec talent, et l'histoire avec passion. Les élèves sont attentifs à chaque mot, qu'il prononce avec la force d'un orateur dans la plénitude de son intelligence et qui ne cache pas ses idées.

On sent chez lui le plaisir d'enseigner et le désir – le devoir – de convaincre. Il ne regrette pas ces carrières auxquelles il a renoncé. Il fut, dit-il, admissible à l'École polytechnique « à la fin de ma première et unique année de mathématiques spéciales », mais il ne put poursuivre dans cette voie, parce qu'il devait subvenir aux besoins de sa famille. Il prit un emploi à la préfecture de la Seine, et démissionna pour protester contre une injustice faite à l'un de ses collègues, passa une licence de droit et de lettres tout en donnant, comme il le confie parfois, « une partie de mon temps à l'enseignement ».

Finalement, il est devenu professeur. Il aime partager son savoir, tisser d'une génération à l'autre la trame des fidélités, transmettre sa manière de voir l'Histoire. Il martèle devant ses élèves :

– Le sens de l'Histoire, c'est le bon sens. Que font les Capétiens, depuis Hugues, premier de la lignée ? Ils avancent prudemment, pas à pas. Ils consolident chaque progrès. Ils s'instruisent par l'expérience. Ce sont des réalistes.

Il regarde longuement chacun de ses élèves :

– En Histoire, reprend-il, dégagez avec clarté les causes et les effets. Montrez comment les événements se sont produits. Expliquez qu'un roi de France travaille comme votre père quand il dirige son entreprise, sa famille, quand il essaie de faire des hommes avec vous, avec ses élèves et même avec ses jeunes professeurs.

Il est ce père qui attend, dans cette nuit du 21 au 22 novembre 1890, la naissance de son troisième enfant.

Il prie. Le salon de la maison des Maillot, au 9 rue Princesse, à Lille, est silencieux. On chuchote dans la chambre voisine. La sage-femme et la mère de Jeanne sont assises de part et d'autre du lit où Jeanne commence à ressentir les premières douleurs.

De temps à autre, Henri de Gaulle se lève, fait quelques pas, descend l'escalier, le remonte. Les lampes à huile éclairent les visages des ancêtres des Maillot. Henri les regarde.

Cet enfant qui vient surgira de cette lignée et de celle des de Gaulle, si unies déjà, puisque la mère d'Henri est une Maillot.

Que gardera l'enfant de cette tradition ?

Le monde change si vite ! La République paraît désormais installée. Le 21 septembre 1889, on a même fêté son « triomphe » ! Tirard, Carnot ! Tout le monde s'incline devant le président du Conseil et le président de la République. Et même l'Église, pourtant attaquée, commence à se « rallier » ! Vingt ans seulement depuis la proclamation de la République, sur le corps de la France vaincue en 1870, et la royauté paraît si loin déjà ! Le prétendant monarchiste, le comte de Chambord, est mort, et Philippe d'Orléans demande à faire son service militaire dans les armées de la République !

Que serons-nous, nous, les Maillot, les de Gaulle, dans cette France qui rompt avec son passé et qui reste pourtant notre patrie, notre France ?

– Je suis un légitimiste, un monarchiste de regret, murmure Henri de Gaulle.

Il l'a dit cet après-midi à son beau-frère, Gustave de Corbie, professeur à l'Institut catholique, et que Jeanne et Henri ont choisi pour être le parrain de l'enfant.

– Comme la Réforme, a poursuivi Henri de Gaulle, la Révolution a été, selon le mot de Joseph de Maistre, « satanique dans son essence ». L'aimer, c'est s'éloigner de Dieu. On ne peut la connaître et l'apprécier sainement sans se rapprocher de Dieu. Mon père, ajoute-t-il, avait en horreur la Révolution, et non seulement ses excès, mais ses principes, son origine et ses résultats.

Mais c'est la Révolution qu'on fête dans la France d'aujourd'hui, c'est dans cette France-là que va naître ce troisième enfant, c'est dans cette patrie, notre patrie, qu'il va devoir vivre.

Que lui dire, à cet enfant ?

D'abord la foi, l'honneur.

« L'honneur, pour un homme, c'est comme la vertu pour une fille, répète Henri de Gaulle à ses élèves – et c'est cela qu'il veut enseigner à son fils. Une fois qu'on l'a perdu, on ne le retrouve jamais. »

Il faudra aussi lui apprendre l'humilité.

« L'orgueil, Henri le dit aussi à ceux de ses élèves qu'il devine, à mille détails – un stylographe, la voiture automobile dans laquelle ils se font conduire au collège, une attitude –, séduits par les vanités, l'orgueil est le péché capital, il a perdu Lucifer. »

Et lui enseigner, à l'enfant, l'amour de la patrie et le courage. Lui raconter cette guerre de 1870 à laquelle Henri de Gaulle a participé dans les gardes mobiles, lors du siège de Paris par les Prussiens.

– J'eus le bras transpercé par une balle, a-t-il expliqué à Jeanne, dont il sait qu'elle a sangloté, enfant, comme ses parents, à l'annonce de la reddition du maréchal Bazaine puis de la défaite. Je crois pouvoir me vanter, a poursuivi Henri de Gaulle, d'avoir été visé personnellement.

C'était lors des affrontements qui se déroulèrent au nord de Saint-Denis. Puis il a combattu à Stains et au Bourget. Et il n'a éprouvé que du mépris pour ceux qui ont signé la « capitulation déguisée sous le nom d'armistice ». Et abandonné ainsi l'Alsace et la Lorraine.

« France malheureuse de 1870 ! » Il faudra que cette blessure toujours ouverte de la patrie, l'enfant à naître la connaisse, se souvienne.

Car que serait un enfant, s'il n'était pas le fils de la tradition et de la mémoire ?

Henri de Gaulle pense à son père, Julien Philippe, un chartiste, auteur d'une *Histoire de Paris et de ses environs* et d'une *Vie de Saint Louis*. Il pense aux dizaines de livres écrits par sa mère Joséphine Anne Marie Maillot. Il pense à son frère Charles, infirme, mais qui a publié en langue gaélique un *Appel aux Celtes*, et qu'on nomme avec respect *Barz Bro C'Hall*, « le Barde Gaulle ». Il pense à son second frère Jules, auteur d'un *Catalogue systématique et biologique des insectes* et qui a recensé cinq mille espèces de guêpes et d'abeilles !

Tous ces de Gaulle ont fait preuve d'un « désintéressement excessif » et c'est lui, Henri, qui a dû se soucier des revenus de la famille et renoncer à l'École polytechnique.

Mais les de Gaulle ne sont pas des gens d'argent.

Et cela aussi, il faudra que l'enfant le sache, et qu'il soit fidèle à cette tradition, celle qui privilégie l'esprit et l'engagement au service d'une œuvre ou d'une vocation. Il lui suffira, pour comprendre, de lire la généalogie des de Gaulle établie par Julien Philippe de Gaulle, son grand-père.

Car cette famille au nom de patrie s'enfonce avec ses branches normande, bourguignonne, champenoise et même belge, dans l'histoire du pays.

Un Richard de Gaulle se vit attribuer un fief par Philippe Auguste. Un Jean de Gaulle combattit à Azincourt, puis, capitaine de Vire, refusa de se rendre aux Anglais qui lui confisquèrent tous ses biens. Un Girard de Gaulle fut recteur de l'hôpital de Cuisery, en Saône-et-Loire ; un Nicolas de Gaulle, capitaine et châtelain de cette ville. Et Jean-Baptiste de Gaulle, le grand-père d'Henri de Gaulle, fut procureur au Parlement de Paris, emprisonné sous la Terreur, libéré à la chute de Robespierre. Son fils Julien Philippe, chartiste donc, avait quelque raison d'avoir en « horreur la Révolution » !

Mais c'est le 14 Juillet qu'on célèbre et La Marseillaise, *cet hymne impie, qu'on chante ! Et c'est la République, où grondent les mots d'anarchie et de socialisme, qui gouverne la France. Notre patrie.*

Et pourtant, dans ce salon de la rue Princesse à Lille, Henri de Gaulle a le sentiment qu'il est possible de maintenir la foi des ancêtres, la tradition, et ainsi de perpétuer malgré tout la France d'Azincourt, celle des rois capétiens, celle que les de Gaulle ont servie, qui est aussi la France des Maillot, celle où la mère d'Henri a fait entrer, étrangement, pense parfois son fils, Jules Vallès et Proudhon.

Cette France est bien celle de l'esprit. Elle n'est pas celle de l'argent.

La nuit s'avance et, le 22 novembre 1890, un peu après 3 heures du matin, Henri de Gaulle entend ce premier cri d'enfant qui fait bondir son cœur.

Il prie.

Un fils, lui annonce-t-on, né un 22 novembre, comme Henri de Gaulle, quarante-deux ans après lui.

Il se nommera Charles André Joseph Marie de Gaulle. On le déclarera demain à la mairie de Lille. On le baptisera demain en l'église carmélitaine de Saint-André. Mais, pour son premier jour de vie, il restera ainsi parmi les siens, dans l'intimité de sa famille. Et l'on priera pour lui et l'on remerciera Dieu, pour ce second fils de Jeanne et d'Henri, pour leur troisième enfant.

Dans cette aube du 22 novembre, Henri de Gaulle s'interroge une fois encore sur l'avenir de cet enfant, de ce fils qui aura dix ans en 1900.

Que vivra-t-il dans ce xxᵉ siècle qui s'annonce ? Que deviendra la France ? Prendra-t-elle sa revanche sur cette Allemagne qui lui a arraché l'Alsace et la Lorraine ? Que sera la foi dans ce pays qui est la fille aînée de l'Église ?

Henri de Gaulle songe à ce qu'il répète à ses élèves du collège de l'Immaculée-Conception ou de l'école Sainte-Geneviève : « Le nombre, c'est la bêtise. » Il faut donc condamner les plébiscites, ignorer les foules qui votent et croient décider. Il faut s'en remettre à l'action des hommes qui choisissent en conscience le Bien, le Vrai, le Juste. Et qui sont éclairés par la foi et l'amour de la patrie.

Henri répète aussi :

« Il est faux de déclarer que l'Histoire est un éternel recommencement. Il est vrai que les mêmes causes produisent les mêmes effets, mais l'Histoire ne repasse jamais sur le même chemin. »

Et il en sera de même pour ce fils, Charles André Joseph Marie de Gaulle, qui vient de naître.

À lui de tracer sa route. À lui d'inventer sa vie sous le regard et dans la main de Dieu. À nous, sa famille, de lui transmettre notre seul héritage : notre mémoire, nos vertus, notre foi enracinées dans l'histoire de notre patrie.

2

Henri de Gaulle fait aligner ses enfants. Il veut qu'un cliché, « la photographie du siècle », dit-il, fixe ce moment de leur vie. C'est l'année 1900 : Charles a dix ans. Le nouveau siècle commence.

– Qu'on se range en ordre, commande-t-il.

D'abord Xavier, l'aîné, puis Marie-Agnès, suivie de Charles et de Jacques, né en 1893. Le dernier de la ligne sera Pierre, qui n'a que trois ans. C'est le seul des garçons à ne pas porter de costume marin, à ne pas avoir les cheveux coupés court.

Henri appelle sa femme. Il prend Jeanne par le bras. Il est fier. *Voilà notre famille, notre petite troupe.* Il chantonne, récite quelques vers de *Cyrano de Bergerac* :

> *Ce sont les cadets de Gascogne*
> *De Carbon à Castel-Jaloux...*

À cet instant, il oublie tout ce qui l'inquiète et qui, depuis dix ans, depuis la naissance de Charles, donne à ce tournant d'époque des teintes sombres.

Il y a eu les attentats anarchistes, ceux de Ravachol, de Vaillant – une bombe dans l'hémicycle de la Chambre des députés ! – puis, en 1894, l'assassinat par Caserio du président de la République Sadi Carnot, coupable aux yeux de son assassin de ne pas avoir gracié Vaillant, condamné à mort.

Les rues, les 1er Mai, se sont remplies de manifestants brandissant des drapeaux rouges. Les scandales financiers, et d'abord celui lié à la construction du canal de Panama, ont révélé la corruption des milieux politiques.

Est-ce cela, la France ? Est-ce cela, la République ? Pis encore que ce qu'on pouvait imaginer.

Henri de Gaulle s'indigne.

Il refuse que ses enfants lui présentent leurs vœux, le 14 juillet – veille de la Saint-Henri –, car d'une certaine manière ils participeraient ainsi à cette atmosphère de fête qui accompagne la commémoration de la prise de la Bastille, « date terrible, dit-il, date effroyable, date atroce ».

Il ne veut pas que sa famille, de près ou de loin, soit mêlée à ces festivités nationales. La patrie, sacrée, vaut mieux que cela !

Or, ce gouvernement républicain, maléfique, la bafoue, l'humilie. Il capitule sans combattre à Fachoda, obligeant le capitaine Marchand à reculer devant les Anglais, en leur abandonnant ainsi les sources du Nil ! Mais qu'attendre d'une armée affaiblie par les querelles, attaquée, alors qu'elle devrait être un sanctuaire ? Peut-être même est-elle minée par la trahison. Henri de Gaulle ne se prononce pas encore sur la culpabilité de cet officier juif, Dreyfus, qu'autour de lui tout le monde accuse d'être un agent de l'Allemagne. Mais il mesure les effets de « l'Affaire ». La patrie est divisée. Où va-t-elle ? Faut-il suivre ce Charles Maurras qui vient de fonder, en 1899, *L'Action française* et réclame le retour de la monarchie ?

Henri de Gaulle regarde ses enfants.

Pour eux, plus que jamais, il doit défendre ses valeurs, ses principes, quel que soit le prix qu'il devra payer, quelle que soit la douleur qu'il peut ressentir parfois. Déjà, le seul fait de ne pas s'être rangé dans le camp des antidreyfusards suscite la critique. Au collège de l'Immaculée-Conception, à l'école Sainte-Geneviève, on n'accepte pas qu'un Henri de Gaulle paraisse sensible aux arguments que Zola – cet Italien ! – a exposés en faveur de Dreyfus dans un article, *J'accuse*, publié par le journal *L'Aurore*, que dirige cet anticlérical aux mœurs dissolues, Clemenceau. Henri de Gaulle n'est-il pas catholique et Dreyfus juif ? Pourquoi alors ne pas soutenir aveuglément le général de Boisdeffre et l'état-major de l'armée ? N'est-ce pas ainsi que devrait se comporter « un légitimiste, un monarchiste de regret » ?

Henri de Gaulle se rebelle. Il lit Charles Péguy, qui se bat pour faire reconnaître l'innocence de Dreyfus. Il connaît le philosophe Henri Bergson. Il l'estime. Il pense qu'on ne transige pas avec la vérité et la justice, même pour affirmer une solidarité politique et religieuse. Et même si l'on doit se retrouver seul contre tous.

Voilà l'enseignement qu'il veut donner à sa petite troupe.

Il parle à ses enfants tout au long du trajet qui les conduit du jardin des Tuileries au 24 avenue Duquesne, où la famille a emménagé en 1892. Cette avenue coupe l'avenue de Breteuil. Mais elle est encore plus proche de Saint-François-Xavier, où l'on se rend à la messe ponctuellement.

En marchant, Henri de Gaulle évoque l'histoire de France, brossant pour ses enfants de vastes perspectives. Charles est peut-être le plus attentif.

– Louis IX est-il un saint ? interroge Henri de Gaulle. Bien sûr. Mais il a aussi le sens politique. À Taillebourg, en 1242, il frappe fort. À six reprises, il fait pendre ceux qui « abusaient des petites gens et mettaient l'argent au-dessus de tout ». Il pousse à la libération des serfs. C'est ainsi que Dupont, Durand, Breton sont aujourd'hui ambassadeurs, présidents de tribunaux ou généraux.

Les enfants, une fois rentrés, feuillettent des images d'Épinal qui illustrent ces propos, ou bien ils lisent la *Vie des saints* ou l'*Histoire sainte*.

Henri de Gaulle explique et raconte encore. Les personnages de l'Histoire s'animent.

– La mère de Napoléon, Laetizia, dit-il, n'avait pas de bonne, mais elle avait du cœur.

C'est-à-dire du courage, du caractère, de la fierté et de l'amour.

Souvent, Henri de Gaulle lit d'une voix forte des scènes des tragédies de Corneille ou bien de longs passages de *L'Aiglon*, dont la première représentation a eu lieu le 15 mars 1900.

Charles répète après lui :

« Tu vois vieil aigle noir n'osant y croire encor
Sur un de tes aiglons pousser des plumes d'or
...
Oui, j'attendrai la mort
En berçant le passé dans ce grand berceau d'or. »

L'enfant paraît si ému par la pièce de Rostand que, pour son dixième anniversaire, son père le conduit au théâtre. Grand moment pour Charles. C'est cela, l'amour et la tragédie de la patrie, incarnée dans ces destins exemplaires. Vivre cela, quoi de plus grand ?

Charles regarde la ville autour de lui avec d'autres yeux. Paris devient un livre où les monuments sont autant de pages d'Histoire. L'Arc de Triomphe dans le soleil, la nuit descendant sur Notre-Dame l'exaltent. La France est grande. Il est fier de son histoire. Il lève la tête et s'immobilise pour voir frissonner sous la voûte des Invalides les drapeaux conquis à l'ennemi. Il mesure la majesté royale à la beauté du soir qui enveloppe Versailles.

Il vibre à la vue des troupes à l'hippodrome de Longchamp. Voilà la France.

Il a dix ans, et chaque jour un événement comme un coup de cimbale marque le changement d'époque et la grandeur française. Paris semble être le centre du monde. L'Exposition universelle de 1900 ouvre ses portes. On a bâti des palais sur les rives de la Seine, et la tour Eiffel se dresse comme un défi orgueilleux. On inaugure la première ligne de métro, de la porte de Vincennes à la porte Maillot. On a lancé sur la Seine le pont Alexandre-III. Ce pays peut tout ce qu'il veut.

Charles, quand devant lui son père et ses frères et sœurs discutent pour savoir quand sonne vraiment le début du XXe siècle, au 1er janvier ou au 31 décembre 1900, s'insurge. Henri de Gaulle explique que l'Église a choisi de célébrer deux messes à un an d'intervalle et que la question reste ainsi ouverte.

Charles secoue la tête. Il s'étonne.

– On connaît le nom de toutes les étoiles, dit-il. On sait combien de jours il faudrait en chemin de fer pour aller de la Terre à l'une ou l'autre, et on ne sait même pas si notre siècle est arrivé hier ou s'il arrivera demain ? C'est absurde, conclut-il d'une voix pleine d'autorité.

« Absurde ». Henri de Gaulle sourit. Lui-même utilise souvent ce mot. Mais ce n'est plus une expression d'enfant.

Est-ce pour Charles, déjà, la fin de l'enfance ?

Henri de Gaulle songe à ces dix années si vite passées. Il a cinquante-deux ans. Il se souvient de Charles courant sur la plage de Wimereux, près de Boulogne-sur-Mer. Il revoit son fils se mêlant aux enfants de paysans dans la campagne qui entoure la Ligerie, cette propriété achetée par la famille, non loin de Nontron, aux confins de la Dordogne et des Charentes. Il se remémore aussi les querelles entre frères et cousins, à Wimille, dans la maison louée par la mère de Jeanne, à quelques kilomètres de la mer du Nord.

Charles est batailleur, « diable », imposant sa loi à ses camarades de jeu, choisissant d'être, toujours, lorsqu'il livre avec ses soldats de plomb des guerres interminables qui reproduisent les batailles célèbres, le roi de France. À Xavier la couronne d'Angleterre, à Jacques ou à Jean de Corbie, le cousin, celle de Russie. Mais qui sera le roi de Prusse ? Les frères se disputent, et Marie-Agnès intervient pour les séparer. Charles ne cède jamais.

Son père l'observe. Cet enfant, né comme lui un 22 novembre, lui est proche. Il est moins bon élève que Xavier, plus turbulent, moins appliqué, mais il se passionne pour l'Histoire. Il dévore les livres d'Erckmann-Chatrian ou de Jules Verne. Il lit Corneille. Sa mémoire est étonnante. Il peut réciter des scènes entières de *L'Aiglon*. Il est le plus attentif lorsque Henri de Gaulle raconte ses combats durant le siège de Paris. Il se recueille, le visage grave, quand, lors d'un pèlerinage au monument des Mobiles de la Seine tombés durant cette guerre de 1870, le père lit l'épitaphe : « L'épée de la France brisée dans leurs vaillantes mains sera forgée à nouveau par leurs descendants. »

Sera-t-il ce descendant ?

Il écoute avec passion le récit de la retraite de Fachoda ou bien des péripéties de l'Affaire Dreyfus. Le second procès du capitaine Dreyfus s'est tenu à Rennes : Dreyfus a été reconnu coupable avec des circonstances atténuantes ! Quel est le sens de ce jugement ? Henri de Gaulle est maintenant persuadé de l'innocence de Dreyfus. Il le dit malgré les protestations qu'il soulève dans son entourage. Mais il ne faut jamais taire ce que l'on croit vrai.

Comprend-il, cet enfant de dix ans ? Mais est-ce encore un enfant ?

Le temps des punitions enfantines est déjà fini.

On ne privera plus Charles, pour la Saint-Nicolas, du cheval de bois qu'il attendait en ce jour qui, dans les familles respectueuses des traditions des pays du Nord, est celui de la distribution des jouets. On ne le réprimandera plus pour dissipation. Ou bien on ne lui dira plus : « Voici deux sous pour avoir été gentil avec tes frères. »

Charles entre en sixième au collège de l'Immaculée-Conception. Il quitte ainsi les frères des Écoles chrétiennes de Saint-Thomas-d'Aquin pour les jésuites de la rue de Vaugirard. Il est intimidé. Son père enseigne dans ce collège et doit même, en 1901, devenir préfet des études.

Pour Charles, les dix ans d'enfance depuis sa naissance au 9 rue Princesse à Lille se terminent.

Pour le « petit Lillois de Paris », le temps du travail qui façonne l'homme commence.

Charles va étudier le latin et le grec. Et l'allemand, la langue de l'ennemi vainqueur. Sur lequel il faudra, un jour, prendre notre revanche.

3

Charles, dans la petite cour du collège de l'Immaculée-Conception, 389 rue de Vaugirard, se tient à l'écart. Ce sont ses premiers jours d'élève de sixième. Des aînés des classes de première et de rhétorique bavardent à quelques pas. Au fond de la cour, un professeur passe, raide, le visage sévère, le col blanc tranchant sur la redingote noire. Il est accompagné de deux jésuites. Les élèves – plus tard, Charles connaîtra le nom de certains d'entre eux : Bernanos, de Lattre, Marcel Prévost – chuchotent : voilà « le Vicomte », voilà « le père de Gaulle ».

Charles reste impassible. Il ne veut être qu'un élève comme les autres et non le fils du préfet des études, ce « Vicomte » dont les élèves rapportent les propos. Le père de Gaulle a déjà prononcé l'une des phrases les plus célèbres, qu'on se transmet de classe en classe : « La France, c'est elle qui nous attire ici ! C'est elle que vous aimez dans cette école. En vous parlant de la France, je me répète, je le sais : vous en êtes témoins, tous – tous –, je ne vous ai pas adressé la parole depuis dix ans sans vous en parler. »

Et Henri de Gaulle a rappelé que ceux qui se destinent aux grandes écoles, à Saint-Cyr ou à Polytechnique, et qui seront donc un jour élèves à l'école Sainte-Geneviève, rue des Postes, en classe préparatoire, liront les noms gravés des anciens élèves tombés en 70 à Reichshoffen, à Gravelotte, lors des combats du siège de Paris. Ils découvriront l'inscription, tirée du *Livre des Macchabées*, ces premiers patriotes : « Mieux vaut mourir à la guerre que de voir les malheurs de notre nation et des saints. »

Charles écoute.

C'est de mon père qu'on parle. C'est lui qui, quand nous découvrons un nom de rue, une statue, une place commémorative, nous fait aussitôt le récit de l'événement qu'ils célèbrent, ou nous trace la biographie du personnage qu'ils rappellent – Colbert, Louvois, Corneille ou Racine. C'est mon père que ces élèves admirent, craignent, écoutent. Et c'est lui qui, à la table familiale, nous lit La Légende des siècles *ou l'*Oraison funèbre du Prince de Condé. *C'est lui qui, parfois, s'indigne, condamnant Gambetta, « ce Génois, ce borgne échevelé » ou exaltant au contraire Ignace de Loyola, « reître et soldat ».*

C'est lui qui me châtie, lui, juste et intraitable, qui surveillera, suivra ici chacun de mes pas.

Mais le travail scolaire est monotone. Les premières années de collège sont ternes, répétitives. Charles s'ennuie. Il n'est qu'un élève moyen, qui oublie d'apprendre ses leçons d'allemand ou de rendre ponctuellement ses devoirs. Le fossé est très large entre ce que son père dit, entre cette Histoire glorieuse et héroïque et la réalité. L'écart est trop grand entre l'exaltation que procure la lecture, quand l'imaginaire s'enflamme avec *Le Dernier des Mohicans, Robinson Crusoé* ou *L'Homme à l'oreille cassée*, ou que l'on souffre avec *L'Aiglon* ou les *Sans famille*, et puis cette routine laborieuse, médiocre, sans élan, d'une classe de sixième, de cinquième, de quatrième.

Charles rêve donc.

On le photographie dans la cour de la maison du 9 de la rue Princesse, à Lille. Il est d'une taille moyenne, les cheveux courts, la tête un peu penchée, un grand nœud telle une lavallière ferme sa chemise rayée. Il est debout entre sa sœur et sa tante, Mme Maillot, à la droite d'un groupe d'une dizaine d'enfants, frères et sœurs, cousins et cousines, qui se retrouvent aux vacances et aux fêtes familiales. Il se répète une phrase de la comtesse de Ségur : « Les vacances étaient tout près de leur fin. Les enfants s'aimaient de plus en plus. »

C'est à nouveau la rentrée, l'ennui. Il revêt un costume trois-pièces, un col blanc avec cravate, et le gilet est barré par la chaîne d'une montre. L'allure d'un jeune homme déjà, mais comment rêver ?

Charles récite, écrit des vers. La tête, lorsqu'elle est pleine de mots qui résonnent, oublie le réel qui l'entoure, et le transfigure.

Mais la voix du père est là qui semonce :

– Si tu n'es pas dans les quatre premiers en « diligence » – le total des points des leçons et des devoirs –, je déchirerai tous tes vers.

Et parfois le père soupire :

– Charles est très intelligent, mais il n'a aucun bon sens... Il ira loin, loin, mais, Dieu, faites aussi que tout aille bien...

Charles sent ce regard paternel posé sur lui. Lorsqu'en 1902, le 31 mai, à l'occasion de la fête du collège, il tient dans une comédie, *Pages et ménestrels*, le rôle du roi Philippe Auguste, il devine la satisfaction de son père, assis au premier rang du corps enseignant, à l'esquisse de sourire qui éclaire le visage d'Henri de Gaulle. Mais la sévérité et la rigueur s'imposent à nouveau, quand Charles entre en classe de rhétorique. Son père en est le professeur principal et c'est lui qui, Charles étant trop jeune – il n'a que quatorze ans – pour se présenter à la première partie du baccalauréat, a décidé de lui faire suivre la classe de philosophie.

Brusquement, pour Charles, le collège change de visage. Son père parle avec éloquence. La vingtaine d'élèves qui composent la classe écoutent religieusement, notent chaque mot. Les leçons d'histoire sont de grands moments. Le passé s'anime, les personnages qui n'étaient que des noms – Louis XIV, Napoléon III, Louvois, Philippe Auguste – deviennent des contemporains.

– Les hommes d'autrefois ressemblent à ceux d'aujourd'hui, dit Henri de Gaulle. Leurs actions ont des motifs pareils aux nôtres.

Charles écoute son père, les yeux fixes. Passé, présent, avenir : il n'y a plus de frontière entre les époques, le fil d'hier à demain n'est pas rompu. L'Histoire est une trame continue. L'ignorer, c'est ne rien comprendre. Et donc, l'histoire de la France ne se découpe pas en périodes : Monarchie, Révolution, République, l'une rejetant l'autre.

Charles, quand on conteste l'apport de la royauté à la grandeur de la patrie, se récrie, reprend ses frères, ses camarades de classe.

– Vois-tu, moi, je n'oublierai jamais ce que les rois ont fait pour la France, répète-t-il, la voix étouffée par l'émotion.

Mais le drapeau blanc à fleur de lys n'est pas le seul qu'il brandit. Il applaudit quand son père, parfois, à la table familiale, se lève et récite :

> *Ma cocarde a les trois couleurs*
> *Les trois couleurs de ma patrie*
> *Le sang l'a bien un peu rougie*
> *La poudre bien un peu noircie*
> *Mais elle est encore bien jolie*
> *Ma cocarde a des jours meilleurs.*

Puis il écoute son père s'indigner de ce que l'armée, qui tient le glaive pour toute la patrie, qui un jour le brandira face aux Allemands pour la revanche nationale, ne se soit pas remise de la crise de l'Affaire Dreyfus. On suspecte les officiers. Le ministre de la Guerre, le général André, fait établir des fiches afin d'identifier les gradés qui assistent à la messe ! Est-ce possible ?! Mais cela n'est que la conséquence de cette séparation de l'Église et de l'État qui se prépare. Que restera-t-il de la France si, coupée de l'Église, l'armée n'est plus ce corps uni autour du drapeau ?

On chante partout :

> Flotte petit drapeau
> Image de la France
> Symbole d'espérance...
> Tu réunis dans ta simplicité
> La famille et le sol
> La liberté.

Que signifient ces mots si on lacère le drapeau, si on brise sa hampe que tiennent les soldats ?

Charles vibre, se passionne, partage les colères de son père. Guillaume II débarque à Tanger. Il défie la France. Il incarne la Prusse victorieuse, voleuse de l'Alsace et de la Lorraine.

Charles murmure, répète le chant populaire de la revanche :

> Vous n'aurez pas l'Alsace et la Lorraine
> Et malgré vous nous resterons français
> Vous pouvez germaniser la plaine
> Mais notre cœur vous ne l'aurez jamais.

Guillaume II veut empêcher la France de bâtir son Empire, il veut imposer sa loi à la nation. Ce n'est pas seulement la revanche dont il est question. Il s'agit du salut de la patrie. Pourquoi, alors, ces disputes à propos de l'Église, cette attaque contre les congrégations religieuses ? Pourquoi le pays se divise-t-il alors que, Charles le pressent, la patrie va traverser des épreuves gigantesques ? Et comment la défendre, la servir, sinon en entrant dans cette armée où toute l'histoire de la nation, d'Azincourt à Rocroi, de Jemmapes à Austerlitz, de Waterloo à Sedan, se condense ?

À quatorze ans, Charles a fait son choix. Il préparera Saint-Cyr. L'intérêt de la vie consiste à rendre un jour service à la patrie. Et il s'en sent capable.

Il change. Il devient un excellent élève, mais cela ne suffit pas. L'avenir qu'il a choisi lui impose d'être maître de lui, exceptionnel et singulier. Il hausse les épaules quand il entend sa sœur dire à la cantonade, mesurant l'impassibilité de son frère : « Charles a dû tomber dans une glacière. » C'est le futur qu'il imagine pour lui qui commence à le modeler.

Il prend la plume. Il rêve. Il écrit. Un titre d'abord : « Campagne d'Allemagne. »

Il réfléchit quelques instants, puis les mots viennent, comme s'il voyait ce qu'il imagine.

« En 1930, écrit-il, l'Europe, irritée du mauvais vouloir et des insolences du gouvernement, déclara la guerre à la France. Trois armées allemandes franchirent les Vosges... En France, l'organisation fut faite très rapidement. Le général de Gaulle fut mis à la tête de deux cent mille hommes et de cinq cent dix-huit canons, le général de Boisdeffre commandait une armée de cent cinquante mille soldats et cinq cent dix canons... »

En 1930, il aura quarante ans. Il sera général. Il raconte la guerre qu'il conduira.

« Les chasseurs à pied mettent baïonnette au canon et s'élancent, officiers en tête, vers la victoire... Les rues ne sont bientôt plus qu'une fournaise, des maisons brûlent au milieu des cris des blessés. Les Français sont fous. Voient-ils un ennemi devant eux, ils se précipitent sur lui sans le regarder et le tuent... »

Charles s'interrompt. Ce qu'il imagine sera, il en est sûr. Et cette certitude, cette vision du futur, l'exalte, même si son corps reste immobile, la main seule courant sur le papier, racontant que les Allemands ont massé un million d'hommes derrière le Rhin.

« De Gaulle, du reste, s'en doutait..., note-t-il. De Gaulle se vit tout seul contre les deux armées... »

Il est le général en chef. Il expédie des messages à Boisdeffre :

« Mon général.

« Tenez bon dix heures, résistez bien.

« Votre camarade,

« De Gaulle. »

« C'était laconique mais expressif », commente Charles, historien et voyant de son futur.

Il poursuit :

« De son côté, de Gaulle savait qu'il jouait une partie décisive car c'est sous les murs de Metz que l'Europe entière attachait ses regards... De Gaulle croit devoir livrer bataille. »

Il pose la plume, déplie une carte, relève avec précision les lieux, reprend le récit :

« Nos petits soldats se ruent à la baïonnette. Ah, qu'elle était belle, la charge ! Comme les cœurs bondissaient dans les poitrines ! C'était la fin... »

Il relit. Il sera l'acteur de « la partie décisive » sous les yeux de l'Europe entière.

Les études ont un sens, la vie a un sens, puisqu'il a un but : entrer dans cette armée qu'il ressent comme l'une des plus grandes choses du monde, afin de rendre à la patrie le service qu'il est capable de lui donner, dans une « partie décisive » qui se jouera, il l'a ainsi fixé, en 1930. Il aura quarante ans. Il n'en a encore que quinze.

Il se prépare. Il veut être à la hauteur de son destin qu'il vient de dessiner. Il continue de lire, d'écrire, de suivre avec passion et une sorte de fierté anxieuse les événements politiques qui vont déterminer l'avenir du pays auquel il sera mêlé. Il le sait. Il le veut. Il le décide.

Il est encore plus respectueux à l'égard de son père, plus attentif à ses propos, affectueux aussi envers ses parents, dont il partage les convictions, la foi.

– C'est le fils le plus aimant, murmure sa mère.

Il sait que son père approuve ce choix de Saint-Cyr. L'armée, dit-on souvent à la table familiale, est « l'asile de tout ce qu'il y a de noble, de pur, de désintéressé au milieu des tribulations et des laideurs de la politique ».

Il fera partie de cette cohorte des hommes purs et dévoués, prêts au sacrifice de leur vie pour la gloire de la patrie. Il lit, découvre ce chant révolutionnaire que même son père ou sa mère, dans leur fidélité monarchique, ne peuvent renier :

> *Mourir pour la patrie*
> *C'est le sort le plus beau*
> *Le plus digne d'envie.*

Quelles que soient les préférences, il y a la France devant laquelle chaque Français doit s'agenouiller comme un chevalier servant.

C'est l'été 1905.

À Lille, on projette les premières images cinématographiques de la guerre russo-japonaise. Ce conflit-là, après celui des Boers, après les sommations de l'Allemagne à la France, à propos du Maroc, et même si la Chambre des députés a réduit la durée du service militaire à deux ans, annonce les temps de l'affrontement, de la guerre.

On évoque cet avenir lors des soirées qui se prolongent. Henri de Gaulle rappelle des moments troublés de l'Histoire : Bonaparte, l'époque de Marie de Médicis, son palais qu'occupe aujourd'hui le Sénat. Et tout à coup, comme s'il pensait à haute voix, Charles murmure :

– Si j'étais dictateur, je m'installerais au palais du Luxembourg.

Son père le fixe, préfère oublier ce propos inattendu. Charles n'ignore pas qu'on est légitimiste, chez les de Gaulle. Mais pourquoi taire ce que l'on ressent ?

Quelques jours plus tard, il sait qu'il va encore étonner.

Il interprète, avec son cousin Jean de Corbic, une saynète qu'il vient d'écrire et qu'il a intitulée *Une mauvaise rencontre*. Elle comporte deux personnages, le brigand, dont Charles s'est réservé le rôle, et le voyageur, joué par Jean de Corbie.

Charles avance sur la scène improvisée. Il a grandi. Tout paraît long chez lui, qui est maigre, le cou, les jambes, la tête. Mais il marche et parle avec une sorte d'assurance et presque d'insolence tranquille.

Le brigand caché dans les fourrés vient de surprendre un voyageur qui s'est aventuré sur la route traversant la forêt.

Charles déclame :

« *Voleur de grands chemins par la grâce de Dieu
Certains naquirent rois, d'autres naquirent princes
Officiers, magistrats, gouverneurs de provinces
Celui-là naît charron, celui-là fabricant
Cet autre enfin maçon. Moi, je naquis brigand.* »

Il s'approche de Jean de Corbie, voyageur apeuré qui peu à peu va se laisser dépouiller, car le brigand, avec élégance et une ironie cinglante, répète :

« *D'ailleurs regardez bien, j'ai là deux pistolets
Voyez.* »

46

Et, tremblant, le voyageur répond :

« Oui, je les vois, monsieur, retirez-les. »

Il offre au brigand ce qu'il réclame.
Et Charles, en s'inclinant sous les rires de la famille rassemblée, rétorque :

« Oh, mais je suis confus vraiment de tant d'honneur
Merci, merci beaucoup, monsieur le voyageur ! »

Il ne laissera rien au voyageur et d'un geste ample saluera sa victime :

« Quelle heure ? Il est minuit ! Il faut que je vous quitte.
Allons, monsieur, allons, séparons-nous bien vite
Mais je me souviendrai bien de votre bonté
Au plaisir de vous voir, cher monsieur. »

Il fait briller ses pistolets :
                « Enchanté »,

ne peut que dire le voyageur.
On applaudit. Charles s'incline, puis reste impassible quand on lui fait remarquer que c'est là une étrange leçon de morale. La ruse, la force, l'ironie l'ont emporté, et la victime désarmée qui n'a que son bon droit s'éloigne, ridicule et vaincue. Charles n'est-il pas chrétien ? Que n'a-t-il mis en scène la charité et la compassion ! Il semble répondre déjà par toute son attitude : le monde est ainsi.

Et il veut affronter le monde tel qu'il est, s'y faire connaître.
Il soumet cette saynète à un concours littéraire, remporte le prix. Mais il renonce à la somme d'argent qu'on lui propose et opte pour l'édition de son texte.

Qu'on sache qui il est et ce qu'il pense.

Il n'a pas seize ans. Quelques mois plus tard, il est admis avec des notes moyennes – 169 points sur 300 – à la première partie du baccalauréat et devient bachelier en améliorant ses notes à la seconde partie de l'examen – 92 points sur 160.

La porte est ouverte. Il a remporté, la même année 1906, six premiers prix, s'imposant à la tête de la classe. L'examen du baccalauréat n'a été qu'une épreuve nécessaire, commune, qu'il a franchie et qui ne méritait pas un effort de plus.

Et maintenant, Saint-Cyr. Mais il n'est plus possible de s'inscrire à l'école Sainte-Geneviève, rue des Postes. Les congrégations sont interdites d'enseignement et les jésuites expulsés de France.

Il faut donc quitter le pays, suivre les cours de mathématiques spéciales à l'école libre du Sacré-Cœur d'Antoing, en Belgique, près de Tournai, non loin de la frontière française. Car il ne saurait être question qu'un de Gaulle abandonne les jésuites pour un lycée laïque.

Mais c'en est fini ainsi de l'enseignement du père qui, en classe, l'interrogeait en le nommant « Untel ! ».

Henri de Gaulle reste à Paris et, puisqu'il ne peut plus enseigner chez les jésuites, fonde son propre établissement, l'école Fontanes, rue du Bac, à proximité de l'église Saint-Thomas-d'Aquin.

Charles s'apprête donc à partir pour Antoing, à quitter, parce que les valeurs de sa famille ne sont plus partagées par son pays, le sol national.

Mais l'école libre du Sacré-Cœur d'Antoing est proche des champs de bataille de Fontenoy. L'histoire de la France ne s'efface pas. Elle est devenue la mémoire de Charles. Et il s'éloigne pour mieux se préparer à entrer dans cette citadelle qui exprime, à ses yeux, tout le passé de la patrie : l'armée française.

4

Charles écrit :

« Antoing, samedi 30 novembre 1907. »

Puis il s'interrompt, lève les yeux. Au-delà des bâtiments en briques de l'école du Sacré-Cœur qui dominent l'Escaut, il devine, dans la grisaille, la plaine d'Antoing et de Tournai qui se confond, à l'horizon, avec le ciel bas rayé par la pluie. Là sont les champs où s'est livrée la bataille de Fontenoy.

Il rêve. Il imagine.

Ce jour du 11 mai 1745, le sort de la France s'est joué ici, dans cette plaine du Nord, cette frontière ouverte où rien sinon le courage et l'héroïsme des soldats ne peut arrêter le flot des envahisseurs. Et Lille et Paris ne sont qu'à quelques jours de marche. En 1745, sous les yeux de Louis XV, le maréchal de Saxe a battu les Anglais et les Hollandais.

Charles voit la bataille. Il pense à son destin. Il a osé se confier à l'un de ses condisciples de l'École, François Lepoutre. C'est un instant de faiblesse, un aveu qu'il regrette. Il s'est vite repris, est revenu à cette réserve qui marque ici les rapports entre élèves. On se vouvoie. On se jauge. Les aristocrates sont nombreux. Il y a là un Joseph Teilhard de Chardin. On rivalise mais sans jamais s'abandonner à l'émotion. Et pourtant Charles s'est laissé aller à dire à Lepoutre ce rêve qui, depuis qu'il a écrit le récit d'une campagne d'Allemagne imaginaire, s'est enraciné en lui chaque jour davantage : « Je serai général et commandant en chef. »

Peut-être combattra-t-il ici, sur ce boulevard des invasions.

Il reprend sa lettre.

« Mon cher papa,

« Je vous remercie en premier lieu des souhaits que vous avez bien voulu m'envoyer pour mes dix-sept ans. C'est un devoir dont je m'acquitte un peu tard, il est vrai. Les deux francs que vous aviez joints à votre lettre ont comme de juste été les bienvenus... J'ai eu cette semaine un grand malheur. Dans la composition de mathématiques que nous avons faite le mercredi 20, j'ai été douzième... Et puis, comme décidément la fortune n'était pas avec moi, ce mois-ci, je viens d'être second en physique et chimie et, naturellement, avec la même note que le premier. Ce premier est un illustre inconnu : Chaboche... »

Il s'interrompt à nouveau. Dimanche dernier, il a eu la meilleure note en mathématiques, « un 13 seulement », mais ses professeurs insistent pour qu'il prépare Polytechnique. Il regarde la plaine. Il sera là, il veut être à la tête de ses hommes, des fantassins. Il veut entrer à Saint-Cyr et choisir l'infanterie. Peu lui importe qu'on dise que la cavalerie est l'arme aristocratique ou l'artillerie l'arme savante. Il combattra au milieu des soldats, de ceux qu'il a décrits s'élançant à la baïonnette derrière leurs officiers.

Il conclut sa lettre :

« Voici qu'approche la fin du premier trimestre. Nous allons donc pouvoir revoir bientôt toute la famille.

« On nous a lu le récit des derniers combats qui ont eu lieu sur la frontière d'Algérie. Le lieutenant de Saint-Hilaire des tirailleurs, qui a été tué à l'ennemi, est le cousin d'un de mes camarades, Molliens. Le lieutenant de Saint-Hilaire est, paraît-il, un ancien élève de la rue des Postes. »

Faire la guerre, quelle aventure exaltante ! Mourir au combat, y a-t-il un destin plus noble ? ! C'est le sort promis à celui qui choisit d'être un homme d'armes. Son père le sait, qui fut blessé au siège de Paris, « visé personnellement » par l'ennemi.

Charles se remet à écrire.

« Je vous embrasse, mon cher papa, veuillez, je vous prie, dire mille choses de ma part à tout le monde.

« Votre fils respectueux et affectionné.

« Charles de Gaulle. »

Il travaille. Mathématiques, histoire, histoire naturelle, allemand. Les pères jésuites remarquent ses qualités d'exposition, son éloquence, son goût pour l'histoire. Pourquoi Charles de Gaulle n'écrirait-il pas pour la revue du collège, *Hors de France*, un article sur « la congrégation », une mise au point historique qui répondrait aux attaques qui, chaque jour en France, dénoncent la « conspiration et les complots des "hommes noirs" » ?

Charles rassemble la documentation historique et, avec un souci de mesure et d'objectivité, il argumente. Il faut voir la réalité en face, quelle qu'elle soit. « Sans doute, écrit-il, des abus inhérents à toute création humaine ont pu s'introduire dans le sein de la congrégation. Contre le gré de ses directeurs, elle a peut-être servi de marchepied à quelques ambitieux de bas étage... Mais ces cas sont exceptionnels. »

Pourtant, souvent, l'aveuglement des hommes l'emporte.

« Béranger rimait ses couplets, reprend-il. Le bourgeois comme l'ouvrier fredonnait la chanson des hommes noirs.

Hommes noirs, d'où sortez-vous ?
Nous sortons de dessous la terre.

« Et ces hommes noirs n'étaient pas les Carbonari, tout-puissants à cette époque, dont la vie était "un mystère", mais les congréganistes et leurs directeurs. »

Charles médite, plume en main. Cette histoire de la congrégation n'est-elle pas la preuve que l'opinion peut être aveuglée ? On crie : « À bas les jésuites ! » – et ce sont d'autres qui sapent les fondements de la société.

Il note cette réflexion du maréchal de Villars, lui-même congréganiste, lors d'un conseil tenu par Louis XIV : « Tant que j'ai été à la tête des armées, je n'ai jamais vu de soldats plus actifs, plus prompts à exécuter mes ordres, plus intrépides enfin que ceux qui appartenaient aux congrégations. Mais le roi lui-même, prévenu par les calomnies jansénistes, avait interdit les congrégations dans l'armée. »

N'est-ce pas ce qui se produit à nouveau sous d'autres formes quand on établit des « fiches » sur les officiers qui vont à la messe ? Et qu'on divise ainsi l'armée ? D'ailleurs, n'est-elle pas attaquée de toutes parts par les socialistes, les anarchistes, les pacifistes ? Celui-ci dénonce les « sous-offs », celui-là les « traîneurs de sabre », les « buveurs de sang », les « vieilles ganaches » qui sévissent dans les casernes. Et on utilise l'armée pour briser les grèves qui éclatent ici et là. Chaque fois, c'est l'anarchie qui gagne et la patrie qui perd. À Agde, à Béziers, des soldats du 17e régiment d'infanterie se mutinent, mettent la crosse en l'air plutôt que d'affronter les vignerons. Et l'on chante :

Salut, Salut à Vous
Glorieux soldats du 17^e
Vous auriez en tirant sur nous
Assassiné la République

Faut-il s'étonner alors que le nombre des candidats au concours de Saint-Cyr passe de deux mille dans les années 1900 à sept cents en 1908 ?

Folie !

En juin 1908, Charles est en vacances en Allemagne. Il parcourt le pays de Bade et la Forêt-Noire. Il lit les journaux. Il questionne. Il interroge. Il observe.

« Les Badois ont perdu beaucoup de monde pendant la campagne de France, écrit-il à son père. Dans la commune de Berau qui compte, m'a dit le curé, un peu plus de deux mille habitants (ce qui représente, n'est-il pas vrai, une centaine de combattants), j'ai compté quarante et un noms sur la plaque commémorative. » Et malgré cela, « le commissionnaire d'Uhlingen qui a porté ma malle à Riedern parle du bombardement de Strasbourg avec un enthousiasme fanatique ».

Et l'on attaque l'armée !

C'est le moment, au contraire, où il faudrait la renforcer.

« Les journaux que reçoit le curé sont assez montés contre nous, remarque Charles. Évidemment, ajoute-t-il, il y a quelque chose de changé en Europe depuis trois ans et, en le constatant, je pense aux malaises qui précèdent les grandes guerres, notamment celle de 70. J'espère toujours que, cette fois, les rôles seraient inversés. »

Dans cette guerre-là, qu'il prévoit, lui – le jeune homme de dix-huit ans – veut être officier d'infanterie et prendre toute sa place.

Lors de la retraite de fin d'études de l'école du Sacré-Cœur, qui s'est tenue à Notre-Dame du Haumont-Mouvaux, Charles a été désigné par ses maîtres jésuites pour répondre au prédicateur, le R. P. d'Arras. Il est le plus brillant élève au terme de cette année scolaire 1907-1908.

Il se lève, ne manifestant aucune timidité. C'est maintenant un très grand jeune homme, dont la tête semble, sur le long corps, petite, les oreilles un peu décollées. Il est peigné avec soin, la raie séparant les cheveux sur le côté gauche, les mèches abondantes, couvrant une partie du front à droite. Il porte un col haut en celluloïd, qu'orne un petit nœud papillon.

– On reproche aux élèves des jésuites de ne pas avoir de personnalité, commence-t-il, nous saurons prouver qu'il n'en est rien. L'avenir sera grand, car il sera pétri de nos œuvres !

La voix est assurée. Charles voit son futur.

Ses convictions, sa foi sont fortes.

Il gravit, en compagnie du vicaire de Riedern, une hauteur, le Lillisberg, qui domine Fribourg. Il découvre une forteresse construite par Vauban. Il se tourne vers l'horizon :

– De là-haut, dit-il, on voit la France par la trouée de Belfort.

Le soir, rentré de cette visite, il écrit à sa mère :

« C'est par là aussi que je vous ai saluée de loin. »

La France, la famille, la foi se fondent ensemble.

« Au point de vue chrétien, précise-t-il à son père, j'entends généralement à 7 heures la messe du vicaire. Le dimanche, grand-messe à 8 h 30 ; vêpres à l'heure et demie, salut à 8 heures. »

La chrétienté est sans frontière. Mais, loin de France, il se sent en exil. Heureusement, celui-ci s'achève. En octobre 1908, Charles doit entrer au collège Stanislas afin de préparer le concours de Saint-Cyr de 1909. Les pères maristes du collège ont été remplacés par des professeurs laïcs. Mais il faut d'abord achever ses vacances studieuses en Allemagne, en profiter pour visiter, en compagnie du vicaire de Riedern, un lieu de pèlerinage, puis Zurich, Lucerne et les Alpes suisses.

« S'il me reste quelque argent dans ma bourse et si vous consentiez à m'avancer mes étrennes, ma chère maman, écrit-il, je serais fort content de faire ce voyage comme vous pensez. Au cas où vous m'y autoriseriez, envoyez-moi, je vous prie, de l'argent le plus vite possible car, d'après le projet du curé, c'est lundi que nous partirions...

« Au revoir, ma chère maman. Jusqu'à mon rapatriement, il n'y a plus que trois semaines. Je vous embrasse tous.

« Votre fils affectionné et respectueux.

« Charles de Gaulle. »

Il est de retour parmi les siens, en France, dans cette villa qui domine la mer, la plage et le vieux fort de Wimereux.

Souvent, à marée basse, il parcourt d'un pas rapide la plage découverte. Il peut marcher ainsi, sautant les ruisselets par où la mer se retire, jusqu'au fond de la baie et aux premiers rochers du cap Gris-Nez.

Certains après-midi, il conduit le break jusqu'au château de Fonquehove, à Pernes-lès-Boulogne, où réside la famille Legrand, amis des de Gaulle.

On joue au croquet ou au tennis. Charles observe, se mêle rarement à ces jeux, il parle, évoque ce camp de Boulogne d'où Napoléon espéra partir à l'assaut de l'Angleterre. « Cette nation – et sa voix se durcit – devant laquelle nous avons reculé de manière indigne à Fachoda, perdant la face. »

Il se tait lorsque son père s'approche. Il l'écoute avec respect.

Les propos d'Henri de Gaulle prolongent et amplifient ceux de Charles.

– La République, dit Henri, veut-elle que l'armée ne soit vouée qu'aux tâches du maintien de l'ordre ? À Draveil-Vigneux, près de Paris, la cavalerie a chargé les grévistes des sablières. On a relevé deux morts et près de deux cents blessés. Certes Clemenceau, qui a ordonné l'intervention de l'armée, est un homme d'ordre et, tout républicain anticlérical qu'il soit, il semble comprendre les dangers qui menacent la patrie. Ne vient-il pas de déclarer : « Je crois à la guerre, je la regarde comme inévitable... Nous ne ferons rien, nous ne devons rien faire pour la provoquer, mais il nous faut nous tenir prêts à la faire » ?

Cependant l'antimilitarisme gagne, semble toucher des couches de plus en plus larges de ce peuple qu'on endoctrine. Le syndicat CGT proclame que « la propagande antimilitariste et antipatriotique doit devenir toujours plus intense et toujours plus odieuse ». Le gouvernement est-il raisonnable en décidant le transfert des cendres de Zola au Panthéon, même si Dreyfus est innocent ? Quel sera le résultat de cette politique ? La division de la patrie !

Raison de plus pour entrer à Saint-Cyr, dont on vient de fêter le centenaire.

Charles, lorsque son père s'éloigne, s'isole, lit. Les romans de Paul et Victor Margueritte, *Le Désastre*, *Les Tronçons du glaive*, qui racontent la guerre de 70, le passionnent. Victor Margueritte n'était-il pas officier avant de se consacrer à l'écriture ? Et Charles est tenté par la littérature.

Il est, depuis l'automne 1908, élève en classe préparatoire à Saint-Cyr. Il se rend tous les jours du 3 place Saint-François-Xavier, où sa famille vient de s'installer, toujours dans ce même quartier du VII arrondissement, à la rue Notre-Dame-des-Champs, au collège Stanislas. Ses résultats sont bons. Il connaît les appréciations de ses professeurs. Il est « le meilleur élève de sa classe pour l'intelligence », « excellent à tous égards ». Il sait que son père est satisfait, inquiet aussi.

Un jésuite a été chassé du collège pour, s'est-on contenté de murmurer, « inconduite ». Charles s'est senti observé par son père, comme si celui-ci craignait que le comportement du jésuite n'ait fis-suré toutes les valeurs qu'il a inculquées à ce fils. Henri de Gaulle n'a-t-il pas murmuré comme pour lui-même, sans regarder Charles : « Mon Dieu ! J'aimerais encore mieux qu'il ait trois maîtresses plutôt que de le voir perdre la foi » ?

Charles voudrait le rassurer. Peut-être devrait-il faire lire à son père cette nouvelle qu'il vient d'écrire, et dans laquelle il a tenté d'exprimer ce combat qui se livre en tout homme, et peut-être en tout peuple, entre la tentation et la fidélité aux valeurs qu'on porte, entre la faiblesse et le devoir, le désir et la raison.

Il reprend sa nouvelle qu'il a intitulée *Zalaïna*. Il relit la première phrase :

« C'est à la Nouvelle-Calédonie que je commen-çai ma carrière d'officier de l'armée coloniale... »

Il s'imagine comme son héros rencontrant à Thio un vieil officier, le commandant G., qui se met à parler, raconte comment il tomba sous le charme de Zalaïna, native de l'île de Pâques :

« Zalaïna, avoue le vieux commandant, exerçait sur moi un charme si étrange qu'un mois entier vécu avec elle ne fit que me la faire paraître plus attachante encore et plus originale... »

Faiblesse. Désir. Oubli des principes. Mais que serait un homme s'il n'était pas capable de se reprendre, d'oublier les tentations ? Voilà ma morale. Voilà comment je veux être.

Charles poursuit sa relecture, ce qu'il a écrit lui revient comme l'image dans un miroir.

« J'eus heureusement assez de sagesse, dit le vieil officier, pour me résoudre à une rupture. J'exposai donc à Zalaïna la nécessité où j'étais de la quitter malgré mes immenses regrets. »

Mais chaque faiblesse se paie. Zalaïna essaie d'empoisonner l'officier avec le parfum de fleurs magnifiques. Elle succombera seule.

Chaque victoire de la sagesse est un combat qui ne va pas sans victime et sans blessure.

« J'ai tenu à faire pousser ici des fleurs semblables, conclut le commandant, et parfois le soir – je suis très imaginatif, voyez-vous – quand la nuit vient, tenez ! comme maintenant, mon ami, je me figure apercevoir l'ombre de Zalaïna au milieu d'elles... »

Charles prend sa plume, écrit ce nom qu'il a choisi comme pseudonyme : « Charles de Lugale ».

Puis il range ses feuillets.

Avant d'être écrivain, il faut être officier.

Travailler, donc. Les mathématiques. L'histoire. Écrire un devoir sur le traité de Francfort et les conséquences européennes de la guerre de 1870-1871, ou bien sur la France du Consulat, marquer à cette occasion qu'on est hostile au pouvoir absolu de Bonaparte, ou bien qu'après la défaite de 70 la France souffre surtout d'une immense humiliation morale. Et ainsi, devoir après devoir, réflexion après réflexion, se persuader plus encore que l'histoire de France est une, qu'il y a une continuité de Clovis à la République et que, en somme, on peut accepter la République, qui n'est qu'un nouveau moment de cette même histoire.

Charles sait que ses frères partagent son point de vue et que leur mère se scandalise de cet abandon des idées monarchistes par ses enfants.

« Ils me font beaucoup de peine, a-t-elle confié à une amie. Ils sont républicains ! »

Républicains ? Charles sourit en songeant à l'émotion scandalisée de sa mère. Il n'est d'abord qu'un Français du XXe siècle qui veut continuer l'histoire de son pays.

Il lit, ces jours-ci, en attendant les résultats du concours d'entrée à Saint-Cyr, qu'il vient de passer, un roman de Maurice Barrès, *Colette Baudoche*. Cette histoire d'une jeune fille de Metz qui refuse, en souvenir des héros français, de se laisser émouvoir par l'amour d'un professeur allemand de Königsberg, qui pourtant a été séduit par la civilisation et la culture françaises, exprime ce qu'il ressent lui-même. La volonté de rester accroché au sol de la nation, d'être fidèle aux valeurs de son peuple. Il pourrait écrire ce que Barrès fait dire à Colette Baudoche : « Je continue la chanson de nos pères. »

Le 30 septembre 1909, alors qu'il se promène sur la plage de Wimereux, on lui crie de la villa qu'il doit revenir aussitôt. Il ne court pas. Sans doute sont-ce les résultats du concours. Il décachette l'enveloppe sur laquelle il a reconnu l'écriture de son père. C'est bien cela.

Il est reçu 119e sur 221 admis à Saint-Cyr. Il y avait huit cents candidats. Il reste impassible, mais la joie l'habite. La porte, maintenant, est grande ouverte sur le futur, sur ces « événements gigantesques » qu'il prévoit, sur cette guerre qu'il sent venir.

La joie. La reconnaissance aussi.

Il prend la plume.

« Mon cher papa,

« Vous avez été le premier à ajouter à mon nom le titre de saint-cyrien. Ceci est dans l'ordre, car n'est-ce pas à vous d'abord que je dois, pour une foule de raisons, la réussite à cet examen ? »

Quelques jours plus tard, le 7 octobre, il contracte un engagement volontaire dans l'armée d'une durée de sept ans, et puisque la loi du 21 mars 1905 prévoit que les admis à Saint-Cyr doivent accomplir un an de service, avant leur arrivée à l'école, dans un corps de troupe, il choisit de servir au 33e régiment d'infanterie d'Arras.

Simple fantassin avant d'être officier.

Il a hâte de revêtir l'uniforme, le pantalon couleur garance, et de porter à l'épaule le long fusil lebel, d'avancer, lui, « le petit Lillois de Paris », côte à côte avec ces gens du Nord, mineurs et paysans, dans la poussière ou la boue durant ces marches exténuantes, quand la giberne cisaille les épaules.

Et puis viendra la guerre.

Il écrit :

« Je voudrais !... »

Quand je devrai mourir, j'aimerais que ce soit
Sur un champ de bataille, alors qu'on porte en soi
l'âme encor tout enveloppée
Du tumulte enivrant que souffle le combat
Et du rude frisson que donne à qui se bat
Le choc mâle et clair de l'épée
...
J'aimerais que ce soit, pour mourir sans regret
Un soir où je verrais la Gloire à mon chevet
Me montrer la Patrie en fête
Un soir où je pourrais, écrasé sous l'effort,
Sentir passer, avec le frisson de la Mort,
Son baiser brûlant sur ma tête

Il signe *Charles de Lugale.*

Deuxième partie

*J'ai résolu de vivre à mon tour
l'existence ardente et amère du soldat...
J'ai résolu de servir*

Octobre 1909 – août 1914

5

– Deuxième classe de Gaulle !

La voix du sergent de semaine retentit dans la chambrée. Charles, au garde-à-vous devant son lit, ne bouge pas.

Le sergent s'avance, maugrée, ricane, inspecte le paquetage placé au-dessus du lit et, d'un geste brusque, le renverse. Il hurle. Le quart métallique roule à terre, n'en finit pas de tinter sur le sol. Les livres, cachés derrière l'uniforme de sortie, tombent sur la couverture.

Le sergent s'approche de De Gaulle, le toise en levant la tête.

– De Gaulle, monsieur l'Instruit ! lance-t-il.

De Gaulle, qui s'imagine déjà officier !

Le sergent défait le lit. Il éparpille les éléments du paquetage.

– Deuxième classe, de Gaulle ! deuxième classe. Corvée de balayage, corvée de jus ! Quand on a l'ambition de commander, de Gaulle, il faut apprendre à obéir, à exécuter les ordres.

De Gaulle reste impassible. Il domine le sergent des épaules et de la tête.

– Grande asperge, dit le sergent en s'éloignant.

Il claque la porte. Des soldats aident de Gaulle à rassembler son paquetage. On lui propose d'aller boire un verre à deux sous à la « coopérative » ouverte à cette heure dans l'un des bâtiments de la caserne Schramm. Il remercie mais refuse d'un signe de tête. Les soldats haussent les épaules, s'écartent. Il les regarde. Ce sont des jeunes de son âge. Il y a parmi eux des mineurs ou des paysans de l'Artois, du Boulonnais et du Cambrésis. Ils sont râblés. Lors des marches, quand on sort de la caserne à l'aube, qu'on traverse la grand-place d'Arras, qu'on longe les rives de la Scarpe, puis la double ligne de fortifications de Vauban, qu'on contourne la citadelle avant de se perdre dans la campagne, de continuer jusqu'au village de Sissonne, ces fantassins avancent à petits pas. Et Charles doit ralentir car ses enjambées sont trop longues et il est souvent, parce que le plus grand, l'homme sur lequel la 9e compagnie, sa compagnie, s'aligne. C'est lui qui donne le pas. Quand on a marché vingt-cinq kilomètres avec le sac rempli, la fatigue rend les soldats nerveux. On s'en prend à Charles.

– Hé, grande asperge !...

Il marche encore trop vite. Puis c'est la halte, dans la poussière ou la boue. Après, au retour à la caserne Schramm, il faudra astiquer les brodequins, le fusil lebel, le fourreau de la baïonnette, l'uniforme.

Charles, assis sur le bord de son lit, brosse ses vêtements. Il n'est qu'un soldat parmi d'autres, mais il se sait différent. Personne n'ignore qu'il ne restera qu'un an au 33e régiment d'infanterie, parce qu'il a été admis à l'École spéciale militaire de Saint-Cyr. Le lieutenant Riquier, qui commande la section, lui a fait un signe de connivence ironique. Puis il a paru oublier de Gaulle. Le capitaine de Tagny, commandant la 9e compagnie, a eu la même attitude, mais avec une pointe d'irritation.

À chaque revue dans la cour du quartier, il jette un regard à de Gaulle, qui ne baisse pas les yeux.

Pas de promotion rapide pour ce futur officier. Que ce de Gaulle « en bave ». Caporal ? Dans quelques mois ! Et pas question de le faire passer sergent.

– Pourquoi voulez-vous que je nomme sergent un garçon qui ne se sentira à l'aise que grand connétable ! s'exclame le capitaine de Tagny.

Charles subit, obéit. La grande asperge salue comme un officier. Et le sergent peu à peu se lasse. La routine s'installe. On manœuvre dans la cour de la caserne. On marche. On apprend le maniement d'armes. On astique. On balaye. On va chercher le jus aux cuisines. On mange au réfectoire dans le brouhaha. On subit les revues.

Charles est en tête de ligne. Un peu à l'écart, dans sa veste de treillis aux manches trop courtes. Le plus grand toujours. Un matin, il faut revêtir l'uniforme de sortie, képi à petit pompon, épaulettes, ceinturon. On installe des gradins : toute la compagnie doit s'y rassembler, s'y disposer pour une photographie de groupe.

– Vous, le grand, là... En haut du deuxième rang.

C'est cela, être soldat. Accepter cette discipline, souvent absurde. Ces ordres hurlés par des instructeurs colériques, improvisés, parfois incapables.

De Gaulle songe à ce qu'il faudrait changer dans ces journées pour les rendre moins vaines. Il a parfois des tentations de colère et de rébellion, qu'il étouffe aussitôt au fond de lui, éprouvant une satisfaction amère à se maîtriser, à ne rien laisser paraître de ce qu'il ressent, à n'être en effet que le deuxième classe de Gaulle, qui prépare son examen d'élève caporal, théorie et pratique, comme on dit, école du soldat et école de section.

Et puis, tout à coup, cette succession d'actes insignifiants est interrompue. Le 3ᵉ bataillon est rassemblé dans la cour de la caserne Schramm.

Un hurlement : « Présentez... armes ! » Les crosses des fusils claquent en un seul bruit. La fanfare joue. Le colonel Schwartz commandant le 33ᵉ régiment d'infanterie passe le bataillon en revue. Il s'immobilise devant le drapeau du régiment qui porte inscrit en lettres d'or le nom des batailles auxquelles il a participé : Austerlitz, Wagram, la Moskova, Melegnano. C'est un régiment glorieux. Il défile.

Ce piétinement cadencé sur les pavés de la cour de la caserne Schramm alors que les tambours battent et que les clairons sonnent, c'est le rythme même de l'Histoire.

Charles frappe avec force les talons sur le sol.

C'est cela, le métier de militaire, celui des hommes d'armes. Rien, ni les petites humiliations, ni la bêtise, ni même la monotonie, ne m'en détournera.

J'ai résolu de servir. Je vis l'existence ardente et amère du soldat.

Il s'habitue. Il sera caporal le 1ᵉʳ avril 1910, sergent le 27 septembre, mais seulement à la veille de quitter le régiment. Le capitaine de Tagny a tenu parole. Pas de promotion rapide pour celui qui se donne des allures de grand connétable.

Peu importent la mesquinerie ou la susceptibilité, sinon la jalousie, des uns ou des autres. Charles a lu Vigny, *Servitude et Grandeur militaires*.

Je suis soldat. Officier demain. Le capitaine de Tagny est, quoi qu'il pense, contraint d'assister à la conférence que donne le deuxième classe Charles de Gaulle, admis à Saint-Cyr, à tout le 3ᵉ bataillon. Le commandant et le colonel y assistent ! Puis de Gaulle rentre dans le rang. Il redevient un soldat comme les autres, qui utilise ses permissions pour offrir, au Café des Voyageurs, un dîner pour les Parisiens incorporés avec lui. Il chante même s'il ne boit pas. Il tire les rois avec ces mêmes camarades. Il emprunte « cent sous » à un compagnon de chambrée, et lui signe une reconnaissance de dette. Et puis, sac au dos, fusil à l'épaule. « En avant, marche ! »

« Nous revenons d'une marche de vingt-quatre kilomètres qui a été assez fatigante à cause de la pluie et de la boue des chemins, écrit-il à son père. C'est d'un bon entraînement pour les marches d'épreuve qui se feront bientôt et qui, paraît-il, sont un exercice assez dur. Jusqu'à présent, d'ailleurs, la marche ne m'a jamais paru difficile, même avec notre chargement actuel qui ressemble fort au chargement complet : c'est effectivement du côté du sac que j'attendais pour mon compte des ennuis. Ils ne se sont pas produits. »

On rentre à la caserne. On astique. Puis permission.

Charles arpente la grand-place d'Arras, entre dans la cathédrale, l'ancienne église de l'abbaye de Saint-Vaast. Sur les bords de la Scarpe, il imagine les batailles qui se sont succédé lors du siège de 1654. Ici ont commandé Turenne et Condé.

La pluie, tout à coup. Il regagne la caserne. Les cours sont désertes. Les permissionnaires ne sont pas encore revenus.

Il s'installe à une table dans le bâtiment de la « coopérative ». Il prend la plume et une feuille à l'en-tête du régiment.

« Mon cher papa,

« Je vous écris de la coopérative de notre quartier, et vous vous en apercevrez à mon papier à lettres. On est bien ici pour écrire, car une salle est réservée aux épistoliers et, bien qu'ils soient nombreux, on ne les entend pas, tant c'est absorbant pour eux (le plus souvent) de composer leurs missives. »

Il raconte ses journées, puis, la lettre terminée, il prend une autre feuille. Voilà des semaines que, lorsque la fatigue de la marche ou des corvées ne l'accable pas, il songe à écrire une nouvelle. Il a besoin de s'évader de cette caserne, d'échapper à la stricte discipline qu'il accepte mais dans laquelle il ne peut s'enfermer. Il lui faut franchir ces murs, ces grilles, voir la vie d'un peu plus haut, dans l'exaltation d'une aventure, dans le déchirement d'une tension et d'un conflit.

Il écrit le titre : *Le Secret du spahi*, et il ajoute au-dessous : *La Fille de l'Agha*. Cette Médella, fille du désert dont il raconte l'histoire, a séduit le lieutenant Meillan, qui traque dans le Sud algérien un chef pillard, l'Agha, le père de Médella. L'officier se suicidera pour permettre à Médella de s'enfuir. Mais l'Agha et sa tribu sont faits prisonniers par les camarades du lieutenant.

« On fit à Meillan des funérailles solennelles comme à tout officier tué à l'ennemi », pour tenter de masquer la réalité.

Mais un de ses camarades connaît la vérité : « J'avais fouillé les poches de Meillan pour envoyer à sa famille ce que j'y trouverais. Il y avait dans son dolman un de ces courts corsages bleus comme en portent les filles arabes dans les tribus nomades du désert. »

Il ne sert à rien de dissimuler les faits.

« Comme toujours en ce monde, la vérité se sut ensuite, et voilà pourquoi je la raconte. »

Charles de Gaulle s'interrompt. La pluie noie la caserne Schramm. Mais il est ailleurs, là où le destin prend les couleurs d'un mythe et d'une aventure. Il écrit : « Quelques semaines après – les funérailles solennelles de Meillan – un chanteur psalmodiait dans les rues la légende de la fille de

.

l'Agha tuant de ses regards les ennemis de son père. »

Il signe *Charles de Lugale*, prépare une enveloppe destinée au *Journal des voyages et des aventures de terre et de mer*, afin que son texte y soit publié. Combien d'officiers, de Vauvenargues à Vigny ou à Victor Margueritte, n'ont-ils pas été aussi des écrivains ? Pourquoi pas lui ?

Il est soldat, mais il ne peut s'empêcher de rêver et d'imaginer. *Le Secret du spahi* est publié le 10 janvier 1910. Charles vient juste d'avoir dix-neuf ans.

Quelques mois plus tard, le 14 octobre, à cinq semaines de son vingtième anniversaire, le sergent de Gaulle franchit le portail de l'école de Saint-Cyr.

Il est l'un des deux cent douze élèves officiers de la 94e promotion qui s'appellera Fès, du nom de cette ville du Maroc, proche du désert, où un lieutenant de spahi succomba aux charmes de la fille de l'Agha.

6

Charles de Gaulle, ce 14 octobre 1910, marche sous la pluie d'averse vers ces grands bâtiments sombres qui servent de dortoirs, de salles d'études, de réfectoire, d'amphithéâtre pour les deux promotions qui se côtoient à l'école de Saint-Cyr.

Le vent secoue les arbres du parc, couche l'herbe des champs de manœuvre, balaie les cours.

Charles arrive en fin de journée. La grève générale des cheminots l'a retardé. Il avance lentement.

Ce moment, il veut le savourer. Il entre vraiment dans l'Ordre militaire. Ce rêve qui depuis plusieurs années l'habite, voici qu'il se réalise enfin.

Il sait, pour l'avoir déjà vécu durant ces mois passés à la caserne Schramm d'Arras, qu'il va devoir subir la loi tatillonne, parfois absurde de l'Ordre, les brimades des anciens, ceux de la promotion précédente qui achèvent leur deuxième année d'école.

Mais c'est ainsi. Il ne se laissera pas blesser par ces rites.

Il s'attend, parce qu'il dépasse de plus de vingt centimètres la plupart de ses camarades, à être aussitôt remarqué. Un homme d'un mètre quatre-vingt-treize et qui s'appelle de Gaulle, qui peut l'ignorer ?

On l'interpelle déjà. Quel est ce double mètre ? cette asperge ? Il est maigre, les bras et les jambes longues. Une girafe. Un dindon, se moque-t-on.

Un ancien, au premier rassemblement, interroge d'une voix tonnante :

– Où est le nommé de Gaulle ?

On ne peut pas se dérober au rituel. Il faut obéir aux anciens quand on n'est qu'un « bazar », un nouveau.

Charles s'approche. L'ancien s'esclaffe, lui intime l'ordre de monter sur une table. Il faut rester impassible pendant que l'autre rit, prend la salle à témoin :

– C'est bien ainsi que j'imaginais la gaule !

On entoure celui qu'on appelle avec mépris « Monsieur le Bazar ».

Charles a revêtu son treillis. Il paraît plus grand encore, avec une tête étrange, car comme tous les nouveaux élèves officiers, il a eu le crâne rasé. On se moque. On l'accable. Il fait partie, lui dit-on, de ce troupeau inculte que les anciens ont mission de former. Qu'il descende de sa table, qu'il se rende aussitôt dans la cour, et qu'avec sa « gaule » il en mesure la longueur et la largeur. C'est un ordre. Exécution, Monsieur le Bazar.

Il faut s'allonger par terre, se redresser, s'allonger à nouveau autant de fois que sa taille est contenue dans les côtés de la cour. Sa taille est l'unité de mesure et il doit donner le résultat en « melon-kilomètres ».

Charles ne s'insurge pas. Il a choisi d'être un homme d'armes. Il faut se soumettre à toutes les épreuves qu'implique ce choix.

Il lui suffit de quelques heures pour découvrir cette école, ces bâtiments reconstruits par Louis XIV sur les ruines d'un ancien couvent pour accueillir les filles d'officiers. Là, le Roi-Soleil rendait visite à Mme de Maintenon. Elle était entourée de pensionnaires. Là, on a représenté pour la première fois les pièces de Racine, *Esther* et *Athalie*. Charles est dans le creuset de l'histoire nationale. Il fait partie du premier bataillon de France.

Dans le dortoir, on le houspille parce qu'il ronfle. On le réveille. La nuit sera courte. Le lever est à 5 h 30, l'étude à 6 heures; les exercices de gymnastique, d'équitation, d'escrime à 7 heures. Puis viennent les leçons d'allemand, la langue étrangère obligatoire. Après, ce sont les cours, les colles, les exercices d'instruction militaire. L'appel est à 9 heures, l'extinction des feux à 10.

Charles a à peine le temps d'envoyer une lettre à son père :

« Après le dîner, je comptais pouvoir vous écrire un mot, mais les anciens qui sont ici depuis quatre jours ont employé ce temps à nous tenir des laïus, à nous brimer aussi, sans méchanceté d'ailleurs. »

Parmi les anciens, il reconnaît un élève de son père, de Lattre de Tassigny.

Mais un bazar n'a guère de contact avec un élève de la promotion précédente. Et en outre, le temps manque pour les bavardages. Le soir, Charles est fourbu.

« Nous sommes, écrit-il à sa mère, en dépit d'un an de régiment, un peu courbaturés par ces débuts très brusques d'occupations si diverses. »

Les journées sont remplies par les cours, les exercices, et il faut plusieurs heures durant brosser, nettoyer, astiquer. Il pleut sans discontinuer.

« Le temps ici est abominable depuis deux jours et a changé en cloaque le plateau de Satory où nous pataugeons de une à quatre heures pour l'exercice. »

Vie de soldat. Celle que j'ai voulue.

Charles de Gaulle s'y plonge, appliqué et réservé avec ses camarades, presque hautain.

Il étudie avec acharnement.

Après quelques jours, on le range parmi les *brutes pompières*, les « huiles », ceux qui bûchent la théorie, l'histoire, la géographie, l'allemand, qui veulent obtenir un bon classement, tel cet Alphonse Juin, un fils de gendarme, qui réussit dans toutes les matières. Et puis il y a les autres, les *fines*, ceux qui, délibérément, avec ostentation, affichent exclusivement leur goût pour les exercices physiques, pour tout ce qui relève du *mili*, le tir, la manœuvre, le commandement. Ils exaltent la force et le courage physiques, s'adonnent avec enthousiasme au *pique-boyau* – l'escrime –, au *zèbre* – l'équitation. Et ils racontent à tue-tête, dans un langage leste, leurs bonnes fortunes.

Charles se tient à l'écart de ces « fines ». Il travaille toutes les matières avec une obstination sereine. Le métier des armes est sa vie.

Il écrit sur l'un de ses cahiers une devise empruntée à Victor Hugo : « Concision dans le style. Précision dans la pensée. Décision dans la vie. »

Il sent que peu à peu il s'impose au sein de l'École. L'examinateur d'histoire craint son érudition, sa mémoire. Ses notes sont excellentes : 17,7 en histoire militaire, 18,5 en géographie, 19 en fortification. « Esprit militaire, très développé », juge son capitaine. Et il souligne que sa résistance à la fatigue est grande, que son aptitude à la marche est très bonne.

Charles aime marcher. Quand il ne rentre pas à Paris les jours de permission, il s'enfonce seul ou avec des camarades dans la campagne par les chemins qui serpentent autour de Saint-Cyr. En compagnie de ces amis-là, Jacques de Sieyès et le fils du général Ditte, il parle avec une conviction et une assurance qui imposent l'attention.

– La guerre est proche, inévitable, dit-il. Il faut prendre notre revanche sur l'Allemagne. Berlin ne vient-il pas encore de provoquer la France en envoyant la canonnière *Panther* en rade d'Agadir ?

Mais, Charles en est sûr, la nation est maintenant disposée à se battre.

Oublié, l'antimilitarisme. Même Jaurès vient de déposer un contre-projet d'*Armée nouvelle* à la Chambre des députés. Utopique peut-être, mais c'est un signe. Comme l'est aussi la nomination du général Joffre au poste de chef d'état-major général de l'armée.

Et puis écoutez.

Charles de Gaulle évoque Charles Péguy, oui, Péguy, le socialiste, qui fut durant l'Affaire Dreyfus le plus ardent des dreyfusards, s'est converti au patriotisme, à la foi de nos pères. Il exalte Jeanne d'Arc, les hommes d'armes. *Écoutez Péguy.*

De Gaulle déclame :

*Vous qui avez un sabre
Et c'est pour vous en servir
Vous qui fondez des camps
Et qui fondez des villes
Vous qui faites la paix par les armes
Imposée – maintenue par la force des armes
Vous qui faites les seules inscriptions historiques
Dont nous sommes sûrs qu'elles se font en ce
moment...*

Charles se tait quelques instants, puis ajoute :

– Voilà ce que nous sommes, ce que nous faisons, nous, soldats. La guerre est notre aventure, une inconnue vers laquelle nous marchons, prêts au sacrifice.

Il a à peine un peu plus de vingt ans. Il pose pour le photographe, en uniforme de saint-cyrien, « shako » orné du casoar enfoncé sur le front, les mains posées sur le pommeau du sabre, les épaules un peu étroites, le col haut serrant son cou maigre.

Dans le champ de manœuvre où son groupe d'élèves est rassemblé, le fusil, baïonnette emmanchée, sur l'épaule droite, il est homme de base de sa compagnie, au premier rang, à deux hommes du porte-drapeau, le major de la promotion, Alphonse Juin. On les photographie. Il est fier de ce cliché. Il sait que son père partagera ses sentiments. Il lui écrit, le 11 mars 1911 :

« Mon cher papa.

« On avait photographié mardi notre groupe avec le drapeau. Voici le drapeau. J'ai la chance d'être vu sur la carte. »

Il se sent bien dans son corps, dans sa tête.

La devise de l'École, « s'instruire pour vaincre », il lui semble qu'elle est sienne depuis toujours.

Il se félicite d'avoir, d'instinct, poussé par son imagination et son rêve, choisi le métier des armes et, au sein de cet ordre, l'infanterie, la plus militaire des armes.

Cela aussi, il le pense d'instinct. Parfois, le soir, avant l'extinction des feux, il s'arrache au programme des études. Il lit Bergson, ce philosophe que connaît son père et qui a montré l'importance de l'instinct, de l'intuition et de l'élan vital.

« L'instinct achevé est une faculté d'utiliser et même de construire des instruments organisés », écrit Bergson. Charles a le sentiment de construire d'instinct sa personne, son destin.

Quand, à la fin de la première année, il doit choisir définitivement entre devenir fantassin ou cavalier, il n'hésite pas.

Pourtant, son rang au terme de cette première année d'études, quarante-cinquième, son nom, sa culture, son allure lui permettent de rejoindre « l'escadron », l'arme noble, où est allé de Lattre. Mais il ne veut pas être un « bazanais », comme on appelle les cavaliers, mais un « biffin ».

L'intuition, le désir de faire partie de cette infanterie qu'il juge reine des batailles le déterminent.

Qu'importent alors les servitudes de cette arme telles qu'il les a connues au 33ᵉ régiment d'Arras.

Il est heureux de ce choix.

Il participe avec entrain au baptême de sa promotion. Il se déguise en « marié de village ». Il chante. Il fait le pitre comme les autres, lui, la « salhuile ».

C'est cela aussi, un « Ordre » : le respect de toutes les traditions, y compris celles pour lesquelles on ne ressent pas de penchant, mais qu'on accepte parce qu'un Ordre, ce sont des relations réglées entre ceux qui le composent, une hiérarchie des coutumes, des chants, un uniforme, une manière d'être, une foi partagée.

Parfois il pense qu'il aurait pu être, en d'autres temps, l'un de ces moines-soldats qui défendirent l'Occident chrétien. Il connaît leurs prouesses. Mais il est fils d'une nation, cette France dont Saint-Cyr, dans ses bâtiments, son histoire, résume la continuité. Louis XIV créa l'institution pour les familles de la noblesse militaire, Napoléon la restaura après sa suppression par la Convention, la République poursuit l'œuvre impériale. Voilà toute la France, là, dans cette histoire où l'armée plonge ses racines.

Il vit, ressent toute cette histoire séculaire, ici, dans la cour Wagram, là, devant les statues équestres des grands chefs militaires du passé. Et sans rien en laisser paraître, il est ému au plus profond de lui-même quand, le 1ᵉʳ octobre 1911, il peut arborer sur son uniforme les épaulettes et les galons de sous-lieutenant.

Maintenant, il est déjà un ancien. Il accueille les nouveaux « bazars ». Il assiste sans y participer aux brimades qu'on leur inflige. Il préfère se retirer, lire, étudier même les cours de législation et les règlements militaires. Il est plus que jamais une brute pompière, une huile.

Il ne travaille pas pour, grâce à un bon classement de sortie, choisir un corps d'élite. Il rêve toujours d'être général et commandant en chef, plus encore que lorsqu'il était un adolescent imaginant la *Campagne d'Allemagne*.

Mais il veut d'abord, tel un séminariste qui devient missionnaire tout en s'imaginant un jour qu'il sera pape, servir dans l'un de ces humbles régiments d'infanterie qui, postés sur la frontière, face à l'Allemagne, affronteront les premiers combats. Ceux qui décideront du sort de la guerre.

On lui annonce qu'il est treizième de sa promotion. Il va bien sûr, croit-on autour de lui, à l'occasion de « l'amphi-garnison » où l'on indique ses préférences, choisir les chasseurs, la Légion ou l'infanterie coloniale, et non, comme les derniers du classement, ces régiments métropolitains où, dans les villes de garnison, on traîne son ennui. N'a-t-il pas écrit deux nouvelles qui mettent en scène des officiers coloniaux, l'un aux antipodes, l'autre dans le désert ?

Il n'hésite pas. Il rit. Sur le tableau où sont inscrits les différentes garnisons et leurs régiments, il écrit à la craie son nom et son rang en face du 33ᵉ régiment d'infanterie de ligne, en garnison à Arras.

Son régiment. Personne, parmi les tout premiers du classement qui le devancent, n'aura l'idée de postuler ce régiment à sa place.

On s'étonne. Il laisse les commentateurs gloser. A-t-il choisi ce régiment parce qu'un nouveau colonel a remplacé le colonel Schwartz depuis le mois de juillet 1911 ? Il reste silencieux. Il semble ne même pas connaître le nom de ce colonel, Philippe Pétain, qui fut professeur à l'École de guerre, qui a belle prestance, mais que l'état-major n'aime pas parce qu'il a des idées hérétiques. Il n'obtiendra sûrement pas ses étoiles de général avant de partir à la retraite. Charles ne répond pas. Il confirme : 33ᵉ régiment d'infanterie d'Arras.

Dommage. Ses notes et ses appréciations sont excellentes, insiste-t-on.

Le chef de bataillon directeur des exercices d'infanterie l'a jugé « très militaire, très dévoué, très consciencieux. Commande avec calme et énergie. Fera un excellent officier ».

Le général commandant l'École a été aussi élogieux. Il a écrit : « A été continuellement en progressant depuis son entrée à l'École : a beaucoup de moyens, de l'énergie, du zèle, de l'enthousiasme, du commandement et de la décision. Ne peut manquer de faire un excellent officier. »

– 33e régiment d'infanterie, répète Charles de Gaulle.

Il y est affecté le 9 octobre 1912.

La vie commence.

7

Charles de Gaulle traverse la grand-place d'Arras. Il aime cet immense espace pavé que les façades festonnées entourent comme un décor de théâtre dressé par l'Histoire.

Il pleut. Mais qu'importe la pluie ! Il passe lentement devant l'Hôtel et Café du Commerce. Il y a deux ans, il n'était jamais entré dans cet établissement. Il n'était que le deuxième classe ou le caporal de Gaulle. Il jette un regard vers les glaces qui décorent la devanture. Le temps a passé vite. Ses galons de sous-lieutenant et ses épaulettes d'or brillent sur l'uniforme. Il porte une moustache qui vieillit son visage encore adolescent.

Mais il sent le besoin d'écrire :

« Ma chère maman,

« Après un très bon déjeuner à l'Hôtel du Commerce, je me suis présenté au quartier Labrousse. On m'a fait attendre une heure le major... On m'a rendu ma liberté jusqu'à ce soir 9 heures... Présentement je visite la ville qui est gaie et semble agréable. Ce soir, on me couchera dans une chambrée quelconque et demain matin je serai incorporé.

« Affection.

« Charles de Gaulle. »

Il va devoir commander à des hommes, à de vieux sous-officiers qui guetteront le moindre faux pas, une hésitation, pour se moquer de ces « puceaux » auxquels l'armée confie des responsabilités trop lourdes, jeunes sans expérience qui croient tout savoir parce qu'ils sortent d'une école militaire.

Il se redresse. Il sera à la hauteur de sa tâche. Il le faut. Il le veut. Il le doit. Son destin commence ici, à l'entrée de cette caserne Schramm dont il reconnaît les murs gris.

Des sections sont à l'exercice. Dans la guérite, le factionnaire qui lui présente les armes, un adjudant, sort du poste de garde, salue.

On le guide vers le bâtiment central, là où se trouve le bureau du colonel Pétain commandant le régiment.

De Gaulle, tout en marchant, regarde autour de lui. La caserne a changé. Il n'aperçoit dans les cours aucun soldat désœuvré faisant mine d'effectuer une corvée. Cela confirme les indications qu'on lui a données. Pétain a repris en main le 33e. Exercices, manœuvres, punitions pour les retardataires à l'appel lors des retours de permission. Le « Vieux » Pétain, bien qu'il soit à quelques années seulement de la retraite, est toujours, à en croire ceux qui le connaissent et rapportent mille anecdotes sur lui, le « caïd ». Il vous regarde de son œil bleu de porcelaine en laissant tomber une phrase sur un ton glacial, un petit sourire ironique sous sa moustache poivre et sel. La chaleur, celui qu'on appelle « Précis-le-Sec » la réserve aux femmes d'Arras, en célibataire qui peut tout à coup dire, comme pour désorienter ses interlocuteurs : « J'aime par-dessus tout deux choses, l'amour et l'infanterie », et se lancer, en incroyant qu'il est, dans des plaisanteries grivoises qu'il ponctue des coups d'œil égrillards d'un officier qui n'espère plus rien de sa carrière.

– J'ai été vieux lieutenant, vieux capitaine, vieux colonel, dit-il, j'ai été vieux dans tous mes grades.

Il attend le passage dans le cadre de réserve, en se tenant bien droit, en ne cédant sur rien, continuant de manifester son opposition aux thèses de l'état-major qui prônent l'offensive, baïonnette au canon, drapeau claquant dans le vent. Comme le dit le concepteur de cette stratégie, le colonel Grandmaison : « L'armée française revenue à ses traditions n'admet plus dans la conduite des opérations d'autre loi que l'offensive, et en matière d'offensive l'imprudence est la meilleure des sûretés. » À cela, Pétain répond simplement que « le feu tue », que le temps des charges héroïques est terminé à l'âge de la mitrailleuse et de l'artillerie, que c'est « le canon qui conquiert et l'infanterie qui occupe ».

L'adjudant s'efface après avoir ouvert la porte du bureau du colonel. Charles fait deux pas, claque les talons en saluant.

– Appelé à l'honneur de servir sous vos ordres..., commence-t-il en se présentant.

Pétain se lève. Il est grand, élancé, presque chauve, élégant dans son uniforme bien coupé qui colle à son ventre plat.

Il a trente-quatre ans de plus que moi. Il suivait les cours de l'École de guerre l'année de ma naissance.

Mais, à cinquante-six ans, il est svelte comme un sous-lieutenant, tout en donnant une impression de vigueur et de détermination calme. Il s'approche. Il tend la main. Son regard est celui d'un homme qui sait commander. Il ne dit que quelques mots.

– Vous êtes affecté à la 6e compagnie du capitaine Salicetti. Je vous souhaite la bienvenue dans l'armée.

C'est tout.

De Gaulle salue, sort.

Tout en suivant l'adjudant qui le conduit vers les bâtiments de sa compagnie, à l'autre extrémité de la caserne, il se sent heureux et fier de servir sous les ordres de cet homme singulier, qui fut professeur à l'École de guerre, qui a défendu ses idées, compromis sa carrière – « jamais Pétain ne passera divisionnaire », a-t-on répété à de Gaulle –, et qui est pourtant, il suffit de quelques minutes pour qu'on s'en rende compte, un vrai soldat, un chef.

Ce que je dois devenir.

Que serai-je dans trente-quatre ans, à l'âge de Pétain ?

De Gaulle traverse les cours, salue des officiers. Il n'est pour l'instant que l'un des trente-deux lieutenants et sous-lieutenants du régiment qui compte aussi dix-neuf capitaines.

À moi d'être le meilleur.

C'est l'aube. De Gaulle est debout.

Il entre dans les chambrées de sa compagnie avant le sergent de semaine. Les soldats bondissent, courent, s'ébrouent. Les sous-officiers arrivent. Il lit dans le regard des adjudants la surprise. Que fait donc là ce sous-lieutenant en gants blancs, le visage sévère ? Ce n'est pas dans les habitudes. Les officiers ne s'occupent pas de l'instruction des recrues. Mais de Gaulle est déjà dans ce coin d'esplanade où la section est alignée. Il égrène ses ordres d'une voix forte.

« En avant, marche, garde à vous, repos ; arme sur l'épaule, présentez arme. »

Les commandements se succèdent. Il parle sans morgue mais avec une autorité sereine, semblant tout voir, interpellant les soldats par leur nom. Il les connaît déjà tous, rectifie la position de l'un d'eux, se tient droit, attentif, et chacun se redresse. Les talons claquent, les jambes et les bras se tendent. La compagnie défile et l'on n'entend qu'un seul bruit, celui de la troupe qui marche au même pas, sans hésitation, du premier au dernier rang.

Il lance un dernier commandement. Les soldats se dispersent pour accomplir les corvées.

D'un mot, de Gaulle rassemble les sous-officiers. Il va réunir régulièrement les cadres de la compagnie, explique-t-il. Une armée est victorieuse quand chaque homme, du deuxième classe au commandant en chef, sait pourquoi il se bat, et comment il doit combattre. Il enseignera aux sous-officiers les principes élémentaires de la tactique. Il regarde chacun de ses subordonnés. Il les sent étonnés et flattés de ce qu'il exige d'eux, de la confiance qu'il leur manifeste.

Être un chef, c'est inciter chaque homme à donner le meilleur de lui-même.

Il va, conclut-il, parler aux nouvelles recrues de la France, de l'armée, de leur rôle.

Il surprend les coups d'œil que les sous-officiers échangent entre eux. Il sait bien, pour l'avoir vécu ici même, dans cette caserne Schramm, comme deuxième classe, qu'il rompt avec le conformisme, la paresse et le mépris aussi que trop souvent les gradés ont pour leurs hommes.

Il voit ces troupiers venus de toutes les régions du Nord. Ils ont les traits rudes des paysans, les mains épaisses et les visages burinés des mineurs. Leurs gestes sont lourds comme ceux de jeunes hommes arrachés à leurs habitudes, à la charrue ou à la pioche. Ils ont sans doute le sentiment qu'ils vont perdre deux ans de leur vie.

De Gaulle croise les bras. Il n'a jamais parlé à autant d'hommes. Il veut convaincre. Sa voix s'élève.

– Vous voilà arrivés au régiment, commence-t-il. Vous n'êtes plus maintenant des hommes ordinaires ; vous êtes devenus des soldats, des militaires. Tout cela s'est fait naturellement : ça a été le conseil de révision, puis l'ordre d'appel, puis l'arrivée au régiment, et vous voici. Mais vous êtes-vous demandé pourquoi ?

Il s'interrompt. Il sent peser sur lui des regards étonnés.

– Pourquoi ? reprend-il. La France est une nation. Mais est-elle la seule nation dans le monde ? Non ! Il y a d'autres nations : l'Allemagne, l'Angleterre, voilà d'autres nations. Eh bien !

Sa voix s'est assurée. Il éprouve un sentiment de confiance en lui et de force.

– Toutes ces nations-là ne demanderaient pas mieux que de nous envahir pour nous conquérir, c'est-à-dire nous empêcher de parler français, enlever nos libertés.

Les mots viennent. Il a préparé son discours et les phrases sont gravées dans sa mémoire.

Il parle des malheurs de 1870, de ces gens qui, à l'intérieur du pays, « ne cherchent qu'une occasion de causer du désordre ». Il justifie la discipline, nécessaire pour « agir tous ensemble et obéir aux chefs ».

Les soldats écoutent, immobiles.

– Tout cela ne s'apprend pas en un jour, mais en deux ans, conclut-il. Vous avez compris, maintenant, pourquoi vous êtes ici ? Vous voyez que ce n'est pas pour rien.

Il s'arrête. Il doit dire plus encore. Que « l'armée française veut quelque chose : entrer en Allemagne et reprendre les provinces volées en 1870, l'Alsace et la Lorraine et les cinq milliards d'argent », versés en application du traité de Francfort de 1871.

Il parle de la solidarité et de la camaraderie. C'est cela, une armée. C'est à lui, officier, de nouer ensemble les hommes, de tresser chaque brin avec les autres pour en faire une corde résistante. C'est son rôle social. Ainsi la patrie sera plus forte.

Il élève la voix. Il exprime ce qu'il ressent au plus profond de lui-même :

– La France est bien belle et bien bonne, dit-il, allez, nous le verrons ensemble un de ces jours, elle vaut bien la peine qu'on la défende... Pensons que nous servons la France, pensons que c'est avec nos mille efforts que nous contribuerons à la faire forte, libre, respectée dehors et prospère au-dedans.

Il pourrait s'arrêter là. Un vers de Péguy lui revient en mémoire :

Mère, voici tes fils qui se sont tant battus.

Ces hommes assis devant lui vont être engagés dans la guerre. Il le pressent. Il faut les avertir.

– Et qui sait, reprend-il, si cette année-ci ne sera pas précisément décisive pour l'avenir de la patrie ? Je n'ai pas besoin de vous dire que plus que jamais la situation extérieure apparaît complexe et menaçante.

Il parle du combat, des tirailleurs qui doivent avancer par deux, et ne jamais se quitter. Il voit les batailles qui s'annoncent. On ne ment pas aux hommes qui vont risquer leur vie.

– Et les blessés, lance-t-il, faut-il les secourir ?

Les visages en face de lui sont tendus, fascinés. Effrayés.

– Non ! martèle-t-il. Quand on a des camarades blessés, le meilleur service à leur rendre c'est de gagner la victoire bien vite. Sinon, c'est le désordre de la défaite, les blessés mal soignés.

Comprennent-ils ?

– Il faut avoir l'esprit d'offensive, répète-t-il. Il faut partout, toujours, avoir une seule idée, marcher en avant, hardiment, marcher à l'assaut, atteindre les Allemands, les embrocher ou les faire fuir.

Il lève les bras.

– De l'esprit d'offensive, vous en avez. Il est dans le sang de tous les Français et vous êtes français.

Il les regarde quitter la salle. Il va marcher seul dans la cour, puis il rentre dans la chambre qu'il occupe dans une pension d'Arras. Il prend son carnet. Il écrit : « Importance relative variable accordée au cours de l'Histoire au feu et au mouvement. »

Il vient de prôner le mouvement, l'offensive. Pétain est un partisan de la défensive, du feu qui se substitue à l'assaut.

– Pétain est un grand homme, murmure-t-il.

Il continue de prendre des notes, analysant les positions adoptées au cours de l'Histoire sur ce problème central de la stratégie.

Pétain n'a pas tort de mettre l'accent sur la puissance nouvelle du « feu » des canons de 75 et des mitrailleuses. Et cependant peut-on gagner une guerre sans attaquer, sans esprit offensif ? Peut-on, en restant immobiles, vaincre ? De Gaulle ne peut le croire. Tout se refuse en lui à cette idée d'une guerre passive où l'on se contente de bombarder l'adversaire depuis des positions qu'on ne dépassera pas.

En avant ! voilà ce qu'il pense. « Une armée ne vaut que par les forces morales, c'est à nous, cadres, de les créer. »

Il devine, à mille signes, qu'on parle de ses méthodes, du rôle qu'il se donne dans l'instruction des recrues, des conférences qu'il prononce.

Le colonel Pétain paraît satisfait.

Parfois, ils se retrouvent par hasard, dans le train de Paris. Pétain sourit, avec toujours cette lueur d'ironie dans le regard. De Gaulle ne baisse pas la tête. Il est un bon officier. Il le sait. Pétain, à la fin du premier semestre 1913, l'a d'ailleurs noté d'une façon élogieuse : « Sorti de Saint-Cyr avec le n° 13 sur 211. S'affirme dès le début comme un officier de réelle valeur qui donne les plus belles espérances pour l'avenir. Se donne de tout cœur à ses fonctions d'instructeur. A fait une brillante conférence sur les causes du conflit dans la péninsule des Balkans. »

Alors, pense de Gaulle, il est juste que, le 1er octobre 1913, il soit promu au grade de lieutenant.

Mais il est fier de ce premier rang franchi.

Il se promène sur la place d'Arras. Ses épaulettes d'or et ses deux galons tranchant sur son uniforme. Il entre à l'Hôtel et Café du Commerce où il réunit pour dîner les jeunes soldats admis à Saint-Cyr et qui accomplissent leur année dans un corps de troupe, comme il l'a fait lui-même. Il est l'ancien. Mais personne ne lui avait parlé comme il leur parle quand il accomplissait son année de troupier. Il les avertit.

« L'Allemagne, dit-il, ne cesse d'augmenter ses forces militaires, les sous-officiers sont excellents, les officiers supérieurs et les généraux sont plus jeunes que les nôtres. »

Oui, il faut oser dire cela.

« Le fusil allemand est plus commode que le fusil lebel et tire plus vite..., poursuit-il. Comme nous, les Allemands organisent l'offensive à outrance. »

Mais « la France n'a aucune inquiétude à avoir ». Il répète que les forces morales décident de la qualité d'une armée.

Il sent ses jeunes hommes tendus mais enthousiastes. Il leur parle de ces livres qu'il dévore à la bibliothèque Saint-Vaast d'Arras. Connaissent-ils les œuvres du colonel Ardant du Picq, tué en 1870 et qui a intitulé l'une de ces œuvres *Nécessité dans les choses de la guerre de connaître l'instrument premier qui est l'homme ?*

Ont-ils lu *L'Appel aux armes* ou *Le Voyage du centurion*, d'Ernest Psichari, le petit-fils de Renan, fils de professeur, dreyfusard comme Péguy, philosophe incroyant, et qui brusquement rompt avec son milieu, s'engage comme simple canonnier dans l'armée coloniale et se convertit ? Voilà la France d'aujourd'hui, celle de Poincaré, président de la République, qui vient de décider de porter le service militaire à trois ans !

Il sent d'ailleurs, quand il parcourt d'un pas alerte la vaste promenade des Allées, ces longues avenues plantées d'ormes et de tilleuls, puis le vaste jardin anglais, qu'on le regarde avec plus que de l'intérêt, parce qu'il est officier. Et que l'armée a cessé d'être attaquée avec la virulence d'il y a quelques années. Des femmes lui lancent des œillades. Il en rencontre certaines dans les salons d'Arras, veuves élégantes ou épouses volages en quête d'émotions ou dévorées de désir. Parfois elles lui parlent de ce séduisant colonel Philippe Pétain, qu'elles connaissent bien, très bien.

Ces femmes se penchent, chuchotent des demi-confidences. Elles étouffent des rires de gorge, la main sur la bouche. Quel charme, votre colonel ! Quel terrible séducteur !

De Gaulle écoute. Un soir, se présentant chez Mme Halna du Fretay, l'une de ces jolies femmes audacieuses qui l'a invité à sa soirée, il aperçoit, assis au milieu du salon, le buste très droit, l'œil vif, les jambes croisées, le colonel Pétain qui a un sourire ironique, et auquel il se présente, claquant les talons, inclinant le buste.

Au mess, souvent, des officiers baissent la voix, évoquent les conquêtes du Vieux, de ce Précis-le-Sec qui file à Paris dès qu'il le peut, comme un jeune homme, et souffle aux lieutenants les plus belles proies. N'est-ce pas, de Gaulle ? Il ne détellera jamais le colonel !

De Gaulle éprouve, à entendre ces propos, ces anecdotes, à côtoyer ces femmes, le sentiment qu'une relation particulière le lie à ce colonel qui affiche avec désinvolture ces idées, ces mœurs, et ne renonce jamais à dire ce qui lui plaît.

Chaque jour, on rapporte une anecdote nouvelle. Il a « collé au trou » un député – Mirman – officier de réserve qui faisait sa période au régiment et avait cru pouvoir prendre la parole à la Chambre des députés sans demander l'autorisation du colonel. Lorsque, il y a quelques années, l'armée a été conviée à briser les portes des édifices religieux pour permettre de faire l'inventaire de leurs biens, en application de la loi de séparation de l'Église et de l'État, Pétain s'est remis à assister à la messe ; et quand le ministère, imaginant avoir affaire à un officier digne de confiance – les athées sont rares dans l'armée –, lui a demandé de relever le nom des subordonnés qui vont à la messe, il a répondu : « Me tenant au premier rang des fidèles, je n'ai pas pour habitude de me retourner pendant l'office. »

De Gaulle est intrigué, fasciné même. Il aime cette indépendance d'esprit. Cette prestance aussi.

Il le voit, dans la pluie d'octobre 1913, chevaucher au milieu des champs ou sur les chemins boueux. Le 33ᵉ régiment participe aux manœuvres de la division d'infanterie sous le commandement du général Le Gallet. De Gaulle entoure son képi d'un foulard blanc, comme tous les hommes du régiment. Ils composent le parti blanc.

On avance. On s'allonge dans les fossés, au bord des champs de maïs ou de blé. On déjeune assis sur un talus.

De Gaulle aime ces jours d'effort physique, quand la théorie piétine dans la réalité. Mais il faut respecter le plan prévu, monter à l'assaut à découvert, drapeau déployé, musique en tête, pour prendre un village situé sur une colline et défendu par le parti opposé.

– Baïonnette au canon !

On s'élance, entraîné par le clairon qui sonne la charge. Les pantalons rouges des fantassins forment dans les champs comme une envolée de coquelicots.

Le village est pris. De Gaulle, d'un pas rapide, rejoint les officiers rassemblés autour du général Le Gallet.

Le général est enchanté. Voilà comment il faudra se battre. Il commente d'un air satisfait la charge héroïque, puis il passe la parole au colonel Pétain. De Gaulle suit des yeux Pétain qui s'avance au centre du cercle. Il a cet air narquois mêlé d'une sorte d'indifférence. Il commence à parler de sa voix sourde :

– Je suis certain que le général Le Gallet s'est proposé afin de mieux frapper les esprits...

Il s'arrête un instant, puis reprend sans hausser le ton :

– ... de présenter la synthèse de toutes les fautes qu'une armée moderne ne doit plus commettre.

De Gaulle fixe ce colonel maître de soi qui défie toute la hiérarchie militaire. Pétain se trompe peut-être quand il ajoute :

– L'offensive, c'est le feu qui avance ; la défensive, c'est le feu qui arrête. Écrasons d'abord l'ennemi par des feux d'artillerie, et nous cueillerons ensuite la victoire.

Mais quel caractère ! L'un de ces hommes qui semblent se conformer à cette règle qu'Henri de Gaulle appliquait et dont Charles se souvient : « Ne jamais cacher sa pensée quand il faut la dire et quoi qu'il doive en coûter. »

De Gaulle, seul dans sa chambre, médite sur le comportement et les idées du colonel. Il ne peut adhérer à sa thèse défensive. Mais sa volonté de rompre s'il le faut avec les idées toutes faites est digne de respect. Utile, dans cette période où tout annonce la guerre. Il faut, à tous les échelons de l'État, des hommes déterminés et, s'exclame de Gaulle, à part Clemenceau, « seul homme d'État digne de ce nom », il n'y a que des politiciens, qui certes votent la loi des trois ans de service militaire mais dont la plupart font campagne lors des élections législatives d'avril 1914 pour son abrogation !

On entend des représentants de l'état-major dire : « Ce qui fait la force de l'armée, c'est la légèreté des canons ! » Ou bien : « Pour l'armée, l'aviation c'est zéro ! Tout ça, c'est du sport ! »

Pétain, au moins, essaie de penser, et possède le don et l'art de commander. Et puis de Gaulle devine que le colonel l'a sans doute distingué.

Au second semestre de 1913, il a porté sur lui une appréciation tout aussi élogieuse que la précédente : « Très intelligent. Aime son métier avec passion. A parfaitement conduit sa section aux manœuvres. Digne de tous éloges. »

De Gaulle sent l'estime dont peu à peu il est entouré au 33e régiment.

Sa section et toute la compagnie forment un bloc. Les officiers du régiment l'écoutent quand il parle de Barrès ou de Péguy. Il montre les *Cahiers de la quinzaine* auxquels il vient de s'abonner. Là, Charles Péguy dit son patriotisme, sa générosité, sa foi. Maurras ? Un officier lance ce nom, évoque *L'Action française*.

De Gaulle reste un moment silencieux. Il connaît ce journal, dit-il.

Il hésite, puis ne dit pas que son père s'y est abonné.

Il n'ignore rien, reprend-il, des prises de position de Maurras, de son nationalisme, de son livre *Kiel et Tanger*, une bonne analyse de ce que pourrait faire dans l'ordre international une puissance comme la France. Il a lu aussi de Maurras *L'Avenir de l'intelligence*, une condamnation de l'argent intéressante. Mais – de Gaulle fait la moue – un courant qui se veut patriote doit rassembler tous les brins qui constituent la trame de l'histoire nationale, aussi bien Jeanne d'Arc et Louvois que Carnot, Hoche et Napoléon, ce que Maurras et son *Action française* ne font pas. Pour unir les Français, il faut accepter toute l'histoire de la patrie, et créer un ordre social juste dont personne ne se sente exclu. De Gaulle parle longuement de ce catholique, René de La Tour du Pin, qui rêve d'une harmonie sociale, fondée sur la solidarité, inspirée par le christianisme. Voilà ce qu'il faut à la nation. Un ordre juste. Et bien sûr, d'abord, la revanche.

Il marche en compagnie des autres officiers du régiment dans les rues de Belfort. C'est une sorte de pèlerinage pour saluer la cité qui, sous le commandement de Denfert-Rochereau, ne se rendit pas aux Prussiens et resta française. De Gaulle est au premier rang, encore une fois, homme de base, parce que le plus grand, tenant le pommeau de son sabre. Des passants accompagnent cette petite troupe qui défile. Puis l'on se rend sur la « ligne bleue des Vosges » afin de voir l'Alsace, l'enfant de la patrie, volée et qu'il faut reprendre.

Il faudra donc se battre. Et donc forger les valeurs morales qui sont nécessaires.

De Gaulle, une fois encore, rassemble les officiers subalternes. Ils ont posé leur képi devant eux. Ils croisent les bras. Ils sont attentifs, déjà habitués à ces conférences.

— Mais ce soir, dit de Gaulle, il ne s'agit pas d'histoire ou de tactique mais de patriotisme.

Il s'enflamme, la voix haute, détachant les mots.

— Le patriotisme est le sentiment le plus généreux, le plus désintéressé, dit-il.

Il cite les noms de Jeanne d'Arc, de Du Guesclin, de Montcalm.

– Notre patriotisme est un amour profond pour
une nation qui, à toute époque, a versé le plus pur
de son sang pour toutes les grandes causes et ren-
versé les obstacles que les peuples et les individus
avaient jetés au travers de la civilisation.

Il fait quelques pas, baissant la voix.

– Comme me l'a dit à moi-même « le plus grand
patriote du siècle », Déroulède : « Celui qui n'aime
pas sa mère plus que les autres mères et sa patrie
plus que les autres patries n'aime ni sa mère ni sa
patrie. »

Et devant l'amour de sa patrie, tout le reste doit
s'incliner.

Il durcit le ton. Il y a ceux, dit-il, qui, « dans les
rangs de nos amis », refusent de payer cet impôt
sur le revenu que la Chambre des députés doit
voter. « Ce serait la ruine soudaine du crédit de la
France. » Il faut donc voter l'impôt.

Et puis il y a ceux, les « antipatriotes », qui pro-
fessent l'horreur de la guerre et veulent « détruire
l'amour de la France dans le cœur de ses enfants ».

Des misérables.

Il parle avec mépris.

– Certes, la guerre est un mal, dit-il, je suis le
premier à en convenir... Mais c'est une des grandes
lois des sociétés, auxquelles elles ne peuvent se
soustraire... Rejeter la guerre hors du monde n'est
qu'une utopie.

Elle s'avance à grands pas.

Des Serbes assassinent l'archiduc François-Fer-
dinand le 28 juin 1914 à Sarajevo.

Le président de la République Poincaré et le
président du Conseil Viviani se rendent en Russie
pour réaffirmer l'alliance avec le tsar. Les ultima-
tums se succèdent, des Austro-Hongrois à la Serbie, et la guerre est déclarée le 28 juillet entre ces
deux puissances. Poincaré et Viviani, le 29, sont de
retour à Paris.

De Gaulle en est sûr : cette fois, c'est la guerre.

Il multiplie les revues de détail. Il faut que les baïonnettes et les sabres soient affûtés par l'armurier régimentaire. Il fait compter les cartouches de chaque homme, monter et remonter le fusil. Les hommes exécutent avec une sorte de fébrilité les ordres. Le nouveau colonel – Pétain a quitté le 33e régiment il y a quelques semaines pour le commandement d'une brigade – rassemble les officiers. « Il faut être prêt, dit-il, à accueillir les réservistes. »

Le 31 juillet, l'Allemagne adresse un ultimatum à la France et à la Russie. Ce même jour, Jaurès est assassiné.

Pas le temps de s'interroger, le 1er août 1914, sur cet événement.

De Gaulle parcourt les rues d'Arras puis, rentré à la caserne Schramm, il note rapidement sur son carnet : « Tout le monde attend pour ce soir l'ordre de mobilisation. Calme absolu de la troupe et de la population. Mais inquiétude sur les visages. Comme les officiers sont quelqu'un maintenant en ville ! Je suis affecté à la 11e compagnie, capitaine Maes. »

Le soir du 1er août, c'est en effet la mobilisation générale.

Voilà le moment attendu, espéré. De Gaulle regarde le colonel Stirn déchirer les grandes enveloppes jaunes cachetées à la cire qui contiennent les consignes.

– Le régiment, dit le colonel, dispose de trois jours pour se mettre sur le pied de guerre.

Le 2 août, la Belgique est envahie.

De Gaulle passe le long des files de soldats qui viennent toucher leur équipement de campagne. Il sent les regards angoissés. Il marche d'un pas lent, la tête droite.

Il faut être impassible.

Le 3 août, c'est la déclaration de guerre de l'Allemagne à la France.

Voici les premiers réservistes. Il faut parler calmement, les diriger vers leur chambrée, les équiper, organiser la compagnie, rappeler, en quelques heures, les éléments de l'instruction militaire.

Puis on attend le départ vers le nord-est, vers la frontière et peut-être au-delà, en Belgique, à la rencontre des Allemands.

C'est la fin de la journée du 4 août 1914.

De Gaulle ouvre son carnet.

« Le soir, dîner très gai à la pension, note-t-il. Puis mettons nos affaires en ordre. Papiers brûlés. Je peux partir. »

Troisième partie

*L'inquiétude saisissait l'officier : serait-il
brave, lui qui rêvait de l'être tant ?*

Août 1914 – décembre 1918

8

De Gaulle, bras croisés, se tient immobile dans
la cour de la caserne Schramm. Les soldats de la
11e compagnie, en se précipitant hors du bâtiment, s'arrêtent devant lui, comme un flot qui
brusquement rencontre une étrave, une figure de
proue. Il cherche leurs regards pour leur communiquer le calme et la confiance dans cette aube du
5 août 1914.

La caserne est pleine de bruits : coups de sifflet
des adjudants, brodequins qui raclent les pavés,
heurts des crosses sur les planches, jurons des ser-
gents. De Gaulle ne bouge pas, alors que les
hommes s'alignent, que les caporaux font l'appel.
Les soldats s'entraident, ajustant les sacs, rentrant
des courroies pendantes, mal à l'aise dans leurs
tenues neuves.

Brusquement, c'est le silence qui tombe sur les
compagnies rassemblées, troublé seulement par
des bruits isolés, vite étouffés.

De Gaulle s'avance, se place à droite de sa section.

– À mon commandement, section, en avant,
marche.

Dans le jour qui se dégage lentement de la
nuit, le régiment sort du quartier. Pas cadencé qui

résonne dans les rues. Une petite foule, des femmes portant des enfants dans les bras, des vieux longtemps agrippés aux grilles de la caserne, suit le régiment jusqu'à la porte.

Il fait plus clair. De Gaulle regarde ces femmes qui retiennent leurs larmes, ces gens au visage résolu, les yeux tournés vers les locomotives des trois convois dont la fumée envahit le ciel.

Sur le quai d'embarquement, c'est à nouveau le brouhaha, le choc des sacs qui heurtent les portes des wagons, les exclamations, les ordres.

De Gaulle s'est écarté.

Sa vie change ce matin. Il a tant de fois imaginé cet instant. Et rien ne le déçoit. Les soldats sont maladroits, mais ils veulent bien faire. Les badauds sont émus, silencieux, mais ils entourent d'un enthousiasme contenu ces hommes qui partent pour la frontière. Il semble à de Gaulle qu'un élan unanime entraîne le pays.

Hier, à la caserne Schramm, tous les réservistes sauf un, malade, se sont présentés. Un très grand nombre de déserteurs et d'hommes réformés sont venus se présenter librement et ont demandé à servir.

Allons! Il lance un ordre, puis monte dans le wagon. Le convoi va partir pour Hirson, à 8 h 9, en passant par Valenciennes et Avesnes.

Lorsque le train s'ébranle, les soldats se sont agglutinés aux portières.

De Gaulle les regarde. Combien vont revoir Arras? Il devine qu'en passant près de lui les soldats l'observent. Il faut que pas un trait de son visage ne bouge. Que personne ne sache qu'il s'interroge lui aussi. Face au feu, à la mort, comment réagira-t-il?

La question s'efface. Il prend son carnet, écrit :

« Adieu mon appartement, mes livres, mes objets familiers. Comme la vie paraît plus intense, comme les choses ont du relief, quand peut-être tout va cesser... »

100

Maintenant, on marche de Hirson au village de Saint-Michel, vers la Meuse et la frontière belge. Les hommes, après des étapes de plus de trente kilomètres, couchent sur la paille fraîche. Puis on repart.

Malgré la chaleur accablante, de Gaulle ne souffre pas. Il s'approche de plusieurs réservistes qui halètent, traînent la jambe. Les soulager. Réquisitionner des voitures pour y mettre dix sacs par section. Les hommes délestés de leurs vingt-cinq kilos d'équipement, marchent mieux. Mais à peine arrivés, alors qu'on sert la soupe à 22 heures, l'ordre est donné de se remettre en route. Le temps à peine d'écrire :

« Ma bien chère maman,

« Nous voici en pleine campagne, pleins d'entrain et de confiance. Les troupes sont absolument admirables... »

On arrive à Rocroi.

De Gaulle parcourt la petite ville encombrée de soldats.

Arras et maintenant Rocroi ! Ici la France a résisté, vaincu. On marche dans les pas des soldats de Turenne et de Condé. Il faut que les hommes partagent cette mémoire.

De Gaulle rentre au cantonnement. Il raconte aux sous-officiers la bataille de Condé contre les Espagnols. Les assauts des Français qui, à Rocroi, empêchent leurs ennemis de marcher sur Paris.

De Gaulle est debout, il balaie l'horizon de son bras.

– Le corps de la nation, dit-il, offre au nord-est une brèche. Par là les envahisseurs peuvent déferler. C'est l'infirmité séculaire de la patrie.

La nuit tombe. De Gaulle passe parmi les corps des hommes allongés. Brusquement, des coups de feu. Les sentinelles ont tiré dans le vide. La compagnie est aux avant-postes du régiment qui fait partie de la 2ᵉ division d'infanterie. Ce sont les généraux Lanrezac et Franchet d'Esperey qui commandent le secteur. De Gaulle imagine la manœuvre. Puisque les Allemands ont envahi la Belgique, occupé Liège, on se porte à leur rencontre, vers Charleroi, Namur, Dinant, afin de s'emparer des ponts sur la Sambre et la Meuse.

Le 33ᵉ régiment va vers Dinant.

De Gaulle dort peu. C'est l'aube déjà. L'aumônier dit la messe. Les hommes courbent la tête. Certains s'agenouillent.

Prier pour la patrie, pour ces hommes, pour les proches. Xavier et Jacques de Gaulle ont naturellement rejoint, l'un dans l'artillerie, l'autre dans la cavalerie. Prier.

Puis, en avant. Et tout à coup, on ralentit. Au loin, des grondements. C'est le canon. Puis un bruit de crécelle, un point qui se rapproche, grossit. Des voix crient :

– Un aéroplane !

L'avion allemand passe.

On marche. La chaleur est étouffante. À la halte, de Gaulle rassemble la compagnie. Il dévisage ces soldats fourbus, la poussière collée à leur visage.

– Mulhouse est libérée ! lance-t-il.

Toute la compagnie crie :

– Vive la France !

On repart. On aperçoit ce drapeau étrange qui flotte au haut d'un mât. C'est la frontière. Les cris enthousiastes des Belges. On présente les armes. Les sections crient, en franchissant le poste de douane :

– Vive la Belgique !

On suit la route de Dinant où l'on arrive le 14 août.

De Gaulle parcourt les rues de la petite ville tassée sur la rive ouest de la Meuse. Il s'approche du pont situé au bout d'une rue fermée par un passage à niveau. En face, au sommet d'une falaise, une vieille citadelle. De Gaulle voit passer une section de chasseurs à cheval qui, armés de lances, vont prendre position dans la citadelle. Les Allemands sont au-delà, à l'est, au nord, sur l'autre rive. Il comprend que de la falaise ils pourront bombarder, mitrailler la rive ouest.

Le combat est proche. De Gaulle passe parmi ses hommes allongés dans les rues. La 11e compagnie est en réserve. La nuit s'achève, brève.

C'est le 15 août.

6 heures du matin. Les obus éclatent. Les hommes bondissent. La danse commence. De Gaulle fait quelques pas. Gorge serrée. Et puis l'émotion s'efface. Il ne succombera pas à la peur. Il est heureux, joyeux. Il est maître de lui. Il a contrôlé la réaction instinctive. Il doit aller vers les hommes dont certains tremblent. Il plaisante avec eux, boit un café. Les hommes rient nerveusement. Les faire s'abriter là, dans la tranchée du chemin de fer, de part et d'autre d'un passage à niveau, que balaie un tir ennemi. Puis s'exposer par bravade en s'asseyant sur un banc, dans cette rue, jambes croisées, indifférent aux explosions, et, tous les quarts d'heure, aller bavarder avec les hommes de la section, tranquilles dans la tranchée.

Et tout à coup, une grêle ininterrompue de balles. L'ennemi est au sommet de la falaise, sur le haut de la citadelle, prend sous le feu de ses mitrailleuses la rue, le passage à niveau, le pont.

Il faut le franchir. Les premiers tués. Les blessés qui se traînent. L'adjudant de la 1re compagnie, Vansteen, qui doit passer avec ses hommes, s'approche, pâle. Le rassurer quand il dit :

– Oh, oh, mon lieutenant, je n'irai pas loin.

– Mais si, mais si, en voilà des idées, allons donc.

Vansteen répète : « Pas loin », puis ajoute : « Mais j'irai tout de même. »

« Je le suis pour le voir faire. Il arrive au tournant. »

Détonations. Vansteen lève les bras. Mort.

Les hommes refluent. Les compagnies sont massacrées. Et toujours pas un coup de canon français !

– Sac au dos ! Baïonnette au canon ! crie de Gaulle.

Il doit franchir le passage à niveau pour rejoindre sa section. Il a la tentation de courir, de bondir. Il se cambre. Un homme, un officier, un chef, donne l'exemple, maîtrise sa peur.

De Gaulle traverse au pas, lentement.

Il hurle :

– Première section ! En avant, avec moi !

Il court à la tête de ses hommes. Il agit comme un automate, mais il se voit et s'observe avec angoisse.

Des hommes tombent. Il arrive à l'entrée du pont. Un coup de fouet dans le genou. « Je tombe. » Un corps, celui du sergent Debout, s'écrase sur lui.

De Gaulle ferme les yeux. Il ressent des secousses. Les balles s'enfoncent dans le corps de Debout, de ceux des blessés, des morts. Il rampe jusqu'à une maison pleine de soldats blessés.

Il reprend son souffle. Il a le sentiment d'un miracle.

Près de lui, un commandant divague, hurle :

– Prions, mes amis, nous allons mourir, prions !

Il faut le faire taire. De Gaulle brûle ses cartes car l'ennemi peut surgir à tout moment. Et brusquement ces voix qui entonnent *Le Chant du départ*. Une charge à la baïonnette. Les Allemands qui avaient franchi la Meuse reculent.

Il faut en profiter pour sortir, rejoindre le régiment. Mais il a le pied droit paralysé. De Gaulle claudique vers les lignes françaises. On le conduit jusqu'à un poste de secours, dans une école.

Dix jours seulement depuis le départ d'Arras. Et déjà couché là parmi ces dizaines de blessés. Il veut se redresser, puis la fatigue le terrasse.

Il se réveille. De son lit, il aperçoit des Allemands aux visages de vaincus, hommes captifs qui se dirigent vers l'arrière et qu'escortent des cavaliers.

Il se souvient de son angoisse dans la maison proche du pont, de la crainte qu'il a éprouvée d'être fait prisonnier, de ne plus pouvoir combattre.

Tout faire pour ne pas être pris.

Une voix l'interpelle.

– Tiens, de Gaulle. Eh bien, pas gravement touché ?

C'est le médecin principal de la division, Fasquelle, qui recueille les blessés de ses unités pour les conduire au poste de secours.

De Gaulle regarde sa jambe droite. La balle, en heurtant le péroné, a paralysé le nerf sciatique. Il ne peut utiliser son pied, lui, fantassin. Il faut qu'on le soigne vite.

On le dirige sur l'hôpital de Charleroi. Sur les routes, il remarque ces troupes mal encadrées, ces convois arrêtés, ce désordre.

Il a l'intuition d'une guerre mal engagée. Il revoit ces hommes abattus par centaines, chargeant sous les balles et les obus, poitrine nue. Il revoit le corps de l'adjudant Vansteen qui savait qu'il allait mourir. Ici, blessés hurlants. Là, officiers au calme affecté qui se font tuer debout. Et des clairons qui sonnent la charge pour des sections obstinées qui ont mis baïonnette au canon, et il n'oubliera jamais les « bonds suprêmes d'isolés héroïques ».

Mais toute la vertu du monde ne prévaut point contre le feu.

Pétain ne se trompait pas en privilégiant l'emploi de l'artillerie. Mais pourtant la défensive ne suffit jamais. Il faut avancer, peut-être d'une autre manière, en trouvant la défense contre le feu tout en gardant l'élan du mouvement.

Allongé dans la chambre de l'hôpital de Charleroi, de Gaulle tente d'imaginer.

Tout à coup, il se dresse. Cette voix, c'est sa sœur Marie-Agnès, qui habite la ville avec son mari Alfred Cailliau.

La vie dans ses surprises et ses émotions qu'il faut dominer.

Il l'interroge. Les rues de la ville sont envahies par les soldats, l'armée Lanrezac, dit-elle. La bataille semble tourner à l'avantage des Allemands. Il y a des signes inquiétants qui indiquent un début de retraite. Les réfugiés commencent à affluer.

Ne pas être pris. Pouvoir continuer à se battre. De Gaulle se fait évacuer sur Arras.

Amertume de redécouvrir la ville de garnison, et de se trouver à l'hôpital sur une table d'opération alors que se déroule la bataille des frontières et que, cette fois-ci, le doute n'est plus permis, elle est perdue. Lanrezac abandonne Charleroi.

À quoi ont servi tous ces morts sur la Meuse, à Dinant, s'il faut reculer ?

Voici sur les allées d'Arras, sur la grand-place, les charrettes des réfugiés. De Gaulle, en boitant, réussit à trouver une voiture. Il ne veut pas se laisser prendre dans la nasse de cette défaite.

Il arrive à Paris. L'atmosphère est pesante. Le gouvernement s'apprête à quitter la capitale pour Bordeaux. Est-il possible que la tragédie de 1870 recommence ?

Pourtant, tout le pays est sous les armes. Deux socialistes, parmi les plus antimilitaristes, Jules Guesde et Marcel Sembat, sont entrés au gouver-

*nement. Et mon père est mobilisé, comme
commandant de réserve, lui, l'ancien des Mobiles,
le blessé du siège de Paris, l'homme de soixante-
six ans.*

Il est admis à l'hôpital Saint-Joseph. Il reste
silencieux au milieu des blessés. Certains sont
amputés, un autre est aveugle. Dans une salle, au
fond du couloir, on a rassemblé les agonisants.

Il se souvient une nouvelle fois de ces minutes
passées sur le pont, quand les balles pénétraient
les corps des blessés, des morts, et qu'il rampait
vers cette maison qui pouvait servir d'abri.

Il ne peut s'empêcher de s'interroger sur la
chance dont il a bénéficié.

« Comment je n'ai pas été percé comme une
écumoire durant le trajet sera toujours le lourd
problème de ma vie », pense-t-il.

On l'opère une seconde fois. Dès qu'il se sent
mieux, il souhaite s'éloigner de la capitale.
Puisque le gouvernement est à Bordeaux depuis
le 2 septembre, le risque est grand que Paris soit
encerclé, livré, occupé. Il ne doit pas être pris. Il
est comptable de son destin. Il doit se battre. Il
obtient d'être transféré à l'hôpital Desgenettes à
Lyon. Au moment de quitter Paris, il apprend
qu'une bataille décisive est engagée sur la Marne.
Et il n'y participe pas !

Puis les journaux annoncent que, le 5 septembre, l'écrivain Charles Péguy a été tué à la
tête de sa section, d'une balle en plein front. Il se
souvient. C'est comme un frère qui disparaît.

« Mère, voici tes fils qui se sont tant battus. »

Il faut que la patrie soit victorieuse. Il faut qu'il
puisse la servir à nouveau.

Se soigner pour guérir, pour retourner au front,
pour se battre. Il n'a pas d'autre obsession. Il
dévore les journaux. Il essaie, à l'aide des
communiqués officiels, des proclamations du

général Joffre, de reconstituer sur une carte les combats qui se livrent sur la Marne.

À l'ambulance de l'ancien quartier général où on l'a transporté, il écoute les récits des officiers blessés.

Tous lui racontent les mêmes scènes, les charges, les mitrailleuses qui fauchent les soldats en pantalon rouge, les officiers qui s'abattent par dizaines. Les listes de morts s'allongent.

Il écrit à sa mère avec de l'amertume plein la tête et presque du désespoir. « Chaque fois que je demande des nouvelles d'un officier que je connais, on me répond qu'il est tué ou blessé – je parle de l'infanterie. »

La colère et la résolution crispent son visage. Ces camarades morts obligent à dire la vérité, ils imposent la lucidité. « Partout des offensives trop rapides de la part de notre infanterie que l'artillerie n'avait pas le temps de soutenir et qui nous faisaient perdre un monde énorme », ajoute-t-il.

Mais ce n'est pas tout. Il ne se taira pas. Il faut tout dire puisque le sang coule.

« Insuffisance depuis longtemps connue, du reste, d'un trop grand nombre de généraux de division, ou de brigade, continue-t-il, qui ne savaient pas utiliser les différentes armes en liaison les unes avec les autres. »

Il n'est que lieutenant. Mais il sait. Il a appris. Il a vu. Et il a le devoir de dire au nom des hommes morts et de sa détermination à se battre.

Mais la volonté se heurte à la blessure qui résiste, et il supporte de plus en plus mal l'inaction.

« Je commence à m'impatienter... répète-t-il. Les jours s'écoulent ici, bien monotones et bien tristes, et vraiment je commence à croire que mon pied va rester indéfiniment comme il est. »

Cette impuissance lui semble injuste comme une épreuve qu'on lui inflige pour le priver de participer à cette victoire de la Marne qui, le 10 septembre, est acquise. Elle l'exalte. Il veut partager sa joie. Il écrit à son père : « Voici donc que s'achève et de quelle façon ! la première partie de la campagne de la revanche. La France reprend conscience d'elle-même : elle l'avait perdue depuis ses désastres. » Elle remporte la victoire malgré un commandement « vieilli, sans grande initiative et sans décision suffisante ».

Ah, s'il était, lui, à la tête des troupes, comme il l'a rêvé à quinze ans ! Il s'en sait capable. Mais il faut attendre que l'âge vienne et, pour combattre encore, que les soins lui rendent l'usage de son pied. Ah, ne pas participer à ces assauts, à ces moments quand, « gloire suprême et inattendue, la France célèbre son triomphe en silence, resserrant encore la discipline qu'elle s'impose : telle une troupe mobile et bruissante à qui un chef commande "garde à vous" ».

Il voudrait être ce chef. Il le sera.

Mais ici, il l'avoue à son père, il commence à « s'ennuyer fabuleusement ».

Alors écrire, parce que c'est aussi une manière d'agir, sur les autres, sur soi, une façon de revivre.

Il s'évade de sa chambre de blessé en commençant à tracer ses phrases, en imaginant :

« Dans la cour du quartier Vauban, le bataillon se rassemblait déjà pour le grand départ. Au coup de sifflet des adjudants, dans la vieille caserne... Le lieutenant... » Il cherche un nom, joue avec les lettres qui composent de Gaulle, écrit : « Le lieutenant Langel... »

Presque de Gaulle. Il faut faire vivre ce personnage, lui prêter ce que l'on a vécu.

Langel est à la tête de sa section. Il s'interroge. « Et maintenant la guerre était là, l'inquiétude saisissait l'officier : serait-il brave, lui qui rêvait de l'être tant ? Dans l'effort du péril prochain, quelle force allait le dominer : la règle ou l'instinct ? »

De Gaulle sait depuis le pont sur la Meuse, à Dinant, que la peur ne le pliera jamais. Il continue d'écrire. Il se souvient d'Arras, de ce qu'il n'a jamais confié et qu'il prête à son personnage.

Il écrit, vite, parce que ainsi il ose dire.

« Langel était un novice exalté de l'amour. Depuis des mois l'occupait une palpitante liaison avec la jolie femme du capitaine Bertaud... C'avait été pour elle et pour lui les heures folles des avant-dîners, les précautions pour qu'on ignore dans la petite ville aux curiosités vigilantes les comédies jouées dans les salons où l'on se retrouve, les regards qui ne se posent pas, les phrases convenues : toute la saveur sensuelle et cérébrale de l'amour. »

De Gaulle pose la plume. Tant de souvenirs.

Maintenant il imagine Bertaud qui, avant l'attaque, parle à Langel : « Quand on a votre âge, votre esprit, votre tournure, les femmes vous sont faciles, je le sais bien !! » Et il confie au lieutenant son portefeuille pour le remettre, au cas où il serait tué, à sa femme.

Au premier assaut, Bertaud tombe et Langel est blessé. La veuve lui rend visite à l'hôpital de Lyon où il a été transporté. Elle espère en l'avenir de leur amour.

« Mais Langel eut le courage d'écrire à sa maîtresse la lettre définitive où il renonçait et expliquait. »

Sacrifice sur l'autel de la patrie et de la camaraderie des combattants. Langel connaît une nuit sans sommeil. Mais le matin, « le vieux Rhône grondait d'orgueil d'une gloire nouvelle qu'il aurait apprise ».

C'est la victoire de la Marne.

« Langel alors peut se dire : "Parmi tant de sacrifices dont la victoire était pétrie, qui sait si celui-là n'avait pas compté." »

De Gaulle écrit de son écriture penchée le titre de sa nouvelle, *Le Baptême*.

Il ferme son cahier. Sacrifice, baptême : il y a une religion de la patrie. Et il veut en être un des servants mystiques. Comment l'amour d'une femme pourrait-il peser en face de ce don total de soi qu'exige l'accomplissement du destin qu'on porte ?

Il se sent mieux. Chaque jour, le traitement à l'électricité auquel on soumet sa jambe droite rend peu à peu de la mobilité à son pied. Il recommence à marcher.

Il veut monter seul, sans aide, dans le wagon qui le conduit à Cognac où se trouve le dépôt du régiment qui accueille les blessés en cours de convalescence. Il recherche ses soldats, en retrouve si peu, s'inquiète des pertes. Énormes. Chaque question qu'il pose cherchant à savoir le sort de tel ou tel est une plaie qui s'ouvre. La prière, la certitude que ces hommes sont tombés en héros de leur foi et la résolution de vaincre calment seules sa douleur. On échange des nouvelles, on raconte les combats, les noms des tués et des blessés. Il déjeune avec les autres officiers à l'Hôtel du Commerce. Il ne reste au feu qu'un seul capitaine et deux lieutenants. Ils étaient dix-neuf et trente-deux à Arras.

En boitant, de Gaulle rentre à l'Hôtel de Londres où il loge.

Il lit, écrit à sa mère.

« Comme je le pensais, notre régiment a beaucoup souffert... »

Il revoit les visages des disparus. Puis il se redresse. Les morts exigent la victoire.

« Une nouvelle m'a fait plaisir, reprend-il. J'ai été, après Dinant, proposé par le colonel pour la Légion d'honneur. Mais qu'est-ce devenu ? Je ne me fais aucune illusion. »

On ne se bat pas pour une médaille. Mais parce qu'on le doit.

« Je marche à présent deux heures par jour et j'entrevois comme prochain mon retour au front, ajoute-t-il. Ce sera au meilleur moment.

« Mille baisers, ma bien chère maman, à vous, à papa et à Pierre.

« C. de Gaulle. »

9

Dimanche 25 octobre 1914. Il pleut sur les tranchées de Champagne. De Gaulle, dans son abri où il peut à peine rester assis tant le plafond, soutenu par des madriers, est bas, ouvre son carnet, le feuillette.

Voilà dix jours déjà qu'il a rejoint son régiment, repris sa place dans sa compagnie. Et depuis la pluie, la boue qui envahit tout. Elle macule les corps, enfouit les morts, les dévore. Elle colle à la capote, aux mains, aux joues. Elle sèche dans les sourcils, la moustache. Elle transforme les vêtements en une sorte de scaphandre lourd et raide. Les hommes de corvée pataugent des heures dans le lacis des tranchées, dans le cloaque qui entoure les quelques puits de ferme où toute la division s'alimente en eau.

Et l'ennemi est à cinquante mètres. L'artillerie « boche » tient toutes les tranchées sous son feu. Avant hier, un obus de 105 a éclaté dans un arbre à trois mètres de la « casbah » où se tient de Gaulle. Les canons français répondent, écrasent les maisons qu'occupent les Allemands. De Gaulle relit ses notes. « Entendu les porcs saignés dans leurs trous. » Plus loin, il a écrit : « Les cochons sont dans les toits de la Ville-aux-Bois et dès qu'un homme sort de la tranchée, pan ! »

Et son corps est englouti par la boue. Et parfois rongé par les rats.

Il écrit : « Dimanche. Parmi ces tanières voisinant avec ces tombes, à quoi donc va-t-on reconnaître le jour dominical. »

Il se rase, brosse la vareuse bleue en laine épaisse aux larges poches plaquées, enfile ses gants. Il prend son képi. Il ne faut jamais négliger sa tenue. C'est aussi une part de la morale.

Des groupes d'hommes jouent au « sou » comme s'ils étaient dans leurs estaminets du Nord ! Il s'étonne, remarque qu'eux aussi se sont brossés, lavés, parce que c'est dimanche. Il les regarde. Il est fier de ce peuple. « Quelle puissance d'adaptation ont les hommes, surtout les jeunes. »

Il rend des visites aux officiers qui tiennent les secteurs voisins. On boit du vin nouveau ou du thé, du champagne que le cycliste de la compagnie vient de rapporter de Reims. On chante tout ce qui passe par la tête. Et puis il faut regagner la compagnie à quatre pattes dans les boyaux, car des centaines de balles sifflent au ras des parapets.

Vie monotone. Tragédie implacable. Le destin choisit au hasard les hommes qui tombent. Après, il faut écrire aux parents des disparus, à cet officier frère d'un sous-lieutenant qui a résisté jusqu'à la mort à une contre-attaque : « Ce n'est pas à un officier de votre trempe que je prodiguerai de vaines condoléances, écrit de Gaulle. Au milieu des périls qui menacent la patrie, une mort comme celle de notre cher et très vaillant camarade est pour nous un magnifique exemple. »

La mort ne l'inquiète pas. Il est debout dans un petit bois en compagnie de deux autres officiers. Le sifflement d'un obus se rapproche, devient de plus en plus aigu. L'explosion comme un hurlement bestial. La poussière, les éclats qui déchirent les troncs et les feuillages. Puis le calme à nouveau.

114

Les deux officiers se sont jetés à terre, à plat ventre. De Gaulle n'a pas bougé. Il lance, ironique :

– Vous avez eu peur, messieurs ?

Si la mort l'a choisi, à quoi servirait-il de tenter de l'éviter ? Mais une certitude l'habite. Il survivra. La patrie sera victorieuse. Il l'écrit à son père. Il insiste : « Je vous assure que nous n'avons pas du tout des âmes de vaincus. » Il faut être patient. Faire alliance avec le temps.

Il regarde passer au-dessus des lignes une troupe d'oies sauvages. Les Allemands ouvrent aussitôt le feu. Dans tout le secteur, on n'entend plus que cette fusillade. Une sorte de trêve tacite s'est établie durant quelques minutes. « Tout le monde met le nez hors des abris pour assister à la chasse. »

Étrange moment. Ces « porcs », ces « cochons », sont des hommes. Ils chantent des cantiques dans leurs tranchées pour la Toussaint. Et puis, leurs tireurs embusqués dans les arbres cherchent à abattre le Français imprudent qui oublie de s'abriter un instant.

Telle est la guerre, et ses lois. On est homme. On prie. On tue. C'est ainsi.

Il écrit à son père. « Une guerre pareille, qui dépasse en portée et en acharnement tout ce que l'Europe a jamais vu, ne se fait pas sans des sacrifices formidables. »

C'est le prix que l'Histoire exige.

« Et puis, que l'on soit content ou non, cela n'a aucune valeur. »

Il serre les dents. Les obus de 105 pleuvent sur la tranchée. Il y a des cris. Sans doute des blessés et des morts.

« Il faut vaincre. Le vainqueur est celui qui le veut le plus énergiquement. »

Il le veut.

Il a vingt-quatre ans. Toute la nuit du 22 novembre 1914, l'artillerie allemande a bombardé les tranchées. De Gaulle ouvre le paquet que sa mère lui expédie régulièrement. Il range tous ces objets nécessaires, papier à lettres, cigares, lampe électrique, bloc-notes, cure-dents, chaussettes. Il essaie les gants fourrés, indispensables car plusieurs fois par jour on marche à quatre pattes. Mais ceux-là sont trop petits. « Prenez les plus grands et le plus larges possible. »

Il ne se plaint pas de ses conditions de vie.

Mais imaginent-ils, à l'arrière, ce que nous endurons, ici ?

Ou en oublie ce qu'est la vie normale.

Lorsque le régiment est à quelques kilomètres du front, de Gaulle ressent une impression bizarre. Ne plus entendre les balles siffler. Ne plus risquer d'être tué par un éclat ou enseveli par une coulée de boue ? Cela est donc possible ?

« Pour la première fois depuis le 15 octobre, j'ai pu dormir déshabillé et dans un lit », dit-il.

Mais il se reprend. Il ne faut jamais céder à la complaisance, s'abandonner aux soupirs, aux plaintes. Et pourtant, parfois, il a besoin d'écrire : « Vous me demandez, ma bien chère maman, ce qu'il advient de moi : rien de très favorable. »

C'est comme un soupir, un regret. Il n'est pas encore passé capitaine, sans doute la citation qu'il a obtenue le 10 janvier 1915 avec attribution de la croix de guerre est-elle élogieuse. Il la transcrit. « A exécuté une série de reconnaissances des positions dans des conditions périlleuses et a rapporté des renseignements précieux. »

Mais cette citation est à l'ordre de la division et non de l'armée !

Ce n'est un moment ni d'amertume ni d'impatience. Simplement un constat : il se persuade que les choses ne lui seront jamais faciles. Les obstacles s'accumuleront sur sa route, comme pour l'éprou-

116

ver, savoir s'il croit à son destin, s'il reste déterminé.

Et ce destin, il l'approche tout à coup comme si le rideau se soulevait un instant.

Le colonel commandant le régiment l'a choisi pour adjoint. Tâche écrasante. Il faut penser à tout en même temps, aux ravitaillements de l'unité, aux effectifs. Et tout change à chaque instant. Les colonels se succèdent. Stirn s'en va, remplacé par Claudel, auquel succède Boud'hors.

De Gaulle reste l'adjoint de ces officiers. Il est partout. Là où un obus tombe sur une unité. Dans un bois où l'on signale une patrouille allemande. Il a l'impression que ses forces ont décuplé depuis que ses responsabilités se sont étendues. Il rédige les consignes pour les travaux de remblaiement, de défense, pour l'attaque qui se prépare, pour les mouvements du régiment, l'organisation de la relève.

Boud'hors lui laisse carte blanche et a insisté pour que de Gaulle soit nommé capitaine à titre temporaire.

C'est fait le 10 février 1915. Et le capitaine de Gaulle prend tous les risques avec une sorte d'indifférence sans affectation.

Il sent que Boud'hors l'estime, le soutient. Car, ici et là, on supporte mal son énergie, sa détermination, sa volonté farouche de combattre.

Lorsqu'il a voulu faire tirer au mortier sur les positions allemandes, un officier d'un bataillon voisin s'y est opposé, craignant les réactions de l'ennemi.

De Gaulle s'insurge. Voilà à quoi conduit la guerre de tranchées. On pense : « Si je laisse l'ennemi tranquille, il me fichera la paix ! »

Cet attentisme est déplorable. Il faut se battre, harceler l'ennemi.

Le 10 mars, il quitte le poste de commandement pour participer à un engagement à Mesnil-lès-Hurlus, dans la Marne.

Durant l'assaut, une vive douleur à la main gauche. Un éclat ou une balle a déchiré les chairs, peut-être sectionné les tendons.

Il hausse les épaules pendant qu'on le panse. La blessure est superficielle. Tant d'officiers sont tués ou gravement atteints et il faudrait qu'il soit évacué ? Il refuse.

Cette douleur pourtant, de plus en plus sourde chaque jour, cette enflure de la main, de l'avant-bras, ces doigts paralysés, ces ganglions sous l'aisselle, cette fièvre qui signale l'infection l'obligent à accepter d'être transporté dans un hôpital de campagne. On le dirige vers l'hôpital temporaire n° 38 du Mont-Dore.

À nouveau l'inaction, l'impatience durant plus d'un mois et demi de soins.

Il faut suivre la guerre par la lecture des journaux. Il se félicite du débarquement d'un corps expéditionnaire dans les Dardanelles. Et s'indigne du « rôle odieux des Allemands » qui favorisent les musulmans contre les chrétiens.

Or, nous sommes chrétiens. C'est notre histoire, le socle de nos vies.

« La destruction de l'Empire turc sera un coup terrible porté à l'islamisme à l'avantage de la chrétienté, dit-il. Les répercussions en seront immenses, en particulier aux Indes et surtout en Afrique où la doctrine de Mahomet s'étend avec une rapidité effrayante, interdisant pour des siècles le succès des missionnaires catholiques et protestants et aussi le progrès de notre civilisation. »

C'est cela qui est en jeu dans cette guerre : notre patrie, notre religion, notre civilisation.

Retourner au front, donc, le plus vite possible.

Le 2 mai 1915, il écrit : « C'est hier que j'ai été admis à rentrer dans l'humanité : à quitter cet hôpital, à reprendre le combat. »

Mais il n'obtient son autorisation de départ qu'une semaine plus tard.

Il faut attendre. « Dépenses d'hôtel donc » à Clermont, où siège la commission qui accorde les congés de convalescence. Et dans l'attente, il analyse la situation, la prochaine entrée en guerre des Italiens. Un peu sceptique sur leurs capacités militaires.

« Je demeure persuadé, écrit-il à sa mère, que les Italiens ne cueilleront pas des lauriers faciles. Je vois fort bien un Hindenburg quelconque ramassant sur les fronts une dizaine de corps d'armée et mettant en fuite les troupes royales italiennes. »

Il a un haussement d'épaules, une moue, puis il remarque :

« Seulement pendant ce temps, ces dix corps d'armée ne seront pas ailleurs. »

Telle est la loi impitoyable qui régit la guerre et peut-être toute vie collective et les rapports entre les peuples.

Et puis il y a l'amour des siens, la famille, Dieu qui juge et pardonne.

De Gaulle écrit, de son écriture aux formes penchées et rondes :

« Au revoir et à après-demain, je pense, ma bien chère maman. Je vous embrasse cent fois. Mille affections à papa et à Pierre. Mille choses à mes cousins.

« Votre fils très affectionné et respectueux.

                                    « Charles de Gaulle. »

10

Il est 22 h 57, ce 12 juin 1915. Le train s'ébranle.
Charles de Gaulle regarde par la fenêtre du
wagon s'éloigner les quais de la gare de Noisy-le-
Sec. Les deux sous-lieutenants assis dans le même
compartiment se sont penchés à la fenêtre. Ils ges-
ticulent, comme ces femmes sur le quai qui
agitent des mouchoirs, courent le long du train.

De Gaulle ne se retourne pas. Son père et son
frère, qui l'ont conduit en voiture jusqu'à Noisy-
le-Sec d'où partent les convois pour le front de
Champagne, ont déjà dû quitter la gare.

Un regard suffit pour dire ce que l'on ressent et
les vœux que l'on forme. Et de Gaulle est resté
avec son père et son frère durant plus d'une heure
dans le café qui fait face à la gare. Ils n'ont parlé
que de l'issue de la guerre. Mais dans les silences
ils ont, sans même qu'un seul de leurs traits ne
tressaille, partagé cette émotion que d'autres,
avec des gestes, des cris, des larmes, répandent
comme si l'on devait jeter ce qu'il y a de plus rare
et de plus intime, cet amour qu'on porte aux
siens, au grand vent, pour se prouver que cela
existe !

Les sous-lieutenants reprennent leur place en
face de lui.

Ils savent comme je sais, comme tout le monde sait, depuis ces dix mois que durent la guerre, qu'on part au front pour mourir.

Il dévisage ces sous-lieutenants. Il se souvient de Dinant, de sa blessure, de la manière miraculeuse dont il a réussi à échapper aux balles.

« Le lourd problème de ma vie. »

S'il a survécu et si on l'a préservé, lui, alors que tant d'autres sont morts à côté de lui, s'effondraient sur lui, n'est-ce pas que cette vie qu'on lui a laissée, il la doit à ceux qui sont tombés ? Cette vie, elle n'est plus vraiment sienne. Elle appartient aux autres, à ces camarades, à ce pays pour lequel ils sont morts. Il fait désormais corps avec le corps de ces soldats abattus, qui sont la chair et l'âme de cette nation qu'ils ont enrichie de leur sang.

Voilà le lourd problème de ma vie. Être, à chaque instant, à la hauteur de cette exigence, moi dont la vie ne m'a été laissée que pour m'y soumettre.

Il pense à ce sous-lieutenant, Desmoulins, tué à Dinant le 15 août 1914, le jour où lui fut épargné.

Avec sa compagnie, Desmoulins avait parcouru quinze cents mètres sous les rafales des mitrailleuses des Allemands qui tenaient la citadelle. Cent quarante-quatre hommes sur deux cent cinquante tombèrent dans cet assaut. Desmoulins parvint jusqu'à la crête qu'il devait conquérir et s'abattit, criblé de balles. Depuis, de Gaulle a insisté pour que ce mort du 15 août eût une citation. En vain. Le commandement n'a pas donné suite. « Nos généraux sont changés, commente-t-il, et, s'ils ne l'étaient, Dinant leur ferait honte et ils ne voudraient pas qu'on en parle. »

Et lui, de Gaulle, doit en parler. Il doit dire – il dit – au colonel Boud'hors, qui le charge à nouveau d'être son adjoint : « Nous sommes commandés par des épiciers. » Et pourquoi ne pas dire aussi que nous, les fantassins, sommes les humbles, les sacrifiés de cette guerre, alors que d'autres en sont les seigneurs ?

De Gaulle ricane, écrit un petit texte : « L'artilleur est un malin... son existence est confortable. Combien rarement il change de place ! Il a des cagnas magnifiques... Quand il fait beau et que tout est calme, l'artilleur vient parfois en première ligne. Il a dans ces circonstances l'air d'une belle dame qui va voir les pauvres et s'efforce de ne pas être dégoûtée par politesse. Ce jour-là, il met sa plus sale vareuse et son pantalon le plus usé. Et, rentré à ses batteries, il écrit chez lui une lettre pleine d'enthousiasme et de confiance : " Allez, ce n'est pas l'artilleur français qui se lassera le premier. " »

Nous non plus.

De Gaulle est partout.

Il surveille cette cote 108, près de Berry-au-Bois.

De part et d'autre, les sapeurs allemands et français s'activent, placent des mines. On entend leurs coups de pioche. Et tout à coup, c'est l'explosion qui fait trembler le sol, à plusieurs centaines de mètres à la ronde. Un cratère immense s'est ouvert, ensevelissant des dizaines de soldats. Qui, des Allemands ou des Français, contrôle les « lèvres » de cet entonnoir ? Le téléphone est coupé. Il n'y a pas d'agent de liaison.

De Gaulle se précipite, rassemble les survivants, crée un poste de surveillance et des positions sur les bords du cratère. Puis il décide de faire construire des ouvrages de défense à la lisière d'un bois. « Ouvrages de Gaulle », les appelle-t-on dans le régiment.

Il parcourt à peine courbé les tranchées. Les soldats se lèvent, saluent. Il est intransigeant sur la discipline, les marques de respect hiérarchique. Il voit venir vers lui, dans le boyau Desaix, un cycliste qui n'appartient pas à sa compagnie, qui passe, désinvolte, sans saluer.

Il ne faut rien accepter de ce qui est contraire à la discipline. De Gaulle l'interpelle. Il écrit au capitaine dont relève le soldat : « Ce qui doit être doit être... Je l'ai averti d'une punition, il la mérite. »

Il se rend dans un cantonnement, en arrière du front. Un sergent-major, ivre, hurle, tient des propos sans suite devant des officiers, artilleurs de surcroît.

– J'ai l'honneur de vous demander, mon colonel, la rétrogradation au grade de sergent du sergent-major.

Et quand il y a une « parade de dégradation », les hommes doivent y assister. De Gaulle passe dans les rangs. Il connaît chacun des soldats de cette 10e compagnie. Il la commande depuis le 30 octobre 1915, après qu'il a été nommé capitaine à titre définitif le 4 septembre. Il ne regrette pas son poste d'adjoint au colonel. Il a arraché cette mutation à Boud'hors qui voulait le garder près de lui. Mais être officier, c'est commander directement à des hommes.

Il a appris leur nom, lu leurs livrets militaires. Il sait tout de leurs actes, de leurs qualités. Il intervient en leur faveur. L'adjudant Lejeune doit être promu sous-lieutenant. « Juste consécration de sa valeur. » Ces soldats ont mérité la croix de guerre. « Le nombre des décorés dans l'infanterie est infime par rapport aux effectifs et en considération des efforts fournis. » Ces hommes sont des combattants et aussi, à l'occasion, des terrassiers. « La compagnie fournit beaucoup de travailleurs toutes les nuits, si bien que son soi-disant repos est très fatigant. »

De Gaulle regarde ses soldats qui donnent tant, dont on exige tout. Mais cela n'excuse rien.

« Le capitaine passera demain à 9 heures la revue des armes et des outils. Tout le monde assistera à la revue. Cet après-midi, les chefs de section s'occuperont de faire des tables en claies... Ce soir, tout le monde doit manger la soupe sur une table... Tous les hommes auront avant 16 heures les cheveux coupés ras et la barbe rasée. Recoudre certains boutons qui manquent aux capotes. Ne pas tolérer qu'un homme marche sans cravate sous prétexte de l'avoir lavée. »

Trop sévère ?

Il lit parfois dans les yeux de ses hommes de l'incompréhension pour la minutie avec laquelle il veille à chaque détail.

« Il faut éviter que les repas ne soient mangés à des heures irrégulières... Les armes ne sont pas suffisamment propres. Inadmissible. Les hommes se présenteront en capote, équipement et arme. Veiller à ce que les effets soient nettoyés... Il faut que demain, à la soupe du soir, tout le monde sans exception d'aucune sorte ait été aux douches. »

Il remarque que le sac de ses hommes est encore recouvert d'un carré de toile qu'on y avait fixé pour les attaques. « Plus aucune raison d'être. On l'enlèvera dès demain matin. » Il inspecte les culasses des armes. Les masques à gaz. Le cantonnement. Le linge.

Rien n'est détail. Tout compte à la guerre. Parce que la vie est en jeu et que la discipline d'une unité est l'une des conditions de sa survie et de son efficacité.

Cette nuit de décembre 1915, la compagnie monte vers les secteurs Miette-Choléra et Autobus.

« Le capitaine exige d'un bout à l'autre de cette relève qui va s'effectuer dans des conditions difficiles et fatigantes un ordre absolu. C'est précisément au milieu des difficultés que l'on reconnaît une unité disciplinée. Or, la 10ᵉ en est une. »

Il observe sa compagnie avancer dans l'obscurité. Les hommes montent en silence, se tenant les uns aux autres. Pas de traînards. Ils savent qu'ils marchent vers la mort. Et ils avancent jusqu'à ces cagnas, ces trous boueux où ils vont vivre en attendant de mourir.

Il entre dans la sienne. Dispose quelques objets enveloppés de toile cirée, son calendrier. Le deuxième Noël de guerre approche.

Il commence une lettre.

« Ma bien chère maman,

« J'ai reçu votre caoutchouc, vos bottes, votre gilet et votre lampe, le tout très bienvenu et très pratique... Nous vivons dans l'eau comme des grenouilles, et pour en sortir il nous faut nous coucher dans nos abris sur nos lits suspendus. Du reste, il n'y a rien à faire car cette eau provient de la crue de l'Aisne et de ses affluents, et pour rien au monde on ne nous fera quitter le terrain que nous tenons ici. Nous attendons donc que ça baisse avec un stoïcisme facile à des gens qui ont dix-sept mois de campagne... »

Il inspecte les différents postes. Il ne doit admettre aucun laisser-aller ni dans la tenue ni dans les formes du respect qu'on doit à un officier. Il est leur chef. À lui d'en faire les meilleurs combattants possible.

Il rentre dans sa cagna. Il patauge, se hisse sur son lit, écrit : « Aujourd'hui c'est l'anniversaire de la victoire d'Austerlitz. Le capitaine invite les officiers, les sous-officiers, les caporaux et les soldats de sa compagnie à reporter leur pensée sur les glorieux anciens du 33ᵉ... Le nom d'Austerlitz est resté inscrit au drapeau du régiment. »

Il repense à tous les combats auxquels il a participé. À ces hommes qui ont chargé à Dinant en chantant *Le Chant du départ*.

« Le courage de l'armée française de 1915, poursuit-il, vaut celui des vainqueurs d'Austerlitz. Mais elle doit s'efforcer d'accroître sa discipline et sa volonté de vaincre jusqu'à valoir la leur. »

Il le veut, le moral des hommes décide de tout. Il doit s'en soucier. Bien sûr, il a organisé une « séance récréative ». Utile. Mais l'essentiel, il en est persuadé, c'est que les hommes aient la certitude qu'ils sont commandés par des chefs de valeur qui ne les envoient pas mourir en vain. Comme à Dinant. Comme dans trop d'offensives vouées d'avance à l'échec.

Joffre vient d'être nommé commandant en chef de l'armée française. Voici enfin un général victorieux ! Mais il faudrait tout repenser. Il se sent capable de formuler les principes de l'exécution d'une attaque. Il écrit, s'arrêtant souvent, comme s'il voyait ce qu'il expose. D'abord, détruire ces positions renforcées de l'ennemi à l'aide du feu de l'artillerie.

« S'il demeure dans les tranchées allemandes un peloton capable moralement et physiquement d'ouvrir le feu ou une mitrailleuse de flanquement en position, en bon état et bien servie au moment où l'assaut se déclenche, la question est par le fait même tranchée négativement. »

Il imagine ces soldats s'élançant dans ces conditions en courant puis couchés par la mitraille.

« Des efforts furieux pourront être tentés, poursuit-il, une énergie farouche, un élan admirable déployés par les assaillants, le résultat sera un échec. Les qualités offensives qu'auront montrées les troupes d'assaut ne seront que des motifs pour mieux pleurer leurs morts. »

Être un chef, c'est être soucieux de la vie des hommes. Et ne lancer l'attaque, « au pas de charge rapide et aux cris de " En avant ! À la baïonnette " répétés par tous », que lorsque l'on est sûr d'avoir tout fait pour que l'ennemi soit, à ce moment-là, ne fût-ce que pour quelques minutes, réduit au silence. Sinon, ce sera une fois de plus l'hécatombe.

Et le souvenir de celles auxquelles il a participé, combattant de première ligne, de celles qu'il imagine en Champagne et en Artois, le révulse.

Si les généraux vivaient « comme des grenouilles » dans les trous où nous sommes, avec les balles sifflant au-dessus des parapets, ils ne lanceraient pas, d'un trait de plume, une offensive.

Mais que savent-ils, ceux qui ne sont pas ici, dans la boue ? Comment prennent-ils leurs décisions ?

De Gaulle lit les communiqués officiels qui décrivent le débarquement opéré à Salonique, les opérations en Serbie, en Grèce ! Il s'indigne. « Monstruosité stratégique ! » s'exclame-t-il. C'est ici, sur le sol français, que se décide l'issue de la guerre. Et pour cela, il faut « durcir nos cœurs, et concentrer nos énergies pour repousser les tentations multipliées qu'un ennemi avisé commence à nous offrir ».

Il sort de sa cagna comme il peut, en essayant de ne pas tacher son uniforme bleu horizon. Il a enfilé ses gants. Il agite sa badine. Il arpente à grands pas les boyaux tortueux, longue silhouette aux épaules un peu tombantes qui se baisse avec une sorte de réticence pour éviter que sa tête ne dépasse le parapet, et qui, avec un air de défi, s'expose parfois, bien droit, quand les sifflements annoncent l'arrivée des obus et que le « grand boucan d'artillerie commence ».

Il sait qu'on l'observe. Il doit donc rester impassible. Donner l'exemple de la sérénité à chaque instant. Faire sentir sa certitude de la victoire. Et il faut obtenir une « victoire absolue ». À cause du sacrifice de ces hommes.

Mais ceux qui gouvernent tiendront-ils jusqu'au bout ?

Des socialistes des pays en guerre se seront réunis à Zimmerwald, en Suisse ! Trahison. Romain Rolland publie *Au-dessus de la mêlée* !

Qu'il vienne, ce pacifiste, dormir une nuit dans notre boue, qu'il voie tomber près de lui un camarade ajusté par un cochon d'en face, et il verra s'il ne faut pas prendre parti.

Et puis il y a le Parlement, le gouvernement, M. Briand devenu président du Conseil.

De Gaulle lit des extraits de discours des ministres ou des parlementaires, ou le compte rendu des séances de la Chambre ! Que sont-ils, ces hommes politiques ? Il s'emporte. « Le premier vidangeur venu installé ministre de n'importe quoi » peut détourner l'opinion publique de ce programme vital : vaincre. Les ministres passent leur temps, au lieu de décider, à répondre aux questions « du premier marchand de vin venu, que la politique a changé en député ».

Ici, c'est sa vie qu'on expose et non des arguments !

C'est la veille de Noël. La crue de l'Aisne s'étend. L'eau s'infiltre partout. Et eux, là-bas, dans l'hémicycle au Palais-Bourbon, ils parlent, ils pérorent.

« Le Parlement devient de plus en plus odieux et bête ! » s'exclame-t-il.

Il pense à ce livre de Barrès, *Leurs figures*, qui fustigeait déjà ces députés.

La colère le saisit. Les parlementaires ne comprennent rien à l'action. Et c'est ce qui l'inquiète. Il a le sentiment que tout l'héroïsme déployé ici, que tous ces morts seraient vains si ce régime durait.

Il a besoin de se confier. Il écrit à sa mère.

« Nous serons vainqueurs quand nous aurons balayé cette racaille, et il n'y a pas un Français qui n'en hurlerait de joie, les combattants en particulier. Du reste, l'idée est en marche et je serais fort surpris que ce régime survive à la guerre. »

Les jours passent. On vit. On se bat. On se rend visite d'un capitaine de compagnie à l'autre. Mais les Boches bousculent les rendez-vous. Ils torpillent le secteur « au moment où je me faisais une joie d'aller vous voir d'abord et de manger ensuite votre cuissot de chevreuil et votre plat d'ortolans... Pas moyen d'aller chez vous aujourd'hui, c'est à vous dégoûter de vivre ». Mais, « quant au moral, il demeure le même, simple et de bon goût ».

Il lit. Il écrit. Il a un harmonium et une mandoline. Mais si peu de temps finalement... quand on veut tout voir, tout savoir... de la vie de la compagnie.

Déjà le 1er janvier 1916.

« Je souhaite une bonne année à ma 10e compagnie, dit-il.

« C'est une occasion semblable qu'il me fallait pour vous dire que, si les dures nécessités de la guerre et les exigences de la discipline contraignent votre capitaine à la sévérité, il vous aime bien tout de même. »

Il sent ses hommes écrasés, « abrutis » par la fatigue de la vie dans les tranchées, sans vraie période de repos.

Un soir, il commence à grelotter et à transpirer. La fièvre l'accable, chaque jour plus forte. Il peut à peine marcher. On le presse de se faire évacuer. Il remet au lendemain. Une semaine s'écoule. Et puis la fièvre se dissipe. Il a payé son écot à ce deuxième hiver de guerre, dit-il.

Il retrouve ses forces au moment où le régiment part au repos. Enfin ! C'est la première fois depuis août 1914. Et l'on est à la mi-février 1916.

Mais on a à peine le temps de commencer à s'épouiller, à s'ébrouer, à reprendre vie dans des cantonnements secs, que déjà les ordres fusent.

Le 33e régiment doit rejoindre le secteur de Verdun d'urgence. Les Allemands ont attaqué et pris le fort de Douaumont, la clé de voûte du dispositif français. Si Verdun lâche, c'est le front qui est crevé, et l'ennemi qui va déferler vers Paris. On dit que Joffre a appelé le général Pétain pour tenter de colmater la brèche.

– Allons, allons !

De Gaulle presse ses soldats.

Il faut que la compagnie s'entasse dans les camions qui commencent à rouler sur les routes verglacées. De Gaulle écrit, le papier à lettres posé sur ses genoux. C'est le 24 février 1916. On roule déjà depuis trois jours vers Verdun.

« Ma bien chère maman,

« L'ennemi se décide donc à nous attaquer une dernière fois. Il va le faire de toute la vigueur d'un commandement résolu, d'une infanterie très énergique et de moyens matériels puissants. Ma conviction au début de la furieuse bataille qui s'engage est que l'ennemi va y éprouver une ruineuse et retentissante défaite. Sans doute il nous prendra des tranchées et des positions un peu partout... mais notre succès n'est pas douteux, pour ces bonnes raisons que nous sommes résolus à vaincre, quoi qu'il doive nous en coûter, et que nous en avons les moyens...

« Ne vous alarmez pas si dans les jours et les semaines qui vont suivre vous ne recevez de moi que des nouvelles irrégulières...

« Mille affections à vous, à papa, à Pierre, ma bien chère maman. Bien des choses à mes cousins.

« Votre fils très affectionné et respectueux,

« C. de Gaulle. »

Le 26 février 1916, à 3 heures du matin, dans le froid glacial, les camions entrent dans la cour de la caserne Petit-Méribel à Verdun. Le canon tonne.

De Gaulle saute à terre. Le canon tonne. La compagnie se rassemble. On monte en ligne. On creuse des tranchées. Le régiment doit relever le 110e régiment d'infanterie qui tient le secteur devant Douaumont. Si le fort est tombé, le village est encore entre les mains des Français.

– Vous, de Gaulle...

Le colonel Boud'hors parle d'une voix hachée. Le sol tremble, secoué par les obus.

– Vous, de Gaulle...

De Gaulle écoute. Il doit organiser la relève et prendre sur place tous les renseignements auprès du général Lévi et du colonel Luchères qui commande le 110e.

Boud'hors fixe de Gaulle, qui se tient au garde-à-vous.

– Vous êtes le seul capable de remplir cette mission, dit Boud'hors.

Je dois ma vie.

De Gaulle avance sur cet espace labouré par les obus, battu par le feu. Il doit tout examiner par lui-même, malgré les tirs de l'ennemi, ne pas se contenter des propos rassurants du colonel du 110e régiment pour qui l'offensive ennemie est terminée.

De Gaulle serre les dents, méprisant. Cet officier est-il aveugle, sourd ? Les Allemands s'apprêtent au contraire à un nouvel assaut.

De Gaulle continue d'avancer. Les hommes du 110e régiment sont entassés dans les entonnoirs d'obus. De Gaulle s'approche des officiers :

– Où sont les tranchées, les barbelés, les boyaux ?

Où sont les croquis permettant d'organiser un cheminement des compagnies du 33e, leur installation ? Il hausse la voix. Il entend un capitaine qui hurle : « Quel est cet énergumène ? Voilà trois jours qu'on est sous le feu ! »

Un chef ne perd pas le contrôle de soi.

De Gaulle inspecte encore la position puis, de retour auprès du colonel, fait son rapport : « Rien n'existe en première ligne entre le lieu-dit Le Calvaire et le fort de Douaumont où nous devons prendre position. »

Il faudra s'accrocher malgré tout.

Le 1er mars 1916, le régiment monte en ligne.

De Gaulle marche à la tête de sa 10e compagnie. Il doit tenir la partie ouest de Douaumont, le secteur de l'église.

On passe dans les redoutes du fort de Douaumont. On avance en file indienne. On frôle des épaules ces talus qui sont constitués de cadavres entassés.

Voici la position.

Creusez vos tranchées.

On gratte le sol gelé à coups de pioche, avec les mains, les pelles. Et puis on s'arrête après quelques dizaines de centimètres.

Ce sont des corps qu'on frappe. Ils sont accumulés là, blocs humains, déchirés, fragmentés, raidis par le froid. On se couche sur eux dans cet abri qui a moins d'un mètre de profondeur.

On attend durant près de cinq heures.

Puis, à 6 h 30, ce 2 mars 1916, la terre qui explose. Les obus de l'artillerie lourde allemande écrasent tout.

De Gaulle voit la 12e compagnie, placée à gauche de la sienne, attaquée de toutes parts. Les Allemands qui donnent l'assaut en partant du fort de Douaumont portent des casques français. Ils trompent un instant la défense qu'ils submergent.

De Gaulle tente de compter les survivants de sa compagnie : moins d'une quarantaine d'hommes.

L'assaut maintenant est sur nous.

Il faut tenter de passer vers la droite.

Il se lève. Il lance une grenade.

– En avant !

Les corps des combattants se heurtent, se crèvent à coups de baïonnette. Il saute dans un trou d'obus. Des Allemands sautent avec lui.

Il voit la baïonnette. La douleur dans la cuisse gauche envahit tout son corps.

Et le ciel et la terre basculent.

11

Souffrance.

De Gaulle ouvre les yeux. La douleur lui cisaille la jambe, le parcourt, de plus en plus vive, déchirant tout son flanc gauche. Un voile gris couvre ses yeux. La somnolence revient. Il bouge malgré cette jambe de plomb brûlant. Il ne veut pas s'évanouir à nouveau. Il doit rester à la tête de sa compagnie.

Il se dresse sur les coudes. Peu à peu sa vision s'éclaircit. Des silhouettes et des sons sortent de l'ombre, se précisent.

Cauchemar. Il reconnaît les uniformes de la garde prussienne.

– *Hauptmann, Hauptmann*, entend-il.

Des soldats se penchent sur lui.

Dans leur visage hagard, couvert de poussière et de boue, les yeux sont pleins de peur, de sauvagerie et de compassion. Il comprend leurs voix essoufflées. On va le soigner, disent-ils. Il y a des médecins parmi les prisonniers.

Il ne veut plus entendre.

Depuis le premier combat, le 15 août 1914, il avait craint d'être fait prisonnier. Il avait brûlé ses cartes, ses papiers dans la maison de Dinant où il s'était réfugié.

Et le voici aux mains de l'ennemi. Lui.

Il ne peut imaginer châtiment plus dur, chute plus lamentable. Pourquoi cette épreuve ? Que n'est-il mort !

Pensée sacrilège. Il prie. Il pense à sa mère. Il se calme.

Il va devoir gravir le plus long, le plus difficile des calvaires. Il sera entravé, les mains liées, enfermé, alors que d'autres vont continuer à se battre dans la lumière de la gloire.

Et il sera, lui, oublié. Et ce qu'il a fait jusqu'à ce jour, effacé.

Il reconnaît les deux hommes qui s'approchent et s'agenouillent près de lui. Ce sont les docteurs Lepennetier et Détrahem, du 3ᵉ bataillon du 33ᵉ régiment. Ils le pansent, déchirant les étoffes, écartant les chairs. La douleur est intense. Il se mord les lèvres.

Une phrase lui revient, qu'il murmure comme une prière : « Apprendre à souffrir est l'une des sciences pratiques les plus nécessaires à l'humanité. » Il l'avait lue dans l'un des récits écrits par sa grand-mère. Il avait interrogé sa mère, tendant vers elle ce livre à couverture noire. Elle avait expliqué que toute épreuve a un sens. Que la douleur est un signe.

Il se laisse envahir par elle.

On ne se dérobe pas à ce que la Providence inflige. Si la pente qu'il doit gravir est raide, si la croix est lourde, c'est que le sommet sera plus haut.

Mais rien ne lui sera jamais donné. Il devra franchir toutes les stations.

Il est prêt.

Il interroge les médecins.

– La baïonnette, explique le docteur Lepennetier, a pénétré au tiers supérieur de la cuisse gauche pour ressortir au tiers moyen de l'autre côté.

Qu'il ne dise pas que j'ai de la chance!...
Le médecin chuchote :
– Il ne reste du bataillon qu'une soixantaine de rescapés.
Nous étions près d'un millier.
De Gaulle ferme les yeux. On le soulève. On l'emporte.

Chaque oscillation du brancard, chaque secousse du camion, chaque pansement au poste de secours de Pierremont, puis à l'hôpital de la citadelle de Mayence, est une douleur plus aiguë. Comme si tout à coup ce désespoir d'être prisonnier devenait un cri de son corps blessé.

Il ne répond que par un mouvement de tête aux autres officiers prisonniers qui l'interrogent. Il s'enferme en lui-même. Il ne doit pas succomber à cette mélancolie qui naît des jours répétés où rien ne survient, alors que les camarades, là-bas, sur le front, se battent, meurent pour la patrie et donc vivent.

Dans ces premières semaines, à l'hôpital puis à l'*Offizier-kriegsgefangenenlager* d'Osnabrück, il ne doit d'abord songer qu'à guérir.

Il s'impose une discipline quotidienne. Il marche pour s'assurer que la plaie se cicatrise, qu'il recouvre l'usage de la jambe. Puis, après avoir arpenté la salle, il s'assied sur le bord du lit. Il ne dispose pas encore de livres. Il ne reçoit ni lettres ni colis. Peut-être sa famille ne sait-elle pas qu'il vit. Il doit être l'un de ces disparus dont on ignore s'ils pourrissent dans un trou d'obus, ensevelis sous la boue, ou bien s'ils sont comme lui, prisonniers. Le mot, la situation l'accablent, le révoltent. Ne pas les accepter. Son corps est prisonnier, mais sa pensée est libre. Chaque jour il doit l'exercer. Il prend son carnet, écrit : « Le temps est l'étoffe de la réalité... Jusque dans ses pires cruautés, la vie a des saveurs qui la font désirable. »

Et puis il s'évadera. Voilà son programme, maintenant qu'il est guéri, qu'on le transfère d'Osnabrück à Neisse.

Installé dans le baraquement du camp, il passe des heures à étudier le mouvement des barques sur le Danube. Peut-être peut-on voler l'une d'entre elles et s'enfuir en se laissant glisser au fil du courant ?

À chaque instant il y songe, en marchant entre les miradors, en écrivant ses premières lettres.

Il raconte à sa sœur Marie-Agnès, qui habite toujours Charleroi occupé par les Allemands :

« Je suis tombé le 2 mars entre les mains de l'ennemi dans un combat autour de Douaumont, j'y ai été blessé pas trop gravement d'un coup de baïonnette à la cuisse, dont je me suis remis complètement. Mais tu juges de ma tristesse de finir ainsi la campagne ! »

Il se le reproche, mais il ne peut taire, dès qu'il se confie aux siens, le désespoir qui gît au fond de lui d'être arraché à son devoir de combattant, d'officier. Parfois un sentiment ambigu fait de fierté et de malaise l'envahit.

Il apprend que son père s'est rendu, après sa disparition, auprès du colonel Boud'hors, et qu'il s'est dit persuadé que son « fils est mort en faisant son devoir ».

Puis, lorsque les premières lettres arrivent, par l'intermédiaire des pays neutres, il découvre qu'il a été cité à l'Ordre de l'armée.

Il lit et relit les phrases signées du général Pétain.

« Le capitaine de Gaulle, commandant de compagnie, réputé pour sa haute valeur intellectuelle et morale, alors que son bataillon, subissant un effroyable bombardement, était décimé et que les ennemis attaquaient la compagnie de tous côtés, a enlevé ses hommes dans un assaut furieux et un corps à corps farouche, seule solution qu'il jugeait compatible avec son sentiment de l'honneur militaire. Est tombé dans la mêlée. Officier hors de pair à tous égards. »

Il ne peut jouir pleinement de cet hommage. Peut-être l'a-t-on décoré à titre posthume ! Mais il est vivant. Et prisonnier.

Il faut que cette situation cesse. Fuir est un devoir impérieux. Il écrit dans son carnet : « Redressons-nous, les raisons nous manquent d'être si modestes. » Il doit utiliser cette « terrible force de la douleur », cette blessure d'être emprisonné, empêché d'agir.

Il voudrait rejoindre ce Danube. Il interroge autour de lui. Il se prépare. Et tout à coup, la garde allemande l'entoure. Qu'il rassemble ses affaires. Départ pour le camp de représailles de Sczuczyn, une petite ville de Lituanie, à moins de cent kilomètres du front russe, loin des frontières de l'Ouest.

Dans le wagon qui roule au milieu de la campagne allemande, de Gaulle regarde la sentinelle qui somnole. Il pense aux jours de marche, aux risques qu'il devra accepter s'il veut s'évader. Mais il n'est pas d'autre choix possible : combattre par l'esprit et reprendre sa place au front. C'est son devoir, son humble devoir de prisonnier.

Mais que ce mot fait mal !

Il écrit à son père.

« Mon bien cher papa,

« Je suis plus loin de vous que je n'ai jamais été pour vous adresser mes plus respectueux et tendres souhaits de fête. Mais je n'ai jamais ni plus ni mieux pensé à vous, à notre chère et vaillante famille, parcelle de notre glorieuse patrie. »

Dans cette plaine allemande puis dans les étendues du Nord où la terre se confond avec les étangs et le ciel gris, dans cette Lituanie où se

138

trouve le camp de Sczuczyn – des bâtiments en bois d'une grosse ferme entourés de barbelés et surveillés par quatre miradors –, jamais il ne s'est senti à ce point lié charnellement à la France.

Lui et les siens sont bien une « parcelle » de cette nation.

Lorsqu'il y pense, l'émotion le submerge. Et sa condition de prisonnier lui est encore plus insupportable.

« Je vous embrasse de tout mon cœur, mon bien cher papa, conclut-il. J'unis mon esprit et mon cœur aux vôtres et à ceux de tous les Français où qu'ils soient placés. Je fais revivre la mémoire de mon brave et excellent chef de bataillon, le commandant Henri Cordonnier, mort au champ d'honneur au nord de Verdun. »

Il ne peut interrompre sa lettre à ce point. Il a besoin de s'épancher.

« Dans mon lamentable exil, reprend-il, c'est ma meilleure consolation de penser que les heures de l'Histoire autrefois écoulées et où j'ai eu l'honneur immense de prendre part sont pour quelque chose dans les heures qui s'écoulent à présent et où je ne suis plus rien. »

Sa bouche est pleine d'amertume. « Plus rien » ? Ils vont voir.

Il entre dans la grange qui sert de dortoir à une cinquantaine d'officiers prisonniers. On le questionne. Il répond par monosyllabes. À quoi servirait d'essayer de raconter « l'inénarrable bombardement auquel nous avons été soumis avant l'assaut de l'infanterie allemande » ?

Il est prisonnier comme eux. Il écoute son voisin de lit, le capitaine Roederer, lui expliquer qu'il est polytechnicien et ingénieur des Mines, qu'il parle russe et que les Russes ne sont pas loin. Un lieutenant-colonel de l'infanterie de marine se présente : Tardiu. Ce petit homme vif qui boitille attire l'attention. Visage énergique, ton sec. Plusieurs tentatives d'évasion à son actif.

De Gaulle s'installe, regarde, par une des ouvertures de la grange, des prisonniers russes qui acceptent contre rétribution de faire les corvées des officiers français. Roederer leur parle, les interroge, puis rapporte les informations recueillies. « Gospodine », l'appelle de Gaulle. Roederer se confie. Il a été de par ses compétences techniques mêlé à la plupart des tentatives d'évasion. De Gaulle veut participer à la prochaine. Mais jusque-là, il ne veut pas perdre son temps. La guerre continue, n'est-ce pas ? Et l'esprit doit être tenu en éveil. L'intelligence, la connaissance, la réflexion sont des armes.

Il demande qu'on lui apporte tous les journaux allemands qu'on peut se procurer. Il les lit chaque matin, peu importe qu'ils soient des jours précédents. Les communiqués officiels, les lettres des lecteurs, les reportages permettent de reconstruire la réalité, de l'analyser.

Il s'isole dans le coin de la grange où il a installé son lit. Il travaille. Personne ne vient le déranger. Puis il se lève, s'approche de la table ou bien marche de long en large et commence à parler d'une voix forte.

Il fait le point de la situation militaire et politique. Il ne cherche ni l'approbation ni le débat. Perte de temps. Il énonce ce qu'il croit juste. Puis, sa conférence terminée, il s'isole à nouveau pour lire, écrire à sa mère. « Nous sommes ici bien renseignés, dit-il, car nous recevons tous les journaux ennemis que nous demandons et ils ont jusqu'à présent publié tous les communiqués de la France et de ses alliés. »

Puis le temps qui coule.

Les prisonniers russes qui chantent la prière du soir. Parfois, dans la journée, l'un des prisonniers demande que l'on se rassemble autour de la table pour une photographie d'ensemble. De Gaulle déteste ces moments-là. Il se place à l'extrémité du groupe, le coude appuyé à la table, les bras croisés, le calot un peu rejeté en arrière. Mais il ne peut se dérober. Ce sont des camarades, valeureux pour la plupart. Il doit même accepter de se laisser photographier alors qu'à son tour il verse les louches de soupe dans les gamelles ! Mais c'est une concession qu'il fait. Et il est déterminé à ne pas poser comme certains qui semblent se faire gloire de leur bonne santé. Il écrit à sa mère : « Quant à me faire photographier, je le puis certainement, mais, dans ma lamentable situation actuelle, je m'y refuse absolument. »

Et il ne peut s'empêcher de se confier une nouvelle fois :

« Combien je pleure dans mon cœur de cette odieuse captivité, vous le savez, ma chère petite maman ! »

Il se reprend, serre les dents. Il veut se convaincre, accepter. Il n'est plus rien ! Soit ! Mais comme un humble moine qui prie pour Dieu au fond de sa cellule et qui par ce sacrifice contribue à la gloire de Dieu.

« Mais qu'importe mon cas particulier, poursuit-il, que ma captivité dure autant de mois qu'il faudra pour que le résultat à atteindre soit atteint d'une façon complète, écrasante ! Le reste n'a aucune importance ! »

Il faut rester droit, inentamé par les « tracasseries dont on nous abreuve ici ».

Peu à peu, il perçoit que le groupe des prisonniers l'a reconnu pour un être au destin singulier.

On écoute ses analyses avec respect. On l'appelle « Connétable ». Ainsi le capitaine de Tagny l'avait-il nommé alors qu'il n'était que deuxième classe au 33e régiment d'Arras. Il se souvient de la caserne Schramm. Que de morts ! Le régiment a perdu plus de soixante pour cent de son effectif ! Quel devoir de victoire nous imposent ces hommes disparus ! Et quel devoir de réflexion pour que la guerre à venir, car celle-ci ne sera pas la dernière – quoi qu'en pensent certains ici, dans cette grange –, soit mieux conduite, grâce aux réflexions nées de notre expérience. Car c'est la pensée qui a manqué.

Il saisit son carnet. Il note : « Si, dans l'épée de la France, la lame est bien trempée, que la poignée l'est mal ! »

À lui de comprendre ce qu'il faut changer, à lui de le dire. Voilà une tâche qu'il peut accomplir ici, parce que personne ne peut emprisonner son esprit.

Le capitaine Roederer s'approche de lui. Que veut Gospodine ? De Gaulle écoute ce projet d'évasion : desceller une pierre du mur mitoyen entre la grange et un bâtiment qui donne sur la campagne. Passer dans ce bâtiment et gagner les lignes russes. De Gaulle approuve. Il établit une carte de la région, cependant que Roederer commence les travaux de descellement.

Les jours se succèdent. L'espoir grandit. Puis, un matin de juillet, de Gaulle, qui achève la lecture des journaux, sursaute.

Le chef de camp accompagné de soldats vient d'entrer dans la grange. Il se dirige vers le mur mitoyen. Il montre la pierre ébranlée, exige que les coupables se livrent sinon il infligera des punitions collectives. Le lieutenant-colonel Tardiu lance un ordre au moment où de Gaulle, d'un signe, invite Roederer à s'avancer.

– Garde à vous ! lance-t-il. Nous avons tous creusé le passage, l'évasion étant notre plus cher espoir et notre plus impérieux devoir.

C'est une leçon. De Gaulle est ému. Plus décidé que jamais à tenter l'évasion, à forger chaque jour cette pensée si nécessaire à la guerre, ce caractère qui est le ressort de l'esprit.

« Les Allemands ont découvert dans un mur un trou qui leur a paru déceler une tentative d'évasion de certains d'entre nous, explique-t-il à son père. Mais comme ils ignorent de qui il s'agissait, ils ont pris le parti de châtier tout le monde. Ils nous ont donc enfermés dans la chambre commune, sauf une heure par jour, et nous ont interdit le tabac et les journaux. En ce qui me concerne personnellement, ce régime me va fort bien. L'interdiction de sortir me détermine à travailler mon allemand et à relire la plume à la main l'histoire grecque et l'histoire romaine... Quant à la privation de tabac, je m'en réjouis car elle va achever de me faire perdre l'habitude de fumer récemment prise, et d'ailleurs les cigarettes qu'on nous vend ici ne valent rien. »

Il sort son petit carnet, commence à écrire, soulignant les titres de chapitre : *Du retour des Héraclites aux guerres médiques (1104-490)*...

Il veut que ce temps passé ici soit celui des semailles et de la germination. Plus tard viendront les moissons.

Il lit, il prend des notes à chaque instant et même dans le train qui le conduit en compagnie du lieutenant-colonel Tardiu et du capitaine Roederer au fort n° IX d'Ingolstadt, en Bavière. Un camp de sûreté pour les rebelles, les têtes dures qui rêvent d'évasion. De Gaulle, silencieux, regarde ce fort qui se dresse au-dessus d'une petite cité que borde un torrent : le Danube non loin de sa source.

– D'Ingolstadt, on ne s'évade pas, dit le commandant du camp. Les remparts sont infranchissables, les murs épais.

De Gaulle entre le premier dans l'une des casemates où sont logés la centaine d'officiers alliés indisciplinés. On se présente. Lieutenant Angot, aviateur. Un ancien élève d'Henri de Gaulle à l'école Sainte-Geneviève. De Gaulle ne manifeste aucune chaleur, aucun mouvement de surprise ou de sympathie à cette évocation. Il dit d'un ton sans réplique que l'officier fera quatre conférences sur l'aviation. « La plupart de nos camarades ignorent tout de cette nouvelle arme. » Angot tente de se récuser. Il a d'autres projets, dit-il.

Qu'imagine-t-il, ce lieutenant, que l'on agit selon sa fantaisie ?

– Je ne vous ai point demandé votre approbation, dit de Gaulle. Ma demande est un ordre.

Il tourne les talons.

Il est décidé à reprendre ici ce qu'il avait commencé à Sczuczyn. Travail personnel de réflexion sur l'Histoire et la guerre. Lectures d'œuvres de genres différents, romans, essais philosophiques ou politiques, études du caractère des chefs, parce que la guerre moderne est devenue une réalité si complexe que l'homme d'armes qui veut la penser doit avoir des clartés de tout. Puis analyse quotidienne de la situation militaire et diplomatique des différents belligérants. Et, enfin, conférences données sur des thèmes généraux à ces officiers.

Il expose ce dernier point de ses projets à Rémy Roure, un journaliste officier de réserve qui l'approuve. Toukhatchevski, un Russe fils de colonel à la garde impériale, et lui-même officier de cette unité, est enthousiaste. La plupart des Français, Roland Garros, un officier aviateur, Berger-Levrault, un éditeur, Édouard Lafon, un universitaire, partagent ce sentiment.

Bien.

De Gaulle se met au travail, mais d'abord il veut examiner s'il n'existe pas une possibilité d'évasion, malgré la réputation de ce fort d'Ingolstadt.

Il rêve à cette fuite. Il demande à sa mère des colis contenant des uniformes truqués que l'on peut facilement transformer en habits civils ou même en tenues allemandes. Au fond des boîtes de conserve, sa mère glisse une boussole. Il se procure des cartes. On achète un soldat allemand, l'un de ces gros Bavarois, trop vieux pour partir au front. En le corrompant puis en menaçant de le dénoncer, on le contraint – chantage, eh oui, chantage – à fournir un pantalon et une casquette d'uniforme de l'armée allemande. Il faut fuir. Et tous les moyens sont bons.

Car, « ma bien chère maman, pour un officier français, l'état de prisonnier est le pire de tous ».

De Gaulle ouvre un colis de vivres que sa mère vient précisément de lui adresser. Il contient ce qu'il espérait, de l'acide picrique, destiné à soigner les angelures. Il range soigneusement le reste du colis, puis il avale sans hésiter une forte dose d'acide.

Il s'allonge. Il attend. Il repasse dans sa mémoire les étapes de son plan tel qu'il l'a élaboré. Il va quitter le fort avec l'autorisation des Allemands. Il suffit d'être malade, car l'hôpital de la garnison et son annexe affectée aux prisonniers sont situés dans la ville.

Au bout de quelques heures, il ressent les effets de l'acide. Fièvre bienvenue. Il exagère ses malaises lorsque le médecin allemand l'examine et constate tous les signes d'une jaunisse.

Voici l'hôpital. Un officier français, le capitaine Ducret, est décidé lui aussi à tenter sa chance. Un soldat prisonnier les aide. Une sentinelle allemande corrompue et apeurée fournit les éléments qui complètent un uniforme allemand. Le plan est simple. Passer de l'aile affectée aux prisonniers dans la partie allemande. Ducret s'habille en Allemand, passe une blouse d'infirmier. Il conduit de Gaulle, prisonnier malade, dans la partie allemande de l'hôpital. Là, on se perd dans la foule des visiteurs qui rendent visite chaque dimanche aux blessés de Verdun. Dans un appentis où le complice français a caché ses vêtements civils, on se change vite. Et on sort de l'hôpital, ce dimanche 29 octobre 1916, à la nuit tombante, avec les visiteurs allemands.

Libres, libres, traversant Ingolstadt, le rucksack au dos, marchant la nuit, se cachant le jour dans les bois, se dirigeant à la boussole vers l'enclave suisse de Schaffhouse située à deux cents kilomètres.

De Gaulle parle peu. Il avance à grandes enjambées. La pluie qui tombe sans discontinuer bat son visage.

Mais il ne ressent pas la fatigue. La Providence serait-elle favorable ?

C'est déjà le 5 novembre. Les deux tiers de la route ont été parcourus. Voici Pfaffenhofen, à une trentaine de kilomètres d'Ulm. Le bourg devrait être désert. Mais c'est jour de fête. De Gaulle accélère le pas. Avec leurs visages hirsutes, il sent qu'on les remarque. Bientôt on les poursuit, on les arrête.

De Gaulle redresse la tête. Il est officier français. Que les policiers gardent leurs distances. Il fixe avec dédain le commandant du fort d'Ingolstadt qui le condamne à des jours d'isolement.

Qu'importe ! Au travail. La pensée est une épée dont il faut aiguiser le fil.

Il parle, marchant d'un pas rapide sur le chemin de ronde du fort, entouré d'officiers qui l'écoutent, la tête levée vers lui. Parfois il s'immobilise, regarde vers le Danube, souligne d'un geste du bras une phrase de l'analyse de la situation qu'il effectue chaque jour à l'aide des différents journaux.

Puis il se dirige vers la plus grande des casemates. Il prend place debout derrière une petite table. Les officiers sont assis devant lui, sur les lits, quelques chaises et des caisses.

– Messieurs !

Il parle d'une voix forte, sans regarder les feuilles qu'il a posées devant lui. Il veut traiter de la guerre.

– La guerre consiste pour un peuple à tendre et à rassembler toutes ses forces pour imposer sa volonté au peuple ennemi en lui brisant la sienne...

Les mots s'enchaînent. Il éprouve une jubilation intellectuelle intense à exprimer ce qu'il ressent.

– Les hommes, dit-il, qui à un esprit synthétique joignent les qualités de caractère proportionnées aux immenses responsabilités et aux puissants efforts qu'impose constamment la direction générale d'une guerre, sont très rares.

Il n'a pas encore vingt-sept ans. Il porte sur sa vareuse bleu horizon la croix de guerre.

Il regarde les officiers anglais, russes, français qui l'écoutent. La plupart sont plus gradés et plus vieux que lui. Mais c'est lui qui parle.

– Puisque notre génération a l'immense honneur et la terrible charge de porter le poids inouï de cette guerre, dit-il, il faut qu'elle en tire les conséquences nécessaires.

Il doit tout dire, ne rien masquer, même s'il doit choquer ces officiers supérieurs. C'est son devoir au moment où, en cette année du troisième anniversaire du commencement de la guerre, des régiments refusent de monter en ligne. Ces mutineries annoncent elles que le mal qui a détruit l'armée russe et provoqué la chute du tsar en mars 1917 se répand sur le front français ?

De Gaulle parle des « attaques lamentables où chaque jour de nouveaux cadavres s'entassaient dans la boue immonde ; de ces ordres d'assaut coûte que coûte donnés par téléphone par un commandement lointain après des préparations d'artillerie dérisoires et peu ou point réglées ; ces assauts sans illusion exécutés contre des réseaux de fil de fer intacts et profonds où les meilleurs officiers et les meilleurs soldats allaient se prendre et se faire tuer comme des mouches dans des toiles d'araignée ».

Il a la gorge serrée, la bouche amère. Le silence dans la casemate est lourd. Il faut poursuivre, pour le lieutenant Desmoulins et l'adjudant Vansteen, ces camarades morts dès le 15 août 1914, pour des centaines de milliers d'autres.

– La défaillance de certaines unités, dit-il, n'a d'autre motif que la démoralisation résultant de ces expériences lamentables où l'infanterie toucha le fond du désespoir.

Il ne doit pas ménager ce commandement incapable qui, « trop nerveux et du reste sans illusion sur lui-même », lance des accusations de lâcheté « si les pertes n'étaient pas jugées suffisantes pour que l'on pût se couvrir avec ces morts vis-à-vis des échelons supérieurs ».

Peut-être ici, en écoutant ses propos, et là-bas, dans les états-majors – quand ils seront connus –, le condamnera-t-on ? Qu'importe !

– Messieurs, la seule mais aussi la profonde consolation que nous pouvons avoir ici est que notre œuvre à chacun, si modeste, si brève qu'elle ait été, n'aura pas été inutile. Nous avons été chacun pour notre part l'instrument de leçons utiles à la France.

Il reste seul, ouvre les paquets qu'il reçoit. Ils contiennent du savon et du savon à barbe, du linge, des chaussures, des gants, du papier à lettres, des crayons et ces carnets sur lesquels il ne cesse d'écrire, sa manière de méditer. Il a le sentiment qu'ainsi il se construit, lecture après lecture, réflexion après réflexion.

Il lit *Le Rouge et le Noir*, « caractère du héros bien marqué et intéressant quoique vraiment trop

compliqué et trop machiavélique pour son âge...
Stendhal croit à la congrégation ».

Il lit *Pot-Bouille*. « Zola a vraiment le génie de
l'ordure. »

Il lit, de Huysmans, *En ménage*. Ces histoires
d'adultères, d'amour perdu et retrouvé, de solitude, d'attirance pour la femme, le séduisent
presque malgré lui. « Tout cela raconté avec la
brutalité triste et réaliste et le style truculent
propres à l'auteur... »

Il s'en va marcher sur le chemin de ronde. C'est
le printemps 1917. Le général Pétain a été nommé
commandant en chef. Il imagine... la fierté,
l'orgueil de son ancien colonel du 33ᵉ régiment
d'infanterie. Pétain avait vu juste en ce qui
concerne le rôle du feu – l'un des seuls parmi les
officiers supérieurs. Mais il est si peu ouvert à la
nécessité du mouvement !

De Gaulle rentre dans la casemate, reprend la
lecture de ce livre de Frédéric von Bernhardi, *La
Prochaine Guerre*. Voilà un homme durement
lucide, implacable. Il fait l'apologie du devoir
d'État et montre que la morale des peuples et la
morale individuelle ne peuvent être confondues.

De Gaulle travaille plusieurs heures durant, puis
il se sent envahi par la mélancolie. Il est prisonnier.
Les autres se battent. Les autres bâtissent leur destin dans l'action. Pétain est commandant en chef,
et lui est ici, dans cette casemate humide, chambre
nº 13, fort nº IX, Ingolstadt.

Des Allemands s'approchent, amicaux. Ils
évoquent une alliance entre la France et leur
peuple après la paix.

*Au diable ! Qu'on menace plutôt les officiers alle-
mands faits prisonniers de les envoyer au Daho-
mey ! Peut-être nous traiteront-ils mieux ici !*

Il prend une carte, écrit :

« Ma bien chère maman,

« Voici passée la deuxième fête de Pâques en captivité. Je ne veux pas vous dissimuler que j'en éprouve une immense et inexprimable tristesse. »

Il ne doit pas se laisser aller.

« Mais cela n'a aucune importance générale, n'est-il pas vrai ? » ajoute-t-il.

Il se reproche ses aveux.

Il prend une nouvelle fois son carnet.

« Les choses n'ont que l'importance qu'on leur donne », écrit-il. Il faut sortir de soi. « L'amour est au fond plus amer que doux, n'en faisons pour rien au monde l'objet principal de nos préoccupations, mais seulement un assaisonnement de la vie. »

Il y a la foi, et cette forme supérieure de l'amour qu'est l'attachement, le dévouement à la nation, et à la famille, qui est – il l'a pensé, écrit à son père – « une parcelle de notre glorieuse patrie ».

Alors, on peut être à la hauteur de son destin.

Il le veut depuis l'adolescence. Mais pour cela, « il faut être un homme de caractère », et forger le caractère exige une discipline de fer. Un travail sur soi de chaque instant. Il l'a éprouvé en commandant à ses soldats.

Il est saisi par une détermination froide. Il écrit rapidement.

« Le meilleur procédé pour réussir dans l'action est de savoir perpétuellement se dominer soi-même ou, mieux, c'est une condition indispensable.

« Mais se dominer soi-même doit être devenu une sorte d'habitude, de réflexe moral obtenu par une gymnastique constante de la volonté, notamment dans les petites choses : tenue, conversation, conduite de la pensée, méthode recherchée et appliquée en toutes choses, notamment dans le travail.

« Il faut parler peu, il le faut absolument. L'avantage d'être un causeur brillant ne vaut pas un centième celui d'être replié sur soi-même,

même au point de vue de l'influence générale. Chez l'homme de valeur, la réflexion doit être concentrée. Autrui ne s'y trompe pas.

« Et dans l'action, il ne faut rien dire. Le chef est celui qui ne parle pas. »

Il relit. Il se sent mieux.

Voilà ma stratégie.

Mais, d'abord, la liberté.

On ne peut s'évader du fort n° IX. Il ne l'a plus tenté depuis huit mois, s'imposant ce « stage de sagesse », affûtant sa pensée.

En juillet 1917, enfin, on le transfère en compagnie de trois autres prisonniers au *Kriegsgefangenenlager* de Rosenberg, près de Kornach, en Franconie.

Dans les jours qui suivent son arrivée, il parcourt les salles, le fossé-promenade de cet ancien château fort situé au sommet d'un piton très escarpé. Il questionne quelques-uns des cinquante officiers internés dans le fort. Il sent les regards soupçonneux. D'ici, on ne s'évade pas, lui précise-t-on. Il y a un à-pic de plusieurs dizaines de mètres. Il écoute ces hommes qui ont renoncé au combat. Les gardiens sont débonnaires. Pourquoi prendre des risques ?

Et il reconnaît que ce camp est confortable ; « bien que cela soit médiocre, écrit-il à sa mère, je puis vous dire que l'on est ici mieux qu'au fort d'Ingolstadt sous le rapport de la nourriture et du logement ».

Mais il n'est pas médiocre. Il ne veut pas l'être.

Il rassemble les trois autres prisonniers venus d'Ingolstadt avec lui : Tristani, Angot, Prévost, trois lieutenants. On s'évade, dit-il. Il faut franchir un rempart intérieur puis accéder, par une échelle à construire, à un rempart extérieur, et de là, par une corde tressée avec des draps de lit, des serviettes, des couvertures, descendre le long de l'à-pic. Après, on marchera jusqu'à Schaffhouse. Distance : 480 kilomètres.

Il faut de l'obstination et de l'habileté. De la volonté surtout. D'abord, réunir le matériel. Et cela prend des mois. Il écrit à sa mère. Il invente un code.

« Car enfin c'est dans trois mois l'hiver ! Pour nous, qu'arrivera-t-il ensuite ? Simple question de *pardessus*. »

On rassemble des vêtements qui peuvent devenir avec quelques modifications des habits civils. On confectionne de fausses clés, une échelle rigide.

Et le soir du 15 octobre 1917, de Gaulle donne l'ordre du départ, parce qu'il tombe une pluie diluvienne et qu'il attend cela depuis plus d'un mois. Les sentinelles sur le rempart intérieur sont rentrées se mettre à l'abri dans leur guérite. De Gaulle accepte qu'un capitaine de Montéty, qui est arrivé le jour même à Rosenberg, se joigne à eux. On ne refuse pas un homme courageux. Mais, le long de l'à-pic, la corde est trop courte. Montéty se sacrifie. Il tiendra la corde aux quatre autres qui ont pris pied sur une plate-forme au milieu de l'à-pic. De Gaulle se penche. Il ne se sent pas capable de descendre plus de quelques mètres à la corde lisse.

– Je vous prie de me descendre à la force du poignet, ordonne-t-il aux lieutenants.

Maintenant, c'est la campagne noyée par la pluie. De Gaulle trace le chemin sur la carte. On marche dix nuits. Le froid. La fatigue. On entre dans un pigeonnier isolé au milieu des champs pour prendre du repos. Des bruits de pas, des sommations. Des paysans et un soldat poussent la porte.

– Nous recommencerons, murmure de Gaulle.

Revoici le fort de Rosenberg. Il faut tenter une nouvelle évasion, tout de suite, avant d'être renvoyé au fort d'Ingolstadt.

Le 30 octobre, en fin d'après-midi, de Gaulle commence à s'habiller en civil, à l'aide des vêtements transformés une nouvelle fois. Il colle des moustaches postiches, chausse des lunettes, puis, en avant. Le lieutenant Tristani le suit. Le barreau d'une fenêtre a été scié. On se glisse dans la cour le long d'une corde. On gagne un bâtiment occupé par des employés allemands, profitant de l'éloignement d'une sentinelle.

Maintenant, il faut franchir le poste de garde avec les civils. De Gaulle passe calmement devant les factionnaires, marchant d'un pas lent. Il bavarde en allemand, à haute voix, avec Tristani.

Libres, à nouveau. Il faut se rendre à Lichtenfels. Sept heures de marche. On passera la nuit dans les bois pour se présenter afin de prendre le premier train, à 5 heures, en direction de la frontière hollandaise, via Francfort et Aix-la-Chapelle.

Se comporter avec nonchalance devant le guichet, acheter les billets. Puis monter enfin dans le wagon. S'asseoir. Des voix rudes au bout du couloir. Les gendarmes bloquent les issues.

Ils s'approchent. Ils lèvent leurs mains pour agripper de Gaulle. On le bouscule. Il repousse les gendarmes. On lui doit le respect, ordonne-t-il. *Hauptmann, Hauptmann*, répète-t-il d'une voix forte. Il se raidit.

Il maîtrise sa colère. Mais il sait qu'il sera pour les deux évasions condamné à cent vingt jours d'arrêts de rigueur qu'il exécutera, il en est sûr, au fort d'Ingolstadt. Fenêtres closes par volet, pas de lumière, régime alimentaire spécial, rien pour lire et écrire, une demi-heure de promenade par jour dans une cour de cent mètres carrés.

Il sait cela. Il va pouvoir penser, rêver, méditer, prier !

Quelques jours plus tard, il entre, impassible, très droit, dans la chambre 16, qui vient de lui être attribuée au fort n° IX où on l'a en effet transféré.

Deux mois d'arrêts de rigueur. Sans compter la traduction prochaine devant le conseil de guerre d'Ingolstadt pour rébellion, « outrages à un supérieur » lors de son arrestation par les gendarmes.

Cela n'est rien. Mais cette inaction l'accable. Cette épreuve de la captivité est longue, ce calvaire n'en finit pas.

Le 19 décembre 1917, il a besoin de parler aux siens. Il écrit :

« Mon bien cher papa, ma bien chère maman,

« Une fois de plus loin de vous... Je vous envoie mes vœux de nouvelle année.

« Un chagrin qui ne se terminera qu'avec ma vie et dont je ne pense pas devoir rencontrer jamais d'aussi profond ni d'aussi amer m'étreint en ce moment plus directement que jamais. Être inutile aussi totalement, aussi irrémédiablement que je le suis dans les heures que nous traversons quand on est de toutes pièces construit pour agir, et l'être par surcroît dans la situation où je me trouve et qui pour un homme et un soldat est la plus cruelle qu'on puisse imaginer !

« Excusez-moi de montrer cette faiblesse de me plaindre. Elle est, n'est-ce pas, bien inutile ? Croyez que ma résolution n'en est qu'accrue. »

Il vient d'avoir vingt-sept ans.

12

Il marche d'un pas rapide dans cette cour de cent mètres carrés où ses gardiens le conduisent chaque jour pour une heure avant de l'enfermer à nouveau dans cette pièce obscure où il subit les arrêts de rigueur. Cent vingt jours, deux mois à l'origine qui deviennent bientôt près de quatre.

Ne pas pouvoir lire, ne pas pouvoir écrire, et donc devoir penser. À son destin d'enterré, pendant que d'autres se couvrent de gloire. Mais peut-être cet isolement, cet obstacle, est-il le prix qu'il doit payer, une sorte d'ordalie qu'il doit subir pour prouver qu'il est digne du destin dont il rêve.

Cette guerre, il en est sûr, la France va la gagner. Il se souvient des informations qu'il a puisées quand il pouvait encore avoir accès aux journaux. La France se rassemble autour de Foch et de Clemenceau au moment où la discorde s'installe chez l'ennemi, entre le gouvernement allemand et ses chefs de guerre, Hindenburg, Ludendorff, l'amiral Tirpitz. La guerre sous-marine à outrance a fait entrer dans le conflit, aux côtés des Alliés, les États-Unis, ce qui compense la défection des bolcheviks, cet armistice de Brest-Litovsk qu'ils ont signé avec Berlin. Mais, même victorieuse, la France aura à défendre ses droits, à imposer aux vaincus ses revendications, à affronter, peut-être, cette révolution rouge.

Il pense à son destin dans cet avenir dont il tente de dessiner les lignes.

Des mois pour y rêver.

Lorsqu'il fait ses premiers pas sur le chemin de ronde, entouré par ses camarades, c'est le mois d'avril 1918. La campagne qui verdit.

Il doit rassurer sa mère, évoquer sa prison avec ironie. « Ces deux derniers mois, je n'ai rien eu à envier de M. Latude. » Ce pauvre persécuté est resté trente-cinq ans emprisonné pendant le règne de Louis XV.

« Je suis parfaitement disposé à accepter autant d'années encore de captivité pour voir mes vœux réalisés, continue-t-il, et plus que jamais j'ai la confiance qu'ils le seront. »

Mais qu'il est difficile d'être patient, de contenir sa colère quand on lit le jugement prononcé à Ingolstadt, le 30 avril 1918, « contre le prisonnier de guerre français capitaine de Gaulle Charles pour outrage. L'accusé est condamné à une peine de quatorze jours de cellule »...

Heureusement, on change de camp. Les Allemands ferment le fort n° IX, dispersent ces prisonniers rebelles.

On arrive au fort Prinz Karl, à quelques kilomètres d'Ingolstadt. « Il n'y a guère d'ailleurs de différence, sinon peut-être que le Prinz Karl est moins humide. » Puis nouveau départ vers la forteresse de Wülzburg proche de la ville de Weissenburg. D'autres visages, l'abbé Michel, le commandant Catroux, l'officier le plus ancien du camp, et le capitaine Brillat-Savarin.

De Gaulle écoute ce capitaine déterminé et courageux raconter comment, blessé le 10 août 1914, il a été fait prisonnier, au tout début de la guerre.

Les déceptions de Brillat-Savarin sont les miennes.

156

Peut-être un échange de prisonniers par l'intermédiaire de la Suisse permettrait-il de reprendre le combat. Brillat-Savarin, précisément, part pour la Suisse dans le cadre de cet échange. Mais il veut, comme de Gaulle, recommencer à se battre et non attendre la fin de la guerre à l'abri.

« Il est lamentable qu'un incident de combat et une grave blessure, dit de Gaulle, aient fait tomber un militaire comme lui aux mains de l'ennemi, compromettant ainsi une carrière qui pouvait et devait être fort brillante. » Car c'est « un officier de la plus solide valeur intellectuelle, morale et par conséquent professionnelle ».

Que reste-t-il dans cette « abominable situation », quand les « lamentables années » s'ajoutent les unes aux autres ?

Il écrit à son père. Ce qui reste ? Ce sont les vertus morales.

« C'est d'abord, mon bien cher papa, l'exemple jamais oublié que vous avez donné d'avance à vos fils au début de votre vie, en combattant avec honneur le même ennemi qu'ils combattent aujourd'hui à leur tour. Ce sont encore les précieuses leçons que vous m'avez données tout le long de mon enfance, à ce propos et à propos de tout ce qui s'y rapporte. »

Il veut, ici, dit-il, être digne de son père et de sa mère. Et puis il a « l'orgueil raisonné d'appartenir dans le passé et l'avenir à l'admirable armée française ».

Ce qui demeure aussi, c'est l'espoir de fuir.

De Gaulle observe les mouvements des sentinelles de la compagnie de Landsturms qui garde la forteresse de Wülzburg. Pourquoi ne pas recommencer ce qui a réussi à l'hôpital d'Ingolstadt ? Un officier prisonnier, le lieutenant Meyer, jouera le militaire allemand conduisant hors de la forteresse le prisonnier de Gaulle, et l'abbé Michel viendra faire ses adieux sous les yeux des sentinelles à son ami de Gaulle qu'on transférera ailleurs.

Enfin voici qu'arrive le colis qui contient de quoi faire des vêtements civils. Et voici l'uniforme allemand volé dans l'atelier du tailleur de la Landsturm.

Le 10 juin 1918, le lieutenant Meyer colle des moustaches postiches sur son visage, met des lunettes, et en avant, marche. De Gaulle le suit, portant une valise contenant ses vêtements civils. L'abbé Michel salue de Gaulle. La grille s'ouvre. C'est la liberté, la campagne et ses taillis où l'on se change. Et vite, sur la route. Et on ne peut éviter, dès le lendemain matin, un poste de gendarmerie.

À nouveau la forteresse de Wülzburg, la condamnation aux arrêts de rigueur.

Ne pas céder. Essayer de s'enfuir seul.

De Gaulle remarque, un lundi matin, qu'un vaste panier à linge sale quitte la forteresse. Un sous-officier allemand le vérifie et le ferme. Mais on peut détourner son attention, vider le panier, se glisser à l'intérieur. De Gaulle rencontre des soldats français prisonniers qui servent d'ordonnances. Ils acceptent de l'aider.

Le lundi 7 juillet, il se glisse dans le panier. Les Landsturms le soulèvent, le déposent dans la blanchisserie de Weissenburg. De Gaulle s'habille en civil et gagne la forêt voisine.

Marcher durant trois nuits. Et sentir brusquement que le corps vous abandonne. Marcher quand même malgré la fièvre, les membres qui sont brisés, les douleurs.

Il entre dans la gare de Nuremberg. Il ne peut attendre comme il l'a prévu le train de nuit, moins surveillé. Il doit partir au plus vite.

Dans le wagon, il garde un bandeau sur la bouche pour éviter d'avoir à parler. Mais il grelotte. La sueur coule sur son visage. Et tout à coup des policiers s'avancent qui contrôlent ses papiers.

Pris, pour la cinquième fois.

On l'admet à l'infirmerie de la forteresse de Wülzburg. Il y restera quinze jours avant de regagner le camp.

Moment de désespoir. Il écrit.

« Ma bien chère maman,

« Je n'ai pas besoin de vous dire que pour moi il ne se passe rien... Je suis un enterré vivant. Lisant l'autre jour dans quelque journal le qualificatif de "revenants" appliqué à des prisonniers français rentrés en France, je l'ai trouvé lamentablement juste. »

Il écrit vite, comme la confession d'un fils blessé et malheureux à sa mère.

« Vous me proposez de m'envoyer des livres ! Hélas ! Je voudrais que vous sachiez, car le savez-vous ? dans quelles conditions matérielles je suis ici pour travailler et n'ai jamais cessé de l'être. Du reste, quand bien même ces conditions seraient radicalement différentes ! Travailler à quoi ! Travailler pour quoi ? »

Il se blesse, il se mutile. Il éprouve à écrire une délectation morose et l'amertume l'envahit.

« Pour travailler il faut avoir un but ! Or, quel but puis-je avoir ? Ma carrière, me direz-vous ? Mais, si je ne peux d'ici la fin de la guerre combattre à nouveau, resterai-je dans l'armée ? Et quel avenir médiocre m'y sera fait ? Trois ans, quatre ans de guerre auxquels je n'aurai pas assisté, davantage, peut-être ! Pour avoir quelque avenir dans la carrière, en ce qui concerne les officiers de mon âge et qui ont quelque ambition, la première, l'indispensable condition sera d'avoir fait la campagne, d'avoir, au fur et à mesure qu'elle changeait de forme, appris à la juger, formé ses raisonnements, trempé son caractère et son autorité. »

Il se porte un dernier coup comme pour se punir, se contraindre aussi à l'impossible, se lancer un défi personnel afin que la noirceur de l'avenir qu'il dessine le contraigne à se relever.

« Au point de vue militaire, je ne me fais aucune illusion, ajoute-t-il, je ne serai, moi aussi qu'un "revenant"...

« Je vous embrasse, ma bien chère maman.

« Votre fils aimant,

« C. de Gaulle. »

Il sait que ce sont les derniers mois de l'affrontement. Ludendorff lance offensive sur offensive, de Saint-Quentin aux Flandres, de l'Artois à la Champagne. C'est la deuxième bataille de la Marne. Et lui, on l'enferme à la prison de Passau, pour effectuer la peine de quatorze jours de cellule qui lui a été infligée pour outrages. Il découvre que les condamnés autour de lui sont des Allemands, déserteurs, assassins, voleurs. Il proteste, tempête, menace d'entamer aussitôt, lui, capitaine français, une grève de la faim. Il reste impassible quand on lui annonce après trois jours qu'il va être transféré au fort Scharnhorst, à Magdebourg, où il retrouvera des officiers français.

Il rentre à la forteresse de Wülzburg, sa peine accomplie. C'est la mi-octobre 1918.

« Voyager pour un prisonnier, écrit-il à sa mère, c'est l'occasion de voir et de juger des choses, et précisément le moment était bien choisi. »

Il a relevé l'attitude des passants et des voyageurs croisés, presque craintifs, comme si on voyait déjà en lui le représentant des armées victorieuses.

« Ai-je besoin de vous dire qu'en dépit de ma situation personnelle lamentable je savoure en ce moment les plus douces journées de ma vie ? ajoute-t-il. Il n'y a point de chagrins, de souffrances, de déceptions, de sacrifices, qui vaillent de loin ces satisfactions-là et celles qui vont suivre. Comme mes frères doivent être heureux qui peuvent en outre exprimer leurs sentiments par l'organe de leurs canons ! »

Il n'est pas une heure où il ne pense à Xavier, qui vient de recevoir une citation, à Jacques, à Pierre, tous sous l'uniforme.

« Notre cher Pierre a donc eu le temps de servir lui aussi au péril, et cela au meilleur moment de la campagne. »

Heureux soient-ils ceux qui sont à la tête des troupes victorieuses ! Pourquoi a-t-il été privé de ce moment sublime, lui dont toute la vie était tendue vers ce but-là ?

Comme presque toujours en novembre, la mélancolie s'empare de lui. Il pense à « nos chers morts, dont le sacrifice sanglant a assuré l'existence de la patrie et cimenté le monument de sa gloire victorieuse ».

« Une fois de plus, le succès a souri à la plus forte volonté. » La vie, la guerre sont d'abord affaire de caractère. Il le sait, il le répète. Cela l'aide à surmonter ces accès d'amertume, de déception.

« À l'immense joie que j'éprouve avec vous des événements se mêle, il est vrai pour moi, plus amer que jamais le regret indescriptible de n'y avoir pas pris une meilleure part. Il me semble qu'au long de ma vie, qu'elle doive être courte ou prolongée, ce regret ne me quittera plus. »

Ce regret, comme une incitation à se hisser plus haut, qu'il devienne le point d'appui, « l'aiguillon à penser et à agir mieux et davantage pour tâcher de remplacer, par beaucoup d'heures obscurément utiles, les quelques heures décisives et triomphantes que je n'aurai point vécues ».

Il passe, distant, parmi ses camarades qui manifestent, narguent leurs gardiens, affirmant bruyamment à chaque instant leurs certitudes de la victoire, de la paix. Mais la joie ne doit pas aveugler.

On entoure de Gaulle, on l'interroge.

– Politiquement, commence-t-il, il faut craindre qu'aucune des questions qui viennent de soulever les peuples les uns contre les autres ne soit effectivement résolue.

Il fait quelques pas.

– Chacun sait, chacun sent, que cette paix n'est qu'une mauvaise couverture jetée sur des ambitions non satisfaites, des haines plus vivaces que jamais, des colères nationales non éteintes, lance-t-il.

On ne veut pas l'écouter, il le sent. Ils attendent tous l'armistice. Ils ont le nez collé sur l'événement.

Il est plus loin déjà, vivant dans ces années qui viennent et où il doit s'imposer, malgré ces trente-deux mois de captivité.

Un revenant ? Il veut hanter le siècle.

Le 12 novembre, dans la matinée, il entend des cris. Puis tout le monde court, se presse autour du commandant Catroux qui vient de prendre le commandement du camp. L'armistice a été signé. On crie. On hurle.

Il écoute Catroux.

– Le commandement français me communique que tous les prisonniers doivent attendre sur place les ordres de rapatriement.

Il s'éloigne. Sa décision est prise. Il ne restera pas un jour de plus dans ce camp à attendre qu'arrivent, dans combien de jours, les ordres d'un commandement qui doit bien peu se soucier des prisonniers !

Il a besoin d'agir. Voilà trente-deux mois qu'il est entravé. Maintenant, il veut être libre. Il part, passe à Ludwigshafen, à Genève. Le 3 décembre, il est à Lyon. Il gagne Paris, se rend chez lui. Déception, sa famille est à la Ligerie, dans la propriété du Sud-Ouest.

Il parcourt les rues pavoisées de la capitale, lit avidement les journaux. Ils sont déjà pleins de conflits. L'Europe épuisée n'en a pas fini avec la guerre. L'Allemagne est en révolution. Les bolcheviks sont au pouvoir en Russie. Ils menacent tout l'est de l'Europe.

Il n'a que vingt-huit ans. Et il a déjà tant appris sur la guerre, sur les hommes, sur lui-même. Le siècle s'ouvre devant lui.

Mais, d'abord, retrouver les siens.

Il prend le train pour la Ligerie.

Quatrième partie

*Nous aurions grand besoin
d'un Richelieu ou d'un Louvois*

Décembre 1918 – octobre 1931

13

De Gaulle avance dans l'allée du parc de la Ligerie. Il fait doux en ce début décembre 1918. Et tout à coup, il les aperçoit tous, les siens, qui viennent à sa rencontre, le père, la mère, ses trois frères. Ne manque que sa sœur Marie-Agnès.

Voici « ma bien chère petite maman », droite, fière, heureuse, apaisée enfin, puisque « l'angoisse affreuse a disparu ».

Nous sommes tous vivants, nous, ses fils. Nous avons accompli notre devoir, et la Providence nous a préservés alors que tant de familles pleurent leurs enfants morts.

De Gaulle se tient un peu éloigné de ses trois frères qui portent comme lui l'uniforme. Xavier est capitaine, Jacques est lieutenant, et Pierre aspirant.

Quatre fils vivants, après quatre ans d'hécatombe, quatre officiers décorés de la croix de guerre.

« Notre chère et vaillante famille, parcelle de notre glorieuse patrie », est enfin rassemblée, autour du père.

De Gaulle allume une cigarette pour ne pas trahir son émotion, puis il laisse pendre son long bras droit cependant que le gauche est replié, la main tenant les gants blancs.

Il pose ainsi aux côtés de ses frères devant l'appareil de leur père qui les photographie.

– La victoire est venue combler nos cœurs, dit-il.

Et qui mieux que mon père « ne peut en éprouver la douceur magnifique » ?

De Gaulle sait ce qu'il doit écrire à son père et qu'il n'ose pas lui dire à cet instant.

« Votre enfance, mon bien cher papa, n'avait connu d'autres souvenirs que ceux de la gloire française, et soudain le deuil odieux de notre abaissement avait enveloppé votre jeunesse. Depuis lors, malgré le temps, malgré les désillusions, malgré les lassitudes, l'espoir d'assister à la sainte revanche ne cessa point d'être votre premier espoir. Combien de fois y ont pensé vos fils au cours des récentes épreuves ! »

Père, pour vous, pour notre famille, semble s'ouvrir, avec le triomphe national, une « ère de bonheur ». Peut-être pourrez-vous bientôt, mon cher papa, « laisser peu à peu à elle-même l'œuvre d'enseignement que vous avez fondée et fait croître, et prendre enfin quelque repos ».

Mais moi, « je bous dans ma peau » !

Ce temps perdu, ces trente-deux mois de captivité, il faut les compenser en redoublant d'effort, en ne gaspillant plus un jour, une heure. Mais, avant de s'élancer, il faut mettre au net le passé, établir avec précision les circonstances de ce combat à Douaumont, de cette blessure, qui ont conduit à « l'odieuse captivité ».

De Gaulle écrit, dès le 8 décembre, au colonel Boud'hors, qui à Verdun commandait le 33e régiment d'infanterie.

Il se souvient de chaque détail de la mission dont Boud'hors l'avait chargé, de cette reconnaissance en plein jour exposé au feu de l'ennemi, qui ne « cessait de tirer sur tout ce qu'il voyait bouger force coups de canons-revolvers et de mitrailleuses ». Il serait juste qu'il obtienne la Légion d'honneur pour cette action accomplie malgré ces « conditions désagréables ».

Il apprend par le lieutenant Répessé, du 33ᵉ, un ancien de Verdun, qu'une proposition pour l'attribution de cette décoration est passée au régiment. Mais « que de temps il faut, pour les choses qui paraissent les plus simples » !

Et il ne peut s'attarder au passé.

« Je bous dans ma peau », répète-t-il.

Il part pour l'école militaire de Saint-Maixent, où est organisé un stage pour les commandants de compagnie qui, prisonniers, n'ont pu suivre les évolutions de la guerre.

Apprendre, donc. Mais combattre, surtout.

Il demande à s'engager dans l'armée polonaise que le général Haller constitue en France avec un encadrement d'officiers français dans le but de « reconquérir » les terres polonaises arrachées par les Russes et d'assurer à la Pologne, enfin libre, son indépendance.

On se bat, là-bas. Il faut donc s'y rendre. Ou bien partir avec l'armée d'Orient, qui doit intervenir dans les Balkans pour empêcher la révolution bolchevique de s'étendre.

De Gaulle observe autour de lui ces officiers rassemblés à Saint-Maixent. L'école militaire paraît tout entière assoupie. Il est le plus jeune de ces capitaines qui suivent les cours avec nonchalance. Il s'impatiente. Pourquoi ne répond-on pas à ses demandes d'engagement ? Il veut agir, partir, se battre, montrer enfin ce dont il est capable. Transformer sa pensée, mûrie dans les casemates d'Ingolstadt, en actes. Mais ce qu'il perçoit le désole. Son père le comprendra, l'aidera sans doute à franchir ces obstacles dus à l'inertie, à cette sorte de paralysie qui semble saisir le pays après la victoire.

– Plus nous allons, plus la France s'enfonce dans un océan de bêtise, de paresse et d'insolence administrative, dit-il à son père. Les choses les plus simples deviennent les plus ridiculement compliquées. Et personne, à quelque degré de la hiérarchie qu'il soit placé, personne ne fait son affaire. Nous aurions grand besoin d'un Richelieu ou d'un Louvois.

Il rêve à son destin.

Il est reçu par le colonel Augier, qui commande le cours. L'homme l'examine, feuillette son dossier militaire, l'interroge. Puis, faisant quelques pas devant son bureau, il dit lentement :

– Jeune comme vous l'êtes, vous avez absolument raison de demander à faire campagne... Avec les beaux états de service que vous avez déjà, vous pouvez, si vous le voulez, vous faire un très bel avenir !

De Gaulle se cambre. Déjà, après quelques leçons, il s'était senti « parfaitement apte au commandement sans infériorité d'aucune sorte ». Maintenant, il est sûr d'être pleinement entré dans « l'existence militaire ». « Le colonel m'a définitivement remonté moralement parlant. »

Qu'importe que Saint-Maixent soit un « trou... où il n'y a rien à faire absolument ». Où les officiers paraissent sans ambition. Tant mieux !

« En ce qui me concerne personnellement, je me félicite de cette lassitude générale, car elle va, j'en suis convaincu, me permettre de me séparer à bref délai de ce triste peloton de coureurs. »

Il maîtrise son impatience. Le soir, il lit, il apprend, il médite. Il est frappé par une phrase de Flaubert, qu'il recopie lentement dans son carnet : « L'indéfinissable splendeur de ceux qui sont destinés aux grandes entreprises. »

Est-il de ceux-là ? N'est-ce qu'un rêve ? Non. Voici un premier signe ! Il est affecté au « régiment-école » de l'armée polonaise. Il est chargé de l'instruction des officiers polonais dans un centre militaire situé à Módlin, à une trentaine de kilomètres de Varsovie. Sa solde sera doublée. Et il dispose déjà d'une ordonnance, un Polonais qui a servi dans l'armée allemande et fait le coup de feu dans le secteur de Berry-au-Bac, là où précisément se trouvait le 33e régiment! Maintenant, « il cire mes souliers avec un entrain dont je n'ai qu'à me louer ».

De Gaulle rassemble ses livres, ses carnets. Enseigner va le contraindre à travailler, à apprendre encore. Tant mieux. Et puis, dans ce régiment-école, il se trouvera près du soleil et pourra aisément se faire affecter au poste qui lui conviendra.

Un destin, cela se prépare et s'organise. Il y a une stratégie de la vie. « Il vaut mieux partir du centre que de la périphérie. »

À la fin avril, il découvre la Pologne, son climat pluvieux et froid, ses grandes plaines de sable et, au confluent du Narew et de la Vistule, le gros village de Módlin, puis les casernes de Rembertow, les casemates, les forts où sont rassemblés les militaires.

Tout est délabré, vide. Les officiers polonais forment une cohue déchirée de rivalités et de jalousies. Les uns ont servi dans l'armée russe, d'autres chez les Autrichiens et les Allemands. Les uns soutiennent le général Haller, les autres le général Pilsudski, chef du nouvel État polonais.

De Gaulle se rend à Varsovie. Il marche lentement dans cette ville animée où affluent les émigrés russes chassés par la révolution. Il découvre « la foule affreuse des faubourgs » de Praga et de Wola. « Cent cinquante mille miséreux » grouillent dans ces quartiers qu'il traverse en voiture. Il sent les regards hostiles de cette « plèbe affamée ».

Il devine la violence contenue, la menace qui pèse.

– Notre civilisation tient à peu de chose, dit-il, toutes les beautés, toutes les commodités, toutes les richesses dont elle est fière auraient vite disparu sous la lame de fureur des masses désespérées.

Et puis il y a les juifs souvent enrichis, « détestés à mort par toutes les classes de la société ». Lorsqu'il rentre à Módlin, il ne peut oublier ces « interminables files de femmes, d'hommes et d'enfants hagards attendant des heures à la porte du boulanger municipal le morceau de pain noir hebdomadaire ».

Ces foules seront-elles emportées par les idées bolcheviques ou bien se souviendront-elles qu'elles sont polonaises, que leur nation a toujours dû combattre les Russes ?

Il se tient à l'écart des autres officiers de la mission militaire française dirigée par le général Henrys. Ils se rendent dès qu'ils le peuvent à Varsovie où la bonne société leur fait fête. Ils racontent leurs bonnes fortunes. La plupart ont connu durant quatre ans l'enfer du front. Maintenant, ils jouissent de leur situation de vainqueurs, d'alliés représentant la première armée du monde. On les courtise. Ils protègent la Pologne de la révolution. Ils pérorent.

De Gaulle enseigne. Il s'en tient à sa règle : un chef, un homme qui pense à son destin, se doit d'abord à son projet.

Souvent, il élargit le thème de ses leçons. Il passe de l'analyse du combat d'infanterie à la réflexion générale. Il sent qu'on l'écoute avec passion lorsqu'il parle de « la défaite, question morale ». Peut-il faire comprendre à ces officiers polonais qu'ils ne se sauveront que s'ils le veulent, s'ils redressent leur pays, s'adressent à ces pauvres des faubourgs ?

Il murmure à son adjoint et traducteur, le lieutenant Medvecki :

– Voyez-vous, Medvecki, nous sommes de la génération des catastrophes.

Souvent il ressent cette lucidité comme une douleur. Être à la hauteur de son destin, vouloir comprendre, est une exigence oppressante. Elle isole. Les autres officiers festoient. Son frère Xavier s'est fiancé. Et lui, quand donc connaîtra-t-il une part de bonheur ?

À la fin d'une lettre, il s'épanche.

« Je vous embrasse mille fois, ma bien chère maman. C'est au fond une destinée mélancolique que celle du soldat toujours errant. Mais il faut accepter sa destinée. C'est le plus bel effort à faire sur soi-même, c'est aussi le plus indispensable. »

Lorsqu'il se rend à nouveau à Varsovie, la ville s'est remplie d'Américains, d'Anglais et d'Italiens. Tous cousus d'or. « Ils promènent leur insolence et leur inutilité. » Et pendant ce temps, les officiers français se battent pour protéger la Pologne de la ruée des bolcheviks ! Devant ce spectacle de l'insouciance des uns, de la cupidité des autres, il se sent emporté par « les sentiments d'une xénophobie générale ». Il faut que la France se fasse respecter, qu'elle n'oublie pas qu'elle dispose de la première force militaire du monde !

Il hausse les épaules quand, autour de lui, on se félicite de la signature du traité de Versailles.

– L'Allemagne ne paiera pas ! s'exclame-t-il. Ses engagements sont une fumée, sa signature une mauvaise plaisanterie !

L'avenir ? L'Allemagne au fur et à mesure qu'elle se redressera deviendra plus arrogante. Il s'annonce dans l'âme des vaincus une haine formidable ! Et les Alliés se désintéresseront de notre sort. Il faut donc garder la rive gauche du Rhin !

Ah, s'il pouvait faire partager sa conviction, alerter le pays ! Mais, à Paris, on ne pense déjà qu'à renvoyer Clemenceau. Et les grèves se multiplient.

Alors? Faire son métier d'homme d'armes, progresser dans la connaissance, franchir les échelons de la hiérarchie.

Il demande à entrer à l'École supérieure de guerre. Même si, la session étant réservée à des élèves qui ont suivi déjà des cours d'état-major, il sait qu'il n'a aucune chance. Mais il faut prendre date « à titre de mise au point vis-à-vis de moi-même et de mes chefs. L'année prochaine aura lieu un concours d'après un programme défini et je me présenterai à ce concours ».

Il le faut. D'ailleurs, il sait qu'on apprécie son enseignement. Ses conférences sont reproduites, répétées à Varsovie. Au mois de juillet, le général Henrys lui annonce qu'il est nommé, à titre temporaire, chef de bataillon.

« Ne pourriez-vous, ma chère maman, m'envoyer ici deux képis de ce grade sans aucun insigne ni numéro ? »

Quelques jours plus tard, le colonel Mercier commandant le cours des officiers de Rembertow le convoque. Le colonel s'avance, souriant, tend une feuille que de Gaulle reconnaît aussitôt. Il reste au garde-à-vous, écoute en silence les félicitations du colonel, puis fait demi-tour.

Il marche d'un pas rapide jusqu'à sa chambre, lit le texte de sa nomination au grade de chevalier de la Légion d'honneur et la citation qui l'accompagne, signée du maréchal Pétain. Il prend aussitôt la plume. Il doit partager cette nouvelle avec son père.

« Mon bien cher papa,

« J'ai la grande joie et la fierté de vous annoncer que je suis décoré de la Légion d'honneur. Le colonel vient de me faire appeler... », commence-t-il, puis il recopie la citation.

« À Douaumont, le 2 mars 1916, sous un effroyable bombardement alors que l'ennemi avait percé la ligne et attaqué sa compagnie de toutes parts, a organisé, après un corps à corps farouche, un îlot de résistance où tous se battirent jusqu'à ce que fussent dépensées les munitions, fracassés les fusils et tombés les défenseurs désarmés ; bien que grièvement blessé d'un coup de baïonnette, a continué à être l'âme de la défense, jusqu'à ce qu'il tombât inanimé sous l'action des gaz. Deux blessures antérieures. Deux citations. »

« Cette citation dépasse de beaucoup les faits », ajoute-t-il. Mais il éprouve un sentiment de « bonheur ». Cette distinction témoigne de « l'estime générale où mes chefs ont bien voulu me tenir au cours de la campagne, et qui est la meilleure et la plus sincère récompense ».

C'est le soir du 26 août 1919. Il reste longuement accoudé à sa fenêtre à regarder les *podwoda* – ces charrettes faites d'une large planche posée entre quatre roues et tirées par deux chevaux – se dépêcher de se mettre à l'abri alors que déjà l'orage gronde.

Il est seul. Il a le sentiment qu'enfin il s'est arraché à cette longue période grise où il s'était enlisé depuis ce mois de mars 1916, quand ce coup de baïonnette l'avait cloué pour trente-deux mois loin de l'action. Maintenant il a repris sa place. Il tient les rênes de son destin.

Mais il est seul. Et cela lui pèse.

Un homme, c'est une foi, un destin, une patrie, mais aussi une famille.

Il ne peut se contenter de conquêtes faciles, de celles qu'on fait dans les salons de thé de la Nowy-Swiat, cette rue élégante de Varsovie où se retrouvent les officiers français et les jeunes femmes de la noblesse polonaise, qui rient en jetant la tête en arrière et en ouvrant les bras. Puis on les suit dans leurs hôtels particuliers du quartier résidentiel de Cukierna, ou bien elles se glissent dans le hall de l'hôtel Bristol ou de l'hôtel Polonia, là où parfois de Gaulle, quand il veut s'échapper de Rembertow, prend une chambre.

Mais la vie n'est pas un éclat de rire, fût-il celui de cette comtesse Strumila qui l'invite souvent à participer aux soirées qu'elle organise et où se retrouve toute la bonne société de Varsovie.

Un homme respectueux de soi, des principes sacrés qui charpentent une existence, fonde une famille.

Xavier déjà s'est fiancé. Et moi ?

« Vous savez bien, ma bien chère maman, répond-il à sa mère qui l'interroge et le presse d'imiter son frère aîné, que j'y suis tout décidé. Mais pour le moment je ne suis qu'un exilé. Lorsque j'aurai terminé l'année de séjour en Pologne que j'ai résolu d'accomplir, alors je ne chercherai rien de mieux. »

Sa mère lui parle d'une cousine, Thérèse Kolb. Il se souvient de leur rencontre. Une jeune fille charmante, et « dont l'intelligence réservée et la délicate finesse m'avaient très sérieusement frappé. Mais il y a des années que je ne l'ai vue... et je ne puis croire qu'elle se souvienne de ma modeste personne autrement que de la façon la plus imprécise. »

Et puis pourquoi tenter de renouer avec le passé ? Il achève de s'en dégager, au contraire.

« L'armée de Pologne aura été, confie-t-il, ce que je la destinais à être, une restauration militaire pour moi. Cette restauration est dans la meilleure voie. Ensuite, je travaillerai pour mon propre compte. »

Il s'interrompt. Il a un moment de gêne.

« Mais que tout ceci ne sorte pas de la famille. Mais, ma bien chère maman, vous savez au point de vue général ce que je souhaite que cette année m'apporte à moi-même : une famille et dans la tranquillité d'un amour profond et sanctifié le pouvoir de donner à quelque autre tout le bonheur qu'un homme peut donner. »

Il sort marcher à longues enjambées dans les avenues du camp. Il pleut. Il neige. Le sol est couvert d'une couche boueuse. Qu'importe ! Il a besoin de cet exercice pour préciser ses pensées, définir les objectifs proches de sa vie. Il veut franchir une nouvelle étape dans sa carrière et « donc trouver un poste qui me permette d'être aussi tranquille que possible un an pour travailler en vue de l'École de guerre, concours de 1921. Évidemment, ce qui serait le mieux, ce serait d'être professeur (non pas instructeur) à Saint-Cyr ».

Il aime à enseigner. Et il disposerait des moyens et du temps nécessaires pour étudier. Ses chefs ici, le général Henrys, le général Bernard, appuieront sa demande, il en est sûr. On l'a distingué. Il le sait.

Et puis comment fonder une famille en restant ici, où il n'est qu'un « exilé ». La Pologne commence d'ailleurs à lui peser. « Ce pays où nul ne se presse et où tout se règle au petit bonheur par le hasard des rencontres », il est déterminé à le quitter. En France, sa mère pourra lui présenter toutes ces jeunes filles dont elle ne cesse de lui vanter les mérites dans ses lettres.

« Ma bien chère maman, écrit-il. Je ne puis dire ni oui ni non, n'ayant de motifs de pencher dans aucun sens. »

Il hausse les épaules dans un mouvement d'impatience.

« Sachez que je rentre dès mon cours fini, c'està-dire au plus tard à Pâques, et que c'est à ce moment-là seulement que je pourrai voir et être vu, juger et être jugé. D'ici là je n'ai d'objection de principe contre rien ni contre personne. »

Rentrer en France, donc. L'objectif est clair. Et cependant, dans les premières semaines de février 1920, de Gaulle hésite.

Le 17 février, alors qu'il dirige un exercice à Rembertow, il entend un brouhaha. Le général Henrys vient assister à la fin du cours. Il s'installe dans la salle puis, le cours terminé, félicite de Gaulle, pousse de hauts cris quand il apprend que de Gaulle s'obstine à vouloir quitter la Pologne. On lui donnera ici, assure-t-il, toutes les facilités pour préparer l'École de guerre.

Rentrer en France ? De Gaulle ne renonce pas. Mais que faire là-bas s'il n'obtient pas le poste de professeur à Saint-Cyr ?

– La France n'est pas drôle en ce moment pour les militaires, dit-il. On valse de garnison en garnison.

Et la solde ? Huit cent vingt-cinq francs par mois contre deux mille trois cents, dans le nouveau contrat proposé par les Polonais !

Et puis quel est le climat de Paris ? Clemenceau n'a pu être élu président de la République et s'est retiré. Les grèves de mineurs et de cheminots se multiplient.

La sagesse voudrait qu'il attende en Pologne et ne rentre que s'il a la certitude d'obtenir un poste à Saint-Cyr.

Le général Henrys insiste. De Gaulle cède du terrain. Il reviendra s'il ne trouve rien d'intéressant.

Mais il a besoin de partir, de retrouver les siens.

Il est heureux quand il apprend qu'il a enfin obtenu une place sur l'Orient-Express pour la mi-avril ! Privilège rare qui évite un trajet d'une dizaine de jours par Vienne, l'Italie, Vintimille, Lyon.

Le 4 avril, il écrit une dernière lettre :

« Au revoir, et à très bientôt, ma bien chère maman.

« C'est Pâques aujourd'hui et, comme dit Lamennais : " L'exilé partout est seul. " Je me sens bien seul. »

Paris, enfin, les siens. Et d'abord la joie dans ce printemps 1920.

La déception aussi.

Il accompagne son père à une réception donnée dans un château des environs de Paris. Il a compris les intentions de son père qui, à demi-mot, a évoqué cette famille fortunée dont la fille est à marier. Pourquoi pas ? La voici, souriante, aimable, le visage agréable. Elle fait quelques pas. Elle boite. Elle cherche à dissimuler son infirmité.

Il est partagé entre la gêne et la pitié. Mais imaginer de partager sa vie aux côtés de cette jeune femme, il en est incapable.

Cette rencontre l'attriste. Et puis il a rapidement l'impression qu'il ne peut, en France, que s'enliser.

Impossible de le distinguer dans cette foule d'officiers qui se pressent sur l'esplanade de Saint-Cyr le 20 mai pour l'inauguration du monument aux morts de la Grande Guerre.

Il s'approche du maréchal Pétain, qui préside la cérémonie. Mais il n'a le temps que d'un salut, d'un regard. Puis c'est l'anonymat, une affectation au bureau des décorations au cabinet du ministre de la Guerre !

Ça, un destin ! Dans ce pays où l'on retrouve le président de la République, Deschanel, errant en pyjama le long de la voie ferrée après qu'il fut tombé de son wagon sans que personne de sa suite s'en fût même aperçu !

Vive la Pologne, monsieur !

Là-bas, tout bouge. Pilsudski, à la tête des troupes dont les officiers ont été formés à Rembertow par de Gaulle, s'est enfoncé en Ukraine, a conquis Kiev, est à quelques dizaines de kilomètres d'Odessa. Le rêve de la Grande Pologne semble réalisé. Puis tout s'effondre. Trotski organise l'Armée rouge. Et les Polonais reculent. Les bolcheviks entrent en Pologne.

Lorsqu'en cette mi-juin 1920 de Gaulle est de retour à Varsovie et qu'il en parcourt les rues pour se rendre à ce déjeuner auquel l'a convié le général Henrys, la résignation et la tristesse de cette ville qu'il a connue joyeuse et insouciante le frappent.

Henrys lui décrit la menace russe. Il y a les Cosaques de Boudienny, et surtout des troupes encadrées par d'anciens officiers du tsar, et notamment un certain Mikhaïl Toukhatchevski.

Un instant, de Gaulle n'écoute plus. Il se souvient de la casemate du fort n° IX d'Ingolstadt, de cet officier de la Garde, Toukhatchevski, attentif et ironique, qui avait réussi à s'évader lorsqu'il avait appris le triomphe de la révolution bolchevique et qui, lorsqu'on l'avait mis en garde contre le sort réservé aux officiers par les rouges, avait éclaté de rire. Il serait général à vingt-cinq ans, avait-il répondu, maréchal un jour. Et la Russie serait toujours la Russie.

Il commande maintenant en Pologne cet amalgame de Cosaques, de brigands, de révolutionnaires, de soldats aguerris qui s'approchent de la Vistule, crée un gouvernement polonais communiste à Bialystok, espère voir les faubourgs misérables de la capitale se soulever, rejoindre la vague révolutionnaire qui déferle.

Va-t-elle tout emporter ?

– Alors, demande de Gaulle, allons-nous être amenés à intervenir ici les armes à la main contre les Russes ? C'est bien scabreux ; nous serons seuls... Si la Pologne veut vivre, il est grand temps qu'elle se modère, qu'elle signe la paix avec les Russes.

Voilà la sagesse. Mais d'abord il faut toujours se battre. La paix, cela se gagne. Il parcourt les rues de Varsovie, regarde la foule de sa fenêtre de l'hôtel Bristol ou bien assiste, place de Saxe, à une messe militaire émouvante.

– Oui, l'âme de la Pologne est là, dit-il en entendant les volontaires chanter de leurs voix graves.

Les maisons sont pavoisées, les drapeaux polonais et tricolores mêlés. Enfin, le 15 juillet, le gouvernement français autorise officiellement les officiers de la mission en Pologne à participer à la défense du territoire polonais. Le général Weygand est en route pour prendre la direction des opérations.

Jours de combats de l'été 1920. De Gaulle est affecté au 3e bureau de l'état-major de l'armée du Centre. Il parcourt les routes en automobile jusqu'aux premières lignes. Mais où est le front? Les Cosaques de Boudienny enveloppent les unités polonaises, puis se retirent, reviennent. Les podwoda roulent dans la campagne, chargées de soldats, de mitrailleuses. Et à nouveau tout se calme. Des villages brûlent, d'autres sont truffés de tireurs isolés. Tout bouge, c'est une guerre de mouvements rapides.

De Gaulle observe ces opérations si différentes de ce qu'il a vécu sur le front français dans les tranchées. Il marche parmi les combattants, indifférent au sifflement des balles. Il donne des ordres d'une voix calme que son traducteur prononce d'un ton exalté.

Là, dans les champs où la moisson, pour la sixième année consécutive, ne sera pas effectuée, « pourrissent les croix nombreuses, témoins des combats furieux de l'offensive russe de 1916 ». Les Allemands ont alors brisé cette offensive. Aujourd'hui, ils applaudissent au retour des Russes, fussent-ils bolcheviques.

De Gaulle croise les bras, ferme à demi les yeux : « Quelles forces mènent les hommes : aveugles ou ironiques ? »

Toutefois ce n'est pas le moment de méditer, mais de combattre. Il dirige les affrontements contre les Cosaques de Boudienny. Il couche dans les maisons de terre battue ou de bois couvertes de chaume. Il découvre les cadavres de deux jeunes femmes habillées comme des soldats russes.

« Une indéfinissable impression de malaise me monte au cœur en les voyant. C'est en ceci que je me sens occidental. »

Là, dans la petite ville de Sieldce, reprise aux bolcheviks, les Polonais veulent « punir les juifs favorables à l'ennemi ». Arrestations, hurlements, exécutions, lamentations.

Le 15 août, on se bat à Haubieszauw, une position clé qui commande la route de Varsovie et que Toukhatchevski a conquise il y a deux jours. Maintenant, il l'abandonne, contraint à la retraite. La menace russe sur Varsovie et la Pologne est écartée. C'est la victoire.

De Gaulle regarde passer ces files de prisonniers russes dépenaillés. Il se souvient. Il y a six ans, six ans seulement, six ans déjà, il se battait à Dinant. Son premier combat. Sa première blessure. Et la vie lui était laissée.

Il a tenté durant ces six années d'être digne de cette vie qu'on aurait pu lui prendre.

Il rentre dans Varsovie le 26 août. Un cortège interminable de prisonniers la traverse. « La foule gronde d'une joie contenue. » Elle aperçoit les officiers français aux uniformes poussiéreux. De Gaulle la voit s'avancer. Elle crie : « Vive la France ! »

Le soir, il écrit en conclusion de ce « carnet de campagne d'un officier français » qu'il compte faire publier dès qu'il le pourra, peut-être sous le titre définitif de *La Bataille de la Vistule* : « La France, ah, nous ne l'avons pas oubliée. Mais de l'entendre acclamer ici nous la sentons tout à coup présente... Chacun des Français qui sont là, frissonnant d'un enthousiasme sacré, sent battre contre son cœur d'homme qui passe le cœur éternel de la patrie. »

C'est un peu grisant d'être ainsi fêté par la foule, reconnu, estimé, apprécié par ses chefs.

De Gaulle goûte ces jours de gloire de l'automne varsovien. C'est comme si la Providence, qui l'avait frustré de la victoire en 1918, lui accordait enfin la récompense à laquelle ses efforts, son obstination lui donnent droit.

Il est devenu chef de cabinet du général Niessel, qui a remplacé le général Henrys.

Il loge en permanence à l'hôtel Bristol, à Varsovie. Fini la plaine désolée de Módlin et de Rembertow.

Il sort souvent faire quelques pas dans la rue Nowy-Swiat. Il entre chez Blikle, le café réputé. On se précipite pour lui servir une assiette de *ponchki* – des pets-de-nonne. Puis il rejoint l'état-major, au palais Krarzinski.

Il ne peut refuser toutes les invitations à ces soirées où la comtesse Cztwertinska, ou bien la comtesse Strumila, le convient. Il rentre à l'hôtel Bristol ou bien s'attarde jusqu'au petit matin.

Il sait qu'il plaît. On aime sa grande taille, son impassibilité, sa raideur aristocratique. Mais vit-on pour plaire ?

Il ne veut pas se contenter de cette vie-là, légère, futile, inutile. Son destin exige autre chose. Et, en prenant connaissance des appréciations que ses supérieurs portent sur lui, il le voit se dessiner. Le rêve qui l'habite prendrait-il enfin forme ? En tout cas, aucune porte du futur, et même les plus prestigieuses, ne paraît, en cet automne 1920, fermée.

Le général Bernard écrit :

« Officier destiné au plus bel avenir militaire, par un ensemble de qualités que l'on trouve rarement réunies au même degré ; allure d'une distinction qui en impose, d'une personnalité accusée, caractère ferme, énergique et froid devant le danger, culture développée, haute valeur morale... Est apte à l'emploi de professeur dans une école militaire. Paraît également indiqué comme candidat à l'École supérieure de guerre. »

Que demander de plus ? Il le sait, il se le répète encore dans l'Orient-Express qui le conduit en permission à Paris. Ce qu'il veut maintenant, « c'est un amour profond et sanctifié ».

14

De Gaulle entre dans le salon de Mme Denquin-Ferrand, qui reçoit dans son appartement de Paris.

Il suffit d'un regard de sa mère pour qu'il comprenne le but de cette réception. Il s'incline devant l'hôtesse qui est la filleule de son père. Il sent tous les yeux braqués sur lui. Il porte ses décorations, la croix de guerre, avec palme, la Légion d'honneur et des décorations polonaises qui lui ont été attribuées pour sa part prise à la bataille de la Vistule.

Mme Denquin-Ferrand lui présente M. et Mme Vendroux, de Calais. Et leur fille, Yvonne Vendroux.

C'est elle, à n'en pas douter, la seule raison de cette rencontre.

Elle baisse les yeux, mais quand elle les lève, un instant, ils sont vifs, brillants. Le regard est droit, le front haut. Elle a un visage régulier. Les traits sont doux, et même il se dégage de toute sa personne une impression de bonté, comme un halo qui semble éclairer son teint pâle.

De Gaulle n'ose pas la regarder, sinon à la dérobée.

On parle de la guerre. Mme Marguerite Vendroux porte la croix de guerre et d'autres décorations. Elle sourit. Elle a le même air de bonté et de résolution que sa fille. Durant toute la guerre, elle a été infirmière major bénévole, à l'hôpital militaire de Calais, et elle a eu la joie d'être décorée sur la place d'armes de sa ville, en mars 1919, en même temps que le frère d'Yvonne, Jacques, son fils, sous-lieutenant, blessé.

De Gaulle jette un coup d'œil rapide à Yvonne Vendroux.

Elle écoute, digne, droite, ses mains sur ses genoux, avec ce sourire à peine esquissé qui émeut.

On parle maintenant de la famille Vendroux, de la guerre. Yvonne a passé ces années terribles chez les religieuses du couvent des Visitandines, à Périgueux. Elle était ainsi à l'abri des bombardements.

– Savez-vous que dans la rue de la Citadelle, à Calais, plusieurs maisons ont été détruites ? Que la demeure familiale, le château de Sept-Fontaines, une ancienne abbaye de prémontrés, dans les Ardennes, a été saccagée ? Les travaux de réfection à envisager sont considérables. Notre propriété de Boulogne, proche de Calais, n'est pas dans un meilleur état. Le gouvernement fournira-t-il une aide ? Nous passons l'hiver à Paris, dans notre appartement du 37 boulevard Victor.

On évoque les ancêtres de la famille. Marguerite Vendroux baisse la voix, hoche la tête. Il y aurait aux origines des Vendroux la fille naturelle du pape Jules III. Elle, Marguerite, est une Forest. Fille de cousins des Vendroux. Ce nom, Vendroux, est d'origine hollandaise, Van Droog. Il y a chez les Vendroux et les Forest du sang vénitien, romain, breton, bourguignon, flamand, picard, ardennais, alsacien, lorrain, champenois. Tous les Vendroux et les Forest sont industrieux, producteurs de tabac dans la région de Delft, armateurs et aussi dans la biscuiterie. Il y a même une Caffieri issue des fameux sculpteurs et par là, en effet, descendant du pape Jules III.

– Beau mélange de sang, n'est-ce pas ? Qui donne toujours de fortes personnalités, murmure quelqu'un.

– Marguerite Vendroux est la sixième femme en France à avoir obtenu un permis de conduire les automobiles, précise M. Vendroux. Nous sommes consuls de différentes puissances, conseillers municipaux de père en fils.

Voilà.

On se tourne vers Charles de Gaulle.

On l'interroge sur « sa » guerre et ses projets. Il répond brièvement. Il dit seulement qu'il va publier dans quelques jours, dans *La Revue de Paris*, ses impressions sur la bataille de la Vistule.

Un silence.

Mme Denquin parle peinture. Elle évoque le succès de la *Femme en bleu* de Van Dongen au salon d'Automne.

– Allons donc le voir tous ensemble jeudi prochain, dit-elle, nous pourrions nous retrouver à 3 heures au Grand Palais... Il y a sur place un buffet, où nous prendrions ensuite le thé.

De Gaulle sait que toute sa vie se noue en ce moment.

Les appréciations portées par ses chefs sur son activité en Pologne lui permettent d'espérer le poste de professeur d'histoire à Saint-Cyr. Et ainsi, il pourra préparer l'École de guerre. Cela est presque, à coup sûr, acquis. Et voici qu'enfin, à cet instant précis où son destin se profile, le visage et les yeux de cette jeune fille se sont gravés en lui.

Il la retrouve plus rayonnante encore dans les galeries du Grand Palais. Les parents s'éloignent de quelques pas. Il peut échanger quelques mots avec elle. Elle est petite, peut-être a-t-il trente centimètres de plus qu'elle. Mais il la sent forte et fière, franche, claire. Son regard le trouble. Au buffet, assis près d'elle, il se sent maladroit. Il laisse échapper sa cuiller, il la rattrape, renverse un peu de thé. Il s'excuse. Peut-être a-t-il taché sa robe ? Elle sourit.

Il se décide. Si elle accepte, il lui donnera cet amour profond et sanctifié auquel il aspire de toute sa force. Donner. Créer une famille, dessiner sa propre parcelle. Assurer à son destin cette assise aussi durable que peut l'être la vie et à partir de laquelle il déploiera ce qu'il porte en lui, son rêve.

Il rédige un carton d'invitation à Yvonne Vendroux et à son frère Jacques pour le bal de Saint-Cyr qui doit se tenir dimanche prochain, à l'Hôtel des Réservoirs de Versailles.

Si elle accepte...

Elle viendra, répond-elle.

Il la voit aussitôt. Elle est devant le vestiaire, accompagnée de son frère.

Il n'a jamais connu une émotion de cette sorte. Elle porte une robe longue, comme il se doit, en crêpe de Chine pervenche, très stricte. Il aperçoit ses escarpins de vernis noir. Il s'approche. Pas un bijou. Elle a la simplicité de la grâce. Il s'incline. Elle est vive, gaie. Elle dit d'une voix assurée :

– Le commandant Charles de Gaulle qui a eu l'amabilité de nous inviter.

Pourquoi échanger des phrases vides ? Elle sait comme je sais, comme son frère sait, que les deux heures qui viennent décideront de notre vie.

Elle s'assied près de lui. Son frère s'éloigne. Elle parle de ses goûts, de la montagne qu'elle aime, de la flore alpine. Il raconte des bribes de son passé. Elle s'exclame. Elle connaît la plage de Wimereux où il passait ses vacances.

– Coïncidence curieuse, n'est-ce pas ? Les Legrand, que vous rencontriez au château de Fouquetone, sont nos amis intimes. Le monde est vraiment petit.

Il l'écoute. Elle l'enchante et l'émeut.

Ce morceau de passé commun, cette région du Nord que nous partageons, quel meilleur socle pour notre futur ? Nous sommes déjà unis, par des paysages, les liens de la mémoire, de notre foi commune, de nos principes communs.

Il se lève, va dire quelques mots à Jacques Vendroux qui offre une orangeade. Il retrouve Yvonne. Il ne lui propose pas de danser. Il l'écoute. Il parle, fait servir une flûte de champagne.

Il raccompagne le frère et la sœur. Ils sont déjà de sa famille.

Il veut, il doit aller vite puisque sa permission se termine le 20 novembre. Il annonce à ses parents que sa décision est prise. Ils vont interroger Mme Denquin, qui servira d'intermédiaire. Il attend. Quelques jours passent, puis sa mère se précipite dans cette chambre où il a vécu enfant, rêvant souvent sur ce balcon de fer forgé qui fait face à l'église Saint-François-Xavier.

Yvonne Vendroux, murmure sa mère, aurait confié à ses parents qui la questionnaient : « Ce sera lui ou personne. »

Mon destin. Ma vie.

Les familles se rencontrent. On prend le thé chez Mme Denquin-Ferrand. On se reçoit place Saint-François-Xavier et boulevard Victor. On réunit les frères et les sœurs autour d'Yvonne et de Charles, puis, le 11 novembre 1920, deuxième anniversaire de l'armistice, date choisie à dessein, on scelle dans l'intimité des deux familles les fiançailles.

De Gaulle tend timidement le diamant qu'il offre. Yvonne s'approche. Il se penche. La bague glisse sur le doigt fin. On échange un baiser furtif. On fait tinter les coupes de champagne.

Et ce moment d'émotion et de grâce se termine déjà. Il faut repartir vers la Pologne.

Il le sait, le temps va lui paraître long, deux mois avant son retour, quatre mois avant son mariage prévu pour avril.

Il retrouve l'hôtel Bristol. Mais c'en est fini des soirées chez les comtesses polonaises. Il se doit à cet « amour profond et sanctifié ». Et il déjoue les guets-apens que ses camarades de l'état-major lui tendent, poussant vers lui de jeunes Polonaises décidées à le conquérir. Il les repousse. Il veut être l'homme d'une seule femme.

D'ailleurs, tout est plus simple maintenant. Ses supérieurs admettent son choix de quitter définitivement la Pologne, malgré les propositions alléchantes que lui font les Polonais afin qu'il continue de former leurs officiers. Il sait que le général Niessel répète à ses interlocuteurs polonais : « Le capitaine de Gaulle veut rentrer en France pour se marier. Je regrette de le perdre, mais je ne puis l'empêcher d'assurer en France son avenir de famille et de militaire. »

En attendant, les jours s'étirent. Il se sent si seul à l'approche des fêtes de fin d'année.

« Jamais l'exil ne m'a paru si mélancolique », dit-il.

Puis il présente ses vœux à M. et Mme Vendroux.

« Au moment d'entrer dans cette année, écrit-il, je me sens pénétré à votre égard d'une immense reconnaissance en pensant au trésor que vous acceptez de me donner. Cette reconnaissance durera aussi longtemps que durera ma vie. »

Son retour est fixé au début de l'année 1921, janvier ou février. Le général Niessel lui communique le texte de la citation à l'Ordre de l'armée que le ministre de la Guerre vient de lui décerner pour son rôle dans la campagne contre les Russes de Boudienny et de Toukhatchevski. « Il a été, dit le texte, l'exemple d'un officier de guerre accompli. »

Quelques jours plus tard, il reçoit sa nomination de professeur d'histoire à l'école de Saint-Cyr.

Ses projets, ses rêves, son destin prennent forme. Il a trente ans.

15

De Gaulle saute sur le quai de la gare de Calais.
Enfin !

Ce voyage depuis Paris lui a paru interminable.
Il appelle l'un de ces porteurs à la casquette de cuir
et au numéro de cuivre, lui montre sa valise, puis,
dans la nuit déjà tombée de ce 6 février 1921, il
cherche le frère d'Yvonne Vendroux qui doit
l'attendre. Lorsqu'il l'aperçoit, il se dirige vers lui à
grandes enjambées.

Voilà plus de deux mois qu'il attend le moment
où enfin il pourra retrouver Yvonne, et les jours
les plus longs ont sans doute été les quatre derniers
qu'il vient de passer à Paris.

Il y est arrivé le 1er février, venant de Varsovie.
Il a aussitôt téléphoné aux parents d'Yvonne pour
fixer la date de sa visite à Calais. Mais, avant, il a
dû se présenter au lieutenant-colonel Gombeaud,
commandant en second l'école de Saint-Cyr. Gombeaud a été accueillant.

– Vous serez professeur d'histoire adjoint, a-t-il
dit. Vous traiterez l'histoire des armées françaises
de la Révolution à l'armistice de 1918. Le capitaine
Morel et le commandant Desmazes étudient les
périodes précédentes. Les cours commenceront
dans une dizaine de jours.

Peu de temps pour soi, d'autant plus qu'il veut préparer le concours de l'École supérieure de guerre. Et se marier, et s'installer.

Mais il se sent porté par une confiance en l'avenir si forte qu'il lui semble que rien ne peut l'ébranler.

Il marche d'un pas rapide aux côtés de Jacques Vendroux. Il logera au Grand Hôtel, explique Jacques. Dîner ce soir en famille. Demain, visite des proches.

Il écoute à peine. Il est impatient. Il a si peu vu Yvonne. Il a tant pensé à elle, à ce choix de toute une vie.

Il se change rapidement à l'hôtel, enfile un long pardessus croisé de drap foncé, puis un feutre gris à bord roulé et, allons ! On arrive au 19 rue de la Victoire. Elle est là, au moment où Jacques pousse la porte.

Il lui parle enfin seul à seul, dans le salon qu'ont quitté les membres de la famille. Puis c'est le dîner. Le père montre une bouteille ; vieille de cent quinze ans, du vin du Cap, prise de corsaire pendant le Blocus continental !

On fixe les détails du mariage. Le 6 avril, à la mairie, le 7 à Notre-Dame de Calais.

Les deux jours à Calais passent vite. C'est déjà le moment du départ. On se retrouvera à Paris, pour visiter un appartement de trois pièces, 99 boulevard de Grenelle, où le couple résidera une année en attendant d'emménager square Desaix. Alors que, boulevard de Grenelle, le métro aérien roule à hauteur des fenêtres.

De Gaulle est heureux, fier aussi. En visitant avec Yvonne Vendroux ce qui sera leur premier domicile, il devine qu'elle est, comme lui, soucieuse d'abord de ce qui compte vraiment, les sentiments, les principes, la foi. Après, on se préoccupe de ce monde matériel, on l'organise, on l'améliore. Mais on est prêt s'il le faut à vivre avec le bruit du métro dans les oreilles, et les regards des voyageurs plongeant dans le salon !

Cette femme-là, décidée à affronter les difficultés, est bien l'épouse de sa vie.

Mais il faut attendre encore deux mois, se contenter d'apercevoir quelques heures Yvonne et sa mère qui courent les grands magasins, se rendent chez la couturière ou bien s'en vont visiter une nouvelle fois l'appartement futur, qu'on « rafraîchit ». Pendant ce temps, il étudie, il enseigne.

Il est fier de pénétrer dans le grand amphi de l'école.

Le capitaine de service hurle :

– À vos rangs, fixe !

Les trois cent trente-neuf élèves claquent les talons, se figent. De Gaulle regarde droit devant lui, au-delà de ces visages, ce qu'ils représentent : l'armée de demain.

Il a commencé à écrire un texte qu'il a intitulé *Préparez la guerre, c'est préparer des chefs*. Il est en charge de cela. Et tout compte dans cette formation. Non seulement ce qu'il va leur dire de l'histoire des armées de la Révolution et de l'Empire, de la défaite de 1870 ou des combats de 1914, mais la manière dont il fera passer, par sa voix, son attitude, sa passion pour la patrie que ces soldats, au cours des siècles, ont servie.

Il est ici, à cette chaire, le héraut de tous ceux qui ont combattu. Il est celui qui dit leurs victoires et leurs erreurs, leur héroïsme et les raisons de leurs défaites.

Mais parler ne suffit pas.

Il veille à chaque détail. Il se tient droit dans sa tenue bleu horizon. Il porte de hautes bottes noires avec leurs éperons. Le sabre pend sur le côté du ceinturon serré. Il arrive toujours ganté de blanc. Il pose son képi sur le pupitre, retire lentement ses gants. Il se cambre en redressant encore sa haute taille. Il sent qu'on guette chacun de ses gestes, et se tenir ainsi raide est, il le sait, un élément de son message, qui augmente le pouvoir de sa voix.

Il s'est déjà tant de fois adressé à des auditoires à Ingolstadt, à Rembertow, qu'il sait moduler ses effets. Et parler, rendre vie à ces soldats valeureux ou malheureux est un engagement de tout son être. Il a foi en la patrie. Il est convaincu que l'armée en est l'âme, et l'Histoire sa mémoire. Il devine qu'il captive, parce qu'il vibre lui-même, intelligence et cœur mêlés à cette histoire nationale, celle que son père, dès l'enfance, lui a enseignée.

Il voit, au fur et à mesure que ses conférences se succèdent, l'état-major de l'école, des colonels, des généraux, prendre place aux premiers rangs, l'écouter avec attention. Il tient, dans les nuances de sa voix aux inflexions graves, toute l'assistance. Même les élèves des derniers rangs, les « fines », ceux qui se moquent des cours, des « huiles » des « brutes pompières », et ne vénèrent que les exercices de terrain, sont figés, fascinés. Car il s'impose de parler sans regarder une seule fois les notes posées devant lui. Cela aussi, il le doit. Que serait un prédicateur qui compulserait en hésitant ses feuillets ? Et il prêche l'histoire de l'armée, l'histoire de la France.

– Il faut commencer par étudier, dit-il, le caractère français, celui qui, dès la Gaule, étonne César. « *Gallorum subita et repita consilia* » (les résolutions soudaines et inattendues des Gaulois), dit le Romain.

Mon nom est de Gaulle. L'histoire de la France est mon histoire.

Il trace le portrait de Bonaparte et celui de Napoléon.

Le passé s'anime, les armées combattent en Italie, à Austerlitz et à Waterloo.

Il n'oublie pas les heures sombres, « Sedan ». Il hausse la voix. Il faut savoir accuser.

– Les chefs de cette armée, dit-il, n'avaient pas d'avance entraîné leur esprit aux problèmes qu'ils auraient à résoudre, ils n'avaient pas travaillé. Ils subissaient par ailleurs dans leur caractère les conséquences de la dépression morale qui avait atteint le peuple français.

Mais l'Histoire n'est qu'une manière de réfléchir à l'avenir.

– C'est de vos œuvres, messieurs, lance-t-il, que sera pétri l'avenir.

Il faut que ces chefs de demain connaissent leur responsabilité, sachent que, si « la forme des batailles change avec les matériels, la philosophie de la guerre, elle, ne change pas. Elle ne changera pas aussi longtemps que ce sont des hommes qui feront la guerre parce qu'elle découle de leur nature comme les règles de la morale ou les lois de l'économie politique ».

Il faut qu'ils soient réalistes.

– Les hommes sont les hommes et la perfection n'appartient pas à leur nature. Comme le sage qui admire et comprend la vertu mais pèche sept fois par jour, le chef de guerre doit s'efforcer d'atteindre l'idéal qu'il entrevoit, certain pourtant de n'y point parvenir, mais heureux s'il a bien servi.

Il fait toujours du mieux qu'il peut.

Il se tait quelques instants. Il vient d'évoquer les défaites de 1870.

– On aurait pu croire, dit-il, que l'excès du malheur nous laisserait accablés. C'était compter sans cette force secrète qui toujours nous tira des abîmes.

Il s'incline, frappe tout à coup le pupitre de son poing.

196

– Debout, messieurs, garde à vous !

Les trois cent trente-neuf saint-cyriens se dressent.

Il veut une minute de silence en hommage aux soldats d'août 1870.

« Pauvre troupe dont les malheurs injustes demeurent comme une ineffaçable leçon dédiée à ceux qui gouvernent et à ceux qui commandent. »

– Repos ! lance-t-il. Messieurs, je vous remercie.

Ces conférences le comblent. Il exprime tout ce qu'il a vécu, appris de son père, des livres, des combats qu'il a menés à Douaumont ou en Pologne.

Il martèle d'une voix solennelle :

– L'Histoire n'enseigne pas le fatalisme. Il y a des heures où la volonté de quelques hommes libres brise le déterminisme et ouvre de nouvelles voies : on a le destin qu'on mérite.

Il mérite son destin, la médaille de la *Virtuti militari* que les Polonais lui attribuent et cette appréciation que porte sur lui le lieutenant-colonel Gombeaud, qui juge son enseignement à Saint-Cyr :

« Officier de haute valeur et qui le sait.

« Connaissances étendues et solides, grande aptitude à assimiler vite une question et à la présenter brillamment. Très écouté et très apprécié comme conférencier par les élèves. Il a sur ces derniers beaucoup d'emprise.

« Prépare l'École de guerre, y sera certainement admis et réussira. »

Il est sûr de lui puisque chaque jour il travaille à la préparation du concours. Mais chaque chose en son temps. Et d'abord, ce 22 mars 1921, écrire à « Monsieur le Général » commandant l'école.

« J'ai l'honneur de vous prier de bien vouloir m'accorder une permission de trois semaines du

1er au 21 avril, à l'occasion de mon mariage et pour me rendre à Nice.

« C. de Gaulle. »

Et puis, le 6 avril, après un déjeuner d'une douzaine de proches dans la maison des Vendroux à Calais, départ pour la mairie. La cérémonie est délibérément sans éclat. Ce n'est pas ici, mais demain, à Notre-Dame de Calais, que le vrai mariage, celui qui sanctifie l'amour, sera célébré. Il doit pourtant écouter longuement le maire. M. Duquenoy Martel, dont M. Vendroux, le père d'Yvonne, est l'un des conseillers municipaux, s'attarde, prononçant un discours ampoulé – « belle route plane, flambeaux précieux ». De Gaulle attend. Enfin le maire les déclare unis par les liens du mariage : « Charles André Joseph Marie de Gaulle, capitaine... et Yvonne Charlotte Anne Marie Vendroux, sans profession ».

Prénoms partagés, foi commune.

Il entre, le 7 avril 1921, dans l'église Notre-Dame de Calais, ce sanctuaire fortifié. Il va vers le chœur au milieu de la foule qui se presse aux abords de l'église et remplit la nef. Voici Yvonne Vendroux enveloppée de tulle blanc, les cheveux cachés sous son voile, qui s'avance au bras de son père, précédant le cortège où se mêlent les jaquettes et les uniformes.

Un ami de la famille Vendroux, l'abbé Baheux, célèbre une messe « à trois chevaux ». On joue Bach et la *Marche nuptiale* de Mendelssohn.

Enfin il se tient près d'elle, qui baisse les yeux. Il n'ose la regarder, droit dans son uniforme bleu horizon, les décorations accrochées à sa poitrine.

Lorsqu'elle glisse son bras sous le sien pour poser devant les photographes, il remercie Dieu.

Il ne sera plus jamais seul. Il vient de fonder cette famille, sa forteresse, celle qu'il doit protéger, défendre. Celle à qui il voue sa vie et dont il sait

198

qu'elle l'aidera à accomplir son destin et que jamais elle ne sera un obstacle à sa vocation.

Il éprouve un sentiment de communion lorsqu'il la voit à ses côtés recevoir comme lui les félicitations de cette foule de Calaisiens qui se pressent dans la sacristie.

Puis réception, déjeuner. Il ouvre le bal, timide de la sentir pour la première fois entre ses bras, s'appuyant à lui, confiante, le pas assuré. Il est aussi sûr d'elle dès cet instant que de lui-même.

Il regarde sa montre. Il presse la main de celle dont il se répète le nom, un peu grisé, Mme Yvonne de Gaulle. Ils doivent prendre le train de 19 heures pour Paris. Ils passeront la nuit à l'hôtel Lutétia, et demain ils partiront à Pallanza, au bord du lac Majeur.

Elle baisse les yeux. Il aime la noblesse douce et sereine de son visage.

Ainsi commence une autre vie, *la vie*, dont il n'imaginait pas qu'elle pouvait tant lui apporter. C'est comme si un espace nouveau s'était ouvert, un jardin paisible, ordonné, accueillant.

Dans les trois petites pièces de l'appartement du 99 boulevard de Grenelle, il est heureux. Pourtant, l'appartement est à peine confortable. Le petit cabinet de toilette ne dispose pas de l'eau courante, qui n'existe que sur l'évier de la cuisine. L'entrée n'a que quelques mètres carrés et les trois pièces sont en enfilade, en façade. On se chauffe à l'aide de petits poêles à charbon. Il a pu installer son bureau dans une pièce minuscule au rez-de-chaussée. Il y travaille tard, le paquet de cigarettes à portée de main. La pièce est vite enfumée. Yvonne de Gaulle organise, décide, aidée par une jeune bonne luxembourgeoise. Il l'entend le matin qui fixe à l'ordonnance venu de la caserne Dupleix les tâches qu'il doit accomplir. Il aime sa voix posée, aimable, ses ordres précis.

Lorsqu'il évoque ses projets avec son beau-frère, Jacques Vendroux, qui vient régulièrement déjeuner ou dîner, il la sent attentive, décidée à l'aider, partageant ses convictions, portant parfois sur les uns ou les autres un jugement dont il remarque la justesse.

Lorsque, le soir, il travaille tard, malgré les bruyants passages du métro, il sait qu'elle tricote ou brode dans la pièce voisine. Sa présence est comme celle d'un veilleur sur qui il se repose.

Il aime la manière dont elle aménage les cinq pièces du 14 square Desaix, ce nouvel appartement où ils s'installent à la fin de l'année 1921. L'enfant à venir vivra ainsi dans un appartement ensoleillé et calme.

Parfois, du square Desaix, de Gaulle se rend à pied au 4 bis boulevard des Invalides, où le maréchal Pétain, devenu vice-président du Conseil supérieur de la guerre, maître de l'armée en fait, le reçoit pour quelques minutes, l'interroge avec bienveillance sur ses projets, le félicite pour ses conférences d'histoire militaire dont l'écho est venu jusqu'à lui. Il l'invite même à dîner, 6 square La Tour-Maubourg.

Il reçoit seul, bien que marié depuis peu avec Eugénie Hardon, une jeune femme divorcée.

De Gaulle apprécie que Pétain ne veuille pas imposer la présence de cette femme à Yvonne de Gaulle.

Il ressent d'ailleurs, en voyant ce maréchal de soixante-quatre ans, toujours vert, une sorte de gêne, comme si cet homme n'avait pas, ne pourrait jamais atteindre la plénitude morale et intellectuelle. Quelles que soient ses qualités, il ne connaîtrait jamais la force que donne la présence à vos côtés d'une femme dont la vie est harmonie, et qui a voué sa vie à son foyer, au mari auquel Dieu l'a unie pour toujours.

Peut-on être un homme de sagesse, d'équilibre, de volonté, si l'on n'est pas entouré, estimé, prolongé par une famille?

De Gaulle se sent soutenu par toute la famille Vendroux. Appui appréciable, car la solde est maigre. Le loyer de l'appartement du square Desaix est heureusement raisonnable, car l'immeuble appartient à Mlle Deutsch de La Meurthe qui le destine aux officiers de l'École de guerre. Mais certains d'entre eux connaissent des conditions matérielles difficiles. De Gaulle s'indigne. Un de ses camarades est contraint d'aller en cachette laver la nuit des voitures, chaque fin de mois. Voilà le sort fait aux officiers après la Grande Guerre!

Heureusement, il y a le château de Sept-Fontaines, où Yvonne s'installe dès le lendemain de la revue du 14-Juillet. Il la rejoint lorsque son emploi du temps le permet. Au château il travaille dans le calme. Il se détend aussi. Le commandant de la place militaire de Mézières lui prête un cheval ou bien il conduit le break.

Il aime chevaucher longuement la forêt ardennaise, repérer les vestiges de la voie romaine. À chaque pas, il rencontre l'Histoire. Une ruine, un château, des traces de bataille. Le sort de la France s'est souvent joué dans ce massif sombre où il médite les jours d'ouverture de la chasse, lorsque les Vendroux organisent une battue.

Il quitte l'un des premiers son poste de guet. Il peut enfin allumer une cigarette, se diriger vers la clairière où des bancs constitués par des fagots entourent un grand feu central.

Toutes les femmes sont là. Il s'approche d'Yvonne de Gaulle qui s'affaire bien que sa grossesse soit très avancée.

On sert un consommé bouillant. La femme du garde-chasse tient au-dessus des flammes une grosse poêle où cuit l'omelette au lard.

Ici, le temps s'arrête. Et sans cette quiétude, comment un homme peut-il affronter les tempêtes de l'Histoire et consacrer à les affronter toute son énergie ? Comment peut-il, s'il ne sent pas qu'il fait partie d'une lignée, qu'il s'appuie à des ascendants, aux traditions, et prolonge à son tour la vie, reconstituer sa force ?

Comment aurait-il traversé ses trente-deux mois de captivité s'il n'avait pas été soutenu par les siens ? S'il n'avait pas eu ce lien charnel avec la patrie qu'est une famille ?

Le 28 décembre 1921, il peut prendre son fils Philippe qui vient de naître dans ses bras. L'émotion et la tendresse le submergent. Il remercie Dieu. Il se sent différent. Plus grave, plus sûr encore de ses devoirs. Avec le sentiment d'être plus profondément enraciné s'il est possible dans ces familles dont Philippe est issu, et donc dans notre patrie.

Il écrit à Jacques Vendroux le 30 décembre 1921.

« Mon cher Jacques,

« Merci de vos vœux... Venez aussitôt que possible faire la connaissance de votre petit neveu.

« Notre chère petite Yvonne va très bien et commence à pouvoir remuer dans son lit. C'est une bien dure épreuve, et il faut y avoir assisté pour s'en rendre compte... C'est, voyez-vous, un ordre de réflexions qu'on ne fait habituellement pas avant l'expérience. Cependant le docteur Solal a été à la hauteur de sa réputation, d'une adresse et d'un calme extrêmes. Il était dans ses petits souliers quand je lui ai téléphoné de venir, à la seule idée de ce qu'allait lui dire mère, pour n'avoir pas exactement prévu... »

Il se sent partie d'un ordre, responsable de sa défense.

Il achève de corriger ces pages qu'il a intitulées *Préparer la guerre, c'est préparer des chefs*.

Il y travaille lorsque le téléphone sonne : il vient d'être admis, ce 2 mai 1922, à l'École supérieure de guerre, au 33e rang. Il doit accomplir d'ici la rentrée du 3 novembre, comme les cent vingt-neuf élèves de cette 44e promotion, plusieurs stages dans des unités, au 6e dragons à Paris, à la base aérienne du Bourget, au 503e régiment de chars à Satory, et à Trèves, au 231e régiment d'artillerie.

Il marche jusqu'à l'École militaire, située non loin du square Desaix. Il longe les bâtiments où il va suivre les cours de l'École de guerre. Il a enfin accès au cœur de l'armée, qui est le cœur du pays. Une fois breveté d'état-major il pourra obtenir l'un des grands postes de l'institution militaire.

Il pense aux nouvelles conditions de la guerre qui mobilise désormais tout un peuple. La responsabilité du chef s'en trouve accrue.

« C'est le présent, c'est l'avenir de tout un peuple, de toute une civilisation, qui dépendent de son caractère, de son intelligence, de son savoir. La défaite, c'est la patrie asservie et ruinée... Malheur au peuple qui ne saura pas recruter, former et mettre à la première place le chef impavide et inflexible... »

Il se sent capable d'être ce chef-là.

Il rentre lentement square Desaix. Il songe à ces événements qui, depuis quelques semaines, se succèdent : assassinat du ministre des Affaires étrangères allemand Rathenau, accusé par les nationalistes d'avoir capitulé devant les exigences françaises, chute du mark provoquant une inflation irrépressible, et partout des troubles.

Mais qui a conscience des périls ? Ceux qui gouvernent sont pusillanimes, englués dans leurs intrigues.

Il s'installe à sa table. Il écrit.

« Et la médiocrité d'en haut favorise aussitôt celle d'en bas. C'est alors que les meilleurs sont tenus comme en défiance, les caractères trempés déclarés cassants, les conscients de leur valeur considérés comme orgueilleux, les travailleurs traités de philosophes et les innovateurs d'esprits chimériques. »

Il le devine, pour lui la route sera longue.

Il se lève. Il voit sa femme et son fils. Il a la patience d'attendre, la force de vouloir et d'espérer, la certitude de réussir.

16

De Gaulle traverse lentement l'amphithéâtre des conférences pour rejoindre sa place parmi les stagiaires de l'École de guerre.

Il ignore les regards de ces officiers qui constituent l'élite de l'armée. Il distingue parmi eux de nombreux uniformes étrangers. Il pense : « L'Internationale des soldats. » Il est fier de faire partie de cette communauté d'hommes d'armes qui ont la charge de défendre leur patrie et qui, presque tous, déjà, ont mis en jeu leur vie. Mais il y a quelques instants, devant les portes de l'amphithéâtre, il s'est tenu à l'écart des petits groupes bavards. Des officiers polonais l'ont reconnu, salué, approché. Il a répondu par quelques monosyllabes. Voulaient-ils qu'il évoque ces soirées de Rembertow, les jours de solde, quand, le temps de dépenser, cinq ou six jours seulement, il se comportait en boyard, organisant des soupers aux chandelles ? Brèves ripailles et fugaces plaisirs d'exilé !

Il avance dans l'amphithéâtre le menton levé, le buste très droit. Il faut qu'on sache qu'il est un homme à part. Il porte en lui la certitude d'un destin qui le sépare de ces cent vingt-neuf élèves.

Il prend place, puis se lève quand l'état-major de l'école entre dans l'amphithéâtre. Il jette un coup d'œil rapide autour de lui. Il est une fois encore le plus grand, dominant la plupart de ces officiers de la tête.

Il écoute le commandant de l'école, le général Debeney, un proche de Pétain, présenter le programme des cours. Autour de Debeney, il reconnaît les colonels chargés d'enseigner la tactique générale, ou spécialistes de l'artillerie, des fortifications, de la cavalerie.

Il remarque le colonel Moyrand, qui fut l'adjoint de Joffre. C'est un homme mince, de haute taille. Il dirigera, explique Debeney, les exercices sur le terrain. Moyrand esquisse un sourire empreint de supériorité, presque du mépris et de la suffisance.

De Gaulle tourne la tête.

Qu'a-t-on à lui apprendre qu'il ne puisse découvrir lui-même ? A-t-il besoin qu'on vienne se mêler de sa réflexion ? Qui a autant que lui réfléchi aux différents aspects de la guerre ? N'a-t-il pas à Ingolstadt analysé le conflit, la stratégie et les erreurs des grands chefs ? N'a-t-il pas enseigné l'histoire à Saint-Cyr ? N'a-t-il pas déjà écrit plusieurs articles ?

Il achève le dernier : « La discorde chez l'ennemi ».

Il a vu récemment Berger-Levrault, un camarade d'Ingolstadt qui est prêt à le publier dans sa maison d'édition. Mais Berger-Levrault a murmuré que, peut-être, pour ne pas heurter les professeurs de l'École de guerre, il était prudent d'attendre. Est-ce lui qui a ajouté : « Prenez garde, n'oubliez pas que vous n'entrez pas à l'École comme professeur mais comme élève... »

Il sera un excellent élève, pense-t-il. Mais il ne deviendra pas l'un de ces officiers courtisans, arrivistes, qui se pressent déjà autour de l'état-major de l'École, qui vont en adopter les idées pour obtenir un bon classement de sortie.

Il restera lui-même. Sans concessions. Et le livre paraîtra dès qu'il l'aura terminé.

Il suit avec attention les différents enseignements. Il constate un renversement complet de la « théorie ». On voulait, avant 1914, l'offensive à tout prix. Dans les premiers jours de guerre, la stupidité de cette doctrine a coûté des milliers de morts. Il se souvient du 15 août 1914 à Dinant.

Maintenant, comme pour digérer la victoire, l'Alsace et la Lorraine enfin reconquises, on ne jure plus que par la défensive, la puissance du feu.

Ces professeurs considèrent qu'il suffit pour être vainqueur de bien étudier un petit morceau de terrain, de l'occuper, de s'y enterrer, de bâtir à l'abri des canons une ligne de fortifications. N'ont-ils pas tiré les leçons de la guerre de Pologne, toute de mouvement ? N'ont-ils pas lu le rapport que j'ai rédigé ? Ne comprennent-ils pas que le mouvement, la surprise, l'imprévu, l'utilisation sans a priori *de circonstances décident toujours du sort des batailles ? Et qu'il faut concevoir la guerre comme une succession de manœuvres stratégiques conçues avec audace ?*

Mais que savent-ils ? Qu'ont-ils appris ?

Il se tient en retrait du groupe des stagiaires lors de la visite du champ de bataille de Saint-Privat où, le 18 août 1870, les troupes françaises combattirent avec héroïsme mais vainement.

Le professeur d'histoire militaire tente de raconter la bataille, hésite, ignore le rôle de tel ou tel régiment.

Comment ne pas intervenir ? De Gaulle élève la voix, complète le récit avec une précision sans faille. Il connaît chaque détail de la bataille. Finalement, le professeur se tait. Et de Gaulle le remplace. Les stagiaires l'applaudissent. Il voit s'approcher le capitaine Chauvin. Il apprécie cet officier de chars, un disciple du fondateur de cette arme, le général Estienne. Chauvin a, plusieurs fois, plaidé pour la constitution d'unités autonomes de blindés, faisant mouvement en masses compactes, en avant de l'infanterie. Une idée séduisante qui réintroduit l'offensive tout en protégeant les hommes par le blindage et en leur apportant l'appui des canons des chars.

Il entend Chauvin qui dit :

– Vous êtes doué d'une mémoire stupéfiante !

– Oui. Cela ne vient pas en dormant. J'exerce beaucoup ma mémoire, dit de Gaulle. De mon enfance, j'ai retenu des actes entiers de pièces classiques. Je connais par cœur *Cyrano de Bergerac*.

Il hésite. Il ne devrait pas se confier, mais il vient d'éprouver une vive satisfaction et il veut oublier quelques minutes les règles qu'il s'est fixées.

– Avec ma sœur et mes frères, reprend-il, nous parlions le français à l'envers : *el siaçnarf*. Au début, cela n'allait pas loin : *riover ua, ruojnob, utsavtnemmoc*. J'ai continué à roder le mécanisme.

Il se tait tout à coup et s'éloigne.

Il apprend avec plaisir quelques jours plus tard que Chauvin va faire équipe avec lui pour étudier une offensive appuyée par des chars, dans la région d'Auxerre.

Le soir tombe au terme de la première journée de manœuvres. Ils sont assis côte à côte dans la campagne, le dos appuyé à un hêtre. De Gaulle allume une cigarette. Il ne parle pas. Chauvin toussote.

– Mon cher, commence-t-il, je vais vous dire une chose qui vous fera sans doute sourire. J'ai ce curieux sentiment que vous êtes voué à un très grand destin...

De Gaulle reste immobile. Le silence dure, puis d'une voix sourde il dit :

– Oui, moi aussi.

C'est une certitude étrange, autour de laquelle, il le sent, toute sa vie s'organise, comme s'il existait au centre de son corps une âme, dont par moments il lui semble qu'il se contente de l'envelopper, mais qui, selon les circonstances, et cela se fait presque malgré lui, apparaît nue dans sa rigidité aiguë. Exigeant qu'il agisse, qu'il parle, quels qu'en soient les risques.

Et les autres, Chauvin aujourd'hui, ses proches, commencent à deviner cette présence en lui.

À la manière dont Yvonne de Gaulle l'écoute, il sait qu'elle est consciente de ce qui l'habite. Mais il lui semble que la famille Vendroux, qu'il retrouve dès qu'il le peut dans la demeure de Sept-Fontaines ou bien au bord de la mer à Wissant, mesure aussi cette singularité qui est la sienne.

Il s'efforce d'écouter avec courtoisie les oncles, les tantes, les cousins qui se retrouvent dans la propriété le dimanche ou pour les vacances. Il s'assied parmi eux sur le perron pour une photo de groupe. Mais on chuchote en sa présence, comme pour le laisser méditer. Il marche seul dans les forêts ou sur la plage. Il retrouve ces rochers du cap Gris-Nez qu'il avait escaladés enfant, lorsqu'il séjournait à Wimereux.

Il lit dans sa chambre de Sept-Fontaines, fenêtres ouvertes. Il devine la surprise de son beau-frère, qui découvre le titre de l'ouvrage, *Ainsi parlait Zarathoustra*. Nietzsche, oui, pour comprendre. De Gaulle explique :

– Le danger avec les Allemands, c'est qu'ils sont toujours portés à vouloir un surhomme.

Il se lève, va jusqu'à la fenêtre.

– La mégalomanie du surhomme est aussi dangereuse qu'est indispensable l'autorité d'un vrai chef.

Il entend que son beau-père le réclame dans la bibliothèque pour le présenter à un notable local.

Il se prête de bonne grâce aux obligations familiales. Mais M. Vendroux et le notable lui paraissent intimidés.

– Il sera un jour ministre de la Guerre, dit enfin M. Vendroux.

Sera-ce cela, son destin ?

Il ne peut en préciser la forme. Mais il est sûr de ce qu'il ressent, de la force qui rayonne en lui.

Mais il sait, pour l'avoir déjà éprouvé, qu'être habité par un destin, cela se paie cher.

Il doit accepter de rester solitaire parmi les hommes.

Il veille pourtant à ne jamais les agresser. Il est courtois. Il ne veut ni dominer ni mépriser.

Il chante avec les autres stagiaires de l'École de guerre, au retour d'un service, *La Chanson du roulier* :

> *C'est la femme du roulier*
> *Qui va de porte en porte*
> *En cherchant son mari.*

Il sourit lorsque, au camp de Bitche, où la promotion s'est déplacée pour assister à des tirs réels d'artillerie, les officiers miment autour d'un capitaine espagnol une corrida. Certains se hissent sur les épaules de leurs camarades et jouent au picador. Il leur lance :

– Dans toute association de deux hommes, il y en a toujours un qui se fait porter par l'autre !

Il perçoit l'étonnement qu'il suscite.

Oui, il peut aussi rire, se moquer. Mais il veut rester lui-même, il ne peut arracher de son corps et de sa pensée cette âme qui est son être même. Il ne peut se taire s'il estime que son devoir est de parler. Et c'est cela qui dérange, il le sait bien. Il prend connaissance avec une sorte de fureur de l'appréciation qu'on porte sur lui après les quelques mois d'École : « Paraît avoir l'intelligence très vive, de l'acquis et une personnalité très développée. Doit arriver à bien faire surtout s'il se livre avec un peu plus de bonne grâce et consent plus facilement à se laisser discuter. Travaux excellents au début, plus faibles dans la deuxième partie de l'année. »

Se laisser discuter, mais par qui, au nom de quelle supériorité ?

Il observe ses professeurs et la plupart de ses camarades. Ils sont enfermés dans leur conformisme. Hier, l'offensive à tout prix, aujourd'hui, la défensive jusqu'à l'obsession. Et toujours la théorie, la théorie, qui aurait réponse à tout !

Comment pourraient-ils accepter qu'un élève de l'École de guerre écrive : « À la guerre, il n'y a pas de système universel mais seulement des circonstances et des personnalités... Il faut que les chefs militaires de demain pétrissent leur esprit et leur caractère d'après les règles de l'ordre classique, ce sens de l'équilibre, des possibles, de la mesure qui seul rend durables et fécondes les œuvres de l'énergie » ?

De Gaulle les sent irrités. Sans doute ne supportent-ils pas la publication de son livre *La Discorde chez l'ennemi* et de ces phrases qui les jugent.

Quelques semaines après la sortie des premiers exemplaires du livre, le 1er mars 1924, de Gaulle remarque le ton ironique avec lequel le colonel Moyrand, qui dirige l'exercice de fin d'études dans la région de Bar-sur-Aube, lui donne le commandement d'un corps d'armée. Les autres stagiaires seront donc à ses ordres, le temps de l'exercice.

La tension monte tout au long de la journée. Moyrand multiplie les difficultés. Mais c'est la règle du jeu. Seulement, il le fait avec hargne.

Ne pas répondre. Garder son calme. Prendre place en face de lui dans la petite salle du collège de Bar où, le soir, Moyrand commence la critique de l'exercice. Il est debout. Il préside du haut de la chaire. De Gaulle est mal assis, à un banc d'élève.

C'est un procès, son procès qu'on instruit, et non la leçon de la journée qu'on tire. Que Moyrand perde son sang-froid ! De Gaulle ne haussera pas la voix.

– Où sont donc les trains de combat du régiment de gauche de votre division de droite ? lance Moyrand.

Question absurde. De Gaulle se tourne vers l'officier qui a tenu le rôle de chef d'état-major.

– Chateauvieux, répondez.

– Mais c'est à vous que je pose la question, de Gaulle !

– Mon colonel, répond de Gaulle d'une voix lente et tranquille, vous m'avez confié les responsabilités d'un commandant de corps d'armée. S'il me fallait assumer par surcroît celles de mes subordonnés, je n'aurais plus l'esprit assez libre pour remplir convenablement ma mission : « *de minimis non curat praetor* ». Chateauvieux, veuillez répondre au colonel.

Moyrand se détourne.

– C'est bien, nous savions que vous considériez que nombre de tâches sont au-dessous de vous... Je suis maintenant fixé.

Rester impassible. Effacer cette moue de mépris.

Mais ne pas s'étonner de la note accordée par Moyrand, 15,5 et de son appréciation. Après les éloges (« intelligent, sérieux, brillant, très bien doué, beaucoup d'étoffe ») tombe le couperet. Un peu en marge de ses camarades, un jugement parfois mal assis. « Gâte malheureusement d'incontestables qualités par son assurance excessive, sa rigueur pour les opinions des autres et son attitude de roi en exil... »

De Gaulle ne réagit pas. Il veut se souvenir de ce que disent les Grecs : « *Ta pathémata mathemata* » (nos souffrances sont nos leçons), de ce qu'écrit Amiel : « Ceux qui n'ont pas souffert sont légers. » Il doit mesurer cette blessure infligée par Moyrand, et par les examinateurs de l'École de guerre, au destin qu'il porte, au sens de la vie. Quelle égratignure alors !

Il regarde son second enfant, cette petite Élisabeth qui vient de naître le 15 mai 1924. Il écrit dans son carnet ces vers, composés au lendemain de ces journées :

Quand un jour, tôt ou tard, il faut qu'on disparaisse
Quand on a plus ou moins vécu, souffert, aimé
Il ne reste de soi que les enfants qu'on laisse
Et le champ de l'effort que l'on aura semé.

Mais les journées qui terminent le stage sont difficiles à vivre.

On lui murmure qu'il ne sera classé que dans le « dernier tiers » de la promotion, ceux des officiers qui n'obtiennent que la mention assez bien, et ne sont pas promis aux grands emplois. On lui assure que le maréchal Pétain est intervenu en sa faveur, contraignant l'état-major de l'École à réviser sa notation afin que lui soit attribuée la mention bien, ce qui ne lui interdira pas une brillante carrière. Mais il serait loin derrière Loustaunau-Lacau, le major de la promotion.

On se rassemble dans la cour. On pose pour la grande photo de groupe. De Gaulle se place au deuxième rang. Il veut être maître de lui.

Puis on affiche le classement. Il est 52e sur 129.

Mais la colère l'emporte.

« Ces cons de l'École de guerre ! dit-il en écartant les officiers qui se pressent autour de lui. Je ne rentrerai dans cette boîte qu'en qualité de commandant de l'École ! Et vous verrez comme tout changera. »

Il s'éloigne à grands pas rageurs. Il est nommé stagiaire à l'état-major de l'armée du Rhin, à Mayence, au 4e bureau. Celui qui s'occupe des approvisionnements. Il a la responsabilité particulière de la conservation des aliments destinés à l'armée !

Il se calme. Il doit accepter la vexation et l'injustice pour tendre encore plus le ressort intérieur.

« *Moult a appris qui a connu ahant* », note-t-il dans son carnet. Ce vers de *La Chanson de Roland* doit être la règle de toute sa vie.

Mais il ne faut jamais se laisser étouffer. Il doit continuer à penser, même s'il est le seul, s'il doit subir les foudres des supérieurs aveugles.

« Hélas, vous le savez, dit-il à Lucien Nachin, un capitaine de ses amis, dans l'armée d'à présent, comme dans celle de naguère, on n'a point le goût de la méditation. L'habitude, l'amour du travail sans âme proprement nommé "état-major" détournent trop aisément les esprits. »

Il le constate autour de lui, alors que la situation internationale change. Les troupes françaises commencent à évacuer la Ruhr, occupée quelques mois plus tôt pour contraindre l'Allemagne à payer les réparations. Paris, gouverné par le Cartel des gauches, reconnaît l'URSS. On se bat au Maroc où la France est harcelée par les rebelles d'Abd el-Krim. Et Paris est prêt à accueillir l'Allemagne au sein de la Société des Nations.

Il faut penser cette situation. Dire leur fait aux professeurs de l'École de guerre. Les mots viennent vite sous sa plume. Le titre de l'article pour *La Revue militaire* s'impose : « Doctrine *a priori* ou doctrine des circonstances ».

« L'esprit militaire français répugne, écrit-il, à reconnaître à l'action de guerre le caractère essentiellement empirique qu'elle doit revêtir. Il s'efforce sans cesse de construire une doctrine qui lui permette *a priori* d'orienter tout au moins l'action et d'en concevoir la forme sans tenir compte des *circonstances* qui devraient en être la base. »

Il a gagné sa garnison de Mayence.

Il longe les bords du Rhin. Dire leur fait à ceux qui détiennent le pouvoir est une entreprise risquée, il le sait. Mais où serait la dignité d'une vie si elle se dérobait à ses responsabilités, à son destin ?

« Peut-être en effet, dit-il à Nachin, sans doute même, sommes-nous plongés dans la nuit qui précède l'aurore d'un monde nouveau, à la fin, en tout cas, de celui que nous avons connu. Cependant il faut vivre et il est bien probable que pour vivre il faudra quelque jour combattre, c'est-à-dire affronter les armes de l'ennemi et lui faire sentir la vigueur des nôtres. Pour ma part, je ne renonce pas à m'y préparer. »

Mais, pour l'heure, il doit établir des dossiers concernant les frigorifiques de l'armée du Rhin !

Il lit le maréchal de Saxe, relève cette phrase : « Nous autres soldats, nous sommes comme des manteaux. On se souvient de nous quand vient la pluie. »

Elle viendra. D'ici même, parce qu'il ne croit pas à l'acceptation par l'Allemagne de sa défaite.

Il laisse aller sa pensée :

Le Rhin triste témoin d'éternelles alarmes
Couvre d'un deuil sans fin la splendeur de ses bords.
Roule un flot toujours prêt à recueillir des larmes
Et tisse des brouillards pour voile d'autres morts.

Mais il faut accomplir ses huit heures de bureau à l'armée du Rhin, espérer une mutation et s'enfoncer dans une attente morose, sûr pourtant que la porte s'entrouvrira.

À la fin de l'année 1924, c'est peut-être enfin un signe. Un collaborateur du maréchal Pétain, le colonel Bouvard, propose à de Gaulle de travailler à une étude sur le « moral » entreprise par le Maréchal. Puis, quelques semaines plus tard, le

20 mars 1925, le Maréchal lui-même demande à de Gaulle de réfléchir à un livre qu'il médite mais... fera écrire par d'autres, sur « le soldat à travers les âges ». Le 9 avril 1925, nouvelle lettre de celui qui est le maître de l'armée.

Voilà le tambour du destin qui roule. « Dans quelques mois, je vous convoquerai à Paris », écrit Pétain.

Justice m'est enfin rendue.

« Le général Guillaumat, commandant de l'armée du Rhin, sera prévenu aujourd'hui même de mes intentions à votre égard », précise Pétain.

Être affecté au cabinet du maréchal de France, inspecteur de l'armée, vice-président du Conseil supérieur de la guerre, c'est être au cœur de l'institution militaire, là où tout se joue et se décide.

Le 1er juillet 1925, il éprouve, en lisant son ordre de mutation au cabinet du maréchal de France, un sentiment d'orgueil.

Il n'a rien sollicité. Pétain s'est souvenu du sous-lieutenant du 33e régiment d'infanterie d'Arras, du capitaine de Douaumont, du professeur d'histoire de Saint-Cyr, de la victime des préjugés des professeurs de l'École de guerre, de l'auteur d'articles de réflexion.

Quelques jours plus tard, de Gaulle se dirige vers le 4 bis du boulevard des Invalides.

C'est là qu'est situé son bureau. Là où, à trente-cinq ans, son avenir se joue.

Il a désormais toutes les cartes en main. Mais il les jouera à sa manière. Il a écrit ce matin dans son carnet une phrase méditée longtemps : « Il faut au grand chef moins de vertu que de grandeur. »

17

De Gaulle marche à grandes enjambées, frappant la chaussée du bout de sa canne qu'il lève jusqu'à l'horizontale au rythme de son pas. Il porte le plus souvent un long pardessus gris, un chapeau melon ou un feutre à bord retroussé.

Il traverse le Champ-de-Mars, puis longe les murs de l'École militaire. Il regarde le ciel, semblant ne rien voir de ce quartier où s'est déroulée son enfance. Parfois, au bord d'un trottoir, il s'arrête comme s'il découvrait ces façades et ces dômes qui l'ont tant fait rêver quand, avec son père, il revenait précisément du Champ-de-Mars ou de l'esplanade des Invalides. Et voici qu'après tant de détours, après avoir arpenté sous le feu les rives de la Meuse et de la Vistule, il est le capitaine de Gaulle, chargé par le maréchal de France Philippe Pétain d'écrire pour lui une *Histoire du soldat*, de travailler à un projet d'organisation militaire du territoire. Il est celui que le chef d'état-major de Pétain, le colonel Duchêne, a présenté à un jeune secrétaire, Pleven, en ces termes : « Je vous présente le capitaine de Gaulle qui aurait besoin de consulter votre dossier sur le moral de l'armée en 1917. Je suis heureux de vous faire connaître le futur chef de l'armée française. »

Les aides de camp de Pétain l'ont bien accueilli. Le chef de cabinet, le colonel Laure, lui a présenté ses adjoints, les colonels Bouvard, Audet, Conquet, et quelques capitaines, dont ce Loustau-nau-Lacau, major de l'École de guerre, qui traite cette institution de « vieille mule ». Ces officiers sont là pour servir Pétain, l'*Imperator*, dont ils écrivent les discours et préparent les livres, qu'il signera.

Valets de plume, nègres : il est donc l'un d'eux. Pétain aspire à entrer à l'Académie française. Il lui faut un grand ouvrage sur l'histoire du soldat. De Gaulle n'est-il pas le meilleur historien de l'armée ? Son enseignement à Saint-Cyr n'a-t-il pas fait date ? Il a une plume brillante, une pensée originale. Pourquoi laisser moisir dans un état-major à Mayence ce capitaine victime des mesquineries des professeurs de l'École de guerre, dont on peut utiliser le talent ?

De Gaulle pousse la porte de son bureau, situé au deuxième étage. C'est une petite pièce sombre. Mais il y est seul. Et c'est le signe de la faveur dont il bénéficie, de l'importance de sa tâche. Les autres officiers partagent à plusieurs un même bureau.

De Gaulle s'assied, allume une cigarette. Bientôt la pièce est enfumée. Il commence à écrire, mais c'est sur son carnet qu'il trace les premières phrases, les yeux plissés, la cigarette pendante au coin de ses lèvres :

> Dis ! Qu'as-tu fait, toi que voilà
> Pleurant sans cesse.
> Qu'as-tu fait. Dis, toi que voilà
> De ta jeunesse !

Il s'interrompt, trace encore plusieurs strophes d'un poème de Verlaine, comme s'il se laissait griser par la mélodie, la nostalgie :

> *Il pleure dans mon cœur*
> *Comme il pleut sur la ville*
> *Quelle est cette langueur*
> *Qui pénètre mon cœur.*

Il ferme son carnet. L'heure n'est pas à la mélancolie.

Mais il ne peut cependant se dégager d'un sentiment de malaise. Il a rencontré plusieurs fois, pour de très brefs entretiens en tête à tête, le Maréchal. Il lui a soumis ses premiers travaux. Une étude sur la manière dont devrait être conçu l'enseignement à l'École supérieure de guerre. Lorsque Pétain a découvert le thème d'un « cours de sociologie » qui devrait faire partie de l'enseignement, il a levé ses yeux bleus et clairs mais n'a fait aucun commentaire. Il est resté quelques instants immobile, son crayon affûté au bout des doigts. Il hoche la tête, quelques jours plus tard, en rendant, après l'avoir parcouru, un article sur « le rôle historique des places françaises », que de Gaulle destine à *La Revue militaire*. Ce qui lui importe, a-t-il dit, c'est le travail sur le *Soldat*. Que de Gaulle travaille exclusivement à cette tâche.

Puis il est parti pour le Maroc, désigné par le gouvernement afin de mater la rébellion d'Abd el-Krim qui embrase depuis plusieurs mois le Rif.

De Gaulle écoute les aides de camp de Pétain se féliciter de cette nomination. « Il va écraser la révolte à coups de marteau », disent-ils. C'est sa méthode. Et Lyautey ? ne peut s'empêcher de demander de Gaulle. On hausse les épaules. « Il fait de la politique, répond-on, Pétain fera de la stratégie. »

De Gaulle rentre dans son bureau. Accepter d'être nommé par les politiciens et par là même accréditer l'idée de l'incapacité du maréchal Lyautey, le contraindre à donner sa démission, est-ce là

219

la grandeur nécessaire au prestige d'un grand chef ? Pétain s'est prêté à une exécution politique, car on n'aime pas Lyautey, au gouvernement du Cartel des gauches. On l'accuse d'être monarchiste.

Il observe Pétain. C'est déjà un homme de soixante-dix ans. Aurait-il accepté, il y a quelques années, lui dont la réputation était celle d'un officier intransigeant, indépendant, d'aller au Maroc pour recueillir les félicitations du pouvoir et un surcroît facile de gloire mais en humiliant ainsi un autre officier ? Pétain est peut-être devenu un vieil homme égoïste malgré les apparences juvéniles qu'il présente, un ambitieux soucieux de rattraper le temps perdu et avide seulement d'honneurs et de pouvoirs !

De Gaulle reprend la plume. Mais le malaise ne se dissipe pas. Que vaut l'homme qui accepte qu'on écrive pour lui ? Même si la plupart des chefs l'ont fait, de Gaulle a une moue de mépris. On ne délègue pas la responsabilité d'écrire.

Il allume une nouvelle cigarette.

Il s'accorde encore un instant avant de se mettre au travail. Il reprend son carnet. Il écrit :

« De quarante à cinquante ans : la garde-robe bien garnie, les cuisines fines, les amours de qualité.

« De cinquante à soixante : les secrétaires actifs, les larges dépenses, les amples commodités.

« Après : la quiétude des loisirs, les honneurs reçus, les médecins habiles. »

Puis, après quelques minutes, il écrit une nouvelle phrase :

« En sa poitrine porter sa propre gloire. »

Il souligne. Il lui semble que cette pensée de Villiers de L'Isle-Adam exprime ce qu'il ressent. L'une des règles impérieuses de sa vie.

Mais travailler d'abord, pour remplir la mission qui lui a été confiée. Écrire donc cette *Histoire du soldat*, comme si c'était pour soi seul.

De Gaulle relit l'un des chapitres qu'il vient de terminer. Il oublie quelques instants que ce texte, Pétain se l'appropriera. Tel est le contrat implicite passé entre eux. Il n'est qu'un capitaine de trente-six ans au service d'un maréchal de France de soixante-dix ans. Il tente de se persuader que c'est là son devoir et son intérêt. Pétain peut tout pour sa carrière. Il est l'Imperator devant qui dans l'armée tout doit plier.

Il faudrait donc lui être reconnaissant, le flatter, considérer avec gratitude la lettre qu'il écrit le 20 novembre 1925.

« Je viens de lire avec un vif intérêt "Le soldat de l'Ancien Régime". Ce chapitre est tout à fait réussi. L'ensemble de votre travail me plaît d'ailleurs beaucoup et constitue une base excellente pour l'œuvre définitive. Quand vous en serez au soldat moderne, il y aura un chapitre spécial à consacrer au soldat colonial (l'Algérien, le Tunisien, le Marocain, le Soudanais, l'Annamite, le Malgache). Un chapitre sera peut-être trop, disons un paragraphe... »

De Gaulle replie la lettre. Il a noté il y a quelques jours dans son carnet une phrase de Michel-Ange : « Celui qui s'habitue à suivre ne passera jamais devant. »

Voilà un autre des préceptes de sa vie.

Il écrit donc, pour lui. Le récit de ses cinq évasions, afin d'obtenir la médaille des évadés. Il prend contact avec le milieu politique, envoyant ses œuvres à Joseph Paul-Boncour, un député socialiste patriote, ami de Lyautey.

Il ne veut pas, il ne doit pas avoir un seul « mentor », Pétain, auquel il doit d'être ici, à Paris, au lieu de croupir à Mayence. Mais dont le comportement n'est pas aussi exemplaire qu'il l'imaginait. Sa lettre de félicitations a été écrite à Meknès, au Maroc, d'où Lyautey est parti. L'Imperator est d'abord soucieux de sa propre gloire ! Mais a-t-il le sens de la grandeur ?

Ne pas le suivre en tout, donc, comme le font les officiers de sa cour. Être de Gaulle. « En sa poitrine porter sa propre gloire. »

Il compose d'un jet de plume une série de scènes, qu'il rassemble sous le titre « Le Flambeau » et qu'il destine à *La Revue militaire française*. Il prend un plaisir intense à écrire ces dialogues entre un soldat d'Ancien Régime du régiment de Navarre, Thouvenin, et un fédéré de l'An II, Fricasse, rencontré en 1793. Et ce dernier, en 1800, racontera sa vie au futur capitaine Coignet, ce grognard qui, en 1826, évoquera ses campagnes avec un jeune saint-cyrien, Canrobert. De l'un à l'autre passe « Le Flambeau ».

De Gaulle veut que celui qui lira ce texte ne puisse pas douter que l'*Histoire du soldat*, fût-elle signée par Pétain, a pour auteur ce capitaine de Gaulle qui fait dire au lieutenant Canrobert – futur maréchal de France : « J'ai résolu de vivre à mon tour l'existence ardente et amère du soldat. Capitaine Coignet... Nous servirons la France. Les hommes passent, un régime en emporte un autre. Mais elle reste, et c'est par son armée qu'elle reprendra sa place. »

Et peu importe qu'actuellement ce soit « un triste temps pour les soldats » !

De Gaulle rentre chez lui, square Desaix. C'est la fin de l'année 1926. Il marche encore plus vite dans le vent vif de décembre. Il vient d'apprendre qu'il est inscrit au tableau d'avancement pour le grade de chef de bataillon, mais la nomination ne doit intervenir, avec l'attribution d'un commandement, que dans quelques mois. Voilà douze ans qu'il est capitaine. On ne lui a accordé aucune faveur. Il a piétiné dans ce grade autant que n'importe quel autre officier. Et il ne doit rien au Maréchal ! Et c'est mieux ainsi. D'ailleurs, plus les semaines passent et moins la tutelle pointilleuse de Pétain, cette manière qu'il a de rayer d'un coup sec des mots, des phrases, d'annoter les paragraphes, de donner des leçons de style, paraît acceptable. Il faut se maîtriser pourtant. Accepter avec déférence l'invitation à parcourir avec lui les champs de bataille de Verdun; se rendre à Douaumont. Se tenir à distance réglementaire comme un officier d'ordonnance respectueux pendant qu'on rend les honneurs au Maréchal. Et il les mérite. Mais il suffit de quelques années à peine, une décennie, pour qu'un homme change. Et peut-être le Pétain de 1916 est-il mort déjà, et ne survivent plus en lui que l'indifférence et l'ambition sans frein du vieillard ?

De Gaulle ne se lasse pas de l'étudier, de mesurer l'effet de l'âge sur ce maréchal glorieux.

Il écoute Pétain lui proposer de prononcer trois conférences à l'École de guerre. Il soutient le regard du Maréchal. Il devine le sens de la manœuvre. Se servir de lui, qui fut humilié par l'École, pour marquer son pouvoir et montrer qu'il se souvient aussi de la longue pénitence que fut pour lui, colonel hérétique en 1914, sa carrière militaire. Et imposer de Gaulle comme la preuve qu'il peut désormais se permettre à son tour d'humilier.

Il ne peut refuser une telle proposition au maréchal de France. Il ne peut se priver de cette revanche que Pétain organise. Tous les colonels Moyrand, tous ceux qui ont noté sévèrement, avec dédain, le « roi en exil » vont subir ces trois leçons comme une défaite.

Il faut que ces conférences soient parfaites.

De Gaulle commence à les préparer dès la fin de l'année 1926. Mais d'abord, s'accorder quelques jours de paix pour jouer, square Desaix, avec les enfants. Philippe, qui vient d'avoir cinq ans, présente déjà un petit compliment versifié. De Gaulle le recopie aussitôt dans son carnet pour que le temps n'efface pas le souvenir de ces mots.

> *Le petit cœur de votre enfant*
> *Est tout débordant de tendresse*
> *Prenez mes baisers, mes caresses*
> *Et tous les vœux tendres et doux*
> *Qu'au jour de l'an je fais pour vous.*

Élisabeth, vive, joyeuse, court dans l'appartement, prononce ses premières phrases.

Voilà le bonheur.

Un ami vient, le capitaine Nachin, heureux de la promotion de De Gaulle. « Il est en effet doux d'avancer, répond de Gaulle. Mais la question est ailleurs. Il s'agit de marquer. »

Et il faut que ces conférences à l'École de guerre en soient le moyen.

Jour de péril et de gloire, jour de défi, ce 7 avril 1927.

De Gaulle est en grande tenue, sabre, gants blancs. Il attend dans le bureau proche de l'amphithéâtre Louis réservé aux conférences données par les chefs de l'armée. Il va être 10 h 30, l'heure réservée aussi aux exposés majeurs. Et les stagiaires de l'École de guerre sont convoqués, ainsi que le corps enseignant.

De Gaulle le sait : tous les généraux et les colonels se sont indignés de l'humiliation que leur fait subir Pétain. Quoi ! Les contraindre à écouter un simple capitaine dont le classement de sortie de l'École de guerre est médiocre ! Le faire parler dans l'amphithéâtre Louis ! Et pour exposer quoi, lui, un capitaine, une réflexion sur l'action de guerre et le chef, le caractère et le prestige ! Sans doute un portrait en pied du Maréchal, et c'est pour cela que Pétain va assister à ces trois conférences! Quel honneur démesuré pour ce de Gaulle!

De Gaulle lit ces sentiments sur le visage des officiers qui se pressent dans le petit bureau. Il les ignore. Il faut se tenir au-dessus des commérages, des rivalités, des mesquineries. Il pense à une phrase de Vauvenargues, qu'il a recopiée dans son carnet. L'officier moraliste commentant le décès de l'un de ses amis avait déclaré: «Comment avais-tu pris un essor aussi haut dans le siècle des petitesses?»

Il faut qu'un jour celui qui prononcera son oraison funèbre retrouve cette phrase qui doit inspirer sa vie, la tenir à l'écart des médiocres.

Voici le maréchal Pétain accompagné du général Hering, commandant de l'École. De Gaulle s'efface. Le Maréchal sourit, rappelle l'enseignement qu'il a donné, il y a fort longtemps, ici même.

– Je n'ai jamais franchi la porte de l'amphithéâtre sans une vive appréhension, dit-il.

De Gaulle le scrute. Tout le visage de Pétain exprime une ironie condescendante que masque un sourire bienveillant. Les yeux sont brillants de malice.

Où est la grandeur de Pétain? Il se venge. Il humilie. Il se soucie d'abord de lui-même.

– À vous l'honneur, dit-il en faisant signe à de Gaulle d'entrer le premier dans l'amphithéâtre. Le privilège du professeur est de passer en tête. Et, à partir de ce seuil, le professeur a le droit d'enseigner ce qu'il veut. Principe sacré. C'est ainsi que j'en ai usé moi-même, émettant des idées différentes de celles de mon temps.

En avant!

De Gaulle entre dans l'amphithéâtre. Il perçoit l'étonnement des stagiaires qui aperçoivent Pétain derrière cette grande silhouette.

De Gaulle se tient au garde-à-vous.

Pétain, d'une voix nette, dit :

– Messieurs, le capitaine de Gaulle va vous exposer des idées que je vous prie d'écouter avec attention.

De Gaulle le suit des yeux, Pétain va s'asseoir au premier rang avec les généraux et l'état-major de l'École.

De Gaulle pose son sabre, retire lentement ses gants blancs. Puis, droit, regardant devant lui, il commence à parler d'une voix forte.

« L'action de guerre revêt essentiellement le caractère de la contingence... Ce qui eut lieu n'aura pas lieu et l'action, quelle qu'elle soit, aurait bien pu ne pas être ou être autrement. Ce caractère de contingence propre à l'action de guerre fait la difficulté et la grandeur de la conception. »

Les mots viennent. Les citations défilent devant ses yeux comme s'il les lisait. Il ne regarde jamais ses notes. Il se sent maître de lui, de son esprit, de sa mémoire. Il cite Bergson, Victor Hugo, Socrate. Mais aussi *Ubu roi*. Il n'est prisonnier d'aucune convention. Il est libre parce que responsable seul de ce qu'il dit. Il n'a de compte à rendre qu'à lui-même, à sa pensée.

« Notre temps, conclut-il, est peu propice à la formation et à la sélection des chefs militaires... Qui donc dans les rangs de l'armée ne dit souvent, comme autrefois cette femme illustre : "Pourquoi suis-je ici ? Je ne sais pas ! Déjà toute l'espérance du siècle est dévorée..." »

Dans les heures qui suivent, on lui rapporte que les officiers de l'École se sont réunis, indignés et acerbes pour la plupart.

« De Gaulle ? Un orgueil démesuré, démentiel. C'est évident : il se prend pour Napoléon ! »

Mais peu importent les rancœurs. Il ne déviera pas de la ligne qu'il s'est fixée. Il ne faut rendre compte qu'à soi-même. Ne pas craindre de choquer, dire ce qu'on porte en soi. Et rendre indiscutable ce que l'on pense, ce que l'on expose, par la rigueur de la construction, de l'information et du raisonnement.

Il travaille toute la semaine afin de préparer la deuxième conférence dont le thème sera le caractère. Il lit et relit. En qui peut-il avoir confiance d'autre qu'en lui-même pour juger de la pertinence de son propos ?

Il écrit rapidement un mot à son père.

« Mon bien cher papa,

« Je vous envoie ci-joint en hâte, pour critique et correction, ma deuxième conférence. Je dis en hâte parce que je dois la faire dès mardi prochain. Pourriez-vous en si peu de temps la lire et me souligner ce qui ne va pas ?

« La première que présidait le Maréchal a fait une très grosse impression. Les partisans jubilent, les neutres font des sourires et les requins qui nagent autour du navire en attendant que je tombe à l'eau pour me dévorer se sont écartés à bonne distance.

« Nous avons trouvé maman en bonne santé malgré sa mauvaise vue et nous fûmes très heureux de la revoir...

« Votre fils très respectueux et affectionné,

« Charles de Gaulle. »

Le Maréchal est, le 15 avril 1927, à nouveau assis au premier rang et aucune place n'est vide dans l'amphithéâtre Louis.

De Gaulle se sent encore plus sûr de lui.

« Face à l'événement, commence-t-il, c'est à soi-même que recourt l'homme de caractère... Il embrasse l'action avec l'orgueil du maître. Il incorpore à sa personne la rigueur propre à l'effort... »

227

Il marche de long en large sur l'estrade.

« Vis-à-vis de ses supérieurs, le train ordinaire des choses le favorise mal..., continue-t-il. On redoute son audace qui ne ménage ni les routines ni les quiétudes. "Orgueilleux, indiscipliné", disent de lui les médiocres, traitant le pur-sang dont la bouche est sensible comme la bourrique qui refuse d'avancer... »

Il jette un coup d'œil à Pétain. Il devine à son sourire la satisfaction du Maréchal qui se reconnaît sans doute dans ce portrait.

« Mais que les énénements deviennent graves, le péril pressant, poursuit de Gaulle, et la justice se fait jour. Une sorte de lame de fond pousse au premier plan l'homme de caractère. »

N'est-ce pas Pétain appelé à commander à Verdun ?

Qu'on pense cela si on le veut. Tant mieux si on le croit.

De Gaulle hausse la voix.

« Ceux qui accomplirent quelque chose de grand durent souvent passer outre aux apparences d'une fausse discipline... Après la bataille du Jutland et l'occasion manquée par les Anglais de détruire la flotte allemande, le Premier lord de l'Amirauté, recevant le rapport de l'amiral Jellicoe, écrivait avec chagrin : "Il a toutes les qualités de Nelson sauf une : il ne sait pas désobéir." »

Il sent que le silence devient plus pesant. Et peu après qu'il eut terminé, il apprend que les « requins » se sont rapprochés, l'accusant d'avoir ramené du fort d'Ingolstadt, de ses mois de captivité en Allemagne, des « racines nietzschéennes ».

Peu importent les réactions ! Il va traiter, lors de la troisième conférence, le 22 avril, du prestige, et commencer par cette citation de Villiers de L'Isle-Adam, qui est sa règle de vie : « En sa poitrine porter sa propre gloire. »

228

Il parle avec plus d'aisance encore. Il dit que le chef doit « viser haut, voir grand, juger large, tranchant ainsi sur le commun, qui se débat dans d'étroites lisières ».

Comprennent-ils, ces officiers dont il saisit les regards étonnés et scandalisés ? Imaginent-ils ce que sont les exigences intérieures et la souffrance du chef ? Devinent-ils ce qu'il ressent ? « Un état de lutte intime, plus ou moins aigu, suivant son tempérament mais qui ne laisse pas à tout moment de lui blesser l'âme comme le cilice, à chaque pas, déchire le pénitent. »

Il a terminé.

Il salue le Maréchal qui s'éloigne.

Il se retrouve seul. La plupart des officiers s'écartent de lui. C'est la rançon de sa victoire. On l'admire, on le jalouse ou on le hait. Et c'est toujours, au bout du compte, la solitude.

Il le sait. Il l'a dit. Le chef doit se tenir éloigné. « Les subordonnés doivent avoir l'impression qu'il est comme d'une essence supérieure. » Il se souvient, en s'éloignant, de ce que l'on disait de Louvois après sa mort :

> *Louvois que personne n'aimait*
> *Et que tout le monde regrette.*

Voilà la belle épitaphe d'un homme d'État.

Pour l'amour, la famille suffit.

Il rentre 14 square Desaix. D'un regard, il répond à l'interrogation muette d'Yvonne de Gaulle. Oui, la troisième conférence s'est parfaitement déroulée, comme les autres.

Il accepte de les prononcer à nouveau devant les adhérents du cercle Fustel-de-Coulanges, des universitaires et des intellectuels proches de Charles Maurras et de son mouvement, l'Action française, mise à l'Index par le Vatican. Soit. Et les républicains la condamnent comme monarchiste. Bien. C'est sans importance. Il n'est le prisonnier de personne. Il parle en Sorbonne avec la même aisance que dans l'amphithéâtre Louis. Il est lui-même. C'est par rapport à ce qu'il dit qu'on se détermine. Et il ne sollicite rien. Sinon le droit de penser librement.

Le 25 septembre 1927, il est nommé chef de bataillon, chargé du commandement du 19ᵉ régiment de chasseurs à pied, en garnison à Trèves.

Il sait que l'on critique et regrette son affectation. Il n'a jamais été « chasseur » mais seulement fantassin. Et les régiments de chasseurs sont réservés aux officiers qui, dès Saint-Cyr, ont choisi cette arme d'élite. D'ailleurs, dit-on, les hommes y sont petits. A-t-on jamais vu un commandant de chasseurs d'un mètre quatre-vingt-treize ?

Cela sera.

On lui murmure que le général Matter, directeur de l'infanterie, a justifié cette nomination contraire aux usages en lançant : « Je mets en place un futur généralissime de l'armée française. »

De Gaulle semble indifférent à ce propos flatteur.

Qui, murmure-t-il, peut juger du destin d'un homme, à part cet homme même qui porte en sa poitrine sa propre gloire ?

18

De Gaulle s'arrête au milieu du pont qui enjambe la Moselle. Il aime cet instant. Il se retourne. Le jour se lève à peine en cette fin du mois d'octobre 1927. Le brouillard commence à se dissiper pourtant.

Sur la rive droite, il distingue les clochers de la cathédrale et de Notre-Dame de Trèves. Mais les maisons du bord du fleuve sont encore masquées par les épaisseurs grises qui s'accrochent aux berges. Il regarde s'il aperçoit la villa où il vit, à l'angle de la Nordallee et de la Martinstrasse. Lorsqu'il l'a quittée, il y a une dizaine de minutes, Yvonne de Gaulle était déjà levée, active malgré sa grossesse avancée. Mais les enfants, Philippe et Élisabeth, dormaient encore.

Il fait quelques pas. Le froid est vif. Le soleil perce sans repousser l'humidité glacée qui monte du fleuve. Et cependant le paysage, le site de Trèves sont accueillants. Il marche plus lentement.

Les vignes qui s'étagent sur les collines de la rive gauche s'éclairent peu à peu. Il aperçoit les casernes du quartier Sidi-Brahim, dominées par la hauteur de la Mariensaule, au sommet de laquelle se dresse une immense statue de la Vierge. Elle apparaît blanche dans la lumière automnale.

Il est monté jusqu'à ce point de vue déjà. Un lieu, cela se comprend et se conquiert, par le regard, la pensée, la marche. Il a parcouru Trèves. Il est capable d'en décrire chaque monument. Cette ville, il l'a faite sienne. Rien ne le surprend ici. Tout lui est familier. Les Trévires, cette tribu gauloise, ont été vaincus par César en 56 avant Jésus-Christ. À chaque pas, il a découvert un vestige romain ; la Porta nigra, du IVe siècle, est située non loin de chez lui, sur la Nordallee, et les fondations de ce pont qu'il achève de franchir ont été construites par les légions de César.

Trèves, c'est l'Allemagne, l'ennemi qu'on occupe, mais c'est aussi notre civilisation commune.

Il entend les clairons qui se répondent d'une caserne à l'autre. Car Trèves est le siège d'un corps d'armée. Cavaliers, fantassins, artilleurs, unités du génie et bataillons de chasseurs forment l'un des pivots de l'armée du Rhin, qui continue de tenir un morceau d'Allemagne, comme un gage.

Mais jusqu'à quand ?

De Gaulle presse le pas. Les gouvernements rêvent de pacte de non-agression, de paix universelle. Et, à terme, cela signifie l'évacuation par les troupes françaises de la Rhénanie.

Il se retourne une dernière fois. Trèves est maintenant illuminée par le soleil. Vieille ville, bâtie par l'Histoire, ville chrétienne, cité d'évêques et d'archevêques. Mais en plein cœur de la ville, devant la cathédrale, se dresse un monument à Guillaume Ier. Trèves, ville germanique, ville d'empereurs, mais investie par les Français en 1794. Et que nous gardons encore.

Il franchit le poste de garde de la caserne. Il répond d'un geste vif au « présentez arme » des factionnaires. Dans la cour, le bataillon est rangé au carré, formant une masse bleu foncé que relève le liséré jonquille des coutures de l'uniforme. Les bérets sont enfoncés bas sur le front, et inclinés à gauche.

Il va changer cela. Le 19e bataillon de chasseurs portera le béret penché à droite. *Ce n'est pas conforme à la tradition ? J'en décide ainsi.*

Il s'avance vers les officiers. Ce sont pour la plupart des hommes trapus, la poitrine barrée par les décorations. Ils ont conquis leurs galons au combat en remplaçant les lieutenants et les capitaines issus de Saint-Cyr ou de Saint-Maixent, tombés dès les premiers jours d'août 1914. Les nouveaux officiers à peine sortis des écoles militaires se tiennent un peu à l'écart, intimidés, presque honteux. Ils n'ont pas connu la grande épreuve de la guerre.

Il va falloir forger avec tous ces hommes-là une épée au tranchant acéré. Il va multiplier les marches, les manœuvres, les conférences sur des sujets historiques. Il a hâte de modeler cette unité qui lui est confiée.

Voilà onze ans, depuis le 2 mars 1916, qu'il ne commande plus à des hommes. Il va pouvoir à nouveau, enfin, agir et non plus seulement penser et écrire.

Mais commander, c'est d'abord donner aux hommes dont on a la charge la conscience du rôle qu'ils jouent. La qualité d'une unité comme la victoire ou la défaite sont affaire de moral.

Il va parler aux soldats qui viennent d'être incorporés au bataillon. Il est en gants blancs, raide dans son uniforme bleu foncé de chasseur, le ceinturon serrant fortement la taille, le béret penché sur le côté droit. Et tout le monde a respecté cet ordre.

– Jeunes chasseurs du 19e, commence-t-il, la fourragère du bataillon qui va vous être remise est un insigne glorieux entre tous... Ce qu'elle représente de pertes subies, de souffrances acceptées mais aussi de gloire acquise, dépasse l'esprit... Jeunes chasseurs, le 19e bataillon est resté ce qu'il a toujours été, un corps d'élite.

La fanfare joue. Les cors de chasse rythment la marche rapide du bataillon qui défile. De Gaulle, la parade terminée, s'approche de jeunes officiers.

– Voyez-vous, messieurs, dit-il, il n'y a pas de commandement sans prestige, et pas de prestige sans isolement. L'armée française, messieurs, ne compte plus assez de caractères. Fortifiez-vous. Ayez-le cœur bien trempé.

Il inspecte les chambrées, les cuisines. Rien ne doit lui échapper. Il fait rectifier d'un geste presque imperceptible l'inclinaison d'un béret. Il exige, répète-t-il, une tenue irréprochable. Il veut une unité d'élite. Les exercices, les défilés, les séances de tir, les manœuvres se succèdent.

Il se souvient avec fierté de ses premiers commandements, à Arras, puis sur le front. Il était alors à la tête d'une section et d'une compagnie. Le temps a passé. Il a trente-sept ans. Il commande à sept cent vingt et un hommes. Il est décoré de la croix de guerre avec palmes, de la *Virtuti militari*, de la Légion d'honneur. On vient de lui décerner – le 2 octobre 1927 – la médaille des évadés, en le qualifiant de « modèle de courage et de ténacité ». Il est breveté d'état-major. Il a enseigné à Saint-Cyr et à l'École de guerre. Il a côtoyé, au cabinet du maréchal Pétain, les plus hautes personnalités militaires françaises et étrangères. Il n'était que l'officier d'ordonnance, mais il était là, photographié avec elles, le plus jeune, celui dont certains murmuraient, croyant flatter peut-être Pétain, qu'il serait un jour « le généralissime » de l'armée.

Il a publié des articles et un livre. Et il achève pour le Maréchal cette *Histoire du soldat*, qu'il a écrite comme il l'entend, avec toutes ses connaissances, ses réflexions, son style.

Alors, ce bataillon, que le général et les colonels qui commandent la garnison le lui laissent conduire à sa guise.

Il décide en souverain. Il fait doubler les étapes de marche. Le bataillon entre dans Trèves en pleine nuit, musique en tête, les cors de chasse jouant la *Sidi-Brahim*. Les autorités municipales protestent contre cette attitude de l'armée d'occupation. De Gaulle risque quinze jours d'arrêts de rigueur. Qu'on ose les infliger à un officier qui a servi aux côtés de Pétain !

Il condamne à quinze jours de prison un chasseur qui a obtenu, avec l'appui personnel du ministre, son changement de corps ! Abus de pouvoir. Refus d'exécuter un ordre du ministre. C'est soixante jours d'arrêts de rigueur, et même le risque d'une sanction plus lourde : la cessation d'activité. Il se tourne vers le cabinet du maréchal Pétain, qui intervient auprès du ministre Painlevé. Affaire enterrée.

Il reconnaît, quand il croise un officier ou un chasseur, cette manière qu'ont les hommes de se redresser. Il fait respecter l'autorité qu'il représente. C'est cela, être un chef. Il veut l'être. Mais point de mépris pour les hommes. Les estimer au contraire, les connaître.

Il décide de porter le deuil un mois pour un soldat mort, enfant de l'Assistance publique, sans famille. Il est ému quand il salue la mémoire d'un autre disparu : « Si la vie du chasseur de Bouvier, notre camarade, brutalement tranchée, aura été bien courte, elle fut toute droite et simple comme son cœur. »

Il veut tout savoir de ses soldats. Un homme de troupe, c'est une personne. On s'adresse à son intelligence et à son cœur. Pas de propos flatteurs. Respecter un homme, c'est exiger beaucoup de lui.

Le bataillon est rangé devant lui. C'est le 31 décembre 1927. De Gaulle s'avance sur le front des troupes :

« Je forme des vœux pour chacun de vous en particulier, dit-il. Ces vœux, je vous les adresse très sincères, car tous vous êtes de braves gens qui font leur devoir avec conscience et avec entrain... »

Mais il veut aussi les forcer à penser, à comprendre.

« Chasseurs, s'écrie-t-il, Ibsen a écrit : "Homme de la plaine, pourquoi gravis-tu la colline ? – C'est, répondit-il, pour mieux regarder la plaine. Je n'ai compris la plaine qu'en la voyant du haut des sommets." »

Il devine à certains égards que bien des officiers jugent ces propos incompréhensibles pour la troupe, et peut-être pour eux-mêmes. N'ont-ils pas compris que, sans réflexion, rien ne vaut ?

Il organise un cycle de conférences qu'il inaugure devant près de deux cents officiers de toute la garnison. Il est aussi précis, aussi brillant, aussi raide et impeccable dans sa tenue que lorsqu'il parlait à l'École de guerre.

Il dresse le tableau de l'armée d'Ancien Régime et il évoque Louvois, le grand bâtisseur qui, « obstiné dans le dessein, fait pourtant preuve de souplesse. Ardent à se préparer, il sait attendre son heure. Dépourvu de scrupules quant aux moyens... Distant bien qu'accessible, s'éclairant de rapports et jugeant lui-même, provoquant le conseil, mais jaloux de la décision, il a des adversaires, des partisans et point d'amis ».

Souvent il se demande si tel n'est pas son destin.

Il déjeune seul au mess du casino de Trèves.

Yvonne de Gaulle et les enfants sont en vacances en famille chez les Vendroux, à Sept-Fontaines, ou à Wissant près de Boulogne.

Il aperçoit l'un de ses officiers qui partage son repas avec une dame en noir. Sa mère, veuve

236

d'officier. De Gaulle se lève. Il se propose de faire visiter Trèves à cette femme. Et il y consacre plusieurs heures de son après-midi.

Il reçoit chez lui, au retour d'Yvonne de Gaulle, les officiers. Il est courtois, disert, évoquant en grandes fresques l'histoire de la ville, de l'Allemagne, ou bien la situation internationale. Il ne croit guère aux pactes de non-agression ou de désarmement. Il n'est pas favorable à la réduction du service militaire à un an, que vient de voter la Chambre des députés, ou, pis encore, à l'évacuation de la Rhénanie par les troupes françaises, dont il dit qu'elle se prépare.

Il lit les journaux et les livres allemands, indique-t-il. Il interroge ses officiers.

– Connaissez-vous l'ouvrage de Moeller Van Den Brück, *Le IIIe Reich* ? Voyez ce qu'il nous promet. L'expansion allemande. Ici et là déjà, des groupes nationalistes se reconstituent autour de quelques agitateurs, cet Adolf Hitler, par exemple, qui en 1923, à Munich, a essayé de s'emparer du pouvoir et qui vient de publier une sorte de long manifeste, *Mein Kampf*.

Il est, quand il envisage ainsi l'avenir, saisi par une sorte de désespoir amer. Il voit, il pressent ce qui va se produire. Il se confie à son ami le capitaine Nachin, qui vient de quitter la carrière militaire : « Il nous reste tous les éléments pour nous refaire une armée, dit-il, mais nous n'avons plus d'armée. Qui donnera un Louvois à la République ? La vie de l'intelligence est en veilleuse à l'armée du Rhin. »

Il a un mouvement d'humeur et il poursuit d'une plume rageuse : « Cela vaut mieux d'ailleurs, car "que faire" avec l'intelligence, prétentieuse impuissante. Mars était fort, beau et brave, mais il avait peu d'esprit. »

Ce n'est qu'une boutade qui emplit sa bouche d'une colère rentrée.

« L'armée du Rhin n'en a plus pour longtemps, dit-il. La force des choses abat ce qui demeure en Europe de barrières convenues et précieuses. Il faut être convaincu que l'Anschluss est proche, puis la reprise par l'Allemagne, de force ou de gré, de ce qui lui fut arraché au profit de la Pologne. Après quoi on nous réclamera l'Alsace. Cela me paraît écrit dans le ciel! »

Qui regarde le ciel? Personne ne veut vraiment percevoir ce qui sourd sous les apparences, personne ne cherche à analyser les événements. Qui ose regarder la réalité telle qu'elle est? On signe des pactes. On célèbre la nouvelle Allemagne. La paix, la paix, psalmodient Aristide Briand et Gustave Stresemann. Qui ne voudrait voir se réaliser cette illusion?

De Gaulle a une moue amère. Il pressent. Il suffit de relire l'Histoire pour comprendre ce qui vient. Mais qui la connaît encore? Il écrit.

« Pas un siècle ne s'est écoulé sans que le monde ait reçu plusieurs fois la détestable visite de la guerre. Pas une nation n'a pu naître, grandir, vieillir, mourir en paix. Hélas! L'histoire des hommes est celle de leurs armes. »

La guerre prive les hommes de la liberté, elle les pousse dans la mort. Mais elle est là. Comme la souffrance.

Il serre les dents. Tout son visage se contracte. Jamais il n'a connu de souffrance qui fût plus intense, de blessure plus profonde.

Anne, leur troisième enfant, est née le 1er janvier 1928. Les médecins ont paru soucieux. Mais elle vit.

Et pourtant, à la joie profonde se mêle aussitôt l'inquiétude, comme si l'instinct, l'intuition, interprétaient, plus vite que le savoir des médecins, des signes, une raideur de la nouvelle-née, une forme du visage. Et cette angoisse ne desserre plus son étreinte.

De Gaulle écrit au colonel Mayer, un expert militaire qui a été impressionné par ses publications et dont il est devenu proche. Il lui annonce « la naissance de son troisième enfant et de ma deuxième fille survenue le 1er janvier ». Mais il ajoute, et c'est comme si tout ce qu'il craint pour elle et pour lui s'exprimait de manière rationnelle dans l'Histoire à venir : « Elle verra peut-être l'an 2000 et la grande peur qui se déchaînera sans doute sur le monde à ce moment-là. Elle verra les nouveaux riches devenir pauvres et les anciens riches recouvrer leur fortune à la faveur des bouleversements. Elle verra les socialistes passer doucement à l'état de réactionnaires. »

Il regarde Anne. Les médecins sont revenus avec leurs visages graves, leurs prudences, leurs espoirs à peine suggérés qui sont comme la consolation qu'ils désirent apporter.

Quelle consolation ? Si Dieu veut que cette enfant soit la souffrance et la plaie, Il veut aussi qu'elle soit, comme Lui sur la croix, symbole d'espérance, et celui qu'il choisit pour ce calvaire est celui qu'il distingue, qu'il sait assez fort, assez confiant pour accepter cette épreuve nouvelle.

Elle est le signe de ce destin qui l'habite. La marque de la volonté de Dieu de contraindre celui qui veut vivre la grandeur de ne jamais oublier qu'il faut être humble, que l'on ne pèse rien dans la main de Dieu. Celui qui veut commander aux hommes doit se souvenir de leur souffrance, et de sa propre faiblesse.

Si Dieu l'a voulu, si Dieu nous a choisis, vivons la souffrance dans l'espérance.

Prier, prier pour Anne, et l'aimer plus que tout.

Se souvenir toujours de la grandeur de la souffrance et de l'enseignement qu'elle porte.

« Moult a appris qui bien connut ahan », dit *La Chanson de Roland*. Il a tant de fois écrit, murmuré cette phrase, comme s'il avait su.

Dieu veut que certains apprennent et se souviennent par leur douleur, à chaque instant de la vie, que tout se mérite, que la blessure de l'un, la croix qu'il porte sont le salut de l'autre.

Anne, mon espérance, Anne venue pour moi, pour le destin que je porte en moi.

De Gaulle s'approche d'Yvonne. Ils apporteront à leur petite fille tout l'amour qu'ils peuvent, et elle vivra dans cet amour, différente mais, à sa manière, comblée par lui.

Comme elle doit nous combler par ce qu'elle dit de la vie, ce qu'elle nous en révèle.

Il sait qu'Yvonne de Gaulle confie parfois qu'elle serait prête à tout abandonner, ambition, fortune, tout, pour que la santé « de notre petite Anne » s'améliore. Mais justement, cela ne se peut pas. Le calvaire doit être gravi jusqu'à son terme. Il faut souffrir et aimer, continuer de vivre comme on le doit, être tout à Anne et tout à la vie.

Et de cette plaie au flanc se sentir plus fort, plus déterminé, plus exigeant.

Comment être faible quand la souffrance est si grande ?

Il veut être digne de l'épreuve qu'il affronte, de cette croix qu'il porte. C'est comme si toutes les petites lâchetés ou les infimes trahisons qui sont souvent le ciment d'une carrière et qu'il n'avait jamais pu accepter devenaient d'un seul coup impensables et impossibles.

Et peu importent les risques pris.

Il y pense en feuilletant le manuscrit de l'*Histoire du soldat* qu'il est en train d'achever, parce que la vie continue. Le maréchal Pétain semble ne plus vouloir le publier. « À force de goûter le silence, l'Imperator finit par y être asservi », murmure de Gaulle.

Et voilà que le 13 janvier 1928, alors que l'inquiétude le tenaille à propos de la santé d'Anne, il reçoit une lettre du colonel Audet, l'un des « nègres » du Maréchal.

Dès les premières phrases, l'indignation le submerge.

Pétain a chargé Audet de faire des « mises au point » dans le manuscrit.

« J'ai protesté, écrit Audet, que je n'avais aucune disposition au travail qu'il envisageait... J'avais hésité à vous parler de tout cela, craignant que vous n'en ayez un déplaisir compréhensible... Je ne peux pas collaborer à un travail qui vous a tenu à cœur sans vous le déclarer, encore que je répugne à ce travail. »

Quoi ! Accepter que mon œuvre soit triturée, charcutée par quelqu'un d'autre !

Il prend la plume. Il remercie Audet de sa franchise.

« Vous connaissez d'avance mon opinion, poursuit-il. Un livre, c'est un homme. Cet homme jusqu'à présent, c'était moi. Si quelqu'un d'autre, fût-ce Montesquieu – fût-ce vous-même, mon colonel –, s'en mêle, alors de deux choses l'une : ou bien il fera un autre livre, ou bien il démolira le mien... »

Le Maréchal peut décider de faire écrire cet autre livre.

« Mais s'il s'agit de triturer mes idées, ma philosophie et mon style, je m'y oppose et vais le dire au Maréchal. Je m'y oppose pour lui, d'abord, car l'ouvrage perdra sa forme et sa couleur. Je m'y oppose aussi pour moi car, si l'ouvrage est à lui, il m'appartient également, tel qu'il est... »

Peu importe qui corrigerait ce livre.

« Il serait question de Paul Bourget ou d'André Gide que j'emploierais les mêmes expressions, reflets de la même opinion. »

Il écrira au Maréchal, quelles qu'en soient les conséquences.

« En toutes matières, surtout en celle-là, dit-il, la meilleure politique est la plus droite et la plus nette.

« Le Maréchal n'a jamais voulu reconnaître la différence qu'il y a entre un livre et une rédaction d'état-major. C'est pourquoi j'ai souvent pensé que toute cette affaire finirait mal. »

Pour moi, sans doute. Le Maréchal peut tout. Et avec la susceptibilité d'un homme déjà vieux, au faîte des honneurs, entouré de courtisans, adulé, il peut briser une carrière. Le maréchal Lyautey le sait, qui a dit que Pétain lui a porté un coup de poignard dans le dos.

Que ne peut-il se permettre avec un chef de bataillon !

Et pourtant il faut écrire ce qu'on pense, sans hésiter. Il commence :

« Monsieur le Maréchal,

« Quand vous m'avez fait, en 1925, le grand honneur de me demander d'être votre collaborateur pour le *Soldat*, vous avez bien voulu me dire qu'il s'agissait d'une collaboration personnelle, que le travail resterait entre nous deux et que vous sauriez reconnaître publiquement la part que j'y aurais prise... Or, il me revient, Monsieur le Maréchal, que vous songez à faire reprendre le livre par de nouveaux collaborateurs. Je suis contraint de vous mettre en garde contre ce changement tout en m'excusant de ce qu'il peut y avoir d'audace à vous avertir... »

Voilà, l'essentiel est dit. Un chef de bataillon *met en garde* et *avertit* le maréchal de France !

De Gaulle relit. Il continue.

« Le style, c'est l'homme... Or, vous le savez, Monsieur le Maréchal, l'œuvre que je vous ai apportée n'est pas celle d'un rédacteur... On a reconnu dans ces chapitres – c'est vous qui me l'avez dit – "un sens de l'Histoire, une compréhension philosophique, un éclat du style qui sont l'effet du talent". C'est pourquoi je vous demande avec une respectueuse insistance de ne soumettre à aucune autre plume ce que je n'ai remis qu'à vous. »

Comprendra-t-il ? De Gaulle reprend :

« Il vaut mieux ne point quitter ce sujet qu'il ne soit épuisé... Si par dévouement à votre égard et par désir de donner à certaines idées, dans l'intérêt général, toute l'autorité de votre nom, je consens de grand cœur à vous voir signer seul l'ouvrage, je ne puis renoncer à ce que j'y ai mis moi-même. »

Il faut aller plus loin encore.

On reconnaîtra dans le texte, écrit de Gaulle, « ce tour de la pensée et du style », et, « d'autre part, si le monde entier sait ce que vaut dans l'action et dans la réflexion le maréchal Pétain, mille renseignés connaissent sa répugnance à écrire ».

Peut-être est-ce un soufflet sur l'auguste visage à la peau parcheminée ? Mais il faut que Pétain sache qu'il a intérêt à mentionner le nom de son collaborateur.

« Habile générosité qui assurera dans l'ordre littéraire, comme dans les autres, l'intégrité de votre gloire. »

Mais ce maréchal qui s'est rendu au Maroc pour humilier et chasser Lyautey sait-il encore ce qu'est « l'intégrité » ?

La lettre est partie. De Gaulle attend. Il n'est pas surpris de la réponse du colonel Laure, le chef de cabinet du Maréchal. Elle est pleine de leçons et de chantage.

« Quand nous servons un grand chef, écrit Laure, nous ne valons que par lui et pour lui... Retirez votre lettre au Maréchal. Ne posez pas vos conditions, soyez un loyal serviteur, ce qui est notre orgueil, à nous, soldats. »

Un serviteur qu'on menace de « rayer des contrôles pour les deux ans au cours desquels ce travail l'a absorbé complètement » et qu'on placera « avec effet rétroactif en position de congé ou de disponibilité ».

Soit. Mais ne jamais plier.

De Gaulle ne répond pas.

Il n'éprouve même pas de satisfaction quand il reçoit une lettre aimable de Pétain. Le Maréchal fait retraite.

« Je comprends l'émoi que vous a causé la lettre d'Audet... écrit-il. En ce qui concerne votre participation à l'ensemble du travail, elle apparaîtra comme je vous l'ai déjà dit, dans la préface que nous rédigerons en commun quand le moment sera venu... »

Ce moment ne viendra jamais. De Gaulle en est sûr ! Pétain refusera toujours de reconnaître ce qu'il doit. Trop enfermé en lui-même désormais, trop avide de gloire. Pétain se survit, qui est élu à l'Académie française à la suite de la mort de Foch le 20 mars 1929, qui demande à de Gaulle de rédiger le discours d'hommage au maréchal disparu. De Gaulle l'écrit sans illusion.

« Il s'agit de faire l'éloge de Foch que l'autre ne pouvait pas sentir et réciproquement... »

Mais Pétain ne le prononcera pas, il en est sûr. Il préférera un texte anodin rédigé par l'un de ses valets de plume à l'échine souple.

De Gaulle veut avancer la nuque raide. Il écrit ce qu'il pense. Il expose brièvement sa « Philosophie du recrutement » dans *La Revue de l'infanterie*, et, quand le colonel Émile Mayer lui fait part de ses réflexions sur cet article, il répond que ce texte « ne casse rien. Il n'y a rien là d'original, ni de vraiment synthétique. J'en conviens ! J'en conviens ! ».

Il est tendu. La santé d'Anne se détériore encore. Les médecins commencent à découvrir et à avouer ce que l'intuition lui avait appris : elle sera toute sa vie handicapée. Pauvre petite Anne. Et cette douleur change son regard de père.

Tout se voile. Tout devient plus difficile. Le monde est accordé à la souffrance.

Des parlementaires viennent enquêter parce qu'une épidémie de grippe a provoqué de nombreux décès dans la garnison, et particulièrement dans son bataillon. Alors qu'il a veillé, jour après jour, aux conditions de vie de ses chasseurs. Mais les politiciens cherchent des prétextes ! Ils ont décidé l'évacuation de la Rhénanie. Et l'on prépare, à l'état-major, la dissolution de trois bataillons de chasseurs, dont le 19ᵉ.

De Gaulle ne peut se taire. Il répond d'une voix enflammée aux discours officiels :

« Nous dirions volontiers, comme Œdipe à Colone : "Accepte le destin mais sache le maudire." »

La dissolution du bataillon, poursuit-il, « est une blessure profonde. Mais c'est aussi une blessure féconde et que nous laisserons s'élargir car elle nous marque et nous détermine ».

Anne, ô ma douleur ! La vie est blessure. Mais elle est.

Il reprend d'une voix plus forte encore :

« Mais, croyez-moi, restez droits et demeurez fermes... Ils passeront, les jours difficiles ! Quelques années de patience et, je vous le promets, nous vous rendrons intacts la joie de servir, l'orgueil des armes, l'espoir des grandes actions. Nous vous rendrons même, oui même ! le plus joli rêve, " le rêve de gloire au pied d'un étendard " ! »

Il s'interrompt quelques instants, les yeux fixes comme s'il regardait au loin.

« Malgré les jours difficiles, reprend-il, la voix plus sourde, malgré le doute épuisant, l'abaissement des convictions, malgré l'injustice latente, les calomnies sans risque, les outrages sans châtiment, nous poursuivons notre route. »

Le ton se fait plus grave encore :

« Comme Hamlet, nous serons grands en soutenant en silence notre grande querelle. »

245

Il reçoit une lettre de Pétain qui lui conseille d'accepter un poste au Levant, dans l'état-major des troupes cantonnées en Syrie et au Liban, sous le commandement du général de Granrut.

« Je me ferais un scrupule de vous enlever à lui et de vous faire abandonner une situation qui peut avoir une importance prépondérante pour la suite de votre carrière », conclut benoîtement Pétain.

C'est un temps de pénitence qu'il impose.

Dans les jours qui suivent, de Gaulle pense aux difficultés du séjour là-bas pour ses enfants et d'abord pour la pauvre petite Anne.

Il écrit au colonel Mayer :

« Ah ! toute l'amertume qu'il y a de nos jours à porter le harnais ! Il le faut pourtant. Dans quelques années, on s'accrochera à nos basques pour sauver la patrie... et la canaille par-dessus le marché. »

19

De Gaulle regarde la mer monter en cette fin de journée du mois d'août 1929. Il se tient immobile sur les rochers du cap Gris-Nez. Le vent vif porte la rumeur du flot. On dirait le piétinement d'une immense troupe en marche qui déferle inexorablement.

De Gaulle se tourne. Il aperçoit ainsi toute la plage de sable de Wissant et la route qui longe les rectangles plus sombres des courts de tennis. Parmi les pins, il devine la villa Antoinette qu'il a louée depuis un mois. Et tout à coup, l'inquiétude l'empoigne. La pauvre petite Anne s'est-elle enfin endormie ? Et pour quelques instants, Yvonne de Gaulle a-t-elle trouvé un peu de repos ? Les enfants Philippe et Élisabeth doivent jouer hors de la maison, heureux de l'aventure que représente ce départ vers le Levant.

De Gaulle commence à descendre vers la plage. La notification officielle n'interviendra qu'à la mi-octobre, mais son affectation à l'état-major de Beyrouth est sûre. On ne lui a laissé que cette issue. Heureusement, on lui confiera les 2e et 3e bureaux, qui sont en charge du renseignement et des opérations, ce qui signifie qu'il sera au cœur de toute l'activité de l'armée du Levant.

Il marche à grands pas. Il a commencé à consulter les rapports qui décrivent la situation dans cette région aux populations mêlées et souvent rebelles. La France y exerce un mandat de la Société des Nations.

De Gaulle a en mémoire ce que lui a expliqué le commandant Catroux, qu'il a connu au camp de Wülzburg. Il vient de revoir à Paris cet officier au profil d'aristocrate, à l'intelligence acérée et souple, et à la morale rigoureuse. Catroux rentre du Levant où il était responsable du service de renseignements. Il a brossé un tableau nuancé de ces pays différents, le Liban plus ouvert à l'influence française, la Syrie réservée, hostile même. Et les montagnards druzes qui font parfois le coup de feu. Et il faut compter en outre sur les oppositions entre communautés religieuses.

De Gaulle s'arrête. Il tente d'imaginer cet Orient compliqué qui le fascine. Il va connaître cette terre où est née l'Histoire et où, si souvent lorsqu'il lisait, enfant, les récits des croisades, il a rêvé de chevaucher de Palmyre au krak des Chevaliers et à Antioche ou Jérusalem.

C'est la terre du Christ. Le lieu de son calvaire.

À nouveau l'inquiétude. L'état de la pauvre petite Anne s'aggrave. Il faut s'occuper d'elle à chaque instant. Elle ne parle pas. Elle ne contrôle pas ses gestes. Elle ne peut mâcher. Il faut la nourrir à la cuiller d'aliments broyés. Elle ne discerne ni le chaud ni le froid, ne distingue pas la présence de l'eau. Elle a une vue très faible. Mais elle est si douce, si démunie! Comment supportera-t-elle ce long voyage, ce séjour dans un climat plus chaud, dans des conditions matérielles peut-être difficiles?

Le docteur Lévy-Solal a dressé une liste des médicaments à emporter pour les enfants, précisé les précautions à prendre. Et Yvonne de Gaulle, efficace et prévoyante, a commencé de préparer le départ.

La mer avance toujours couronnée d'écume que le vent soulève.

De Gaulle s'arrête pour observer ce mouvement sans fin de va-et-vient que rien ne peut interrompre, qu'aucune force ne peut contenir. Et qui se moque de la souffrance des hommes, de leur histoire.

C'est une phrase de Nietzsche qui lui monte aux lèvres comme le flux maléfique du doute, une vague d'amertume qui quelquefois le recouvre et dont il réussit heureusement toujours à se dégager.

Il murmure : « *Rien ne vaut rien. Il ne se passe rien. Et cependant tout arrive. Mais cela est indifférent.* »

De Gaulle marche sous les arbres. Il entend les voix des enfants. Là où il n'y a pas d'espérance, il y a l'erreur diabolique. Car la vie est espérance, la vie est foi.

Ma pauvre petite Anne, tu es le visage tourmenté de l'espérance.

L'affectation à Beyrouth est datée du 18 octobre 1929. Dix jours plus tard, gare de Lyon, c'est le départ pour Marseille. Les parents sont là, inquiets.

De Gaulle regarde son épouse, calme, sereine, attentive. Elle rassure ses proches. Elle est celle sur qui il peut s'appuyer sans crainte.

Puis c'est l'embarquement sur le *Lamartine*, et enfin la mer, vers Naples, Athènes, Beyrouth.

Il a l'impression de s'enfoncer dans l'épaisseur de l'Histoire en compagnie de ces historiens ou de ces écrivains qui hantent sa mémoire, Hérodote et Thucydide, Plutarque et Flavius Josèphe. Mais aussi Chateaubriand et Lamartine, Barrès et Loti.

Il visite en compagnie d'Yvonne de Gaulle et des enfants Pompéi, Athènes.

Le cœur se serre, l'imagination se déploie. Les civilisations meurent si l'on ne se dresse pas pour les maintenir et les défendre.

De retour à bord du *Lamartine*, il écoute la radio, apprend que Tardieu, qui fut le collaborateur de Clemenceau lors des négociations du traité de Versailles, vient de constituer le nouveau gouvernement. Est-ce une réaction enfin contre les abandons, les illusions ?

Il écrit à son père du pont du *Lamartine* alors que se profile la côte du Péloponnèse.

« Puisse Tardieu, note-t-il, redresser à l'intérieur et à l'extérieur notre politique que Briand et ses lâches admirateurs dénationalisaient honteusement. »

Il regarde cet horizon où se découpent les caps et les îles. Cette géométrie de l'espace, précise, inspirée et chargée d'histoire, l'exalte. *C'est ici que naissent la pensée, l'ordre classique, ma civilisation.* Tout ce qu'il a appris, et d'abord par la voix de son père, s'anime.

Il a besoin de le dire à son père.

« La seule vue de la mer, écrit-il, et de celle-là, rend plus claires et plus profondes les idées et les espérances, et l'on admire Thémistocle qui fit placer la tribune de l'Agora de telle façon que les orateurs eussent toujours sous les yeux la Méditerranée. »

Il aperçoit la Crète. Tout est ensoleillé et bleu. Et cependant c'est le samedi 2 novembre. Et plus que jamais, ici, il se sent lié au passé, à la tradition, rattaché à une civilisation par toutes les fibres de son être.

« Nous n'avons point laissé passer les journées d'hier et d'aujourd'hui sans penser à nos morts et prier pour eux, écrit-il. Ceux de notre famille nous lèguent l'héritage de la fidélité et pour moi je suis résolu à le conserver, quelque tournure que puissent prendre les combinaisons laïques ou cléricales. »

Aller sa route, être seul à décider du cap. Mais ne jamais oublier Ithaque.

Voici Beyrouth, des camarades de Saint-Cyr aujourd'hui commandants, retrouvés à l'état-major qui siège au Grand Sérail.

Il faut en quelques jours s'installer, louer à un Libanais, Camille Wéhbé, une « maison spacieuse, neuve, bien située » dans le quartier de Karakol Druze. Le rez-de-chaussée et le second étage de cette villa sont occupés par des officiers français. On inscrit Philippe en huitième chez les pères jésuites, et Élisabeth apprend à lire dans le « très beau et ancien couvent des Dames de Nazareth ». Yvonne de Gaulle ne néglige aucun détail, dispose le mobilier sommaire et surtout veille, aimante, attentive, sur Anne, la pauvre petite Anne.

De Gaulle sort tôt le matin, marche dans la ville bruyante. Il endosse l'uniforme bleu foncé, serré par le ceinturon portant un revolver d'ordonnance et le baudrier. Les hautes bottes de cuir de cavalier sont rapidement couvertes par la poussière.

Il arrive à l'état-major dont le chef, le lieute-nant-colonel Beynet, le charge au nom du général de Granrut de commencer une tournée d'inspec-tion de plusieurs jours.

C'est le départ déjà, la voiture qui cahote sur les routes caillouteuses et poussiéreuses. Les pannes sont fréquentes. La chaleur, malgré l'hiver, forte, mais dans les djebels, dès le crépuscule, le froid est rigoureux.

Alep, l'Euphrate, les postes de la frontière turque. Damas, le djebel Druze, Palmyre, Baal-bek : de Gaulle s'arrête, émerveillé par la beauté et la grandeur des sites, ces vestiges blancs dressés comme les survivants héroïques d'une civilisation morte. Le sable recouvre les pierres des voies romaines, où passèrent les légions, et les dalles de marbre des palais.

Il arpente ce qui reste des fortifications élevées par les croisés. Il va jusqu'au krak des Chevaliers. Il est ému, troublé par ce silence des lieux où s'entrechoquèrent les glaives. Il se rend avec une petite troupe jusqu'au Tigre. L'émotion est encore plus vive.

Il veut la faire partager à son père qui lui a donné cette connaissance de l'Histoire sans laquelle un homme est amnésique. Henri de Gaulle est maintenant retiré dans une maison de Sainte-Adresse, en Normandie. Mais de Gaulle sait qu'il reste avide de savoir, curieux du monde et naturellement de ce que font ses fils.

« Nous avons trempé nos mains dans le Tigre non sans quelque émotion, écrit de Gaulle. C'était, je pense, la première fois dans l'Histoire que des soldats français y allaient armés. Les croisés, il est vrai, avaient poussé jusqu'à Diarbékir. »

Il inspecte les postes, passe à Lattaquié, puis à Tripoli. C'est comme si tout ce qu'il avait étudié, la plume à la main, à Ingolstadt, reprenant chaque détail de l'histoire antique ou médiévale, devenait une réalité de marbre. Et il médite sur cet Empire dont les légions bâtissaient des ponts sur la Moselle, la Porta nigra de Trèves, et ouvraient ces voies qui semblent ici se perdre dans le désert.

Pas un instant sa réflexion ne s'arrête. Tout ici est enrichissement de la pensée. Action et décision aussi. Il est chargé du 2e et du 3e bureau à l'état-major, il lance des opérations militaires, est informé de toute l'activité du Levant.

Il sent qu'on apprécie son travail. On le sollicite pour une série de conférences, pour la rédaction, en collaboration avec un autre officier, le commandant Yvon, d'une *Histoire des troupes du Levant*. Ainsi il dévore le temps.

Il faut apprendre par cœur le texte de ses conférences, les réciter à Yvonne de Gaulle. Il ne veut ni trébucher sur un mot ni oublier un détail. Il reprend ses textes de l'École de guerre, commence à penser qu'il pourrait, en les rassemblant, en donnant de l'ampleur à ses trois conférences, bâtir un livre, dont le titre s'impose à lui, comme une évidence, *Le Fil de l'épée*. Il envisage de le terminer lors de son retour en France, puisqu'il ne doit séjourner au Levant que deux années.

Mais les mois passent si vite qu'il songe déjà au poste qu'il peut solliciter. Il suggère au maréchal Pétain la création d'une sorte d'institut où l'on enseignerait « la conduite de la guerre » non seulement aux officiers, mais aux hauts fonctionnaires et aux élèves des grandes écoles. Il en serait l'animateur et l'enseignant. Peut-être Pétain se laissera-t-il convaincre.

De Gaulle attend la réponse avec impatience.

« L'idée est intéressante, écrit enfin Pétain, mais il n'y a pas lieu d'en précipiter la réalisation. »

Une pénitence de deux ans ne lui suffit-elle pas ? Ou bien, comme il le dit, n'est-il plus qu'un vieil officier de bientôt soixante-quinze ans, auquel les décisions échappent peu à peu, glissant aux mains des généraux Weygand et Gamelin, qui se succèdent comme chef d'état-major ?

Il faut donc rester dans l'incertitude, explorer le pays où l'Histoire et la foi vibrent. Il se rend avec Yvonne de Gaulle en Palestine, visite le Saint-Sépulcre, Bethléem et Nazareth.

Modestie et grandeur des Lieux saints. Tout est à taille humaine et pourtant c'est de ce foyer si modeste que la lumière a jailli.

Il prie. Il s'interroge. Poids de la foi ? Poids de l'Histoire et des circonstances ? « *Rien ne vaut rien. Il ne se passe rien. Et cependant tout arrive. Mais cela est indifférent.* » Puis il faut repartir en mission, être soldat dans les pas des croisés.

À Alep, dans la solitude de sa chambre, il écrit :

« Ma chère petite femme chérie,

« ... Je ne rentrerai à Beyrouth que lundi ou mardi prochain... Je t'aime de tout mon cœur. Tout le monde ici me demande : "Et Mme de G. n'a pas été trop impressionnée par cette entrée en campagne ?" Je réponds la vérité, c'est-à-dire "non", et je pense à part moi qu'elle l'a peut-être été mais qu'elle est si brave et courageuse qu'elle a fait semblant d'être contente... Jamais je n'oublierai combien tu m'as soutenu dans un moment en somme difficile... »

Il parcourt « le Levant, ce carrefour où tout passe, dit-il, religions, empires, armées, marchandises, sans que rien ne bouge. Voilà dix ans que nous y sommes. Mon impression est que nous n'y pénétrons guère et que les gens nous sont aussi étrangers (et réciproquement) qu'ils le furent jamais. Il est vrai que pour agir nous avons le pire système dans ce pays, à savoir d'inciter les gens à se lever d'eux-mêmes quitte à les encourager alors qu'on n'a jamais rien réalisé ici, ni les canaux du Nil, ni l'aqueduc de Palmyre, ni une route romaine, ni une oliveraie, sans la contrainte ».

Il faut oser comprendre cela, et dire, même s'il sent bien qu'il choque : « Pour moi, notre destin sera d'en arriver là ou bien de partir d'ici. »
Puis il hausse les épaules. Il y a une troisième solution, bien sûr.
« Puisque ici le temps ne compte pas et que les systèmes comme les ponts et comme les maisons trouvent facilement moyen de rester des siècles en porte à faux », on peut ne rien faire ! D'ailleurs n'est-ce pas cela, la solution choisie ? Le seul homme qui « savait y faire », le colonel Catroux, est parti !

Mais il ne s'agit pas que du Levant. Et si la voie de la facilité était celle de la France depuis 1918 ?

À la lecture des journaux français qui arrivent avec plusieurs semaines de retard, de Gaulle s'inquiète puis s'indigne.

Où sont les hommes d'État ? Clemenceau est mort depuis deux ans. Qui peut prétendre à sa succession ? Tardieu n'a pu se maintenir, et que vaut ce Laval devenu président du Conseil ? Et pendant ce temps-là, on n'exige plus rien de l'Allemagne.

À quoi sert-il de bâtir un Empire, ici, au Levant, en Afrique, si on ne prend pas garde à l'ennemi principal ? Il écrit. Il a besoin d'exprimer sa colère.

« L'évacuation du Rhin avait été tellement promise et annoncée, dit-il à son père, que l'opinion l'a laissé s'accomplir sans aucune réaction. Le ton de l'Allemagne officielle nous montrera avant longtemps que toute l'affaire était là et qu'ayant perdu barre sur elle nous devrons laisser tomber morceau par morceau tout le traité de Versailles. »

Il a hâte de rentrer en France. C'est le sort de la patrie qui est en jeu, il en est persuadé. Et ce qui se produira sur le Rhin déterminera le sort de l'Empire.

Il a le sentiment que le temps s'accélère. Cent sept députés du parti national-socialiste sont élus au Reichstag en septembre 1930, dans l'atmosphère de désespoir que provoquent le chômage, les faillites, la crise économique. Il a un mouvement de colère quand il lit qu'un projet d'union douanière entre l'Allemagne et l'Autriche est déjà envisagé ! L'Anschluss tel qu'il l'avait pressenti ! Comment ceux qui dirigent le pays ne voient-ils pas ce qui va se produire ?

L'angoisse le saisit. Il voudrait faire partager ce qu'il ressent, les analyses, émouvoir l'auditoire qui l'attend dans la grande salle d'honneur de l'université de Saint-Joseph à Beyrouth.

Il s'avance vers le public dans son uniforme blanc, la main sur le pommeau de son sabre. Il voit assis devant lui tout ce qui compte dans la société chrétienne, les Révérends Pères jésuites et les officiers, les notables. Ils viennent assister à la cérémonie de distribution des prix.

Il commence par évoquer tous les grands mouvements – l'hellénisme, la force romaine, la diffusion du christianisme, l'ordre classique, la Révolution française, l'impérialisme récent, l'évolution sociale – puis s'interrompt. Il devine qu'il choque certains de ses auditeurs, pour qui établir ainsi cette continuité est hérésie. Mais c'est ce qu'il pense, et donc il le dit.

« Ces grands mouvements, reprend-il, n'eussent pas été possibles sans une flamme partout répandue : la passion pour un idéal. »

Il regarde les jeunes qui l'écoutent.

« Il vous appartient de construire un État, dit-il d'une voix forte. De lui donner cette vie propre, cette force intérieure sans lesquelles il n'y a que des institutions vides. Il vous faudra créer et nourrir un esprit public, c'est-à-dire la subordination volontaire de chacun à l'intérêt de tous. Point d'État sans sacrifice. »

Il s'assied. Il aperçoit le général de Granrut. Lui, il n'est que le commandant de Gaulle, mais c'est ainsi qu'il veut parler, comme s'il était en charge du destin de tout un peuple. Il en ressent le besoin. Il ne sait pas évoquer autrement l'avenir. Il a le sentiment que son ambition est légitime. Que c'est un devoir. Que c'est ainsi qu'il peut être utile.

Il reçoit peu après une lettre de Pétain.

« Je verrais volontiers, écrit le Maréchal, votre affectation au secrétariat général de la Défense nationale, qui, comme on peut le prévoir, formera l'ossature de l'état-major de la Défense nationale. Là, vous seriez employé à des travaux d'ordre général, mais concrets, qui ne pourraient qu'aider à préciser et mûrir vos idées. »

Est-ce l'un de ces cimetières administratifs où l'on enterre les gêneurs ?

« Croyez à mes sentiments affectueusement dévoués », a écrit le Maréchal au bas de sa lettre.

D'ailleurs, que faire d'autre sinon solliciter ce poste ? Il doit quitter le Levant, parce que la pièce se joue ailleurs, à Paris, sur le Rhin, et que les siens, *notre pauvre petite Anne*, ont besoin d'être en France, pour leur santé, pour leurs études.

C'est le début de l'été 1931. L'affectation officielle au secrétariat général de la Défense nationale n'interviendra qu'à l'automne. Mais elle est certaine. On peut donc rentrer en France.

De Gaulle va saluer ses supérieurs. Le lieutenant-colonel Beynet et le général de Granrut. L'un et l'autre lui présentent chaleureusement leurs vœux. Ce sont des hommes droits, directs, compétents. De Gaulle lit les appréciations qu'ils ont portées sur ses activités. Il est ému avec un sentiment de gravité.

« Officier de premier ordre... Culture générale et militaire étendue, intelligence ouverte, excellent esprit militaire, haute valeur morale, a écrit Beynet. Le commandant de Gaulle est un officier complet qui mérite d'être poussé vers les hauts grades de l'armée où il pourra donner sa mesure. Très discipliné, on peut tout demander à cet officier si on s'adresse à son intelligence et à son cœur. »

Cette confiance qu'un homme estimable lui donne, de Gaulle s'en sent comptable. Il doit être à la hauteur du jugement qu'on porte sur lui.

Le général de Granrut ajoute :

« J'insiste sur les mérites de ce soldat doublé d'un penseur, qui n'ignore pas ce qu'il vaut et développe par un travail constant les qualités qu'il a conscience de posséder... Pour tout dire, ce sera un beau chef qu'il y a intérêt à pousser rapidement aux hautes fonctions où il donnera sa pleine mesure et ne décevra pas. »

Plutôt mourir que décevoir.

Ne pas répondre à l'attente de ces hommes, ces aînés, ce serait trahir le destin que je porte et dont ils ont pressenti l'existence et repéré les signes.

Cinquième partie

*Car l'épée est l'axe du monde
et la grandeur ne se divise pas*

Été 1931 – septembre 1937

20

De Gaulle prend Anne sur ses genoux.

Il est 6 heures. La pénombre s'étend peu à peu sur le parc de Sept-Fontaines.

Il commence à balancer sa fille lentement. Elle ne le quitte pas des yeux. Il lui semble qu'elle comprend, qu'elle sent tout l'amour qu'il lui porte, « pauvre petite Anne ».

Il chantonne ce refrain dont il a inventé les mots étranges parce qu'elle sourit, puis rit même, quand elle les entend : « Pachou Pachou Paya ».

Ce rire d'Anne, c'est comme si tout à coup le ciel s'éclairait d'une lumière vive, la grande clarté de l'espérance. Et il sait alors, le temps de ce rire, ce qu'est la joie limpide, le bonheur. Il se rend avec elle sur la plage de Wissant. Il fait beau. Anne est belle avec ses cheveux blonds, son petit chapeau. Il y a en elle comme une immense force de vie qui voudrait surgir, rayonnante, et qui reste enfermée mais que le regard révèle. Il s'assied sur une chaise longue. Il prend Anne sur ses genoux. Elle le regarde. Ils se fixent longuement. Puis ils rentrent, lui grande silhouette en costume croisé gris et chapeau de feutre sombre, elle petite fille émouvante.

« Pachou Pachou Paya. »

Qu'elle continue de rire. Et que plus rien ne compte qu'elle.

Il la prend par la main. Yvonne de Gaulle vient, parce qu'elle n'est jamais loin de sa fille, qu'elle surgit, dès qu'on a besoin d'elle et sans qu'il soit besoin de l'appeler. Elle saisit l'autre main de la petite Anne. Et ils marchent tous les trois, elle entre eux, dans les allées de Sept-Fontaines.

L'été est loin déjà, comme le Levant. Il pense aux séquences de sa vie comme à une succession d'expériences, les combats, les blessures, la captivité, la Pologne, le commandement en Allemagne. Chaque moment depuis l'adolescence a été un apprentissage. Il a, à chaque étape, tiré les leçons de ce qu'il vivait. Et maintenant, alors qu'il a franchi le seuil de sa quarantième année, le plein mitan de sa vie, il se sent mûri, fort, capable d'agir en toute plénitude.

Il feuillette le manuscrit du livre qu'il a décidé de composer à partir de ses trois conférences à l'École de guerre. Il y a travaillé les mois d'été, dès le retour du Levant, dans cette villa, la Wissantaise, située sur la plage de Wissant, face à la mer. Il a repris phrase après phrase ses exposés, et ajouté un avant-propos et deux chapitres, « La doctrine » et « La politique et le soldat ».

Le temps est venu de dire haut et fort ce que l'on pense, et de le proclamer au-delà de la société militaire, de prendre à témoin toute la nation. Il voit l'avenir alors que les élites s'endorment dans l'illusion.

Maginot, le ministre de la Guerre, inaugure les casemates d'une ligne fortifiée, infranchissable, dit-il, et qui partant de Belfort rejoint la frontière de la Belgique. Mais rien n'est prévu dans les Ardennes, rien dans le Nord. Le maréchal Pétain s'est, dit-on, opposé à ce qu'on prolonge la ligne Maginot. Et bien que Weygand, le nouveau chef de l'armée, ait insisté, c'est le Maréchal qui l'a emporté.

Le vieil homme pèse encore très lourd. Et il n'est pas près de « dételer » !

Comment pourtant ne pas vouloir secouer cette inertie, changer cet état d'esprit ?

De Gaulle lit souvent les journaux allemands. Une nouvelle armée allemande, la Reichswehr, s'est constituée dès les années 20, tournant les obligations du traité de Versailles. De jeunes officiers l'encadrent. Elle s'entraîne en URSS, loin des observateurs de la Société des Nations. Et le général von Seeckt a forgé ainsi un instrument efficace, dangereux.

Que nous allons devoir affronter, dit de Gaulle.

Il fait de longues promenades seul dans les forêts ardennaises qui entourent Sept-Fontaines.

Il vient d'arriver de Paris. Son affectation au secrétariat général du Conseil supérieur de la Défense nationale est effective depuis le 6 novembre 1931.

Il a visité son bureau, situé dans l'aile nord des Invalides. Il s'est approché de l'une des deux fenêtres, l'a ouverte. Il a aperçu les larges avenues, quelques cimes d'arbres et le ciel pastel de l'automne. Il a retrouvé le décor familier du Paris à l'ordre classique qu'il aime.

Il mesure, en consultant les dossiers qui lui ont été remis et qui portent sur « l'organisation de la nation en temps de guerre » et les sujets des rapports qu'il va devoir élaborer sur ce thème, qu'il est cette fois placé au point de rencontre de la machine gouvernementale et de l'appareil militaire.

Il va travailler en liaison avec le président du Conseil, lui fournir les éléments nécessaires à ses choix dans le domaine de la défense.

Il quitte lentement le bureau, ferme la porte grise, parcourt le long couloir sombre. Les lieux sont sans éclat, mais il a la conviction qu'il peut jouer un rôle essentiel. Enfin !

Il va pouvoir rencontrer, convaincre peut-être, les hommes en charge du pouvoir politique, celui précisément qui doit marcher côte à côte avec le pouvoir militaire. Le politique et le soldat sont les deux colonnes de l'État, et il se trouve entre elles, faisant la jonction.

Il marche lentement, longeant le boulevard des Invalides, puis la rue de Vaugirard et la rue Notre-Dame-des-Champs jusqu'à ce nouvel appartement qu'il a loué au retour du Levant, au deuxième étage, 110 boulevard Raspail, non loin du collège Stanislas, dont il fut élève et où il vient d'inscrire Philippe.

Il se souvient.

C'était il y a plus de vingt ans. Autour de lui on ne pensait comme lui qu'à la revanche. La guerre n'effrayait pas. Il lisait Péguy qui exaltait le rôle du soldat. « Nulle paix n'est solide, n'est digne qu'imposée, que gardée par la guerre, l'arme au pied. »

Et Péguy acceptait de mourir « couché dessus le sol à la face de Dieu ». Et c'est ainsi qu'il est tombé, chargeant devant ses hommes, le 5 septembre 1914, tué d'une balle en plein front.

Aujourd'hui, les hommes politiques français, Tardieu et Paul-Boncour, proposent à la Société des Nations de tenir une grande conférence sur le désarmement ! Et pendant ce temps-là, en Allemagne, les nazis montent à l'assaut du pouvoir et Hitler vocifère ! Personne ici n'a-t-il donc lu *Mein Kampf* ? Personne n'a-t-il médité l'histoire des hommes et le rôle qu'y joue la guerre ?

À lui de le rappeler !

C'est le 21 novembre 1931, la veille de son quarante et unième anniversaire.

La maison de Sept-Fontaines est pleine de voix et de rires. De Gaulle vient de rentrer de la grande battue d'automne.

On a déjeuné dans les bois. Le tableau de chasse est impressionnant. Il n'a tiré que quelques coups de fusil distraits. Il a le sentiment que cette année marque la fin d'une longue période d'apprentissage durant laquelle il a déjà vécu plusieurs vies, parcouru ces siècles passés qu'il a étudiés méthodiquement durant les trente-deux mois d'inaction lors de sa captivité.

Et il est maintenant parvenu au moment où il doit mettre en œuvre tout ce qu'il a accumulé. Il est sur le deuxième versant de sa vie, responsable de son destin mais aussi de celui de sa famille, de la pauvre petite Anne. Il se souvient de cette phrase de Péguy : les pères de famille, « ces grands aventuriers du monde moderne ».

Il échange quelques mots avec Marguerite Potel, cette femme dévouée qui désormais veillera à chaque instant sur Anne. La journée s'est bien passée, dit-elle. Il se détend.

On lui demande de se joindre à la fête qui clôt la journée. Ce sera un grand mariage parodique. Une jeune femme jouera le marié, et un notable ventripotent l'épousée. Les rires fusent. La cérémonie s'organise. De Gaulle précède le cortège, interprétant le rôle du suisse. Il frappe le parquet d'un alpenstock.

Il faut, il veut être joyeux. Mais son cœur est à nouveau étreint par l'inquiétude.

Il rentre à Paris. Chaque matin, il se rend à pied à son bureau des Invalides. Il travaille.

Il sent que se répand peu à peu chez tous les responsables qu'il côtoie, militaires de haut grade, hauts fonctionnaires, ministres, une sourde anxiété. Il leur fournit des études sur tous les aspects – politique, technique, administratif et, naturellement, militaire – de la défense du pays.

Il rédige. Il argumente. Il polit ses phrases tout en marchant dans la nuit d'hiver.

Il vient d'achever pour *La Revue de l'infanterie* un récit qui, sous le titre « Combats du temps de paix », évoque les actions des troupes du Levant. Il se répète sa première phrase, qu'il veut tranchante. « Une fois de plus, a-t-il écrit, les armes ont retaillé la figure du monde. Ressuscités ou mutilés, agrandis ou détruits, les peuples doivent leur destin à la fortune des combats. »

C'est de cela qu'il faut convaincre ces hommes qui enfoncent leur tête dans le sable des illusions pour ne pas voir.

Le lundi soir, il fait un détour. Il entre dans la brasserie Dumesnil, au coin de la rue de Rennes et du boulevard Montparnasse. C'est un rendez-vous devenu habituel. Il reconnaît au fond de la salle la plus retirée, dans un coin isolé, Émile Mayer et son gendre Grunebaum-Ballin, Lucien Nachin, et Étienne Répessé. Il a connu ce dernier lieutenant au 33e régiment d'infanterie et au fort d'Ingolstadt, l'a retrouvé plus tard. Répessé est éditeur chez Berger-Levrault. Nachin, un capitaine à l'érudition étonnante, y dirige une collection. Il est depuis l'avant-guerre proche du colonel Mayer. Un homme extraordinaire, né en 1851, qui fut intime de Jaurès, de Foch et de Joffre, et dont la pensée est vive, anticipatrice. Il a été dreyfusard et sa carrière militaire en a souffert. Et puis on n'aime pas les juifs dans cette armée de fin de siècle. Sa fille Cécile et son gendre Grunebaum-Ballin – un conseiller d'État – sont proches de Blum. Et Mayer écrit régulièrement dans *La Lumière* que dirige Georges Boris, un intime du leader socialiste. De Gaulle estime Mayer, qui a quitté l'armée avec le grade de lieutenant-colonel et a ouvert un cours de préparation intellectuelle et de méthodes de travail pour les capitaines candidats à l'École de guerre. Il l'a découvert alors. L'homme est un innovateur dans l'âme, un patriote et un théoricien militaire qui multiplie les interventions dans la presse. C'est un ami d'Henri Bergson.

De Gaulle s'assied et la conversation commence.

– Je découvre l'étendue de nos ressources mais aussi l'infirmité de l'État, dit de Gaulle.

Il écoute Mayer. Peu lui importe que ce vieil officier soit classé « à gauche », qu'il soit l'ami de Romain Rolland et de Roger Martin du Gard. C'est un patriote intelligent. Un homme qui, dès 1902, a prévu que l'offensive à tout prix prônée par la « théorie » était une folie. Et maintenant, Mayer est persuadé que c'est le bombardement aérien avec des armes chimiques qui décidera du conflit. De Gaulle conteste. La décision se fera, dit-il, toujours au sol. Mayer a-t-il lu ces « Réflexions d'un amateur » publiées dans *Le Journal des anciens enfants de troupe* ? Cet auteur anonyme y évoque le rôle des chars. De Gaulle s'enflamme. Il réfléchit depuis des années déjà à une stratégie entièrement nouvelle fondée sur l'action d'unités de blindés. Sans doute faudrait-il alors créer un noyau professionnel, une armée de métier. Mayer se récrie. Il a été le conseiller militaire de Jaurès. Il reste partisan d'une « armée nouvelle », sorte de grande école militaire permanente pour les citoyens.

On argumente, puis de Gaulle s'éloigne. Il faut qu'il réfléchisse encore, dit-il.

On se revoit le dimanche matin, 21 boulevard Beauséjour, chez les Grunebaum-Ballin où désormais habite Mayer. On parle souvent de Blum, ami de la famille. Des députés viennent parfois participer aux conversations.

De Gaulle observe, écoute, se tient sur la réserve. Quand il aura mis ses idées au net, ce sont ces gens-là qu'il faudra convaincre, puisqu'ils ont le pouvoir. Ils sont socialistes, de gauche ? S'ils sont patriotes, cela suffit.

Il écrit. Il n'hésite pas. Il place en exergue une phrase qu'il n'a jamais oubliée depuis qu'il l'a lue dans *Hamlet* : « Être grand, c'est soutenir une grande querelle. »

Cette grande querelle où il s'engage, c'est celle de la défense de la France, au moment où – ce sera la première phrase – « l'incertitude marque notre époque ». Il y a la « mélancolie du corps militaire », « le ressort se brise ». L'ambiance du temps « est hostile aux hommes d'armes. Après avoir subi les cruautés de la force, les masses réagissent avec passion. Une sorte de mystique s'est partout répandue qui non seulement tend à maudire la guerre, mais incline à la croire périmée, tant on voudrait qu'elle le fût ».

Il polit chaque phrase pour qu'elle devienne aussi dense qu'une maxime. Il cite le cardinal de Retz : « Les lois désarmées tombent dans le mépris », et il ajoute : « Sans la force, en effet, pourrait-on concevoir la vie ? Berceau des cités, spectre des Empires, fossoyeur de décadences, la force fait la loi aux peuples et leur règle leur destin. »

C'est ainsi. Il faut oser regarder la réalité. « Car enfin pourrait-on comprendre la Grèce sans Salamine, Rome sans les légions, la chrétienté sans l'épée, l'islam sans le cimeterre, la Révolution sans Valmy, le pacte des Nations sans la victoire de la France ? » Oui, il a l'orgueil d'appartenir à cette « internationale des soldats », la fierté d'être membre de ce corps militaire où « l'abnégation des individus » se fait au « profit de l'ensemble » et où la souffrance est « glorifiée ».

L'armée et le pays comprendront-ils ce qu'il écrit ?

« Il est temps, conclut-il, que l'élite militaire reprenne conscience de son rôle prééminent. »

Il est inquiet. Il rencontre Mayer, Nachin, Répessé, chaque semaine, à la brasserie Dumesnil ou bien chez les Grunebaum-Ballin, boulevard Beauséjour.

Maginot est mort, mais son idée de ligne fortifiée derrière laquelle on attendrait l'ennemi survit. Et comment, dans ces conditions, pourrait-on porter secours aux pays alliés, à la Tchécoslovaquie, à la Pologne, puisqu'on resterait immobiles, l'arme au pied, enterrés dans les casemates de béton ? Voit-on ce qui se passe en Allemagne ? Le maréchal Hindenburg a été réélu président de la République, Hitler et le parti nazi sont en progression constante.

Il faudrait donc aller plus loin que *Le Fil de l'épée*, ne pas se contenter de définir ce que doit être un homme d'armes mais réfléchir à l'instrument dont il doit disposer et à la stratégie qu'il doit mettre en œuvre. Et, à partir de là, revoir toute la doctrine militaire française. Il regarde Émile Mayer qui l'approuve, insiste à nouveau sur le rôle de l'aviation. Les chars, murmure de Gaulle. La discussion recommence. Il doit réfléchir encore.

On se quitte.

Il descend la rue de Rennes. Le ciel, en ces premiers jours de mai 1932, est voilé par une brume blanche, comme un tulle déchiré ici et là. Il faut qu'il relise les dernières pages du *Fil de l'épée*.

Il a terminé le chapitre qu'il consacre à la doctrine : « Puisse la pensée militaire française résister à l'attrait séculaire de l'a priori, de l'absolu et du dogmatisme », a-t-il écrit. Puis vient l'analyse des rapports entre le politique et le soldat : « Ils iront deux par deux. Tant que le monde ira pas à pas, côte à côte », a-t-il placé en exergue, citant Musset. Un poète, parce que l'art militaire relève de l'imagination, de l'intuition.

Il reprend des phrases, dessine le portrait du politique qui met tout son art à séduire l'opinion, qui utilise « mille intrigues et serments », et une fois le pouvoir conquis « il lui faut plaire encore ». « Toute sa vie, toute son œuvre ont un caractère instable, agité et tumultueux qui les oppose à celles du soldat. Celui-là gagne le but par les couverts ; celui-ci y court tout droit. » Et cependant ils doivent agir ensemble, collaborer.

Mais l'essentiel n'est pas là. « On ne fait rien de grand sans de grands hommes, et ceux-ci le sont pour l'avoir voulu. »

De Gaulle veut être l'un de ceux-là.

Il cisèle les dernières phrases du *Fil de l'épée*. Elles ne s'adressent pas aux médiocres, mais « aux ambitieux de premier rang – artistes de l'effort et levain de la pâte – qui ne voient à la vie d'autre raison que d'imprimer leur marque aux événements et qui, de la rive où les fixent les jours ordinaires, ne rêvent qu'à la houle de l'Histoire ! Ceux-là, en dépit du tumulte et des illusions du siècle, qu'ils ne s'y laissent pas tromper : il n'y a pas dans les armes de carrière illustre qui n'ait servi une vaste politique, ni de grande gloire d'homme d'État qui n'ait doré l'éclat de la défense nationale ».

On dira que c'est de lui qu'il parle et qu'il s'agit d'un autoportrait ! Pourquoi pas ? Le temps d'oser est venu.

Il songe à envoyer ces pages à son père, pour lui exprimer une nouvelle fois sa reconnaissance, solliciter ses conseils, comme il l'avait fait il y a cinq ans, quand il préparait les conférences à l'École de guerre dont *Le Fil de l'épée* est le fruit.

Mais qui peut jamais réaliser ce qu'il désire ?

Le 3 mai 1932, il reçoit la blessure qu'il craignait depuis que son père avait quitté Paris pour s'installer à Sainte-Adresse. Henri de Gaulle est mort. Douleur. Sentiment tout à coup de l'inutilité de toute chose. Vide en soi, comme si tout un pan de la vie, celui qui soutenait l'édifice, s'effondrait. Tentation de penser comme aux pires moments de doute que « rien ne vaut rien ». Et puis, peu à peu, la certitude apaisante qu'une vie droite, haute, grande, inspirée, ne cesse pas parce que la mort l'interrompt. Il prie.

Ce livre qui doit tant à ce père sera l'hommage qu'il lui offre. C'est comme si, dans cette guerre qu'est la vie, le chef exemplaire venait de tomber et qu'il faille aussitôt assurer la continuité de ce qu'il représentait.

Il a le sentiment d'être désormais vraiment en première ligne. Des hommes pourront le conseiller, l'aider. Mais aucun, il le sait, ne pourra incarner cette exigence sévère et juste mêlée à l'amour.

Et quelques semaines plus tard, le 19 juillet, c'est le père d'Yvonne de Gaulle qui succombe à son tour.

Il console. Il maîtrise sa propre douleur. C'est lui le père, désormais.

Mais le sentiment de perte demeure. C'est une douleur lancinante, une angoisse parfois. La conscience de ne plus avoir devant soi un homme plus grand, plus juste, pareil à une statue tutélaire à l'abri de laquelle on peut avancer et dont on sait qu'il vous accordera toujours sa protection.

Il faut apprendre à vivre ainsi, à découvert. Il prie. Il ouvre les livres que son père lui a fait connaître. Ces phrases de Péguy qu'il récite, c'est le legs paternel. Et il mesure que la fidélité, la volonté de s'inscrire dans une tradition, de suivre le sillage, sont la seule manière de calmer la souffrance, de colmater la brèche ouverte. De transmuer la mort en vie.

Il murmure : « C'est nous – les mystiques – qui sommes pratiques, qui faisons quelque chose, et c'est eux – les politiques – qui ne le sont pas, qui ne font rien. C'est nous qui amassons et c'est eux qui pillent. C'est nous qui bâtissons, c'est nous qui fondons, et c'est eux qui démolissent. C'est nous qui nourrissons et c'est eux qui parasitent. C'est nous qui faisons les œuvres et les hommes, les peuples et les races. Et c'est eux qui les ruinent. »

Il lui semble que ces phrases de Péguy sont la voix paternelle. Que cette mort l'oblige à être davantage encore lui-même, à aller jusqu'au bout de ce qu'il porte, pour ne pas décevoir celui dont il n'est que l'héritier.

Quelques jours plus tard, le 22 juillet 1932, il reçoit les premiers exemplaires du *Fil de l'épée*. Sur la page de garde, il relit les quelques mots de l'envoi :

« Au Maréchal Pétain

« Cet essai, Monsieur le Maréchal, ne saurait être dédié qu'à vous, car rien ne montre mieux que votre gloire quelle vertu l'action peut tirer des lumières de la pensée. »

Il ajoute sur l'exemplaire numéro 1, hors commerce :

« Hommage d'un très respectueux et très profond dévouement,

« C. de Gaulle. »

Il doit cela au Maréchal. C'est Pétain qui l'imposa comme conférencier à l'École de guerre. Et quels que fussent alors ses intentions et plus tard leurs différends, cela demeure.

Il lit les premiers commentaires de presse. Ils sont favorables. Mais ces « critiques très et, par conséquent, trop flatteuses » ne le touchent pas. Il lui semble qu'on l'ensevelit sous les louanges. Qu'on n'entend pas l'appel qu'il lance, que le débat ne surgit pas. Et d'ailleurs, à peine sept cents exemplaires sont vendus.

Il est surpris par la lettre de Pétain qu'il reçoit un mois plus tard.

« Mon cher de Gaulle,

« Je viens de terminer la lecture de votre livre *Le Fil de l'épée*, que je trouve tout à fait remarquable dans le fond et la forme. Je réserve toutes mes sévérités pour la dédicace que je vous demande instamment de modifier... »

Pétain précise qu'il souhaite que disparaissent les mots « que votre gloire ». Il faut répondre, le 22 août, que, « votre désir étant pour moi un ordre », l'on fera rectifier la dédicace sur les exemplaires restants du premier tirage, et qu'on veillera, s'il en existe un second – bien improbable –, à la changer.

Mais quel est le sens de cette modestie feinte ? Pétain ajoute à l'ambition une prudence pateline. N'être lié par rien, même pas par une dédicace, voilà son but. Mais est-ce là d'un grand caractère ?

De Gaulle ressent une nouvelle fois une déception et il a plus que jamais l'intuition que Pétain s'enlise dans l'habileté.

Il ne confie pas ce qu'il ressent à ses amis qu'il retrouve chaque lundi, en fin d'après-midi, au fil des semaines de cet automne 1932, dans la salle retirée de la brasserie Dumesnil.

Laissons Pétain en proie à sa sénile avidité. Et parlons encore avec Mayer, Nachin, quelques autres, de ce qu'il faudrait bâtir pour rendre l'armée française capable de faire face à la montée du péril.

Les nazis ont remporté les élections du 31 juillet 1932. Mais le Reichstag a été dissous, et au scrutin suivant ils perdent plus d'une trentaine de sièges. On respire d'aise à Paris. Blum annonce la fin prochaine de Hitler ! Comment peut-on imaginer cela ? Quel aveuglement !

– Il faudrait, dit de Gaulle, une réforme militaire profonde, une armée qui pourrait rapidement s'opposer à une attaque surprise.

Les mots maintenant viennent, après des semaines de réflexion, sans hésiter. Tout est en place.

Il faudrait un corps permanent d'une centaine de milliers d'hommes, de professionnels.

Il se tait, regarde Mayer, Nachin.

– Une armée de métier, reprend-il, un bouclier à l'abri duquel se ferait la mobilisation des réserves.

Il parle avec ardeur, tendu, fixant ses interlocuteurs pour découvrir leurs interrogations ou leur opposition.

– Ce corps aguerri, dit-il, cette armée de choc, serait composé de six divisions blindées. Il ne connaîtra donc pas l'immobilisation des fronts. Il percera. Demain, l'armée de métier roulera tout entière sur chenilles, martèle-t-il.

Il la voit. Il la décrit, avec ses chars, son artillerie, son infanterie portée, ses jeunes chefs enthousiastes chargeant avec la fougue des cavaliers à l'abri de la cuirasse de leur blindé. Toute la stratégie en sera renouvelée.

Mayer secoue la tête.

– Voilà un grand débat, dit-il. Le moyen de réveiller le pays. Écrivez. *Vers l'armée de métier*, quel titre ! Les colonnes du conformisme seront ébranlées.

Nachin approuve.

Au travail, donc.

De Gaulle prend le feuillet que Nachin lui tend. C'est le compte rendu que Nachin a consacré au *Fil de l'épée*, dans *Le Journal des anciens enfants de troupe*, où il écrit régulièrement.

Tout en marchant, de Gaulle tente de le lire. Mais la nuit de cette fin novembre 1932 est épaisse. Un brouillard glacé enveloppe la ville. De Gaulle s'arrête sous l'un des lampadaires qui diffusent une lumière jaunâtre. Il lit.

« Il y a de l'audace à porter si haut et d'emblée sa pensée, écrit Nachin. Il y a du mérite à soutenir cet effort sans faiblir et le risque est grand de se trouver contraint de devenir l'homme qui symbolisera ces idées et contractera l'obligation morale d'en représenter la réalité vivante.

« Mais le commandant de Gaulle est de taille à assumer cette responsabilité. »

Il le faut. Il le doit.

De Gaulle se remet à marcher.

Il lui semble qu'il l'a toujours su.

21

De Gaulle sort lentement de ce cinéma situé au bas de la rue de Rennes. Il n'est resté dans la salle qu'une vingtaine de minutes. Le temps de voir Hitler, devenu chancelier du Reich, répondre le jour de son accession au pouvoir aux acclamations de centaines de milliers de Berlinois. Ils défilent sous le balcon de la chancellerie et les torches qu'ils brandissent forment dans la nuit allemande un fleuve de feu.

De Gaulle a vu.

Il demeure immobile. Il prend une cigarette puis marche vers le boulevard Raspail, la tête levée, les yeux légèrement plissés, indifférent à ce qui l'entoure, allumant une autre cigarette à celle qui achève de se consumer, puis la laissant pendante au coin de ses lèvres.

Il a vu la guerre en marche.

Les généraux allemands, les von Seeckt, les von Rundstedt, les von Kleist, les Guderian, ceux qui, jeunes officiers comme lui, ont été vaincus en 1918, ceux qui ont vécu « le jour de deuil de l'armée allemande », quand les chars du général Estienne ont enfoncé leurs lignes, en ces mois de juillet et août 1918, tous ceux-là vont pouvoir puiser des forces immenses dans le peuple germanique qui se rassemble autour du symbole noir, ce svastika auréolé de rouge sang et venu du fond de l'Histoire.

Il a vu.

Il sait que la France devra affronter cet ennemi une fois de plus saisi par le délire. Il se souvient tout en marchant des phrases qu'il a écrites sur l'Allemagne : « force de la nature à laquelle elle tient au plus près, faisceau d'instincts puissants mais troubles » d'où monte « une rumeur barbare ».

Elle déferle à nouveau. Elle va rouler comme toujours depuis des siècles vers cette plaie ouverte sur la frontière française, là où « la géographie organise l'invasion par de multiples voies pénétrantes, vallées de la Meuse, de la Sambre, de l'Escaut, de la Scarpe, de la Lys, où les rivières, les routes et les rails s'offrent à guider l'ennemi ».

Il en est sûr. La guerre éclatera. Dans un délai de quelques mois, peut-être de quelques années.

Son visage est crispé par l'amertume et la colère. Presque tous ceux qui gouvernent à Paris, les élites, ont cru et proclamé il y a quelques semaines, parce que les nazis avaient reculé aux dernières élections, que, Léon Blum l'a écrit : « Hitler avait perdu jusqu'à l'espérance du pouvoir ! »

Qu'ils voient et entendent aujourd'hui ces foules en uniforme ! Mais sauront-ils, à temps, endiguer ce flot qui va nous recouvrir ?

De Gaulle est saisi par le sentiment de l'urgence, la certitude qu'il doit s'adresser plus haut et plus fort à ceux qui ont le pouvoir, trouver le moyen, l'homme, capable de réaliser la révolution militaire nécessaire.

Il faut que toute son énergie, son intelligence soient tendues vers ce but. C'est maintenant ou jamais.

Il écrit. Pas un mot désormais qui ne doive concourir à alerter et à convaincre.

Il veut terminer rapidement une étude sur « Le soldat de l'Antiquité » qu'il doit remettre à *La Revue de l'infanterie*. Il faut persuader les lecteurs de cet article qu'il n'y a pas d'opposition entre le « citoyen-soldat » et le « guerrier de métier ». « Sans l'effort du second, la civilisation grecque et l'ordre romain n'eussent pas dominé le monde. »

Mais ce n'est pas avec des références à l'Histoire qu'il ébranlera le monde militaire, dominé par Pétain, maréchal toujours influent et respecté, le général Gamelin, chef d'état-major, et le général Weygand, vice-président du Conseil supérieur de la guerre.

De Gaulle croise, dans les couloirs du secrétariat général de la Défense nationale, ses supérieurs et ses collègues qui comme lui sont chargés d'élaborer « un plan d'ensemble de la Défense nationale ».

Généraux, amiraux, colonels – qu'ils se nomment Chabert, Blétry ou Hennequin – le regardent avec hargne. Il dérange, il le sait. Il relève des annotations ironiques ou indignées sur les rapports qu'il rédige. Lorsqu'il évoque la nécessité de conduire une « guerre totale », les points d'exclamation en marge, les coups de crayon montrent qu'on ne comprend pas ce fait nouveau : « la substitution de la guerre des peuples à celle des armées ».

Il sent les officiers hostiles, fermés.

S'il dit : « La frontière de la France est une enceinte trouée », ils s'indignent. Et la ligne Maginot ? S'il parle de la voie d'invasion par la Belgique, ils répondent : les Ardennes sont infranchissables et la Belgique est notre alliée ! S'il avance l'idée d'une armée de métier, ils le regardent effarés. Comment ce commandant ose-t-il envisager cette transformation, que tous les hommes politiques condamnent et que les grands chefs militaires dénoncent !

Mais il doit s'obstiner. Le temps manque. « Point de couverture française sans une armée de métier », répète-t-il. Il s'agirait de divisions blindées et autonomes. « Ce terrible système mécanique de feu, de choc, de vitesse et de camouflage », pour le mettre en œuvre, « il faut cent mille hommes, insiste-t-il. Tel est d'ailleurs l'effectif de la Reichswehr ».

On se détourne de lui. Il le sent. On l'isole.

Il se rend au dîner annuel que le maréchal Pétain offre au Café de Paris à ceux qui ont été ou sont ses collaborateurs. Il arrive avec Yvonne de Gaulle à 19 h 55 en même temps que la plupart des autres couples. Les épouses papotent. Mais on ne s'approche pas de lui, comme si l'on craignait d'être vu en sa compagnie. Pétain s'en tient à une réserve glacée. Le dîner s'étire – pâté de bécasse, jambon chaud, volaille. Il ne parle pas. Ici, la chape du conformisme étouffe les pensées, et seuls s'expriment les courtisans qui rêvent du Maréchal en ministre de la Guerre !

Il préfère recevoir chez lui – en smoking, précise-t-il, parce que la rigueur de la tenue est aussi gage de rigueur de la pensée – Mayer, Nachin, quelques autres, des camarades de promotion de Saint-Cyr ou bien ce jeune avocat Auburtin qu'il a rencontré dans le salon ovale des Grunebaum-Ballin, 71 boulevard Beauséjour, pour l'une de ces conversations du dimanche matin qui prolongent celles du lundi soir à la brasserie Dumesnil.

Il accepte les invitations de Mme Georges Picot, parce qu'il sait qu'il va rencontrer chez l'épouse du commandant Picot des hommes à l'esprit libre. Ainsi le journaliste Pironneau, rédacteur en chef de *L'Écho de Paris*, qui est persuadé de la nécessité d'une mobilisation du pays et d'une réforme de l'armée. Il retrouve Rémy Roure, journaliste au *Temps*, qu'il a connu à Ingolstadt et dont il apprécie la lucidité. Il y a là aussi le commandant Loustaunau-Lacau, major de l'École de guerre, un esprit rebelle qui sert chez le maréchal Pétain, et dont on dit qu'il a regroupé dans l'armée les officiers persuadés de la menace d'un complot communiste.

On dit Loustaunau-Lacau proche de ces ligues d'extrême droite qui dénoncent « la gueuse » républicaine. Leurs adhérents, souvent des anciens combattants, membres des « Croix-de-Feu », crient dans les rues. Ils singent les chemises noires de Mussolini et les chemises brunes de Hitler! Comme si la France devait imiter les autres! Comme si elle ne devait pas trouver en elle-même les moyens de son renouveau!

De Gaulle observe. Réseau « Corvignolles » de Loustaunau-Lacau, « Croix-de-Feu » du colonel de La Rocque! Tout cela est agitation vaine, pense-t-il. C'est le pays tout entier qui doit se rassembler.

Le dos appuyé contre la cheminée, dans le salon de Mme Picot, il écoute Loustaunau-Lacau faire part de ses inquiétudes.

– L'armée est une vieille mule au pas lourd, dit le commandant.

– Dans l'armée, vous le savez comme moi, murmure de Gaulle, les idées sont lourdes à porter... On est toujours satisfait de l'inertie.

On se rapproche de lui, on l'écoute.

– Le rôle des militaires, dit Picot, est de conseiller les ministres qui se succèdent.

Il faut convaincre Daladier, puisque c'est lui qui occupe le ministère de la Guerre.

De Gaulle fait une moue. Il a les yeux mi-clos.

– On ne peut réformer l'État actuel, dit-il. Il est ce qu'il est. Ma solution consiste à lier partie avec un homme politique d'envergure, susceptible d'être appelé par la direction des affaires, à lui faire comprendre les conceptions militaires modernes, à lui servir de conseiller technique.

Il s'interrompt, aspire longuement la fumée de sa cigarette.

– Le jour où cet homme politique parviendra au pouvoir, reprend-il, il y entraînera son conseiller militaire qui fera alors prévaloir ses vues.

Peu importe qu'il ait livré sa stratégie. La bataille est engagée. Il va avancer à découvert comme à Douaumont, lorsqu'il effectuait sa reconnaissance sous le feu de l'ennemi. Il suffit cette fois de n'être ni blessé ni capturé. Il y veillera.

Donc s'élancer, parce qu'il faut ouvrir le débat sur l'armée de métier, la proposer et donc provoquer. Comment rester silencieux, alors que chaque jour renforce l'inquiétude ?

Incendie du Reichstag, parades de chemises brunes, pleins pouvoirs à Hitler, et qui ne peut prévoir que viendront le réarmement, la guerre ?

Et ici quoi ? Les défilés des ligues, et l'ombre de la corruption qui s'étend sur les milieux parlementaires. On se jette le nom de l'escroc Stavisky au visage. Des ministres sont compromis. On crie : « À bas les voleurs ! »

Comment penser aux prudences d'une carrière ? Il faut en appeler à l'opinion. Accepter d'être sous « les projecteurs de la vie publique ». Et, « après vingt-cinq années passées sous les normes militaires », publier un article intitulé « Vers l'armée de métier » dans *La Revue politique et parlementaire*, et ne le signer que de son nom, nu, sans mention de grade.

Il sait bien ce que ses camarades vont penser de ce choix conseillé par Émile Mayer. La *politique,* le *parlementaire*, qu'est-ce qui peut être pire aux yeux des officiers en cette année 1933 ? Mais il l'assume.

« Voilà donc l'idée lancée, dit-il, pour lui donner quelque relief et du mordant, je l'ai prise par le plus haut... »

Il attend les réactions. Émile Mayer, qui a corrigé les épreuves de l'article tout en marquant son désaccord sur le choix des blindés – il préfère l'aviation –, souligne combien ce texte répond à la situation. La France pourrait diminuer les effectifs de l'armée permanente, comme le lui demandent les Anglais, et ainsi réduire à néant les arguments de Hitler qui prend prétexte de la taille de l'armée française pour se lancer dans le réarmement.

Avec cent mille professionnels, la France deviendrait un exemple de limitation des effectifs.

De Gaulle, un instant, se laisse aller à l'optimisme. On l'assure que Daladier, président du Conseil et ministre de la Guerre, a lu l'article, a été conquis par sa conclusion : « Les nécessités de la couverture, les exigences de la technique guerrière, l'évolution internationale s'accordent pour nous dicter une réforme militaire profonde. »

Mais l'espoir retombe. De Gaulle apprend que le général Gamelin s'est opposé à toute réforme. Et toute la hiérarchie militaire, Weygand et naturellement Pétain, partage l'avis du chef d'état-major.

D'ailleurs, de Gaulle sent que s'épaissit encore autour de lui l'atmosphère de réprobation. Il le prévoyait. L'institution militaire n'aime pas ceux qui se distinguent par un effort de pensée personnelle.

L'amertume mêlée de colère et de détermination le saisit une nouvelle fois. On lui rapporte que le maréchal Pétain aurait déclaré : « L'armée française n'a pas besoin d'idées », et cité la phrase du maréchal Mac-Mahon : « Je raye du tableau d'avancement tout officier dont j'ai vu le nom sur la couverture d'un livre. »

Et c'est ainsi qu'en 1870 on a marché vers la défaite ! Veut-on que cela recommence ?

La menace est pourtant là : Hitler vient de décider le retrait de l'Allemagne de la Société des

Nations et de la conférence du désarmement. Les électeurs le plébiscitent. Comment font-ils, ceux qui ne voient pas que la guerre frappe aux portes ? Il ne faut donc pas renoncer mais au contraire s'élancer à nouveau, écrire un autre article dans *La Revue des vivants*, « Forgeons une armée de métier », utiliser toutes les tribunes.

Il rencontre au journal *L'Aube* des démocrates-chrétiens, André Lecomte et Philippe Serre, qui animent la Jeune République, un courant de gauche. Il faut les convaincre, leur annoncer qu'il publiera au mois de mai 1934 un livre dont les articles parus ne sont que l'annonce. Il l'intitulera aussi *Vers l'armée de métier*, parce qu'il faut inlassablement convaincre que cent mille soldats spécialistes constituant des divisions blindées appuyées par l'aviation sont la seule garantie aujourd'hui de la défense nationale. Il dédiera ce livre « À l'armée française, pour servir à sa foi, à sa force, à sa gloire ». Ses ouvrages précédents étaient dédiés à Pétain. Époque révolue. Et il ne signera son livre que de son nom, comme un simple citoyen.

C'est la fin de l'année 1933. Il vient d'être nommé lieutenant-colonel et chef de la troisième section du secrétariat général de la Défense nationale. L'armée le condamne, le rejette même, mais ne peut l'oublier.

Il savoure un instant ce moment. Il se félicite de sa stratégie. Il faut tourner l'institution militaire, cette casemate paralysée, commandée par des généraux ankylosés.

Et, pis encore, la France se déchire. On se tue dans les rues de Paris les 6 et 12 février 1934, où les ligues d'extrême droite puis les partis de gauche manifestent. Les uns crient : « À bas les voleurs ! » Les autres : « Le fascisme ne passera pas ! » Le sang français coule pendant que l'Allemagne s'arme.

De Gaulle se tient à l'écart. Quel peuple « mobile, incertain, contradictoire, jacobin qui crie "vive l'Empereur", ce fervent du jardin royal... qui se débraille et salit les pelouses » !

Et qui pour finir se donne, en cette fin février 1934, un gouvernement de vieillards : Gaston Doumergue – Gastounet ! – à la présidence du Conseil, et le maréchal Pétain comme ministre de la Guerre.

On murmure à de Gaulle qu'il devrait solliciter un poste au cabinet du Maréchal. On prétend que le Maréchal est favorable à sa présence à ses côtés, mais que ses collaborateurs y sont hostiles.

Rumeurs vaines.

« Le Maréchal, explique de Gaulle à ses proches, est maintenant un homme au cœur sec. Souvenez-vous comment il agit avec le maréchal Lyautey au Maroc. C'était le début ! Il n'a plus de générosité, plus de fermeté. Où est le temps où il manifestait une indépendance intransigeante, où il envoyait "sur la circonstance", selon son expression favorite, les plus hautes autorités, sans ménagement pour sa carrière et son avancement ! »

Sur l'un de ses carnets, il trace un portrait de Pétain.

« Drape d'orgueil la misère de sa solitude... Trop assuré pour renoncer, trop ambitieux pour être arriviste, trop personnel pour faire fi des autres, trop prudent pour ne rien risquer... Ayant par un long effort imprégné à son caractère et jusqu'à son apparence une froideur qui, le jour venu, lui fera un prestige... Plus de grandeur que de vertu... »

On ne peut plus rien attendre de lui. Il déclare que « la France assurera désormais sa sécurité par ses propres moyens » et en même temps il bloque, appuyé par l'état-major, tout projet de réforme militaire.

La seule voie, c'est bien l'appel à l'opinion, ce livre *Vers l'armée de métier*, que Berger-Levrault publie le 5 mai 1934.

Il ne peut que déplaire. Il le sait.

En ce dimanche du mois de mai 1934, dans le salon des Grunebaum-Ballin, il écoute Émile Mayer qui répète que l'ouvrage est passionnant, mais que lui-même continue d'être partisan de l'action aérienne, et surtout qu'il demeure opposé à l'idée d'armée de métier. De Gaulle ne parle-t-il pas pour ces professionnels de l'arme blindée, qui assureront la couverture des frontières et pourront se jeter en avant, chez l'ennemi, pour se saisir de « gages » ou soutenir un allié menacé, de « Messieurs les Maîtres » ? Termes dangereux, conclut Mayer.

De Gaulle se tourne vers Jean Auburtin, que l'ouvrage enthousiasme.

– La pâte militaire est lourde à soulever, dit-il.

Quelques phrases ont cependant inquiété Auburtin. De Gaulle les récite. Il connaît son texte presque entièrement par cœur tant de fois il l'a repris.

« Il faut qu'un maître apparaisse, a-t-il écrit, indépendant en ses jugements, irrécusable dans ses ordres, crédité par l'opinion. Serviteur du seul État, dépouillé de préjugés, dédaigneux des clientèles... Homme assez fort pour s'imposer, assez habile pour séduire, assez grand pour une grande œuvre, tel sera le ministre, soldat ou politique, à qui la patrie devra l'économie prochaine de la force. »

Il regarde Auburtin et Mayer. Ils savent qu'il n'est pas de ceux qui cèdent à la tentation fasciste, si répandue, n'est-ce pas ? parmi les élites. Mais la rénovation du pays est indispensable. Et ne faut-il pas qu'un « maître apparaisse » pour les conduire afin que la nation soit en état de se défendre ?

Il lit dans les yeux de ses interlocuteurs une interrogation. Pense-t-il à lui-même lorsqu'il trace ce portrait ? Il se tait. Ce n'est pas qu'il veuille être ce maître. Il sait seulement qu'il le peut. Et il pense que, si cela est nécessaire, il devra accepter cette charge.

Parce qu'il est, comme il l'a écrit, « avide d'être responsable ».

Il fixe Auburtin qui marque son hésitation à propos de la dernière phrase : « Dans le dur travail qui va rajeunir la France, l'armée nouvelle servira de recours et de ferment. Car l'épée est l'axe du monde et la grandeur ne se divise pas. » Auburtin met l'accent sur la société, plutôt que sur l'armée.

– Peut-être attribuez-vous à mon culte des armes plus de fureur exclusive qu'il n'en a en réalité, répond de Gaulle, mais c'est fort bien ainsi. Le monde est fait d'idées qui se compensent. Faute de cet équilibre, où irions-nous ?

Il fait quelques pas.

– Il faut un frein d'autant plus fort, conclut-il, que le char est plus rapide.

Mayer et Auburtin, ce sont ses amis. Mayer publie un compte rendu du livre dans *Notre temps*.

« Rien ne montre mieux que votre article à la fois votre bienveillance pour ma personne, lui dit de Gaulle, et votre réprobation à l'égard de mes idées. Je vous remercie très vivement de l'une, mais je me résigne mal à l'autre... »

Mayer se trompe en croyant que le bombardement aérien fera disparaître toutes les autres formes de guerre ! Mais le débat est sain. Et Auburtin l'engage aussi dans *La Revue hebdommadaire*. Tout cela est utile, comme les articles que publient André Pironneau et Rémy Roure dans *L'Écho de Paris* et *Le Temps*. Dans *L'Aube*, André Lacombe soutient le livre. D'autres comptes rendus paraissent ici et là.

De Gaulle n'est pas satisfait pour autant. Cet écho favorable n'est pas suffisant pour ébranler ceux qui détiennent le pouvoir. L'illusion pacifiste et l'inertie demeurent alors que « le monde est en pleine rupture d'équilibre ».

Et puis il y a les adversaires, toute la hiérarchie de l'armée en fait.

C'est une souffrance pour de Gaulle. Ce corps auquel il est fier d'appartenir, auquel il a voulu rendre orgueil et force, le condamne.

Weygand, le général Debeney et puis des journalistes, inspirés par l'état-major, réfutent les thèses du livre. Debeney défend sa loi d'organisation militaire de 1927. Comme si le monde n'avait pas changé depuis ! Comme si Hitler ne mettait pas sur pied des *Panzerdivisionen* parce que ses généraux ont lu *Vers l'armée de métier*. Weygand s'écrie : « À aucun prix deux armées ! », comme s'il fallait opposer le soldat-citoyen et le guerrier professionnel !

Et puis il y a Léon Blum, l'ami d'Émile Mayer et de sa fille, Cécile Grunebaum-Ballin, qui s'enflamme dans une série d'articles du *Populaire* et conclut : « À bas l'armée de métier ! »

De Gaulle sent l'hostilité qui monte contre lui, d'autant plus forte que ce livre, même s'il ne s'est vendu qu'à un millier d'exemplaires, a fait naître un débat.

Un jour, à l'Élysée, alors que de Gaulle assure le secrétariat du Conseil supérieur de la Défense nationale, il voit le général Maurin, le nouveau ministre de la Guerre, s'approcher de lui. Le général est hors de lui et, comme s'il ne pouvait se retenir, lance :

– Adieu, de Gaulle ! Là où je suis, vous n'avez plus votre place !

Il faut maîtriser sa colère, surmonter cette sensation d'écœurement, opposer à l'incompréhension, à l'aveuglement et à la bêtise, à la jalousie et parfois à la haine, le mépris hautain qui vient de cette certitude d'avoir raison. Il a foi en son intelligence des problèmes et en son destin.

Et puis il y a le soutien chaleureux des proches, ces quelques amis fidèles, et surtout cette confiance absolue qu'il sent chez Yvonne de Gaulle.

Serait-il aussi sûr de lui s'il ne ressentait pas son amour, fait de tendresse et de dévouement ?

Il a besoin de vivre chaque jour cette union avec les siens, dans ce lieu de recueillement qui est aussi sa famille, plus unie encore depuis la mort des deux pères en 1932, suivie par le décès de la mère d'Yvonne de Gaulle en août 1933.

Et puis il y a la pauvre petite Anne, le cœur souffrant et l'espérance de la famille.

Il joue avec Anne chaque soir. Il la berce, il la calme. Il surveille la scolarité de Philippe et d'Élisabeth. Il est en paix. Il faudrait même pouvoir s'éloigner de Paris, de la rumeur qui monte de la ville, de la tension qu'elle maintient, de cette pression qui ne se relâche pas, même quand il a refermé la porte du 110 boulevard Raspail.

Ils partent un jour en voiture pour aller visiter une maison qui, selon une annonce parue dans *L'Écho de Paris*, est en vente à quelques kilomètres de Chaumont, dans un village au nom singulier, Colombey-les-Deux-Églises.

Ils visitent un après-midi de juin 1934 la « brasserie », cette maison d'un « brasseur » devenue depuis quelques années « La Boisserie ». Elle est située à l'écart du village, au centre d'un parc. La vue s'étend loin vers les pentes descendant jusqu'à la vallée de l'Aube. Les paysages sont d'une pureté austère, longues lignes qui se superposent et se croisent.

Il voit les forêts voisines, celles de La Chapelle, de Blinfeix, des Dhuits, du Heu, et celle de Clairvaux. Les chemins empruntés par saint Bernard et plus tard par Jeanne d'Arc traversent cette campagne.

Ici sont les racines profondes de la France, non loin de cette frontière du nord-est qu'il a toujours fallu défendre.

Ici, dans ce village, situé sur le haut du plateau, deux églises étaient présentes avant le XIIe siècle.

Ici, s'il le veut, dans cette « Champagne imprégnée de calme » où rien n'a changé depuis des millénaires, il peut « échapper au tumulte des hommes et des événements », et céder à ce qui parfois est sa tentation, « la solitude ».

Il regarde Yvonne de Gaulle.

Ici, dans ce grand parc, dans cette paix, face à ces horizons calmes, la pauvre petite Anne pourra vivre, heureuse, à sa manière, si Dieu le veut.

La demeure de quatorze pièces sans eau courante ni chauffage est à vendre cinquante mille francs. On versera dix-sept mille francs à la signature de l'acte et le reste en viager à raison de six mille francs par an. Ce qui représente trois mois de solde ! Il faudra davantage encore veiller à chaque dépense.

La vente est conclue le 9 juin 1934, chez Me Mouton, notaire à Chaumont.

On peut reprendre la route pour monter à nouveau en première ligne.

Et d'abord, contre-attaquer. Il écrit à Auburtin : « Avez-vous vu le 2e et le 3e article de Léon Blum sur l'*Armée de métier* ? Il me semble qu'il y aurait quelque chose à lui répondre à gauche (Marcel Déat). Ceci... »

Il faut lui expliquer qu'il n'y a qu'un moyen pratique de réaliser, un jour, à la fois une limitation contractuelle des armements et éventuellement une « action commune », c'est de... renoncer au système des masses incontrôlables, désavantageux à la France et, par surcroît, inhumain, et d'adopter universellement le régime « armée de métier ». Marcel Déat sera-t-il sensible à ces arguments ? Ce député est un universitaire, philosophe de formation, un homme énergique qui a combattu en première ligne comme capitaine durant près de quatre années. Il vient de rompre avec le parti socialiste SFIO, pour fonder avec quelques autres (Marquet, le maire de Bordeaux, Renaudel, une figure légendaire du socialisme), le Parti socialiste de France qui s'oppose à Blum. Il a noté aussi que le député Léo Lagrange, un fidèle de Blum, celui-là, est sensible aux arguments développés dans l'*Armée de métier*. De Gaulle sait qu'il peut compter en outre sur Philippe Serre, jeune député de Lorraine, et démocrate-chrétien de gauche. Paul-Boncour et Le Cour-Grandmaison, un parlementaire plus à droite, sont aussi des alliés.

Vont-ils comprendre l'urgence qu'il y a à agir, alors que Hitler renforce son pouvoir, fait assassiner dans une « nuit des longs couteaux » les membres des sections d'assaut, pour mieux conforter son alliance avec la Reichswehr ? Puis le Führer prépare déjà l'Anschluss, et ses tueurs assassinent le chancelier autrichien Dollfuss. Quelques mois plus tard, à Marseille, ce sont des fascistes croates qui abattent le roi Alexandre de Yougoslavie et le ministre des Affaires étrangères Louis Barthou, partisan de la résistance à l'Allemagne, fût-ce au prix d'une alliance avec l'URSS !

De Gaulle reçoit chaque événement comme un choc. Il est tendu et calme comme dans les rues de Dinant en août 1914, ou lors des combats de Douaumont en 1916.

Il faut agir et il sait qu'il tient la solution et qu'il y a urgence. Il doit donc aller plus loin encore qu'il n'a été pour mobiliser l'opinion, trouver cet homme politique qui sera le bélier, qui percera ce mur d'incompréhension et d'aveuglement. Auburtin lui parle de Paul Reynaud. Ce député de Barcelonnette âgé de cinquante-six ans est un parlementaire renommé, un expert des questions financières, classé à droite mais respecté sur tous les bancs de la Chambre pour son indépendance d'esprit, sa volonté de résister à Hitler.

Il faut lui dédicacer *Vers l'armée de métier*, obtenir qu'il lise le livre, le voir ensuite.

Attendre. Écrire un nouvel article, toujours sur le même thème, pour *La Revue hebdomadaire*, mais en entrant dans le détail, en chiffrant les dépenses à engager pour créer le corps professionnel (trois milliards), en décrivant avec précision le nombre de chars de chaque division cuirassée (500), et l'importance des effectifs (98 000 hommes).

Et maîtriser son impatience quand Auburtin annonce que Paul Reynaud a été enthousiasmé par le livre, qu'il a fixé le rendez-vous à 11 heures le 5 décembre 1934, dans son bureau de la rue Brémontier.

De Gaulle baisse la tête en pénétrant dans cet entresol. Il voit Paul Reynaud, petit, vif, nerveux même, les yeux pétillants d'intelligence. Près de lui se tient un jeune homme, Gaston Palewski, qui fut jadis proche de Lyautey.

Reynaud explique qu'il n'est pas spécialiste des questions militaires.

– Je vais vous trouver quelqu'un, dit-il.

– Inutile, j'ai déjà cherché. Ce sera vous ou personne...

Il faut le convaincre, lui communiquer la conviction qui m'habite. Lui démontrer que le corps cuirassé et l'armée de métier sont la solution aux problèmes de défense de la France. Et que, s'il s'approprie cette thèse, Paul Reynaud peut être l'homme d'État qui aura sauvé le pays.

Reynaud est pressé. De Gaulle utilise des phrases courtes prononcées d'une voix calme. Une heure passe. Reynaud a un rendez-vous, il doit interrompre l'entretien. Mais il semble à de Gaulle que ses idées ont convaincu le parlementaire.

– Si nous allions déjeuner ensemble, dit de Gaulle resté seul avec Palewski.

Il l'entraîne, l'invite au restaurant Poccardi, sur les boulevards. Déjeuner médiocre, mais quelle importance ! Palewski écoute et peu à peu ses réserves tombent. À 4 heures, quand on se sépare, c'est un nouvel allié.

L'homme politique sera donc Paul Reynaud. Il faut agir avec lui. Lui fournir tous les éléments dont il peut avoir besoin puisqu'il a décidé de s'engager dans cette bataille malgré l'hostilité de l'état-major, du ministre de la Guerre, qu'il se nomme Daladier ou le général Maurin, malgré l'opposition de Blum.

« Je vous signale, au cas où vous ne l'auriez pas lu, lui écrit de Gaulle le 17 décembre 1934, le nouvel article de M. Léon Blum dans *Le Populaire* d'hier, dimanche, au sujet de la politique militaire. Il me paraît possible que M. Blum, étant donné son état d'esprit du moment, intervienne demain à la Chambre dans la discussion du crédit de huit cents millions et pose la question de l'armée de métier de la manière et sous l'angle que vous pouvez penser. »

Mais il ne suffit pas de lui fournir des éléments de réponse. Il faut alerter Reynaud sur l'essentiel : l'organisation de la nouvelle armée allemande.

Des faits, seulement des faits. De Gaulle les rassemble.

« 1) Le Reich possède dès aujourd'hui trois divisions blindées et mécanisées (Panzerdivisionen) et en constitue trois autres...

« 2) Le personnel de ces divisions est un personnel d'élite...

« 3) Ces divisions sont organisées exactement d'après le type que j'ai décrit dans mon livre... »

Cinq cents chars, infanterie et artillerie mécanisées, génie, aviation.

« Chez nous, il n'y a encore aucun commencement sérieux de réalisation. »

En écrivant, de Gaulle est calme mais indigné.

« La France ne joue pas la seule carte efficace dont elle pourrait disposer eu égard au réarmement allemand, mais encore cette carte, c'est le Reich qui la joue. »

L'incompréhension et la routine ne sont « plus seulement fâcheuses mais coupables ».

Il voudrait tant agir lui-même, ce serait le seul moyen de calmer la souffrance qu'il éprouve devant, précise-t-il, « tant d'inertie et de bêtise ».

« Je n'insiste pas, conclut-il, sur la douleur que peut ressentir un officier qui, ayant trouvé pour son pays un plan de salut, voit ce plan appliqué intégralement par l'ennemi éventuel et négligé par l'armée à laquelle lui-même appartient. »

Et s'il était condamné à cela, savoir et ne pas pouvoir ! Pressentir les dangers et être incapable d'empêcher qu'ils ne s'abattent. Être Cassandre ! Seulement Cassandre !

L'inquiétude le taraude. Il faut donc agir encore.

Il voit les parlementaires qui sont acquis à son projet, Le Cour-Grandmaison, Serre, Déat, Lagrange. Il rend plusieurs fois visite à ce dernier chez lui, quai Malaquais, mais il sent que Lagrange, pourtant convaincu, n'interviendra pas. Son parti et Blum en personne le lui interdisent.

Il envisage de parler devant les adhérents du club Fustel-de-Coulanges, comme il l'avait fait en 1927. Il s'adresse à ceux du club du Faubourg. Les uns sont d'extrême droite, les autres proches de la gauche. L'important est que toute l'opinion française dans sa diversité soit saisie, réagisse.

Il est invité chez Daniel Halévy où se retrouvent de jeunes intellectuels, Daniel-Rops, Robert Aron, Denis de Rougemont. Il sent qu'il les séduit. Mais le nouveau ministre de la Guerre – encore un ! –, le colonel Fabry, et les présidents du Conseil qui se succèdent, Flandin, Laval, demeurent hostiles comme l'état-major.

Des généraux anonymes – ils signent « Trois Étoiles » – affirment dans des articles que « la France pacifique et défensive ne peut être que contre-motorisatrice ». Aux Allemands les chars, aux Français les casemates !

Un journaliste écrit : « On est gêné pour apprécier avec la courtoisie qu'on voudrait des idées qui avoisinent l'état de délire. Disons simplement que M. de Gaulle a été devancé, il y a nombre d'années, par le père Ubu, grand tacticien lui aussi, avec des idées modernes... Nous imaginerons, au moyen de notre science en physique, disait-il, une machine à vent pour transporter toute l'armée... »

Et pendant ce temps-là, Hitler réarme. Goering annonce la création d'une aviation de guerre. Mussolini menace d'attaquer l'Éthiopie, pays membre de la Société des Nations ! Et la réponse française consiste à envisager le service militaire de deux ans ! Que fera-t-on de ces centaines de milliers de soldats ! C'est la guerre d'hier que l'état-major prépare !

Mais veut-il réellement se battre ?

Reynaud est décidé à intervenir dans le débat qui s'ouvre, le 15 mars 1935, à la Chambre des députés sur la durée du service militaire. Il présentera le projet d'armée de métier.

Il faut le conforter. De Gaulle, le 14 mars, lui adresse une courte lettre.

« Je lis l'ordre du jour... Il me semble, Monsieur le Ministre, qu'encadré à gauche aussi bien qu'à droite, il y a pour un homme d'État de votre autorité et de votre avenir une occasion magnifique d'intervenir et, sans s'attarder à des détails techniques, de dégager pour le pays cette politique militaire nouvelle (dont la formule technique est d'ailleurs toute trouvée). »

Le 15 mars 1935, de Gaulle est assis dans les tribunes du public. Il regarde cette masse indistincte que forment les députés dans l'hémicycle. Il pense à ce livre de Barrès, *Leurs figures*, qu'il a lu autrefois, à ces lignes de Péguy sur ce qui oppose les « politiques » aux « mystiques ».

Mais il faut en passer par les députés ! Qui y aurait-il d'autre sinon ? La rue, les ligues, les Croix-de-Feu du colonel de La Rocque, les réseaux Corvignolles de Loustaunau-Lacau, et ceux qui en « Cagoule » montent des complots, rêvent à des coups d'État pour établir la dictature sur le modèle de Mussolini et de Hitler, ces ennemis de la France ?

Il hait cela. Il n'a rien de commun avec ceux des officiers qui compromettent l'armée dans ces aventures et affaiblissent ainsi le pays. Il faut l'union de toute la nation et de son armée.

Il voit le président du Conseil Pierre-Étienne Flandin monter à la tribune, pencher sa haute taille, dire que la France n'approuve pas les décisions unilatérales de l'Allemagne d'augmenter les effectifs de son armée.

De Gaulle a une moue de mépris. Quel beau courage ! Et Flandin d'ajouter : « La France ne veut pas mettre en doute les intentions pacifiques de qui que ce soit ! »

Hitler doit rire avec ses généraux !

Et puis voici Paul Reynaud qui semble bondir à la tribune et dont la voix aiguë impose le silence.

« Il faut avoir l'armée de sa politique, lance-t-il. Nous devons être capables d'intervenir en Europe... »

Reynaud argumente. Il dit qu'il faut jouer la carte de la « qualité ». Il dévoile le plan du Reich. « C'est par une offensive foudroyante, avec une aviation ultramoderne et une arme rapide à grand rendement, que l'Allemagne agira. »

Tout est dit enfin. Un homme politique parle comme de Gaulle souhaitait qu'il parlât.

Il a un moment d'euphorie, mais si bref !

Le général Maurin monte à la tribune. Il ne conteste rien. Il ne dit pas comment nous pourrions porter assistance à nos alliés tchèques ou polonais sans une force d'action rapide. Il parle le langage de la médiocrité et de la démagogie.

« Comment peut-on croire que nous songions encore à l'offensive quand nous avons dépensé des millions pour établir une barrière fortifiée ? s'écrie-t-il. Serions-nous assez fous pour aller, en avant de cette barrière, à je ne sais quelle aventure ? »

De Gaulle grimace. Rien n'est plus affligeant que la petitesse d'esprit, que l'aveuglement d'un responsable !

Il quitte le Palais-Bourbon. Il fait nuit. Paris brille. Mais il suffira de quelques jours aux Panzerdivisionen pour atteindre cette ville encore insouciante. Il faut tenter d'empêcher cela. Soutenir et pousser Paul Reynaud.

Il écrit :

« Monsieur le Ministre,

« Je n'ai pas manqué d'aller vous entendre hier soir et j'ai été enthousiasmé de votre intervention qui a produit manifestement une impression profonde. Dans le vide complet des programmes, celui que vous avez présenté est apparu comme le seul qui eût pour lui la logique et la force. Permettez-moi de vous en féliciter très vivement. »

Et parce qu'il faut convaincre, se battre toujours, de Gaulle établit la liste des « personnalités militaires » à qui ce « beau discours » ne peut « manquer de profiter » et auxquelles il faut l'envoyer.

C'est le 16 mars 1935. Il écoute la radio. Il connaît déjà cette voix allemande que couvre celle du traducteur : Hitler rétablit ce jour le service militaire obligatoire. Comme une réponse à la séance d'hier à la Chambre, comme pour prendre de vitesse l'éventuelle réforme de l'armée française.

Il faudrait que tout le pays réagisse aussitôt. De Gaulle voit Paul Reynaud, alerte des députés qui soutiennent l'idée du corps des cuirassés. Il lui semble même parfois, en écoutant Philippe Serre, Le Cour Grandmaison, ou bien en dialoguant avec Mayer, Nachin, Auburtin, que le projet progresse. Il collabore avec Gaston Palewski à l'élaboration d'une proposition de loi, que Paul Reynaud doit déposer à la Chambre le 28 mars 1935 et qui réclamera la mise sur pied d'« un corps spécialisé, constitué en permanence à effectifs de guerre et recruté en principe au moyen de militaires servant par contrat ». Il s'agit de créer six divisions cuirassées de chacune cinq cents chars. La constitution de ce corps doit être achevée le 15 avril 1940.

De Gaulle assiste aux débats qui se déroulent le 26 décembre 1935. Durant tout l'été, il a relevé les commentaires critiques des généraux, des présidents du Conseil Flandin, Laval. Il n'y a pas de surprise : le projet est rejeté.

Et pourtant la menace est là. Mussolini a envahi l'Éthiopie. Et malgré le pacte d'assistance que Laval est allé signer à Moscou, la France est isolée.

Comment ses alliés pourraient-ils faire confiance à une nation qui s'enferme derrière une ligne fortifiée, se refusant à l'idée de leur porter secours ? Les Anglais jouent leur propre carte, négocient avec Rome et Berlin.

Comment ne pas céder à l'amertume et à la colère ?

Il apprend même que le 1ᵉʳ bureau de l'état-major refuse de l'inscrire au tableau d'avancement pour sa promotion au grade de colonel.

Déjà, on l'a fait attendre quinze ans au lieu de dix pour lui accorder enfin, en décembre 1935, le grade d'officier de la Légion d'honneur.

Il hésite pourtant lorsque Reynaud lui propose d'évoquer son cas avec le ministre de la Guerre. Puis il se détermine.

« À la réflexion, écrit-il, je ne vois pas pourquoi je n'accepterais pas l'offre d'intervention que vous avez bien voulu me faire... Une démarche personnelle ferait certainement plus d'effet qu'une lettre... Il n'a pu vous échapper – il sourit à cette idée – que l'intérêt que vous avez publiquement témoigné à l'égard de certaines conceptions de réforme militaire ait éveillé l'attention de certains, voire même un peu de mécontentement (ce qui est humain) vis-à-vis de mon modeste personnage. »

Il doit franchir les obstacles, tourner ces oppositions, acquérir un peu plus d'influence. Et puisqu'il a décidé de se lier à Paul Reynaud dans ce combat, il peut bénéficier de son appui. Et le lui rendre : « Vous êtes dès à présent qualifié comme l'homme d'État qui, dans l'universelle carence, a, lui, des idées, un programme... et du courage », lui écrit-il.

Mais tout cela au service de la défense de la nation.

De Gaulle ajoute :

« Les grands esprits, disait Vauvenargues, ne doivent attendre le succès que de grandes idées, de grandes actions et de rien d'autre. »

Il vient d'avoir quarante-six ans.

La guerre est comme un char qui avance.

Il mesure tout ce qu'il a déjà vécu et tout ce qui s'annonce. Il ne regrette rien et, s'il craint l'avenir, ce n'est pas pour sa propre destinée, mais pour le pays.

Il rencontre Rémy Roure, son compagnon de captivité à Ingolstadt, il lui dit d'une voix lente :

« La vie s'avance et se dévore. Tout de même ne nous plaignons pas. En dépit de tout, notre génération aura eu le privilège d'assister à des événements d'une telle dimension que nulle autre peut-être, sauf celle du Déluge, n'en aura vu d'aussi grands répétés en si peu de temps! Satisfaction purement spéculative, d'ailleurs, et qu'il faut payer bien cher! »

Le 7 mars 1936, il apprend que les troupes de Hitler viennent de réoccuper, en violation de tous les accords, la « zone démilitarisée » de la Rhénanie.

Il n'est pas étonné. Il pense à la phrase qu'a prononcée Paul Reynaud à la Chambre en réponse à Laval : « Nous sommes le seul grand peuple au monde qui soit menacé dans sa vie. »

Il note d'une plume rapide :

« L'acte hostile du 7 mars a montré quelle méthode va suivre désormais la force pour accomplir son œuvre : surprise, brutalité, vitesse.

« Un peuple qui veut vivre doit non seulement s'assurer de la part des autres des garanties de secours (assistance mutuelle), mais encore organiser sa propre force de manière à pouvoir réagir dans les mêmes conditions que l'agresseur agira. »

Il s'arrête un instant, puis ajoute :

« Or nous n'en avons pas les moyens. »

22

De Gaulle, d'un geste lent, repousse les journaux et les revues qui encombrent la table au centre de laquelle sont placés les verres et les tasses.

Émile Mayer, Lucien Nachin, Jean Auburtin le regardent. Il devine leur étonnement. Ils sont peut-être déçus. Ils imaginaient sans doute qu'il allait s'abandonner à la colère, s'indigner de l'attitude du gouvernement français qui, après avoir protesté, accepte l'occupation de la Rhénanie par les troupes de Hitler.

Il reprend l'un des journaux, relit d'une voix monocorde la belle déclaration qu'a prononcée le président du Conseil Albert Sarraut : « Nous ne sommes pas disposés à laisser placer Strasbourg sous le feu des canons allemands. » Il a un ricanement amer. Il a écouté ce discours radiodiffusé de Sarraut. Mais, dit-il, il n'a pas été dupe. Sarraut invoquait le traité de Locarno, c'est-à-dire les engagements de l'Allemagne, alors qu'il aurait fallu sans phrases entrer en Rhénanie, bousculer les avant-gardes allemandes, ne pas perdre une heure avant d'agir ! Au contraire, le gouvernement a palabré, s'est couché. On dit que le général Gamelin a affirmé ne pouvoir intervenir que si l'on mobilisait ! Quelle meilleure démonstration de la nécessité d'une armée de métier, d'un corps cuirassé ! Mais de cela, on ne veut pas.

Il ouvre le *Mercure de France*. Il montre du doigt l'article que publie un nouveau général, qui condamne une fois de plus l'armée de métier et les divisions blindées.

Auburtin s'emporte. De Gaulle hausse les épaules. Il éprouve d'abord du mépris pour ces aveugles coupables, accrochés à leurs théories, par prudence et calcul, par vanité, pour ne pas se déjuger !

Hitler occupe la Rhénanie ? Hitler augmente les effectifs de l'armée allemande ?

– Il est très facile de prévoir quelle sera la réaction des sexagénaires pleins d'humour qui forment le Conseil supérieur de la guerre, dit de Gaulle. Ils vont demander le service de trois ans. Quand ils l'auront, on s'apercevra que nous sommes toujours loin du compte.

Il allume une cigarette. Il raconte ce que le général Maurin, ministre de la Guerre, s'en va proclamer partout : « De Gaulle, il a pris un porte-plume : le journaliste Pironneau, et un phonographe : Paul Reynaud. Avec ses chars, il est comme Alcibiade coupant la queue de son chien pour se faire remarquer ! »

Il faut en rire, n'est-ce pas ? Et Maurin a ajouté : « Je l'enverrai en Corse ! » L'état-major n'avait-il pas expédié loin de Paris pour commander la division de Nice un autre gêneur, l'inventeur des chars, le général Estienne ?

Tout à coup, de Gaulle se tait. Au plus profond de lui, cette douleur, avoir conçu l'instrument qui permettrait d'agir, de sauver son pays, et être ainsi incompris, critiqué, tourné en dérision même.

Mais ce n'est pas pour lui-même qu'il souffre, ce n'est pas sa susceptibilité qui est atteinte. Il faudrait être médiocre pour être touché par les attaques

dérisoires de ces « petits esprits et de ces bate-
leurs » qui ne conçoivent rien à leur mesure et
n'ont que des « petits sentiments » !

Peuvent-ils imaginer quelqu'un qui ne donne à la
vie d'autre raison – de Gaulle l'a écrit, mais ils ne
l'ont pas lu – que « d'imprimer sa marque aux événements » ? Qui ne rêve que de la « houle de l'Histoire » !

Et la souffrance vient de ce que sa situation est
celle d'un homme encore entravé. Et dont pourtant
les idées commencent à se répandre.

Mais – il allume une nouvelle cigarette – para-
doxe, c'est hors de France qu'on l'écoute, qu'on le
lit.

Incroyable, n'est-ce pas ? Il se fait apporter une
feuille de papier, trace en son milieu une barre ver-
ticale. Dans la partie gauche, il indique ce que doit
être selon lui la composition d'une division blindée,
chars, artillerie, génie, etc., puis en face, dans la
partie droite, ce que comporte une Panzerdivision.
Les chiffres sont à quelques détails près identiques,
les éléments de la division semblables.

– Voilà, dit-il en poussant la feuille loin de lui.

Auburtin s'étonne. De Gaulle hausse les épaules.
Il parle, la cigarette au coin des lèvres.

L'attaché militaire allemand à Paris, le général
von Kuehlenthaler, fait correctement son travail. Il
lit. Il traduit. Il informe. Ribbentrop, l'un des
proches de Hitler, a même interrogé le journaliste
Philippe Barrès au sujet de l'*Armée de métier*,
citant le nom de De Gaulle.

Le général Guderian et Huhenlein, le chef du
corps motorisé nazi, parlent de leur « collègue français spécialiste de la motorisation ». On murmure
même que Hitler a lu *Vers l'armée de métier*. Et
savez-vous, Philippe Barrès ignorait le nom de De
Gaulle ! Il a fallu qu'il interroge Paul Reynaud
pour savoir qui était ce lieutenant-colonel dont on
parlait tant à Berlin !

De Gaulle sourit, reprend.

Il y a quelques jours, dit-il, il s'est rendu rue Royale, comme tous les trimestres, au dîner qui rassemble les anciens prisonniers du fort d'Ingolstadt. Il y a retrouvé Rémy Roure et, ce soir-là, dans la salle du restaurant Larue, il a rencontré un convive exceptionnel, en grand uniforme, la poitrine constellée de décorations, l'ordre de Lénine, l'étoile rouge. Il s'agissait du chef de l'armée soviétique, le maréchal Toukhatchevski, l'ancien officier de la garde impériale évadé d'Ingolstadt, commandant en face de de Gaulle les troupes russes sur la Vistule en 1920, et cette fois en visite officielle à Paris. Il y a un traité d'assistance entre les deux pays, n'est-ce pas ? Toukhatchevski a lu *Vers l'armée de métier* et en a ordonné la traduction en russe à huit mille exemplaires, un tirage supérieur à celui réalisé ici.

– Quatre fois plus, murmure de Gaulle.

Il déplie les journaux.

– Les conséquences de la capitulation française devant le coup de force de Hitler sont immenses, dit-il. Nos alliés vont prendre conscience que nous n'avons ni les moyens ni la volonté de les soutenir. Les Belges, les premiers, vont y réfléchir, se dégager sans doute des liens qui les unissent à la France, proclamer leur neutralité. Paris est à trois heures d'auto et à quarante minutes d'avion de la frontière franco-belge, martèle-t-il.

Comment accepter de « laisser l'adversaire germanique déployer ses armées et installer ses bases aériennes aux portes de Dunkerque, de Lille et de Maubeuge », car la Belgique présente tous les caractères d'une « base de départ ».

– Et l'Allemagne, étant donné sa force guerrière, non seulement la masse mais encore et peut-être, surtout, ces moyens d'action terribles et instantanés que constituent les Panzerdivisionen, nous nous trouverions exposés le cas échéant à voir disparaître très rapidement la « couverture » de fait constituée par la Belgique !

C'est l'évidence ! Voilà pourquoi il fallait contrer l'Allemagne en Rhénanie, contraindre Hitler à reculer.

Il se lève :

– Il aurait fallu agir avec surprise, brutalité, vitesse, dit-il.

Il fait quelques pas, revient vers la table et ses amis, qui se sont levés aussi.

La douleur en lui est trop forte pour qu'il se taise. Il voit l'avenir, il évalue l'atout stratégique et politique, moral et symbolique dont Hitler vient de s'emparer. Le Führer est aux yeux de tous la force conquérante, et nous sommes la faiblesse.

– C'est un désastre, dit de Gaulle, un désastre sans doute irréparable. L'état-major et le gouvernement ont hésité. Ils n'ont pas voulu recourir à la mobilisation générale. Si on avait eu mon armée de métier et mes chars, la mobilisation n'aurait pas été nécessaire. Nous aurions avancé et les Allemands reculé. Si nous avions fait notre devoir, la paix eût été assurée.

Il s'éloigne.

Les façades de la rue de Rennes, puis de la rue de Vaugirard et du boulevard Raspail, sont couvertes d'affiches. Il les effleure du regard. Parfois il croise des groupes de manifestants, qui lancent leurs slogans : « Front populaire ! », « Le fascisme ne passera pas ! » ou bien : « Les Soviets à Moscou ! » Lorsque, au secrétariat général de la Défense nationale ou bien au Centre des hautes études militaires, où il vient d'être nommé chargé de cours, il surprend les conversations à mi-voix des officiers, il mesure leur inquiétude. La plupart craignent le triomphe communiste, regrettent le pacte d'assistance signé avec Moscou. Un certain nombre d'entre eux, les plus déterminés, doivent faire partie, comme le général Duseigneur, dont on murmure le nom, du CSAR, Comité secret d'action révolutionnaire, la Cagoule, qu'anime un polytechnicien que l'on dit fanatique, Deloncle. D'autres continuent à animer dans l'armée le réseau Corvignolles ou sont membres des Croix-de-Feu du colonel de La Rocque. Tous, au nom du patriotisme, sont des adversaires résolus du Front populaire.

Il s'interroge. Et s'il y avait au contraire, là, « un élément psychologique qui permettrait de rompre avec la passivité » ? Une nouvelle fois, il se sent isolé dans son milieu. Et même dans sa propre famille.

Il reçoit une lettre de sa mère qui, toujours vive, toujours passionnée, le questionne, angoissée, à propos de « ce pacte franco-russe » qu'elle doit juger contre nature. S'allie-t-on avec des bolcheviks ?

Il faut lui écrire, lui expliquer.

« Ma bien chère maman,

« Ma réponse sera très simple. Nous allons rapidement à la guerre contre l'Allemagne et, pour peu que les choses tournent mal pour nous, l'Italie ne manquera pas d'en profiter et de nous donner le coup de pied de l'âne. Il s'agit de survivre, tout le reste est littérature... Nous n'avons pas les moyens de refuser le concours des Russes, quelque horreur que nous ayons pour leur régime. C'est l'histoire de François Ier allié aux musulmans contre Charles Quint. »

Elle comprendra, il en est sûr.

« Il faut avoir le courage de regarder les choses en face, ajoute-t-il. Tout doit être en ce moment subordonné à un seul plan : grouper contre l'Allemagne tous ceux qui lui sont opposés pour quelque raison que ce soit, la détourner ainsi de faire la guerre et, si elle la fait, la vaincre. »

Il pense à ces officiers qu'il entend parfois murmurer qu'après tout Hitler proclame sa volonté de paix, qu'il est d'abord anticommuniste et qu'il suffit de le laisser s'enfoncer à l'est en lui abandonnant nos alliés, Tchécoslovaquie et Pologne, en le conduisant ainsi à attaquer l'URSS. Et s'il détruit le communisme, et si les deux monstres, le brun et le rouge, s'entre-dévorent, pourquoi pas? Nous aurons tout à y gagner.

Quel aveuglement !

Il reprend la plume.

« Je sais bien que la propagande acharnée et très habile de Hitler a réussi à faire croire à beaucoup de braves gens en France qu'il ne nous en voulait nullement et qu'il suffisait, pour lui acheter la paix, de laisser faire la conquête de l'Europe centrale et de l'Ukraine. Mais, personnellement, je suis convaincu qu'il n'y a là qu'hypocrisie et qu'il a pour principal but d'écraser la France après l'avoir isolée, comme il le dit dans ce *Mein Kampf*. Dès lors, tout ce qui peut nous aider contre l'Allemagne est bon à prendre, même les forces militaires russes. »

Il suit avec attention les résultats des élections des 26 avril et 3 mai 1936. Il faut que Paul Reynaud soit réélu. La conjoncture est difficile pour lui ; mais Reynaud résiste à la vague de gauche qui fait le succès du Front populaire. « Les sots et les jaloux ont ainsi manqué leur coup », lui écrit-il.

Blum est président du Conseil. Soit. De Gaulle écoute Émile Mayer et sa fille Cécile vanter les qualités de cet intellectuel fin, patriote, sensible, homme de devoir et de conviction. Il a, rappelle de Gaulle, dénoncé l'*Armée de métier*. Il faut le voir, insiste Mayer. Il se fait fort d'obtenir un rendez-vous à l'hôtel Matignon.

Il est en charge du gouvernement de la France, dit de Gaulle. Il le rencontrera.

Les semaines passent. La situation s'aggrave. En Rhénanie, après le plébiscite à quatre-vingt-dix-huit pour cent des voix en faveur de Hitler, les Allemands entreprennent la construction d'une zone fortifiée, la ligne Siegfried. Manière de nous fixer, pendant qu'ils organiseront une attaque par le nord-est, Sedan, la Belgique. Cela crève les yeux.

Mais il y a plus grave.

En Espagne, derrière le général Franco, une grande partie de l'armée s'est soulevée contre le *Frente popular*. Avec l'aide de Hitler et de Mussolini, celui-ci exalté par sa conquête de l'Éthiopie.

La France est ainsi prise en tenaille, toutes ses frontières risquent d'être tenues par des ennemis ! Et le gouvernement de Blum prône la *non-intervention* en Espagne.

C'est toujours la même politique de passivité qui se veut habile alors qu'elle n'est qu'impuissante.

De Gaulle apprend que l'attaché militaire de France en Espagne, consulté par Blum – et son ministre de la Guerre Daladier –, aurait déclaré : « Un roi de France interviendrait ! »

C'est la volonté qui fait défaut. De Gaulle suit à nouveau les débats à la Chambre des députés. Daladier, une fois encore, s'oppose aux arguments que développent Paul Reynaud et Philippe Serre.

« Rien ne serait plus dangereux, dit-il, que de vouloir jouer le sort de la patrie sur le destin d'un corps de spécialistes. »

Ils n'ont rien compris !

Et pourtant, ce gouvernement accorde à la défense nationale un budget de quatorze milliards ! De quarante pour cent supérieur à ce que demandait l'état-major !

De Gaulle reçoit même avec surprise une invitation de Camille Chautemps, l'un des députés les plus influents, franc-maçon et radical, ministre d'État de Blum, qui veut l'entendre à propos de ce corps blindé ! Mais, précise Chautemps, il faut que l'entrevue soit discrète, que Daladier l'ignore. De

Gaulle note de plus qu'on accélère la construction des chars, qu'on ébauche des divisions cuirassées. Mais ces mesures sont partielles. On n'a pas compris qu'il faut créer une masse blindée, fer de lance autonome, capable de crever le front adverse.

Il le dit à Paul Reynaud :

« La politique militaire française ne s'est pas encore décidée à jouer carrément les cartes modernes : vitesse, puissance, qualité, c'est-à-dire manœuvre et surprise. Nous suivons tout en rechignant et, tout en dépensant au moins autant que les autres, nous arrivons toujours en retard... L'Allemagne a six Panzerdivisionen. Nous qui, cependant, fabriquons des chars n'avons pas encore organisé la première division cuirassée... Il est vrai que, si nous organisions le concours international des forteresses, nous le gagnerions certainement ! »

Pourra-t-il convaincre Léon Blum de ces réalités ?

Il s'interroge en gravissant lentement l'escalier de marbre rose qui conduit aux bureaux du président du Conseil.

Par les hautes fenêtres il distingue la cour de l'hôtel Matignon, encombrée de voitures dont les carrosseries brillent sous la pluie en ce début d'après-midi du 14 octobre 1936.

Il est calme. Il mesure la chance que représente ce rendez-vous avec Léon Blum obtenu par Émile Mayer, comme il l'avait promis.

Mais il n'est ni ému ni anxieux. Cette rencontre lui paraît même tout à fait naturelle. Elle lui semble tardive. N'a-t-il pas animé, par ses écrits et l'écho que leur a donné Paul Reynaud, le débat sur ce qu'il y a de plus important pour la nation aujourd'hui, la défense nationale ?

Il l'a répété à Paul Reynaud : « On ne concentre un pays que sur un sentiment, celui du péril couru, et, depuis que le monde est le monde, ce sentiment n'a eu qu'une expression, la politique militaire. »

Blum comprendra-t-il qu'il y a urgence ?

De Gaulle attend dans le salon. Quelques mesures ont été prises depuis que Blum est président du Conseil. Le budget de quatorze milliards, la transformation amorcée du 8e régiment de zouaves au camp de Châlons en unité composée de professionnels, le lancement de la fabrication de chars, et même le regroupement de blindés en bataillons, et peut-être en division cuirassée.

Mais tout cela hésitant, comme si l'état-major n'osait pas avouer qu'il était influencé par les thèses de l'*Armée de métier*, ou, pis, comme s'il voulait se « couvrir » sans vraiment changer de doctrine ; en restant, en fait, fidèle à une politique militaire de passivité.

Alors que tout change.

Ce matin même, le roi des Belges Léopold III a annoncé la stricte neutralité de la Belgique, ce qui veut dire qu'il renonce à l'alliance française, parce qu'il a constaté, au moment de la réoccupation de la Rhénanie par Hitler, l'impuissance de la France.

Léon Blum a-t-il réfléchi au fait que Paris est à deux cents kilomètres des bases aériennes que l'ennemi pourrait installer en Belgique ?

De Gaulle se lève, suit l'huissier qui le conduit au bureau de M. le Président du Conseil.

Il va vite savoir si Blum a renoncé à son idéologie qui lui a fait condamner l'armée de métier comme menaçante pour le régime, et s'il a pris conscience de l'urgence qu'il y a à changer de politique militaire.

Blum s'avance vers lui. Il ne l'imaginait pas aussi grand. Le visage est fin et tourmenté, expressif, marqué par une sorte d'inquiétude. Les yeux sont voilés par les verres des lunettes et le regard est triste, las. Les cheveux sont gris.

Blum parle avec chaleur, presque de l'enthousiasme et un intérêt qui semble sincère pour les idées exposées dans l'*Armée de métier*.

De Gaulle le dévisage, répond avec calme, d'une voix lente, mesurée.

– Pourtant, vous les avez combattues.

– On change d'optique quand on devient chef du gouvernement, dit Blum.

Le téléphone sonne. Il répond longuement. Il est question d'une prochaine séance à la Chambre.

Puis la conversation s'engage.

Que faire si Hitler marche sur Vienne, Prague ou Varsovie ?

– Regardant par les créneaux de nos ouvrages, dit de Gaulle – et, d'une mimique à peine esquissée, il marque son désenchantement –, nous assisterons passivement à l'asservissement de l'Europe.

Blum secoue vivement la tête.

– Eh quoi ? Voudriez-vous que nous portions un corps expéditionnaire en Autriche, en Bohême et en Pologne ?

Il faut lui expliquer qu'il suffirait de disposer des divisions blindées qui, au moment où les troupes de Hitler se porteraient vers le Danube, l'Elbe ou la Vistule, avanceraient jusqu'au Rhin et à la Ruhr.

Le téléphone sonne à nouveau.

Blum revient.

– Pour que Hitler l'emporte, dit-il, la France devrait avoir été abattue. Comment y parviendrait-il ? Vous conviendrez que notre système mal conformé pour l'attaque est excellent pour la défense.

– Comment le croire ? Le jour même où Bruxelles se dégage de l'alliance française... reprend de Gaulle.

Encore le téléphone.

– En tout cas, dit Blum en raccrochant, notre front défensif et nos ouvrages fortifiés protégeraient notre territoire.

– Rien n'est moins sûr.

De Gaulle parle des chars, des avions.

– Une fois la brèche ouverte, poursuit-il, les Allemands seront en mesure de pousser loin derrière nos lignes une masse rapide et cuirassée appuyée par leur armée de l'air. Si nous en avons autant, tout pourra être réparé. Sinon, tout sera perdu.

Le téléphone.

Blum a un geste d'impatience, mais répond.

Il évoque en reprenant la conversation les crédits importants débloqués pour, précisément, la construction de chars et d'avions.

– Nous allons, remarque de Gaulle, construire autant d'engins et dépenser autant d'argent qu'il en faudrait pour l'armée mécanique et nous n'aurons pas cette armée !

Blum penche la tête, sourit.

– L'emploi des crédits est l'affaire de M. Daladier, ministre de la Guerre, et du général Gamelin, chef d'état-major.

– Sans doute, dit de Gaulle. Permettez-moi de penser cependant que la défense nationale incombe au gouvernement.

Blum repousse son fauteuil. C'est la fin de l'entretien. De Gaulle en est sûr : rien ne sera vraiment changé en profondeur à la politique militaire puisqu'elle reste entre les mains des « théologiens » Gamelin ou Pétain, dont Daladier est le prisonnier.

De Gaulle fixe longuement Blum qui plisse le front. Il a un geste comme pour retenir de Gaulle.

– Pourquoi ne pas rejoindre l'entourage immédiat du ministre de la Guerre ? propose-t-il.

Il faut interrompre Blum et refuser d'un mot. À quoi servirait d'être contraint à l'obéissance et au silence sans pouvoir réellement peser sur des hommes qui sont hostiles, fermés à toute innovation ? S'il y a une chance d'« ébranler les colonnes du temple », ce n'est pas en servant les grands prêtres, mais en martelant l'édifice de l'extérieur.

Le téléphone sonne.

– Voyez, dit Blum en s'éloignant, s'il est facile au chef du gouvernement de se tenir au plan que vous tracez quand il ne peut rester cinq minutes avec la même idée.

De Gaulle rentre d'un pas lent chez lui. Il a le sentiment que désormais le pays, quels que soient les bonnes intentions et le patriotisme d'un Blum, ou même les crédits que le gouvernement de Front populaire est prêt à consacrer pour la défense nationale, est engagé sur une voie fatale.

D'ailleurs, comment pourrait-il en être autrement ? Depuis que de Gaulle est entré au secrétariat général de la Défense nationale, il a vu se succéder, en quatre années, onze gouvernements ! Que peuvent-ils, ces chefs qui ont à peine le temps d'emménager dans leur bureau, qui sont harcelés par les téléphones, les problèmes de majorité parlementaire, et qui doivent après quelques mois ranger leurs dossiers, laissant la place à d'autres !

Alors, le système s'enfonce dans l'inertie. Et cependant de Gaulle est persuadé que, même si Hitler ne peut pas attendre longtemps avant de déclencher la guerre, il y a de sa part un « bluff immense ».

Il le dit quelques jours plus tard à Paul Reynaud.

– Chez nous, monsieur le Ministre, l'union et l'action auraient tôt fait de le calmer. Si nous parlons net et fort, l'Allemagne rengainera son dessein. Hélas, nous tournons le dos au bon sens !

Il ressent la division du pays comme une déchirure personnelle. Des manifestants s'opposent à la police. Le ministre de l'Intérieur, Salengro, calomnié, se suicide. Une partie de l'opinion, par peur du communisme, est sensible à la propagande de Hitler, de Mussolini. Elle soutient Franco dont les troupes progressent.

Qui pense à l'intérêt du pays ?

Qu'est-ce qui a changé depuis que Jules César profitait des divisions des tribus gauloises pour les vaincre ?

On règle ses comptes et tant pis pour la France !

De Gaulle apprend ainsi que le général Gamelin l'a écarté du tableau d'avancement qui lui permettrait d'accéder au grade de colonel et d'obtenir un commandement.

Comment accepter que l'état-major justifie cette mesure en prétendant que les états de service de « cet officier ne sont pas suffisants » pour qu'il devienne colonel, à cet âge ? Et naturellement, ils ont convaincu Daladier, qui s'en est ouvert à Paul Reynaud.

De Gaulle prépare son dossier : liste des trois blessures et des cinq citations, dont quatre à l'Ordre de l'armée.

Il faut se battre pour cela aussi.

« Cette médiocre affaire, dit-il, n'a d'importance qu'autant qu'elle constitue un épisode de la grande bataille pour la rénovation militaire... »

Un refus de promotion serait une défaite pour la grande entreprise de réforme militaire. Et, au contraire, un recul de l'état-major serait une victoire pour cette cause.

Il ne faut céder sur rien. Chaque détail compte.

Il écrit à Paul Reynaud en lui joignant les pièces de son dossier.

« Quelques-uns trouveraient fort bon d'étouffer les idées en étranglant le protagoniste. »

Mais il ne se laissera pas faire.

« Peut-être jugerez-vous, dit-il à Paul Reynaud, qu'en parlant comme il l'a fait de mes services de guerre M. Daladier les connaissait assez vaguement. Sans doute ceux qui l'ont renseigné dans la matière ont-ils écouté leur passion "théologique" plutôt que la stricte équité. Pour être édifié, le ministre n'aurait d'ailleurs qu'à se faire présenter mon dossier. »

Il attend. C'est le mercredi 16 décembre 1936 que doit être tranché au ministère de la Guerre cette « question de personne ». Le 18, il reçoit un coup de téléphone d'André Pironneau. Il devine au ton des premiers mots du journaliste qu'il est inscrit au tableau. Le général Bourret, chef du cabinet militaire de Daladier, est intervenu au nom du ministre. Et l'état-major n'a pu que s'incliner. Victoire.

« Je vous en suis redevable, écrit-il à Paul Reynaud, mon dévouement envers vous y trouve une nouvelle justification. »

Il est heureux quelques instants, non pas seulement parce que justice lui a été rendue et que sa carrière va se poursuivre. Mais parce qu'il dispose ainsi d'un point d'appui mieux assuré pour poursuivre le combat.

Mais la joie de ce moment retombe vite. La France est toujours empêtrée dans ses problèmes intérieurs. Blum démissionne. À l'extérieur, la situation empire. Mussolini, de plus en plus ouvertement, fait cause commune avec Hitler.

De Gaulle, au secrétariat général de la Défense nationale, prend connaissance d'un rapport de l'attaché militaire français à Berlin. Le 1er mai 1937, dans les rues de Berlin, une Panzerdivision complète a défilé, survolée par des centaines d'avions. François-Poncet, l'ambassadeur de France, et les attachés militaires ont eu le sentiment d'« une force que rien sauf une force semblable ne pourrait arrêter ».

Et cette force, on ne veut pas la construire, alors même qu'on n'ignore plus rien de son efficacité et qu'on dispose des moyens qui permettraient de la constituer.

Car on produit des chars – dit B2 et B1 bis – dont la vitesse et la puissance n'ont pas d'équivalent. Souvent, de Gaulle a le sentiment que le général Gamelin, l'état-major, le ministre de la Guerre agissent sans aucune logique, affolés au fond d'eux-mêmes par la guerre qu'ils sentent venir, et se précipitant vers l'abîme, incapables de réagir tout en sachant ce qu'ils devraient faire.

Il écoute le commandant Loustaunau-Lacau lui raconter ainsi l'exercice ultra-secret auquel il a assisté à 7 heures du matin, au camp de Sissonne, au titre de membre du cabinet du maréchal Pétain.

Il n'y avait là, sur une hauteur, autour de Gamelin, que quelques généraux. Et tout à coup, ils ont vu déboucher quatre-vingts chars B2 fonçant dans leur direction à une vitesse de vingt-cinq kilomètres à l'heure et tirant à la fois à la mitrailleuse et au canon de 75. « L'effet a été terrifiant », dit Loustaunau-Lacau. Et Gamelin semblait n'avoir aucune illusion sur les capacités de résistance des fantassins face à un tel déferlement d'acier.

De Gaulle se tait, puis interroge.

– Pourquoi alors ne pas bâtir ces divisions cuirassées immédiatement ?

Loustaunau-Lacau hausse les épaules. Il a visité en compagnie du maréchal Pétain la ligne Maginot. Il a parcouru les galeries souterraines, ces gigantesques forts qui sont de véritables usines enterrées, avec leurs ascenseurs, leurs rails, leurs hôpitaux. Il ricane. Parfois les batteries ne couvrent pas tout le terrain. Il y a le « trou belge », sans fortifications. Et certains généraux placent leurs troupes en avant de la ligne des casemates !

Loustaunau-Lacau s'indigne.

– C'est un comble, dit-il. On a construit des forts à coups de milliards pour économiser des poitrines. Et on les couvre avec des poitrines pour économiser leur béton !

De Gaulle ne commente pas. Quand l'incompétence et l'aveuglement atteignent ce niveau, que peut-il faire ?

C'est tout le sommet de la hiérarchie militaire qu'il faudrait changer. C'est le système politique, il commence à en prendre conscience, qu'il faudrait réformer, puisque les hommes politiques ne réussissent pas à imposer leurs vues aux chefs d'état-major !

On lui apporte les épreuves d'un livre du général Chauvineau, qui doit paraître dans quelques semaines. Il les feuillette avec un sentiment de consternation et de fureur contenue. C'est Pétain qui en a signé la préface. C'est comme si le Maréchal voulait par ces quelques pages empêcher les projets de division cuirassée de naître.

Le général Chauvineau a en effet intitulé son livre *Une invasion est-elle encore possible ?* Et naturellement, il répond par la négative.

« Les grandes unités cuirassées appartiennent au domaine du rêve », ose-t-il écrire ! Alors que les Panzerdivisionen défilent à Berlin ! Et que les chars dévalent dans la plaine de Sissonne ! Il ajoute : « Le barrage mortel qui s'oppose au passage des chars existe : c'est l'obstacle des mines associées aux armes antichars. » Et quant au « trou belge » : « La forêt des Ardennes est impénétrable, assure-t-il, et si les Allemands avaient l'imprudence de s'y engager, nous les repincerions à la sortie. »

Et Pétain couvre ces propos de son autorité ! L'inertie et la lâcheté de tout le milieu politique et militaire vont s'en trouver confortées !

De Gaulle a une moue de dégoût. En lui, le mépris le dispute à la colère.

Il n'échange que quelques mots avec les autres officiers qui, dans les premiers jours du mois de juillet 1937, participent comme lui à un voyage d'inspection des défenses de la frontière franco-italienne en compagnie de Gamelin.

Que leur dire? Ce n'est pas ici que se jouera la décision.

Il les voit si satisfaits d'eux-mêmes qu'il préfère se tenir à l'écart, téléphoner à son beau-frère Jacques Vendroux qui se trouve en vacances à Pralognan afin de passer à ses côtés un après-midi de liberté plutôt que de rester avec la suite de Gamelin dans l'hôtel de Brides-les-Bains.

Il prend l'autocar pour monter à Pralognan. Autour de lui, les voyageurs, joyeux, insouciants, profitent des congés payés.

Le soir, Jacques Vendroux le reconduit en voiture à Brides. La nuit est douce. Les cimes se découpent sur un ciel clair que la nuit illumine.

— Où en sera-t-on l'année prochaine? murmure de Gaulle. Sont-ce là nos dernières vacances heureuses?

Il a besoin de parler. Tout ce qu'il tait depuis des mois, il l'exprime enfin, sans regarder Jacques Vendroux. Il parle d'une voix posée.

— Veulerie des politiciens, dit-il, aveuglement du haut commandement, refus de réformer la politique militaire.

Vendroux a ralenti alors qu'on s'engage dans la vallée du Doron.

— Dans ces conditions, poursuit-il, la guerre est inévitable. Nous serons pratiquement seuls à supporter le premier choc. Les Anglais ne sont pas prêts. Pourra-t-on compter sur les Russes? Les Américains resteront d'abord des spectateurs, complaisants il est vrai. Notre territoire sera sans doute une fois de plus envahi. Quelques jours peuvent suffire pour atteindre Paris.

Il se tait quelques instants. Tout cela lui semble déjà joué. C'est après seulement que la vraie partie commencera.

– Il faudra donc ensuite repartir de la Bretagne ou des massifs montagneux, voire de l'Algérie, et lutter pendant de longs mois pour aboutir, avec nos alliés, à une victoire finale. Mais au prix de quels sacrifices !

Vendroux arrête la voiture devant le perron de l'hôtel de Brides. Tout est silencieux. Gamelin et sa suite dorment.

De Gaulle monte les quelques marches qu'éclaire le cône lumineux d'un lampadaire. Il salue Jacques Vendroux d'un geste lent de la main.

Il sait que, dans cet avenir dont il vient de tracer les perspectives, il sera prêt à prendre toutes les responsabilités que le destin et les circonstances lui offriront. Depuis le début de sa vie, il marche vers ce moment-là.

Il sent que cet instant décisif approche.

La guerre vient d'éclater aux antipodes, entre la Chine et le Japon. Mais désormais le monde est un. C'est un nouvel incendie, cependant que continue de brûler celui d'Espagne.

Il suit ce conflit jour après jour. C'est comme si la guerre civile représentait à échelle réduite ce qui allait survenir. Guernica rasée par l'aviation allemande. Les chars italiens se lançant à l'assaut des lignes républicaines. Et l'impuissance des démocraties à intervenir.

Blum peut bien larmoyer, envoyer des armes et des avions. Ce sont les nazis et les fascistes qui l'emportent contre la France. Et même si cet écrivain courageux, Malraux, a raison d'évoquer *l'Espoir*, de Gaulle est sûr qu'il faudra d'abord traverser la nuit.

Le 13 juillet, il apprend qu'il est nommé à la tête du 507e régiment de chars à Metz. Il le commandera d'abord par intérim, lui précise-t-on au ministère, puisqu'il ne sera élevé au grade de colonel qu'à la fin de l'année 1937.

318

Il a hâte de partir pour Metz. Enfin il va pouvoir agir. Car les mots ne sont que la préparation à l'action.

Un officier du cabinet du ministre lui dit sur un ton ironique, en le félicitant de sa nomination :

– Vous nous avez assez embêtés avec le char-papier. Nous allons voir ce que vous tirerez du char-métal !

De Gaulle organise rapidement son déménagement à Metz, s'installe dans une maison de la rue Vacquinière, au n° 1, puis repart presque aussitôt effectuer un stage d'instruction sur les nouveaux chars, au 501e régiment de chars de Versailles.

Chaque soir, il rentre à Paris, chez son frère Xavier, 3 place du Président-Mithouard, dans le VIIe arrondissement. Leur quartier, leur place, en face de l'église Saint-François-Xavier.

Il ne prendra son commandement effectif à Metz que le 5 septembre 1937.

Une question l'obsède.

Aura-t-il le temps, avant le déclenchement du conflit, de faire de cette unité une force exemplaire ? Et le pays malgré tout donnera-t-il le coup de reins nécessaire ?

Il écrit à Paul Reynaud : « Ce que je peux avoir de loisirs vous appartient. »

Il faut tout faire pour empêcher ce qu'il pressent inéluctable.

Sixième partie

Le cœur serré, je joue mon rôle
dans une atroce mystification

Septembre 1937 – juin 1940

23

De Gaulle, le menton levé, regarde les chars alignés de part et d'autre de l'allée centrale de la caserne. Il éprouve un sentiment de satisfaction et d'orgueil.

Il lui a suffi de quelques jours pour connaître les qualités et les défauts de ces masses d'acier.

Il s'avance de quelques pas.

Il monte dans l'un des chars moyens, un D2 de vingt tonnes armé d'un canon de 47 et de deux mitrailleuses. Il se glisse dans la tourelle. Il en serre le rebord. Ses gants blancs tranchent sur le blindage, de 40 mm d'acier coulé.

Du regard, il inspecte les deux rangées de chars.

Les plus légers, les R35, d'une douzaine de tonnes, vont ouvrir le défilé, qu'il conduira.

Il donne un ordre. Les R35 sont reliés par radiophonie, les D2 par radiotélégraphie. Les équipages bondissent, disparaissent dans les chars. En avant ! Le char vibre. Les moteurs vrombissent. Le sol tremble sous les chenilles.

Il se tourne. Les soixante-trois chars se sont ébranlés.

On va se souvenir de ce 11 novembre 1937, de l'arrivée sur l'esplanade du 507e régiment de chars de combat.

On va découvrir ce qu'est devenu ce régiment que par dérision on appelait le « royal cambouis ».

Il se tient raide. Il a chaud. Le visage est enveloppé par le serre-tête de cuir du casque de tankiste qu'il a décidé de porter, comme tous les équipages. Le bourrelet de cuir protège le front, et le casque tombe bas sur la nuque.

Pleine vitesse. Le bruit des moteurs se fait plus aigu.

Il aperçoit en avant du front des troupes le général Giraud, commandant de la région militaire de Metz. Giraud va se rendre compte de l'effet que provoquent les chars. À plusieurs reprises déjà, le général a manifesté son scepticisme. Avec de la morgue et presque du mépris, Giraud lui a déjà lancé, au cours des premières manœuvres : « Mon petit de Gaulle, tant que je commanderai ce 6e corps d'armée, vous me ferez le plaisir de progresser avec vos engins selon les prescriptions réglementaires ! »

Giraud continue de penser que les chars doivent être une force d'accompagnement de l'infanterie. Il répète à chaque manœuvre : « J'aurais pris mon régiment de tirailleurs marocains et j'aurais foncé ! »

Il va voir, ce « grand Giraud » qui dépasse de quelques centimètres de Gaulle ! Il va voir !

Dans son corps, de Gaulle ressent toutes les vibrations de la machine. Malgré les oreillettes de protection, sa tête est envahie par le rugissement du moteur.

Il va comprendre, Giraud, ce que peut le « petit de Gaulle » à la tête du régiment de chars de combat !

Le cheval de Giraud se cabre. De Gaulle voit Giraud qui manque d'être désarçonné. Les montures d'un régiment de cavalerie ruent à leur tour. De Gaulle reste impassible, salue d'un geste ample Giraud.

Il est comme poussé en avant par cette force mécanique qu'il commande, qui roule derrière lui, remplissant l'esplanade de sa rumeur.

Il sait qu'à l'état-major on espérait qu'il se montre incapable, lui le théoricien des chars, de maîtriser ces monstres. Il les a domptés. Il a voulu que chacun d'eux soit baptisé au champagne, porte pour emblème une croix de Lorraine et un nom comme s'il s'agissait d'un navire, afin que l'équipage fasse corps avec la machine.

Il a choisi d'appeler son char *Austerlitz*.

De retour à la caserne, il décide d'une inspection. Il faut que le ressort du régiment soit constamment tendu.

Il entre dans les hangars, dans les ateliers de réparation. Il est toujours en gants blancs, sa veste de cuir de tankiste serrée par un large ceinturon, les cinq galons de lieutenant-colonel accrochés au milieu de la poitrine.

Il veut tout voir. Il exige la perfection. Et il a donné comme devise au régiment : « Toujours le plus ». C'est cela, commander.

Il l'a dit en organisant la présentation de l'étendard du régiment aux jeunes chasseurs qui, pour la première fois, leurs classes terminées, lui rendaient les honneurs.

« Notre devoir de soldat a ses duretés nécessaires, il a en même temps sa grandeur, la grandeur du dévouement... Nous aurons à vivre des heures graves... Le 507e régiment est, dans la grande armée française, un instrument plus puissant que jamais au service de la patrie. »

L'inspection terminée, il monte dans sa voiture de fonction, une Peugeot noire, et il se fait conduire chez lui, 1 rue Vacquinière.

Il entre dans l'appartement vaste, confortable, et aussitôt l'inquiétude le saisit.

Il entend la voix de Mlle Potel qui s'occupe d'Anne. D'un regard, il interroge Yvonne de Gaulle. Les mots sont inutiles pour qu'elle comprenne la question. Anne ? Anne ?

Anne, comme chaque jour, gravissant son calvaire, et eux qui doivent l'aider à porter cette croix, leur croix que l'amour seul, un amour de tout instant, peut soulever, pour lui permettre d'avancer vers sa résurrection. En l'aimant, en ne se séparant jamais d'elle. Et tout à coup, dans son regard, brille la flamme de l'espérance. Son âme emprisonnée s'évade un moment parce que l'amour la libère.

De Gaulle est sûr qu'Anne l'attend. Elle prend son képi. Elle joue avec cet objet qu'elle reconnaît. Elle se calme. Il murmure, il fredonne pour elle. Et peu à peu il la voit s'assoupir, fermer les yeux, trouver la paix du sommeil.

Il sait qu'elle a besoin de lui pour entrer dans le repos de la nuit. Il faut donc qu'il soit là près d'elle pour la bercer, l'endormir.

C'est une obligation aussi impérieuse que celle de tenter d'arracher l'armée, la patrie à cette inertie qui va les conduire au désastre.

Le lendemain matin, il est au camp de Suippes, un terrain de manœuvres à cent quarante kilomètres de Metz. Toute la journée, il commande les mouvements d'une compagnie de chars qui participe à un exercice d'accompagnement de régiments d'infanterie.

À 20 heures, il convoque son chauffeur. Il doit rentrer à Metz. Pour Anne. Et il sera à Suippes demain matin au rassemblement de 6 h 30.

Qu'importent la fatigue, la longue route coupée par quatorze passages à niveau. On ne se dérobe pas à ses responsabilités, à son devoir.

Et pas de complaisance envers soi ! Pas de confidences ! Mais parfois, les larmes coulent d'elles-mêmes quand l'âme de la pauvre petite Anne reste tapie, inaccessible, au fond de sa prison.

Alors Yvonne de Gaulle la conduit à Colombey-les-Deux-Églises. Au milieu du grand parc de La Boisserie, elle sera libre dans sa prison.

Et il la rejoint dès qu'il le peut.

Il traverse ces forêts où marcha saint Bernard. Il songe à cet homme d'il y a plus de huit siècles dont la parole mystique rassembla les foules qui s'ébranlèrent pour la croisade. Il rêve à ce fondateur d'ordre qui défricha la forêt, bâtit Clairvaux.

Autre temps ?

Mais que peut l'homme sans une mystique ?

Il parle de saint Bernard avec Daniel-Rops, un écrivain catholique qu'il a rencontré lors d'une de ces réunions dominicales autour d'Émile Mayer, dans le salon ovale du boulevard Beauséjour. Daniel-Rops dirige la collection « Présences » chez l'éditeur Plon. Il souhaite publier un livre de De Gaulle. Pourquoi pas un livre sur l'armée ?

De Gaulle écoute, paraît ne pas avoir entendu, continue à interroger Daniel-Rops sur la personnalité du saint Bernard.

– Un homme d'État, dit Daniel-Rops.

– Savez-vous si saint Bernard avait du cœur ? demande de Gaulle.

Daniel-Rops demeure interloqué.

– Si vous me répondiez non, murmure de Gaulle, ce ne serait pas à mes yeux une condamnation.

Le cœur, la tendresse, la compassion, l'amour : pour Anne et pour les âmes souffrantes.

Mais pour les sociétés, les États, leurs relations, quelle autre loi que celle qu'enseigne l'Histoire : la méfiance, la vigilance, la force, la guerre. Et ceux qui la refusent succombent et subissent la domination cruelle des autres ! N'est-ce pas cela qu'illustre d'une manière éclatante la succession des événements ?

Hitler et Mussolini viennent de conclure une alliance militaire, l'Axe. Ils s'associent au Japon, et l'Italie claque la porte de la Société des Nations. Hitler prend le commandement de toutes les forces armées du Reich. Et leur ombre s'étend sur l'Autriche, dont l'annexion au Reich – l'Anschluss – n'est plus qu'une question de semaines !

À cela, faut-il opposer le cœur ? Ou des soldats ?

Il répond à Daniel-Rops qu'il dispose déjà d'un manuscrit, qu'il va remanier, peut-être intituler *L'Homme sous les armes*, ou bien *La France et son armée*. Il l'a jadis, il y a près de dix ans, écrit pour le maréchal Pétain alors qu'il faisait partie de son état-major. Le titre, explique-t-il, en était *Le Soldat*, mais le Maréchal n'a jamais voulu le publier tel quel.

Tout en parlant, de Gaulle se souvient. Ces lettres échangées avec les « valets de plume » du Maréchal, ce refus qu'il avait opposé à toute modification de son manuscrit. Ce texte est à lui. Il le complétera par deux chapitres sur la guerre 1914-1918. Et il effacera toutes les annotations qu'avait pu y apporter Pétain.

Et il lui semble que jamais publication d'une réflexion sur « la France et son armée » n'a été aussi nécessaire.

Non seulement parce que la guerre approche, il en est sûr, et qu'il faut donc rappeler au pays son histoire militaire, mais aussi parce que certains milieux de l'armée complotent contre l'État.

Deux attentats ont eu lieu à Paris, en novembre 1937. Provocation contre les bureaux du patronat, montée par le Comité secret d'action révolutionnaire. Un putsch devait être perpétré à Paris dans la nuit du 15 ou 16 novembre par ces « cagoulards ». Et dans leurs rangs on compte des officiers et, dit-on, trois généraux commandants de région. Le général Giraud, commandant de la région de Metz, aurait même été contacté par des émissaires de cette Cagoule. Sans doute ignorait-il tout de leurs intentions. Mais il aurait donné des gages au général Duseigneur, l'un des chefs du CSAR.

Il faut, pense de Gaulle, que l'armée n'oublie pas qu'elle incarne toute la patrie. Et qu'elle ne doit être qu'au service de son peuple.

Il écrit.

« Pauvre peuple qui de siècle en siècle porte, sans fléchir jamais, le plus lourd fardeau de douleurs. Vieux peuple auquel l'expérience n'a point arraché ses vices mais que redresse sans cesse la sève des espoirs nouveaux. Peuple fort... Ah, grand peuple, fait pour l'exemple, l'entreprise, le combat... et dont le génie tour à tour négligent ou bien terrible se reflète fidèlement au miroir de son armée. »

Oui, il doit publier cela, et rappeler en ces jours où il faut retrouver la volonté de résister, de se battre, que « la France fut faite à coups d'épée » et que « nos pères entrèrent dans l'Histoire avec le glaive de Brennus ».

Il est le dernier maillon de cette chaîne, l'héritier de cette tradition où prend place la fleur de lys, symbole d'unité nationale, qui n'est que l'image d'un javelot à trois lances, l'aigle impériale et le drapeau tricolore. Il vit intensément cette tradition.

Chaque jour, il maîtrise mieux cet instrument de la guerre moderne qu'il dirige.

– Je suis dans les chars jusqu'au cou, dit-il à Auburtin, et ça marche !

C'est le 24 novembre 1937. Il fait à Auburtin les honneurs de la caserne.

Dans quelques instants, quatre-vingt chars vont s'ébranler pour déferler place de la République, en l'honneur du ministre de la Guerre, Édouard Daladier, venu à Metz. On va lui offrir un spectacle encore plus impressionnant que celui auquel a assisté le général Giraud le 11 novembre.

– Bien mérité, n'est-ce pas, ajoute de Gaulle, puisqu'en toute justice c'est à Daladier avant tout que nous devons maintenant d'avoir un certain nombre de chars modernes !

Il se glisse à nouveau dans son char et, le buste hors de la tourelle, prend la tête de son régiment qui fait une fois encore trembler le sol.

Il ne se lasse pas. Il comprend par tout son corps qui se cambre, bras tendus, mains gantées de blanc appuyées à la tourelle, le délire qui peut saisir un chef de guerre à se trouver ainsi disposer de la puissance.

Il pense à ces lignes qu'il a écrites en conclusion du chapitre qu'il a consacré à Napoléon, dans *La France et son armée*, et qu'il reprendra intégralement dans ce manuscrit auquel il travaille.

« Sa chute fut gigantesque, en proportion de sa gloire. Celle-ci et celle-là confondent la pensée... Tragique revanche de la mesure, juste courroux de la raison, mais prestige surhumain du génie et merveilleuse vertu des armes. »

Il ne se laissera pas aveugler, entraîner trop loin, comme tant d'hommes qui ont conscience du destin qu'ils portent en eux.

Peut-être est-ce cela, la grâce que Dieu lui a accordée en lui envoyant la pauvre petite Anne, qui donne la mesure de toute chose, qui rappelle à chaque instant ce qu'est l'humaine condition. Et par elle, même au moment où l'orgueil déploie ses ailes et voile le regard, la détresse et la souffrance sont présentes, au cœur de soi. Et imposent l'humilité. Rappellent le mystère de toute destinée et la question du sens de ce que l'on fait. Et dans l'âme même de la conviction, le doute s'insinue comme une douleur jamais éteinte, comme un rappel à la modestie.

Rien ne vaut rien
Il ne se passe rien
Et cependant tout arrive
Mais cela est indifférent.

Anne, pauvre petite Anne, qui peut comprendre que cette enfant aux yeux effarés indique le droit chemin, comme un calvaire dressé au bord de la route ?

Il est élevé au grade de colonel le 25 décembre 1937. Il a quarante-sept ans.

Le poing ganté de blanc posé sur la hanche droite, les épaules rejetées en arrière, le menton levé, le visage fermé, la lèvre supérieure couverte par une courte moustache, il est debout en avant de son état-major. Il assiste à une compétition sportive dans la cour de la caserne. Les autres officiers se tiennent presque craintifs à plusieurs pas de lui. Et il en va de même quand il présente au général Delestraint, commandant la 3e brigade de chars, le 507e régiment de chars de combat, qui en fait désormais partie. Il a de l'estime pour cet officier spécialiste des chars à qui il peut dire que, « ces chars nouveaux, il faut les organiser de manière à les employer par concentration ». Et Delestraint l'approuve. Mais, pour un appui qu'il reçoit, que d'avanies !

On ne l'aime pas, il le sent. Il dérange une fois de plus. Il sait bien qu'on l'accuse d'orgueil démesuré. Pourquoi pas de folie ? Ou bien on dit, à une délégation parlementaire venue en visite à Metz, qu' « il est l'officier le plus stupide de l'armée française » !

Il regarde les officiers qui l'entourent lors de l'analyse des manœuvres qui viennent de se dérouler.

Il y a le général Giraud, qui répète, chaque fois qu'un objectif trop éloigné est fixé : « Non, de

Gaulle, tant que je commanderai la région, vous lierez vos chars au rythme de l'infanterie. »

Le plateau de Plappeville qui domine la Moselle est battu par le vent. De Gaulle montre la direction dans laquelle il a lancé ses blindés, bien en avant des fantassins. Les officiers d'infanterie protestent : on les laisse sans protection.

– Quand les chars seront passés, lance de Gaulle, il ne restera plus rien !

Il murmure :

– Les Allemands mettraient trois semaines pour aller des Ardennes à Bayonne !

Près de cinq cents officiers sont rassemblés pour la critique de la manœuvre. Le général de La Porte du Theil, commandant de la 42ᵉ division d'infanterie, préside.

– Vous, mon petit de Gaulle, reprend Giraud, pas de chevauchée sur les nuages, tant que je commanderai le corps d'armée...

De Gaulle regarde avec commisération cet officier planté avec superbe dans sa morgue et lissant ses longues moustaches en crocs. Et on l'accuse, lui, d'être immodeste !

Qu'importe. Il dira ce qui lui paraît nécessaire. En Champagne, au terme de nouvelles manœuvres, il interrompt l'exposé d'un général. Comment laisser dire de telles inepties !

– Vous expliquez, lance-t-il, que vous avez arrêté votre mouvement pendant deux heures pour que l'artillerie puisse rejoindre, mais, pendant ce temps-là, vous commettez une faute qu'un sous-lieutenant n'aurait pas faite : vous perdez le contact !

De Gaulle croise les bras. Le silence pesant qui s'établit, la gêne qui se répand ne le troublent pas. Fallait-il se taire ?

Un autre général dit d'une voix de bon élève que lui n'a pas perdu le contact.

– Vous, vous auriez mieux fait de ne pas attirer l'attention sur vous, vous n'avez rien fait, commente de Gaulle.

– Rentrez dans le rang, ordonne le général Dufieux qui commande la manœuvre.

De Gaulle fait un demi-tour en claquant des talons.

Rentrer dans le rang ?

Au moment où Hitler entre à Vienne, réalisant ainsi l'Anschluss ! Et où déjà, dans toute l'Europe centrale, les minorités allemandes revendiquent leur autonomie, leur rattachement au Reich, les Sudètes en Tchécoslovaquie menaçant de prendre les armes contre Prague, si on ne les autorise pas à proclamer leur fidélité germanique !

C'est tout l'édifice diplomatique et militaire construit par la France en 1919 qui s'effondre.

Et pendant ce temps, s'exclame de Gaulle, en France, « c'est un marasme qui vraiment va grandissant ! ».

Blum revient au pouvoir, le quitte après quelques semaines, et voici Daladier président du Conseil, Paul Reynaud, enfin membre du gouvernement, en charge de la Justice puis des Finances, et non de la Guerre !

Mais de Gaulle en est sûr, Reynaud, un jour, sera à la tête du pays. Il faut qu'il devienne l'homme du redressement national. Il faut lui écrire, lui envoyer des notes détaillées, l'assurer que la solution du corps cuirassé est la bonne.

« Ayant à employer moi-même ce matériel, lui écrit de Gaulle, voyant les choses par en bas, je constate aujourd'hui ceci : le char moderne est un fait énorme. Il faut le voir évoluer, tirer, écraser, parmi les gens à pied, à cheval ou en voiture, pour comprendre que son apparition est une révolution dans la forme et l'art de la guerre. »

Or, il faut le rappeler à Paul Reynaud, « la force française n'est pas adaptée aux conditions générales dans lesquelles nous nous trouvons ». Elle ne se réformera pas par elle-même. « Il y faudra une "politique" non certes révolutionnaire (en la matière, bouleverser ne vaut rien), mais hardie et inflexible. »

Il faut parler à Paul Reynaud clairement. Pousser cet homme lucide et courageux mais qui parfois, de Gaulle en a l'intuition, ne va pas jusqu'au bout de ses idées. Il faut multiplier les lettres, les recommandations, les notes.

« Le pouvoir qui forcément va vous échoir à bref délai, vous aurez donc à l'exercer dangereusement, martèle de Gaulle. La France n'appellera pas, en effet, Paul Reynaud pour tenir une fonction, faire une transition, attendre et voir, mais bien pour de fortes et grandes actions. »

Reynaud comprendra-t-il ? Il faut le harceler. Lui dire que « la politique des États n'est plus qu'une politique préparatoire à la guerre », que « tout ce que l'on pouvait prévoir se déroule très normalement. L'hégémonie allemande est en train de se réaliser, à moins que »...

Reynaud saura-t-il, pourra-t-il, voudra-t-il ?

Qu'au moins certaines personnalités officielles et quelques milliers de Français sachent ce que sont les chars !

Quand, le 14 juillet 1938, les dizaines de chars du 507ᵉ régiment passent devant la tribune officielle dans le vacarme assourdissant de leur moteur, de Gaulle lance un ordre.

Les tourelles s'orientent vers la tribune, les canons se dressent et tirent à blanc, semant le désordre dans la cavalerie, faisant pousser des cris à la foule !

Qu'on entende les chars ! Qu'on n'oublie pas ce que de Gaulle répète depuis des années déjà !

Mais qui l'écoute ?

De Gaulle découvre dans la revue allemande *Militär Wochenblatt* un article du général Heinz Guderian, commandant du *Panzerkorps*. Il s'agit bien, comme l'avait rapporté le journaliste Philippe Barrès, d'une pensée qui s'inspire directement des idées de *Vers l'armée de métier*!

Comment ne pas s'indigner! Il faut que Paul Reynaud sache, lise!

« En parcourant cet article, vous pourrez discerner quel est mon état d'esprit, lui dit-il, à moi qui vois l'ennemi réaliser intégralement jusque dans le détail, en invoquant mon propre patronage, les conceptions que j'ai, en 1933, offertes "à l'armée française pour servir à sa foi, à sa force, à sa gloire", tandis que dans mon pays l'obstination du conformisme barre par tous les moyens la route de la réforme! »

De Gaulle regarde son bureau encombré de circulaires, de prescriptions, de règlements qu'expédient chaque jour par dizaines l'état-major, le ministère!

Les lire, les contourner, voilà à quoi un chef de corps doit passer son temps, alors que Hitler vocifère à Nuremberg devant ses foules en uniforme et annonce qu'il soutient Henlein, le chef nazi des Allemands des Sudètes, dans sa revendication de séparation d'avec la Tchécoslovaquie. Prague, notre alliée, que nous ne pouvons secourir puisque nous ne disposons pas de la force capable de nous porter en avant!

De Gaulle écarte les imprimés.

Il doit passer son temps à tenter de préserver ses effectifs, son matériel, ses cadres contre le tumulte des ordres, généralement absurdes et contradictoires!

On l'accuse même de trop utiliser de matériel! De l'user! « Ce sont des joujoux coûteux payés par le contribuable, a dit Giraud. Il ne faut pas l'oublier. »

Ridicule, scandaleux!

Il se souvient d'une phrase de Gobineau, qui lui semble résumer le comportement de cette armée empêtrée : « Poser des règles, ne pas y croire, mais en prescrire l'application sans ignorer qu'elles seront lettre morte, telle est la philosophie de notre temps. »

Que faire alors ?

L'amertume parfois lui serre la gorge. Non pas pour lui-même ! Il est colonel à quarante-huit ans, il commande un régiment de chars. Il va publier dans quelques jours son nouveau livre, *La France et son armée*, dont son éditeur Daniel-Rops se montre fort satisfait. Il est respecté et même craint par tous ceux qui le côtoient. Et il ne doit rien à personne. Mais c'est l'état de l'armée et du pays qui le désespère. On fabrique des chars maintenant, mais on ne veut pas les utiliser comme il faudrait.

Il s'exclame :

« Nous ferons des choses médiocres et tardives quand l'Allemand, sous notre nez, applique intégralement le système dont nous n'avons pas voulu (*Panzerkorps*) ! »

Il reçoit une lettre d'Émile Mayer. Il hausse les épaules, répond dans l'instant :

« Je suis très honoré de n'être pas oublié par Léon Blum... »

Mais il se souvient de son entretien avec Blum qui « entendait appliquer telle quelle à notre époque la conception de Jaurès ».

Si Blum a changé d'avis, s'il s'est converti à l'armée de métier et au corps cuirassé, tant mieux ! Et puisque Blum se proclame humaniste, « il serait – avec l'armée de métier – beaucoup plus étroitement en union avec l'intérêt humain, qu'en cultivant l'affreuse et barbare théorie des masses populaires instruites, armées, mobilisées pour s'entre-tuer, se haïr »...

Attendons donc que Blum ou Daladier mette la réforme en pratique. Espérons que Paul Reynaud

soit un jour chef du gouvernement ! Prions pour
que l'Allemagne nous laisse le temps !

Et préparons la sortie de *La France et son
armée*. Quel autre moyen de combattre l'aveuglement des esprits ?

Il écrit à Émile Mayer.

« Mon livre est à l'impression, je vous suis très
reconnaissant, mon Colonel, de consentir à examiner les épreuves... Je vous les envoie à mesure.
Ayez la bonté de me les retourner par tranches et
d'urgence... »

C'est le mois d'août 1938.

La tension monte dans la région des Sudètes où
la population d'origine allemande encadrée par les
nazis de Henlein manifeste. À Prague, on
s'apprête à décréter la mobilisation.

De Gaulle suit les événements.

La guerre bientôt ? Attendre.

Écrire à Pétain pour lui annoncer la parution de
ce livre, dont une partie a été écrite à son état-
major.

« Monsieur le Maréchal,

« J'ai l'honneur de vous rendre compte de la
publication prochaine d'un ouvrage de votre serviteur : *La France et son armée*. Je m'y suis efforcé
de réaliser cette synthèse dont vous m'aviez
chargé naguère... »

Douze années se sont écoulées. Pétain n'a pas
voulu publier ce manuscrit.

« D'ailleurs, l'attitude de réserve impassible que
vous avez adoptée relativement à la Grande
Guerre rendrait inconcevable l'aboutissement de
l'ancien projet.

« Il reste, Monsieur le Maréchal, que ce travail
fut entrepris sous votre impulsion. Peut-être vou-
drez-vous accepter que cela soit dit... »

De Gaulle hésite, rédige lentement une dédicace qu'il va soumettre à Pétain.

Il la relit plusieurs fois.

« À Monsieur le Maréchal Pétain,

« Qui a voulu que ce livre fût écrit, qui dirigea de ses conseils la rédaction des cinq premiers chapitres et grâce à qui les deux derniers sont l'histoire de notre Victoire. »

Trois jours passent. Au courrier du matin, une lettre de Pétain datée du 4 août. De Gaulle lit.

« Ma surprise ne peut pas vous surprendre... Je considère que ce travail m'appartient personnellement et exclusivement. Je me réserve aussi de m'opposer à sa publication dans le présent et l'avenir... Votre attitude m'est très pénible. »

De Gaulle est indigné mais calme.

Ce livre, écrit et médité par lui, serait un travail d'état-major, la simple « rédaction » d'un valet de plume parmi d'autres ! Décidément, Pétain n'a pas compris ce que le refus d'il y a dix ans d'accepter des corrections signifiait ! Il va mesurer le chemin parcouru.

« J'avais trente-sept ans, j'en ai quarante-huit, répond-il à Pétain. Moralement, j'ai reçu des blessures – même de vous, Monsieur le Maréchal –, perdu des illusions, quitté des ambitions. Du point de vue des idées et du style, j'étais ignoré, j'ai commencé à ne plus l'être. Bref, il me manque désormais à la fois la plasticité et " l'incognito " qui seraient nécessaires pour que je laisse inscrire au crédit d'autrui ce que, en matière de Lettres et d'Histoire, je puis avoir de talent. »

Il relit. Pétain comprendra-t-il cette fois ?

Pétain répond par une lettre conciliante, fixe un rendez-vous, chez lui, à Paris, le 28 août 1938.

C'est dimanche. Le Maréchal ouvre lui-même la porte de son appartement dont les volets sont clos. Il fait frais dans son bureau alors que la chaleur au-dehors est lourde, étouffante.

De Gaulle observe ce vieil homme qui habilement tente, sous prétexte d'examen du livre, de lui en interdire la sortie en la soumettant à d'éventuelles corrections que lui, Pétain, pourrait introduire dans le texte.

Habile, madré, rusé.

De Gaulle reste silencieux mais ne donne pas les épreuves du livre.

Il voit le visage de Pétain se durcir. Les yeux se veulent impérieux.

– De Gaulle, je vous donne l'ordre de me rendre ces épreuves, dit-il.

Rendre? Comme si elles avaient un jour été la propriété du Maréchal!

De Gaulle se lève.

– Vous avez des ordres à me donner en matière militaire, reprend-il sèchement, pas sur le plan littéraire.

Il remet son képi, salue réglementairement. Demi-tour. Le couloir, l'escalier, le square La Tour-Maubourg, le soleil éblouissant.

Pétain est bien mort en 1925.

Mais Pétain ne renonce pas. Il tente de reprendre l'initiative. Il recule, propose le texte d'une dédicace : « J'ai tenu à ménager votre susceptibilité, écrit-il, et il n'est fait allusion dans le projet que de "conseils" pour la "préparation" du livre. »

Passer outre. Conserver la dédicace prévue. Ne même pas répondre quand le Maréchal écrit au directeur des éditions Plon une lettre aigre.

« Cet officier a utilisé, sans m'en demander l'autorisation préalable, un travail d'état-major... J'ai commencé à interdire au colonel de Gaulle l'utilisation d'un travail d'état-major qui ne lui appartenait pas. Puis, par mesure de bienveillance, j'ai fini par autoriser la publication du livre mais à la condition qu'il serait précédé d'une dédicace imprimée dont la rédaction a été donnée...

« La dédicace qui a été imprimée constitue de la part du colonel de Gaulle un véritable abus de confiance. En conséquence, je lui demande de la supprimer et de lui substituer le texte indiqué. »

Laisser dire. Promettre seulement un changement de dédicace dans une seconde édition. Pour le reste, il n'y a là qu'une « intrigue d'entourage ».

De Gaulle voit Daniel-Rops.

– Ça vibrionne autour du Vieux, dit-il. Le Maréchal perd les pédales. Il est très fatigué. Les absences de mémoire s'accroissent. Il n'est plus lui-même. Songez donc : il a quatre-vingt-deux ans ! Je l'ai bien vu dès 1925 : depuis l'âge de soixante-neuf ans, très exactement, il décline, décline. Hélas ! Il oublie ce que nous avions décidé d'un commun accord. Et autour de lui, certains s'occupent à monter une cabale.

De Gaulle allume une cigarette, demeure pensif, puis ajoute :

– Rien ni personne n'arrêtera plus le Maréchal sur le chemin de l'ambition sénile. Et son orgueil se défoule. Il ne maîtrise plus ses démons intérieurs comme au temps où il offrait l'exemple de l'homme de caractère.

Affaire close. Adieu, Pétain.

Il faut s'occuper du livre. De Gaulle rédige pour l'éditeur quelques lignes de présentation : « C'est une biographie. Son sujet, c'est la France, militante, souffrante et triomphante, dont il évoque la vie millénaire dans le but de la faire aimer... Le moment est venu de nous rappeler qu'au total, depuis Brennus jusqu'à Foch, aucune épée n'a pesé plus lourd que notre épée. »

Il faut que par ce livre le pays retrouve la mémoire de ses armes. Et quand serait-ce plus nécessaire qu'en cette fin septembre 1938 ?

Le livre est sur son bureau, parmi les journaux qui en gros titres annoncent que la Tchécoslovaquie mobilise, que Chamberlain, le Premier ministre anglais, rencontre le chancelier Hitler.

Des télégrammes qui se succèdent dans la journée du 24 septembre 1938 précisent les conditions dans lesquelles le 507ᵉ régiment de chars de combat doit accueillir sa part des quarante mille réservistes que le gouvernement a décidé de rappeler. Daladier s'envole pour Munich où il doit retrouver Chamberlain, Hitler et Mussolini.

Guerre ou compromis ? Résistance ou capitulation ?

De Gaulle est sans illusions. Il précise à l'éditeur qu'on pourrait dire à la presse, afin de présenter l'auteur du livre, qu'« on a trouvé ce colonel d'un régiment de chars près de la frontière, tout casqué et harnaché, au milieu de ses engins de bataille et moins surpris que personne par les événements ».

Et il est ainsi. En veste de cuir, avec le casque de tankiste et le serre-tête. Il porte le large ceinturon et, en bandoulière, le sac de toile contenant le masque à gaz.

Il accueille les réservistes. Il fait manœuvrer les chars. Il entre dans les ateliers, houspille, en gants blancs, les mécaniciens qui s'affairent.

« Mon régiment est prêt, dit-il à Paul Reynaud. Quant à moi, je vois venir sans nulle surprise les plus grands événements de l'histoire de France et je suis assuré que vous êtes marqué pour y jouer un rôle prépondérant. Laissez-moi vous dire que je serai – à moins d'être mort – résolu à vous servir, s'il vous plaît. »

Le 30 septembre 1938, alors qu'il écoute la radio, il reconnaît la voix de Daladier, qui se félicite de l'accord signé à Munich avec Hitler. On vient d'abandonner la Tchécoslovaquie en cédant à Hitler les Sudètes. De Gaulle a une moue de dégoût. Daladier confie aux journalistes :

« Je crois que ce que nous avons fait est raisonnable. Fallait-il faire tuer quinze millions d'Européens pour obliger trois millions de Sudètes qui voulaient être allemands à rester en Tchécoslovaquie ?... Grâce à la compréhension des représentants des grandes puissances occidentales, ajoute-t-il, la guerre a été évitée, et une paix honorable assurée à tous les peuples. »

Et Chamberlain clame : « C'est la paix pour notre temps ! »

Mépris. Amertume. L'aveuglement et la lâcheté se conjuguent. Il faut que de Gaulle exprime son indignation. Il prend la plume.

« Ma petite femme chérie.

« Comme d'habitude, nous capitulons sans combat devant les insolentes exigences des Allemands et nous livrons à l'ennemi commun nos alliés tchèques. L'argent allemand et la monnaie italienne ont coulé à flots ces jours-ci dans toute la presse française, surtout celle qui se dit "nationale" (*Le Jour, Gringoire, Le Journal, Le Matin,* etc.), pour persuader notre pauvre peuple qu'il fallait lâcher et le terroriser par l'image de la guerre. »

Sera-t-il toujours obligé de jouer les Cassandre ?

« La série des humiliations se poursuit, ajoute-t-il. Elle continuera. À moins qu'un sursaut d'honneur ne réveille la nation et ne mette les traîtres à la canonnière. »

Il croise dans la caserne les réservistes qui tentent, en le voyant, de cacher leur gaieté. Ils vont être libérés.

Pauvre peuple !

« À la faveur de la capitulation d'aujourd'hui, nous connaîtrons un court répit, reprend-il, comme Mme Du Barry vieillie suppliait sur l'échafaud révolutionnaire : "Encore un petit moment, monsieur le bourreau !" »

Telle est la situation. Il soupira longuement.

« Je ferai l'impossible pour passer à La Boisse-rie avant la fin du mois. Si je ne le puis, tu pourras peut-être repasser à Metz avec les *Babies* avant que Philippe et Élisabeth ne rentrent à Paris ? »

La paix, le répit.

Pour combien de temps encore ?

24

De Gaulle s'attarde dans son bureau. Il feuillette les journaux de cette première semaine d'octobre 1938, et il a un sentiment de dégoût mêlé de colère, et presque d'incrédulité.

À l'exception de *L'Humanité*, communiste, de *L'Aube* et de *Temps présent*, des publications catholiques, aucun quotidien important ne condamne Munich. Et les grands notables de la politique se félicitent de cet accord. Sont-ils à ce point aveugles ou corrompus ?

On frappe à la porte.

Ferbus, un appelé, qui a dactylographié le manuscrit de *La France et son armée* et sert de secrétaire à de Gaulle, introduit un commandant qui, voyant les journaux, dévisage de Gaulle, interroge.

– Mon colonel, que fallait-il faire ?

De Gaulle dit, d'une voix rageuse :

– La guerre.

Il a besoin de s'exprimer, de partager l'amertume, la colère et l'humiliation qu'il ressent. Il écrit à Mayer :

« En ma qualité de Français et de soldat, je suis écrasé de honte par la capitulation sans combat que notre pays vient de commettre. »

Il le dit à son ancien chef, le général Boud'hors :
« L'affaire de septembre a été un effroyable effondrement de la France grande puissance. »

Mais qui dans l'opinion l'entendra ? !

Daladier a été acclamé par cinq cent mille Parisiens massés le long des avenues depuis l'aéroport
du Bourget. Le président du Conseil a déclaré :
« Je reviens avec la conviction que cet accord est
indispensable à la paix en Europe. Nous l'avons
réalisé grâce à un esprit de concessions mutuelles
et une étroite collaboration. »

Comment peut-on dire cela alors que la Tchécoslovaquie est livrée, que la France, par ce simple
fait, perd l'appui des trente-cinq divisions
tchèques ? Et en réalité, cet État est condamné.
Son président, Beneš, démissionne et s'exile en
Angleterre. Mais cela n'empêche pas Léon Blum
d'exprimer sa « gratitude » à Chamberlain et à
Daladier.

« La guerre nous est épargnée, écrit le leader
socialiste. La catastrophe recule. La vie peut rede-
venir normale. »

De Gaulle s'indigne.

Bêtise. Absurdité. Aberration !

Mais que peut-il ? Il fait partie de ceux que les
journaux appellent « les escrocs et les fous », le
« parti de la guerre ». Et cinq cent trente-cinq
députés contre soixante-quinze – les communistes,
Kérilis et un socialiste – approuvent l'accord !

Il a entendu une voix exprimant sur le ton qui
convient ce qu'il pense lui-même. C'est celle d'un
Anglais, Winston Churchill, qui a déclaré à la
Chambre des communes : « Nous avons subi une
défaite totale, éclatante... Nous sommes plongés
dans un désastre de première grandeur... Et ne
croyez pas que ce soit la fin. C'est seulement le
début. »

De Gaulle devine, lorsqu'il rencontre ses
proches, que ceux-ci sont hésitants, ébranlés par

les déclarations unanimes de ceux qui osent s'appeler des « nationaux » – les colonels de La Rocque, les Flandin, les Maurras – qui approuvent tous Munich.

– C'est un désastre irréparable, dit-il. Avec des chars, nous aurions pu forcer la ligne Siegfried.

Il pense à son père. Il est sûr qu'il aurait compris la signification de cet événement.

– Ce que je peux savoir d'histoire et posséder de philosophie, ajoute-t-il, c'est de mon père que je le tiens, d'abord.

Et il souffre en se souvenant de la joie de son père en 1918, quand la victoire, enfin, effaçait l'humiliation de la défaite de 1870.

Il rencontre le journaliste Rémy Roure, son compagnon de captivité à Ingolstadt.

– Quel drame, mon cher ami, que cette lente décadence française, lui dit-il d'une voix sourde. Alors qu'après la victoire tout aurait dû porter au redressement !

Mais on n'a pas le droit de désespérer.

– Et pourtant, reprend-il d'un ton rageur, il y a dans ce pays d'immenses ressources intactes. L'attitude des mobilisés de septembre l'a bien montré. Par contre, quelle trahison de l'élite !

Il a envie d'aller passer quelques jours à La Boisserie, de méditer devant les horizons dépouillés de la Champagne et dans les forêts millénaires qui entourent Colombey-les-Deux-Églises.

Anne et Yvonne de Gaulle sont restées à La Boisserie.

« Il commence à ne plus faire très chaud et je suppose que tu dois faire allumer du feu, au moins le soir », écrit-il à Yvonne de Gaulle.

Mais il est retenu à Metz pour les opérations de démobilisation des réservistes.

– Bref, détente, dit-il. Mais la France a cessé d'être une grande puissance !

Quand il pense ces mots, qu'il les prononce ou les écrive, c'est comme s'il se blessait profondément. Il a mal.

Il se confie à Yvonne de Gaulle.

« Ma chère petite femme chérie,

« Voici donc la détente. Les Français, comme des étourneaux, poussent des cris de joie cependant que les troupes allemandes entrent triomphalement sur le territoire d'un État que nous avons construit nous-mêmes, dont nous garantissions les frontières et qui était notre allié. »

Qui va croire encore aux engagements que nous prenons ? Que vont faire les Russes puisque nous venons de montrer que nous abandonnons nos alliés et sommes prêts à nous entendre avec Hitler ?

Mais il y a pis. De Gaulle reprend :

« Peu à peu nous prenons l'habitude du recul et de l'humiliation, à ce point qu'elle nous devient comme une seconde nature. Nous boirons le calice jusqu'à la lie. »

Il prend la route pour aller inspecter les conditions dans lesquelles les unités du régiment, qui durant la crise avaient pris position dans les villages mosellans, quittent leur cantonnement pour rejoindre le casernement à Metz.

C'est une belle journée d'automne, une brume légère couvre le plateau.

Tout à coup, un peu après Liocourt, il aperçoit les premiers chars légers qui progressent en colonne sur la route. Les tourelles et les canons sont recouverts de dahlias. Les side-cars comme les camions sont eux-mêmes fleuris.

Il donne l'ordre au chauffeur de stopper, descend rapidement de la voiture, se place devant le premier char, lui fait signe de se serrer sur le côté droit. Il remonte à grandes enjambées la colonne.

Qu'imaginent-ils, ces villageois qui ont couvert de fleurs les tanks et ces soldats qui les ont acceptées ? Qu'ils vont échapper à la guerre ?

« Quelle stupidité ! Voilà l'effet d'un profond renoncement national. »

Il lance d'une voix forte :

– Les fleurs dans le fossé ! Si vous croyez que le moment est venu de pavoiser, vous vous trompez ! Vous êtes fous.

Les bras croisés, le menton levé, le visage fermé, il regarde les soldats débarrasser leurs véhicules des dahlias. Puis, d'un mouvement de tête, il leur fait signe de reprendre leur marche. Et il regarde défiler cette colonne d'hommes et de machines qui auront à affronter la guerre.

Les officiers le saluent depuis leur tourelle.

Il est fier de cette unité, mais que peut un régiment ? Que devient son moral quand il est pris comme aujourd'hui dans le mirage de l'illusion et la grisaille de la décadence et de l'humiliation ?

Il remonte en voiture, longe la colonne. On pourrait agir. Les hommes sont là, et les machines sont efficaces. Il faudrait une volonté militaire et donc une volonté politique.

Il sait que le général Martin, inspecteur des chars, a jugé le 507ᵉ régiment « remarquablement tenu et son chef lui-même impeccable ». Les généraux Martin et Delestraint travaillent à mettre sur pied une division blindée, et de Gaulle a compris qu'ils pensent à lui pour la commander.

Il faut appuyer le général Martin :

– L'année 1939 sera pour les chars une année capitale, dit de Gaulle. Pour la première fois, on verra apparaître sur le terrain et sous vos ordres une grande unité cuirassée. Je sais, mon général, avec quel esprit lucide et quelle ferme résolution vous accueillez et organisez cette immense transformation de notre art de soldat.

Mais tout dépendra en fait de la décision politique. Et comment faire confiance à un Daladier, à un Flandin qui a, au lendemain de Munich, envoyé un télégramme de félicitations à Hitler, à un Georges Bonnet, ministre des Affaires étrangères, qui reçoit Ribbentrop à Paris pour sceller un pacte de non-agression avec l'Allemagne de Hitler ? Et les ministres français « juifs » (Mandel ! le collaborateur de Clemenceau) sont écartés de la réception officielle pour ne pas « choquer » le ministre des Affaires étrangères nazi !

De Gaulle ressent ces faits comme une humiliation personnelle, puisque la France capitule devant l'Allemagne de Hitler.

Lorsqu'il passe en revue le personnel politique, il ne voit que Paul Reynaud capable de « remettre la France à son rang ».

Alors, il doit soutenir cet « homme d'État » lucide et qui a fait preuve de courage.

S'il est un jour prochain président du Conseil, peut-être pourra-t-il faire appel à de Gaulle.

« Je suis convaincu de votre succès, lui écrit de Gaulle. Les difficultés sont en proportion de la tâche. Quoi qu'il arrive, veuillez bien ne pas oublier que vous pouvez disposer entièrement de moi. »

Il éprouve une sorte d'impatience. Il est sûr que des événements tragiques vont se produire, et qu'il doit y prendre sa place, mais en même temps tout paraît encore assoupi en cette fin d'année 1938, dans la fausse détente provoquée par les accords de Munich.

Il se tient un peu à l'écart lors de la célébration du mariage de la fille du général Giraud, célébré avec faste à Metz.

Il regarde tous ces officiers généraux venus congratuler leur pair, ce « grand Giraud » qui, avec ses moustaches retroussées, ressemble à un cavalier d'une autre époque, inconscient du caractère nouveau de la guerre mécanique.

Tous entourent avec déférence et servilité l'invité de marque, le maréchal Pétain, marmoréen, qui marque par son impassibilité dédaigneuse qu'il n'oublie rien de la brouille suscitée par la parution de *La France et son armée*, ni n'accepte le succès du livre. La librairie Plon a vendu plus de six mille exemplaires de l'ouvrage que la presse a salué.

De Gaulle pressent que cette élite militaire qu'incarne Pétain, qui a refusé la réforme, ignoré ou critiqué ses livres, n'est pas capable de faire face au défi que lance Hitler à toute l'Europe, et d'abord à la France.

Elle ne veut pas entendre ce que rapportent de Berlin les attachés militaires ou bien le général Vuillemin, le chef d'état-major de l'armée de l'air qui, après avoir été invité par Goering, le ministre de l'Air nazi, déclare : « En quinze jours, l'aviation française serait anéantie. »

En pendant ce temps, que fait Pétain ? Il multiplie les éloges de ce livre du général Chauvineau, *Une invasion est-elle possible aujourd'hui ?* qu'il a préfacé, dont de Gaulle avait déjà lu les épreuves. Chauvineau, spécialiste des fortifications, y déclare : « En France, la guerre d'invasion à vive allure, que l'on appelle encore guerre de mouvement, a vécu... Face à une nation qui a barré sa frontière, le char offensif est sans valeur. » Et on tresse des louanges à ce général ! Inconscience !

De Gaulle est saisi par l'anxiété. Il apprend, le 30 novembre 1938, la mort du vieux colonel Émile Mayer, l'un de ses soutiens, un esprit perspicace et libre. Fini les rencontres dominicales du boulevard Beauséjour. C'est comme si la disparition de Mayer marquait la fin d'une époque.

« Nous aurons une année 39 très agitée, sinon sanglante », dit de Gaulle.

Il éprouve une satisfaction amère lorsque les événements, après quelques semaines, confirment son intuition.

À Rome, les députés fascistes revendiquent, en présence de l'ambassadeur de France, la Corse, Nice, la Tunisie, Djibouti. Le 15 mars 1939, les troupes de Hitler entrent à Prague. Et déjà le Führer menace la Pologne : il réclame l'annexion du couloir polonais qui sépare l'Allemagne de Dantzig. L'Italie envahit l'Albanie et conclut un pacte d'Acier avec l'Allemagne. En Espagne, Franco vainqueur fait défiler à Madrid les détachements italiens et les Allemands qui ont contribué à sa victoire.

La France est cernée, humiliée, acculée.

De Gaulle, chaque jour, est plus tendu. L'épreuve approche, inéluctable. Et le pays ne lui semble pas prêt à y résister.

Il s'élève contre ceux qui prônent à nouveau la capitulation devant Hitler et se recrutent dans tous les milieux. De l'extrême droite fascinée par les régimes fascistes à l'extrême gauche pacifiste. Un Marcel Déat, qu'il avait imaginé sensible aux problèmes de la Défense nationale, proclame qu'il faut refuser de « mourir pour Dantzig ».

La bourrasque vient et elle emporte la plupart des hommes ! Elle va balayer le pays, peut-être le régime.

De Gaulle veut trouver des points d'arrimage. La nation, l'armée. C'est l'évidence. C'est sa foi et son métier. Mais il veut aller au-delà.

Au début du mois de juin 1939, il décide d'envoyer son adhésion aux *Amis du Temps présent*, cette publication catholique autour de laquelle se regroupent les chrétiens hostiles à Hitler et à Franco. François Mauriac est le plus connu de ce cercle de jeunes intellectuels ou de journalistes comme Claude Bourdet et Maurice Schumann. Le député Philippe Serre qui a défendu l'*Armée de métier*, ou Georges Bidault, un professeur catholique et journaliste antifasciste, sont proches de ce groupe.

Ces hommes-là tentent de trouver une réponse aux problèmes du temps, qui ne soit pas celle du communisme, du fascisme ou de l'hitlérisme.

De Gaulle dit à Auburtin :

– Comment accepter un équilibre social qui se paie par la mort de la liberté ? Quelle solution ? Le christianisme, convenons-en, avait la sienne. Mais qui découvrira celle qui vaudra pour notre temps ?

Car si la guerre saccage tout, il faudra un jour reconstruire. Comment ? Avec qui ? Sans doute avec ces hommes-là, et non avec les « élites » qui abdiquent par lâcheté, bêtise ou fascination de l'Italie fasciste ou de l'Allemagne hitlérienne. Ou qui semblent prêtes par ambition personnelle à accepter la défaite de la France.

De Gaulle est atterré quand, au printemps de 1939, il apprend que Pétain a accepté d'être nommé ambassadeur de France auprès de Franco.

Il murmure :

– Pauvre Maréchal ! Il accepte l'ambassade. Il acceptera n'importe quoi tant le gagne l'ambition sénile. C'est terrible et lamentable. Il n'est plus en état d'assumer ses responsabilités.

De Gaulle, tout en marchant dans le parc de La Boisserie, s'interroge.

Qui sont les hommes capables de faire face à leurs responsabilités ?

Si la guerre déferle, comme les menaces de plus en plus précises de Hitler sur la Pologne le laissent penser, même ici à Colombey-les-Deux-Églises, la tempête frappera. Que deviendront Anne, les enfants et Yvonne de Gaulle ?

Ce sera la tourmente. De Gaulle sait que rien, même pas l'amour qu'il porte à Anne, ne pourra l'empêcher d'accomplir son devoir, de relever les défis que le destin lui présentera.

Il rentre à Metz à la mi-août 1939.

Et tout à coup, le 23 août, la nouvelle frappe comme la foudre. Staline et Hitler viennent de signer un pacte de non-agression. Le dictateur rouge s'est convaincu que « les Français resteraient immobiles, qu'ainsi le Reich avait les mains libres et qu'il était préférable de partager avec lui la proie – cette Pologne toujours convoitée par les Germains et les Russes – plutôt que d'être la sienne ! ».

Mais pour la France, c'est la guerre, puisque l'Angleterre décide cette fois-ci de résister à Hitler, de ne pas tolérer le partage de la Pologne. Et que Paris ne peut se couper de Londres.

Voici déjà les premiers télégrammes officiels qui annoncent l'arrivée des réservistes.

Le 26 août, Daladier s'obstine encore à croire qu'en envoyant un message à Hitler il peut arrêter l'engrenage.

Et tous les partisans de l'accommodement répètent qu'il ne faut pas « mourir pour Dantzig ». Mais, le 30 août, Varsovie mobilise. Et le 1er septembre 1939, les Allemands envahissent la Pologne.

La guerre n'est plus qu'une question d'heures.

Le 2 septembre, de Gaulle reçoit un ordre de mission. Il doit se rendre à Wangenbourg, au sud de Saverne, afin de prendre la tête des chars de la Ve armée chargée de protéger l'Alsace en arrière de la ligne Maginot.

Il connaît le général Bourret qui la commande. Bourret a été chef de cabinet de Daladier et a été favorable à l'inscription de De Gaulle sur le tableau d'avancement. Son chef d'état-major est le colonel de Lattre de Tassigny. De Gaulle se souvient de cet officier qui fut l'élève d'Henri de Gaulle.

Il passe une dernière inspection de son 507e régiment. Il a fait de « ce régiment de mécaniciens un régiment de chasseurs ».

Mais, au moment de le quitter, il apprend que le 507ᵉ va être divisé en trois unités distinctes ! Il faudrait une division cuirassée, et on disperse les chars !

Ils n'ont rien compris !

Il arrive à Wangenbourg le 3 septembre 1939. La déclaration de guerre est intervenue il y a quelques heures.

Il est calme. Enfin il va se battre, être confronté à son destin d'homme d'armes pour la deuxième fois de sa vie.

Il sait que pour lui, qui est entré dans sa quarante-neuvième année, et pour le pays, ce sera l'épreuve décisive.

Il pense à tous ceux qui, depuis des années, parmi les élites, qu'elles soient militaires, politiques ou intellectuelles, s'opposent à lui et à ses idées.

Quelle guerre vont-ils faire ? Et veulent-ils même vraiment se battre ?

25

De Gaulle se tourne, baisse un peu la tête. Il toise le général Quilichini. Ils sont côte à côte au sommet d'une hauteur qui domine la plaine alsacienne et, au-delà du Rhin, la Forêt-Noire.

La brume se lève ce 12 septembre 1939, et tout à coup les rafales de mitrailleuses et les départs d'obus des canons légers déchirent ce début de matinée. Quilichini se hausse sur la pointe des pieds. Il est petit, corpulent. Il porte des moustaches roulées. Il tend le bras, montre les unités de la 4e division coloniale qu'il commande. Elles s'élancent à l'assaut du poste de frontière allemand de Schweix, en avant de la ligne Maginot, dans le secteur du camp de Bitche. De Gaulle regarde les chars de la 1re compagnie du 24e bataillon de chars de combat avancer vers la ligne allemande. Il secoue la tête. La colère et la tristesse l'étreignent. Le 24e est « le bataillon de son cœur ». Une unité qu'il a forgée en vue d'en faire l'un des ressorts d'une division cuirassée. Et voilà ces chars dispersés pour une attaque de comédie, un assaut de théâtre, pour faire croire à l'opinion que la France soutient les Polonais. Et il ne s'agit que de s'emparer d'un poste-frontière sans doute déjà évacué par les Allemands. Mais pendant ce temps, les Panzerdivisionen et les stukas écrasent la cavalerie polonaise, et la défaite de Varsovie n'est déjà plus qu'une question de jours.

De Gaulle le sait.

– Créer les corps spécialisés, dit-il, c'est mettre un fer au bout de la lance.

Il montre les chars qui progressent, loin les uns des autres.

– Mais diluer les engins mécaniques, c'est y mettre une pelote d'épingles.

Il dévisage Quilichini qui le regarde avec des yeux ronds, se lisse la moustache. Un homme courageux. De Gaulle le tutoie en souvenir de l'École de guerre. Mais que comprend Quilichini aux nécessités de la guerre moderne! Et les autres généraux, valent-ils mieux?

De Gaulle fait quelques pas. Il aperçoit l'abri bétonné dans lequel, loin en arrière, se trouvent les officiers de la Ve armée, les généraux venus assister au lever de rideau de cette farce.

– Les sinistres imbéciles, les cons, murmure de Gaulle.

Il regagne sa voiture. Il pense à ces « sexagénaires » qui composent le grand état-major.

– Des idoles de la médiocrité! lance-t-il cependant que la voiture démarre, se fraie un passage entre les colonnes de camions, les fantassins, les motos, les side-cars.

On semble avoir convoqué toute l'armée française pour ce simulacre d'offensive générale.

À Wangenbourg, les rues sont boueuses et encombrées.

À la « popote » du général Bourret, tout le monde se félicite des premiers succès. On lève les verres.

De Gaulle se tait, observe ces officiers. Le colonel de Lattre, vif, vaniteux certes, est un officier compétent. Le général Bourret, sorti du rang, est un soldat de « grande classe, simple, direct, pratique, psychologue », confie de Gaulle à son ami Nachin. Il est discipliné. Il applique les consignes. Mais lui aussi, comme Quilichini, paraît ignorer les impératifs de la guerre mécanique. Seul un officier de réserve, le lieutenant René Capitant, un juriste, semble adhérer aux idées de l'armée de métier.

De Gaulle quitte la popote, marche à grandes enjambées vers son cantonnement. Il faut serrer les dents. Combattre cette tristesse et cette amertume qui collent à lui. Agir, perfectionner l'outil dont il a la charge. Il va créer un « centre d'instruction des chars de la Ve armée » à Blamont. Il y fait manœuvrer les R35 pour des périodes de deux semaines. Une fois de plus, il constate que ces chars légers franchissent avec difficulté les obstacles. Il invente un système de « lance-fascines » qui comble les fossés.

Puis il essaie le système de commandement par radio. Insuffisant.

Or, la guerre est à la fois une affaire de vision stratégique, et même géopolitique, où il faut avoir le goût des grandes perspectives, et une question de détail. Il veut associer les deux. Il écrit à l'état-major du général Delestraint :

« Je vous répète qu'il faut trouver les transmissions radio nécessaires à l'échelon chef de bataillon et commandant de groupe de bataillons de chars légers. Sinon, devant les blindés allemands, nos légers seront "couillonnés". »

Voilà pour le détail. Il ajoute :

« Travaillez bien. La guerre sera longue et dure. Ce sera une guerre mécanique. »

Et à nouveau la tristesse. Qui comprend ? Qui veut conduire une vraie guerre ?

Il sent bien que, pour la majorité des élites, il s'agit non pas de se battre mais de s'enfoncer dans l'inaction et la stagnation, afin de parvenir un jour à un accord avec Hitler. Les hommes qui ont approuvé Munich ne se sont pas convertis à l'idée de résister. Ils sont favorables au compromis : la paix à n'importe quel prix. Maintenant que la Pologne a capitulé, pourquoi ne pas répondre aux offres de paix que lance Hitler le 6 octobre 1939 ?

Mais surtout il ne faut pas provoquer l'Allemagne. D'ailleurs comment le pourrions-nous ?

– Notre système militaire a été bâti exclusivement en vue de la défensive, répète de Gaulle à Paul Reynaud.

Il lui écrit. À qui d'autre faire confiance ?

« À mon avis, explique de Gaulle, l'ennemi ne nous attaquera pas de longtemps. Son intérêt est de laisser " cuire dans son jus " notre armée mobilisée et passive, en agissant ailleurs entre-temps. Puis, quand il nous jugera lassés, désorientés, mécontents de notre propre inertie, il prendra en dernier lieu l'offensive contre nous avec, dans l'ordre moral et dans l'ordre matériel, de tout autres cartes que celles dont il dispose aujourd'hui. »

Il s'arrête d'écrire. Est-il le seul dans ce pays à voir cela ? Reynaud lui-même est-il conscient de ce qui se prépare ?

« Bien entendu, continue de Gaulle, l'ennemi se sera auparavant acharné à nous dégoûter des Anglais en évoquant le fait que dix Français sont au front pour un Britannique et en faisant répéter par ses agents qu'il n'a aucun grief à l'égard de la France. »

Et Dieu que ses agents à Paris, dans le milieu de la politique et de la presse, sont nombreux ! On parle d'envoyer un corps expéditionnaire en Finlande afin de soutenir ce petit pays attaqué par l'URSS. Hitler soutient aussi la Finlande ? Peu importe. On y livre des armes et des avions. On évoque une offensive contre les pétroles de Bakou. Et on oublie et fait oublier que l'adversaire principal, c'est l'Allemagne de Hitler. Certains, en fait, préféreraient engager le fer contre Staline !

« À mon humble avis, poursuit de Gaulle, il n'y a rien de plus urgent ni de plus nécessaire que de galvaniser le peuple français au lieu de le bercer d'absurdes illusions de sécurité défensive. Il faut dans les moindres délais possibles nous mettre à même de faire une guerre " active " en nous dotant des seuls moyens qui vaillent pour cela : aviation, chars ultra-puissants organisés en grandes unités cuirassées. »

Il doit écrire cela, le croire possible, tout faire pour convaincre. Mais l'inquiétude, la tristesse encore, le doute sur la capacité des élites à décider à temps le taraudent.

« Mais de qui attendre cet immense effort de rénovation ? demande-t-il à Paul Reynaud. C'est vous-même peut-être qui donnerez une réponse par le fait. »

Il se relit. Il a écrit : *peut-être*. Il n'est même plus tout à fait sûr que Paul Reynaud puisse, malgré son énergie et sa lucidité, échapper au marécage des combinaisons politiques et vaincre les résistances de l'état-major.

Cependant, il faut tout faire comme s'il était possible de balayer ces réticences. Il étudie les méthodes d'action employées en Pologne par les Panzerdivisionen. Il rédige une note pour le « général commandant en chef » afin de préconiser une fois de plus la constitution des grandes unités de chars : c'est en les utilisant que les Allemands ont écrasé les Polonais sur la Vistule !

Il se rend au camp de Blamont : il fait manœuvrer les bataillons de chars. Puis il parcourt les routes, les cantonnements, fait arrêter les véhicules ou les tanks qui circulent. Il descend de voiture, interpelle d'une voix autoritaire le conducteur : « Qui êtes-vous ? Que faites-vous ? Où allez-vous ? » Il vérifie l'état de l'armement, le niveau d'essence. Chaque détail compte.

Il regroupe les bataillons pour en faire des unités plus puissantes, ce fer de lance dont les Allemands se sont servis en Pologne. Il fait manœuvrer les engins blindés dans cette formation devant le général Prételat, commandant le groupe d'armée.

Au terme de l'exercice, Prételat lance d'une voix courroucée :

– C'est un beau carrousel, mais le règlement s'en tient à l'accompagnement de l'infanterie.

Colère ! Ils n'ont tiré aucun enseignement de la guerre de Pologne.

Mais il y a pire. Les élites militaires et politiques sont satisfaites, persuadées qu'elles vont gagner cette « drôle de guerre ».

De Gaulle voit descendre de voiture le président de la République, Albert Lebrun. L'homme est affable, souriant, les yeux vifs. Il porte une gabardine beige, un chapeau au bord roulé. Il passe les chars en revue. Il bruine, ce 23 octobre 1939. De Gaulle, en veste de cuir fauve de tankiste, avec son casque à bourrelet de cuir, est en gants blancs. Il présente les équipages à Albert Lebrun, qui les interroge avec la précision du polytechnicien qu'il est. De Gaulle se penche, écoute. Lebrun est un homme ouvert, compétent. Il se tourne vers de Gaulle, fait quelques pas, dit d'une voix aimable :

– Vos idées me sont connues. Mais, pour que l'ennemi les applique, il semble bien qu'il soit trop tard.

L'accablement. Lebrun n'a-t-il pas connaissance des rapports sur l'offensive allemande en Pologne ? Des centaines de chars avançant de front, des avions attaquant à la bombe et à la mitrailleuse, en piqué !

De Gaulle tente de l'expliquer quelques jours plus tard à Pierre Brisson, le directeur du *Figaro* qui visite l'état-major de la Ve armée à Wangenbourg. De Gaulle regrette la stagnation, « la passivité de nos forces ».

Brisson secoue la tête avec une bienveillance rassurante.

– Ne voyez-vous pas que nous avons déjà gagné la Marne blanche, dit-il.

Ils sont aveugles !

Un sentiment de désespoir et d'impuissance paralyse un instant de Gaulle. Il se reprend. À la popote, il parle avec un détachement rempli d'amertume.

Il faut qu'au moins ces officiers, un jour, *après*, se souviennent. Et peut-être comprendront-ils avant !

– Notre stratégie nous voue à la même défaite que les Polonais, dit-il. Nous n'aurons rien à opposer à ces divisions blindées de Hitler qui se multiplient. Nous n'avons plus d'alliés à l'est... La France est une frange au bord du continent... Nous risquons d'être jetés à la mer.

Il entend le général Bourret qui dit, d'une voix assez forte pour que l'on comprenne son propos :

– Ce de Gaulle est fou, les hommes comme lui nous conduiraient tout droit au désastre.

Bourret a donné le signal. Désormais, à l'exception du lieutenant René Capitant ou bien du duc d'Harcourt, capitaine à l'état-major, les officiers se méfient. On l'évite, comme toujours, pour ne pas se compromettre avec un « fou ».

De Gaulle écoute Capitant lui confier qu'il va tenter de lui ménager une entrevue avec Blum dont il a été le collaborateur. Le chef socialiste, en effet, rend visite au général Bourret.

De Gaulle attend. Puis Capitant, gêné, lui annonce que Blum n'a pas voulu choquer, par une rencontre avec de Gaulle, le général Bourret et l'état-major.

De Gaulle a une moue de mépris. Comment changer la politique militaire si l'on n'ose même pas recevoir, écouter celui qui souhaite cette réforme ?

Et pourtant il faut essayer encore. De Gaulle invite Paul Reynaud à Wangenbourg. Le ministre ne se récuse pas. Au contraire. Au cours d'un dîner offert par le général Bourret et le colonel de Lattre, de Gaulle l'entend avec satisfaction lancer aux officiers : « Messieurs les militaires, c'est à vous de jouer ! Quand y allez-vous ? » De Gaulle l'appuie, défiant le général. Il argumente. Bourret s'impatiente.

– Si l'on attaque au printemps, dit-il d'une voix irritée, le ministre qui l'aura décidé et le général qui l'aura exécuté seront pendus.

Comment imaginer dans ces conditions que ces élites puissent répondre à l'offensive allemande quand elle se déchaînera ?

Il faut donc se préparer à une guerre longue, sans doute à une défaite suivie d'une revanche. Voilà la probabilité.

Il invite à dîner les jeunes sous-officiers qui ont été sélectionnés pour l'École des chars de Versailles. Il se lève à la fin du repas, dit quelques mots : la guerre sera dure, longue.

Il devine l'étonnement de ces jeunes hommes qui vivent la drôle de guerre, imaginant que cette situation est normale.

– La guerre sera dure, reprend de Gaulle, peut-être une guerre de cinq ans, en raison du temps pour obtenir la supériorité nécessaire en chars et aviation.

Il se tait quelques secondes. Il dit d'une voix grave :

– Mais finalement elle sera victorieuse.

C'est l'hiver 1939-1940. Il marche dans la boue du camp d'entraînement de Blamont. Il lance des ordres pour que les chars manœuvrent en masse. Il jette un coup d'œil au lieutenant Capitant qui guide dans la visite du camp des parlementaires britanniques en mission.

De Gaulle se tourne. Ces Anglais ressemblent tous à Chamberlain, l'homme de Munich, leur Premier ministre, col celluloïd, parapluie, chapeau.

– Messieurs, nous avons perdu la guerre, dit tout à coup de Gaulle d'une voix forte.

Il est en tenue de combat. Le casque de tankiste enfoncé sur le front. La bandoulière de son sac de masque à gaz serrant sa veste de cuir fauve.

– Il s'agit maintenant d'en gagner une seconde, ajoute-t-il. Les chars allemands ne passeront pas la Manche, les Américains et les Russes entreront dans le conflit.

Il voit les regards étonnés.

– Le pacte germano-soviétique n'a qu'une durée provisoire, poursuit-il.

Les parlementaires contestent.

– J'ai lu *Mein Kampf*, rétorque de Gaulle.

Mais combien, parmi ceux qui dirigent la France, l'ont-ils lu ?

Il repense à ces jours du mois de mars 1936, lors de la réoccupation de la Rhénanie par Hitler. Il aurait suffi de la détermination des gouvernants et des militaires pour, peut-être, en finir avec le Führer, en le faisant reculer. Mais, depuis, l'engrenage de l'abandon a tourné, l'esprit de capitulation s'est insinué partout.

Les uns veulent voir l'ennemi plutôt dans Staline que dans Hitler. Les autres sont prêts à céder des territoires (Djibouti, le Tchad) à Mussolini pour obtenir sa neutralité. Alors qu'il suffirait de le menacer de la guerre pour le faire taire. Les uns, communistes, dénoncent la « guerre capitaliste » puisque Staline est l'allié de Hitler. Leur chef Thorez déserte ! Et pendant ce temps, certains autres se préparent à la relève politique. On remet à de Gaulle des tracts qui exaltent la personnalité de Pétain, « hier grand soldat, aujourd'hui grand diplomate, et demain ? » On murmure que Pierre

Laval se trouverait derrière cette campagne. Perspective accablante !

Que peut ressentir le peuple dans un tel climat ? Résisterait-il à une offensive allemande victorieuse ou bien serait-il saisi par la panique ?

Ces pensées obsèdent de Gaulle. Il envisage le pire. Pour la France. Pour ses proches. Il partage l'inquiétude de sa sœur, Marie-Agnès, dont le fils est officier.

« Je suis de tout cœur avec votre cœur de maman et de papa, leur écrit-il. Je vous embrasse tendrement. Écrivez souvent à Yvonne pour la distraire et l'encourager. Elle est bien seule et bien soucieuse, d'autant plus que, comme vous le savez, elle ne s'extériorise pas.

« Ne perdez pas de vue mes enfants. Mille choses aux chers vôtres.

« Votre frère très affectionné. »

Il voudrait pouvoir se rendre à Colombey-les-Deux-Églises, mais il ne peut le faire que rarement. Et chaque fois qu'il envisage l'offensive ennemie, il craint pour Anne, Élisabeth, Yvonne de Gaulle et Philippe qui est à l'âge où on confond témérité, imprudence, courage et héroïsme.

Il écrit un mot à Nachin pour lui annoncer qu'il prépare un « mémorandum » où il résumera ses idées.

« Quelques-unes, de vous bien connues, dit-il, mais qui sont maintenant sous le pinceau des projecteurs de la guerre. »

Il compte envoyer quelques dizaines d'exemplaires de ce texte aux hommes qui détiennent le pouvoir, comme dernier appel à leur raison.

« Ma femme est dans la Haute-Marne avec notre pauvre petite, conclut-il, mon fils fait son droit et ses sciences-po, ma fille dans un couvent transféré en Seine-et-Oise.

« Je vous envoie mes meilleures et fidèles amitiés. »

Vie de soldat qui doit bâillonner son inquiétude personnelle et ne penser d'abord qu'à son devoir.

Quelques jours plus tard, il est à Paris. Dans le froid glacial de cette mi-janvier 1940, il remonte la rue de Rivoli. À l'exception des bandes de papier collées sur les vitres, et de la teinte bleutée des éclairages, tout respire la paix. Qui pense ici, à Paris, à la menace qui pèse sur la France ?

Il entre au ministère des Finances. Un huissier le conduit jusqu'à la salle à manger du ministre Paul Reynaud. Léon Blum est déjà là.

– Quels sont vos pronostics ? demande Blum.

De Gaulle le regarde longuement. Ne serait-ce pas à cet homme politique qui a été en charge du pays, qui peut l'être à nouveau demain, de donner sa réponse et non de poser cette question ?

De Gaulle commence d'une voix calme.

– Le problème, dit-il, est de savoir si, au printemps, les Allemands attaqueront vers l'ouest pour prendre Paris ou vers l'est pour atteindre Moscou.

Léon Blum sursaute, écarquille les yeux.

– Y pensez-vous ? répond-il avec une voix où se mêlent l'étonnement et l'irritation. Les Allemands, attaquer à l'est ? Mais pourquoi iraient-ils se perdre dans les profondeurs des terres russes ? Attaquer à l'ouest ? Mais que pourraient-ils faire contre la ligne Maginot ?

Tristesse.

Blum a-t-il lu Mein Kampf *? Et a-t-il oublié tout ce que j'ai pu dire sur la politique militaire absurde conduite depuis des années avec son appui ?*

Il entend Blum qui lui demande pourquoi cet air las, ce ton amer.

– Ce que j'ai n'est rien, dit de Gaulle d'une voix sourde. Le cœur serré, je joue mon rôle dans une atroce mystification.

Il s'interrompt, hausse le ton.

– Je n'ai pas sous mes ordres de division cuirassée pour la bonne raison qu'il n'en existe pas une seule. Les quelques douzaines de chars légers qui sont rattachés à mon commandement sont une poussière. Je crains que l'enseignement de la Pologne, pourtant si clair, n'ait été récusé de parti pris. On ne veut pas que ce qui réussit là-bas soit exécutable ici.

Il se tourne vers Paul Reynaud, qui l'approuve en hochant la tête d'un air désolé.

– Croyez-moi, reprend de Gaulle, tout reste à faire chez nous, et si nous ne réussissons pas à temps...

Il baisse la voix, qui se fait plus dure.

– Nous perdrons misérablement cette guerre ; nous la perdrons par notre faute.

Il quitte en fin de soirée le ministère en compagnie de Léon Blum. Sous les guichets du Carrousel, de Gaulle ralentit le pas.

– Si vous êtes en mesure d'agir de concert avec Paul Reynaud, faites-le, dit-il à Blum, je vous en conjure. J'ai rédigé le plus nettement que j'ai pu mes idées sur l'état actuel de l'armée et sur les mesures immédiates qu'il faudrait prendre. Cela fait une note de quelques pages. Voulez-vous que je l'envoie ?

Il rentre à Wangenbourg. Sur son bureau, la centaine d'exemplaires polycopiés de ce *Mémorandum*. Il en relit le titre : *Mémorandum par le colonel Charles de Gaulle aux généraux Gamelin, Weygand et Georges et à MM. Daladier et Reynaud.*

Il écrit la date : *26 janvier 1940.*

Il dresse la liste des parlementaires et des journalistes auxquels il veut faire parvenir ce *Mémorandum*. Il compte quatre-vingts personnalités.

Il médite longuement devant ces brochures de quelques pages.

Jamais il n'a accompli un acte aussi délibérément contraire aux règles en usage dans l'armée. Il s'adresse non seulement à ses chefs, mais, par l'intermédiaire des députés et des journalistes, à l'opinion. Il a l'audace d'interpeller le président du Conseil qui, il le sait, accepte les idées de l'état-major.

Il mesure les risques.

Malgré la protection de Paul Reynaud, on pourrait prendre prétexte de ce *Mémorandum*, dont les idées sont opposées à la doctrine officielle, pour lui retirer son commandement, le placer dans le cadre de réserve. Mais quoi, s'il ne tente pas l'impossible maintenant, quand le fera-t-il ?

Il apprend que sur le corps d'un officier allemand abattu en vol au-dessus de la Belgique, le 10 janvier, des plans d'invasion des Pays-Bas, de la Belgique et du Luxembourg, et ceux d'une percée des Ardennes ont été découverts. Il a le sentiment qu'il ne s'agit plus, pour l'assaut des Panzerdivisionen, que d'une question de semaines.

Ce *Mémorandum*, c'est la dernière chance. Mais, il en prend conscience, il rompt, en expédiant ce texte, avec la discipline militaire. Il franchit le Rubicon.

Il feuillette ces pages. Il lui semble qu'on doit être convaincu. La démonstration est irréfutable.

« Combien de guerres furent, à leur début, marquées par une surprise, et une erreur de prévision, écrit-il. Ici, c'est " l'inertie " qui est le fait nouveau. Mais c'est un faux-semblant. Les "moteurs combattants " peuvent rompre toutes les lignes de fortifications. »

Il souligne : « À aucun prix le peuple français ne doit céder à l'illusion que l'immobilité militaire actuelle serait conforme au caractère de la guerre en cours. C'est le contraire qui est vrai. »

Les élites, ce peuple endormi par la drôle de guerre, comprendront-elles ?

« On a vu – en Pologne – la ruée des chars et l'assaut des avions anéantir en deux semaines une bonne armée d'un million deux cent mille soldats ! »

Mais il veut aller plus loin. Ce n'est pas seulement de tanks et de divisions cuirassées qu'il s'agit.

Il relit sa conclusion.

« Ne nous y trompons pas ! Le conflit qui est commencé pourrait bien être le plus étendu, le plus complexe, le plus violent de tous ceux qui ravagèrent la terre. La crise, politique, économique, sociale, morale, dont il est issu, revêt une telle profondeur et présente un tel caractère d'ubiquité qu'elle aboutira fatalement à un bouleversement complet de la situation des peuples et de la structure des États... Comme toujours, c'est du creuset des bataillons que sortira l'ordre nouveau et il sera finalement rendu à chaque nation suivant les œuvres de ses armes. »

Rien. Aucune réaction officielle au *Mémorandum*, aucune secousse.

Peut-être un scandale vaudrait-il mieux que ce silence, que ces commentaires méprisants mais chuchotés dans les couloirs du grand quartier général. « Un esprit dangereux », murmure Gamelin. « Un daltonien qui parle des couleurs », dit un autre officier supérieur. Et le général Dufieux, un vieil adversaire, tranche d'un mot : « À rejeter. » Quant au général Georges, il laisse tomber une phrase : « Intéressant, mais la reconstitution n'est pas à la hauteur de la critique. » Et naturellement, Daladier n'a pas jugé bon de lire le *Mémorandum*. Il y a les officiers pour cela. Reynaud approuve, bien sûr. Et Blum se dit convaincu.

Mais on ne changera pas de politique militaire. « On peut donc dire que cette guerre est perdue »,

commence-t-il à écrire à Reynaud, puis il ajoute :
« Mais il est encore temps d'en gagner une autre. »

Que faire en attendant l'épreuve ? Organiser des manœuvres. Lire.

« Vous seriez tout à fait gentil de me faire envoyer quelques livres par Berger-Levrault, écrit-il à son ami Répessé. *Le Voyage du centurion, L'Appel des armes,* de Psichari, et les livres de Pourtalès sur les grands musiciens (Wagner, Beethoven, Mozart, Schubert, etc.). »

« Au revoir, peut-être à bientôt, mon vieux camarade, je vous envoie tous mes sentiments d'affectueuse amitié. »

Il est sûr que Répessé, connu au 33e régiment d'infanterie, lui répondra.

Et tout à coup, une lettre de Paul Reynaud. On pense à lui pour commander la 4e division cuirassée en formation, alors qu'il n'est que colonel. Un moment de joie. Il va pouvoir donner sa mesure. Il remercie Reynaud.

« Dans le commandement qui me sera attribué grâce à vous, je m'efforcerai de démontrer en combattant la valeur des conceptions militaires auxquelles vous avez, sur le plan de l'homme d'État, d'ores et déjà attaché votre nom. »

On sort de l'hiver, et il pressent que la longue période de calme illusoire se termine. Toutes les sources de renseignements confirment que les Allemands concentrent leurs forces à l'ouest. Les Russes viennent de battre les Finlandais, qui signent la paix. C'en est fini des rêves d'attaque contre l'URSS ou d'expéditions en Scandinavie. Daladier démissionne. Et le président de la République charge Paul Reynaud de constituer le nouveau gouvernement le 21 mars 1940.

De Gaulle, dans son appartement de Wangenbourg, est calme, et pourtant en lui c'est une vague d'impatience qui monte. L'événement qu'il prévoyait, qu'il espérait depuis des années s'est enfin produit. Peut-être est-il encore temps. Il reçoit un appel du secrétariat du président du Conseil. Voilà le signe. Reynaud le convoque à Paris.

Dans le grand bureau de l'hôtel Matignon, Reynaud est fébrile. Il parle de manière saccadée. Il doit composer son gouvernement, tenir compte du poids des radicaux-socialistes. Il lui faut donc abandonner la Défense nationale à Daladier.

De Gaulle ressent comme une douleur. L'enthousiasme retombe déjà. Que pourra-t-il faire avec Daladier ? Reynaud pense à lui pour le secrétariat d'un cabinet de guerre qu'il vient de constituer. Comment sera-ce possible avec Daladier ?

Il accepte pourtant d'explorer la situation et de rédiger la déclaration que Paul Reynaud doit prononcer à la Chambre des députés le 23 mars.

Il s'assied dans les tribunes du public en compagnie de Dominique Leca, un collaborateur de Reynaud. Il n'aime pas cette atmosphère confinée, ces murmures des députés, ces haussements d'épaules, ces interruptions quand Reynaud déclare : « L'enjeu de cette guerre totale est un enjeu total. Vaincre, c'est tout sauver. Succomber, c'est perdre tout. »

De Gaulle connaît ses phrases. « Nous tiendrons les dents serrées avec au fond du cœur la volonté de combattre et la certitude de vaincre. »

Toutes les interventions des députés, à l'exception de celle de Léon Blum, noble et forte, sont médiocres, chargées de rancunes, d'arrière-pensées.

« Séance affreuse », dit de Gaulle.

Il regarde les députés qui, l'un après l'autre, montent à la tribune pour déposer leur bulletin de vote, dans le brouhaha.

268 voix – dont 153 socialistes – contre 156 voix et 111 abstentions ! Une voix de majorité. Et elle est discutée !

De Gaulle est accablé. Il écoute Reynaud lui expliquer que le président du groupe radical-socialiste lui a lancé : « Vous n'avez plus qu'à vous retirer. » Reynaud a refusé, mais doit tenir compte de cet état d'esprit. Il ne peut prendre Blum dans son gouvernement. Il va placer au comité de guerre Paul Baudoin, directeur général de la Banque d'Indochine.

De Gaulle se tait. Baudoin est l'un des partisans les plus farouches d'une politique d'apaisement à l'égard de Hitler !

Quel bourbier ! Que peut Reynaud ? Daladier aurait déclaré, apprenant que de Gaulle pouvait être secrétaire du comité de guerre : « Si de Gaulle vient ici, je quitterai ce bureau, je descendrai l'escalier et je téléphonerai à Paul Reynaud qu'il le mette à ma place. »

Que faire ? Retourner à Wangenbourg. Il rend visite à sa sœur. Il est amer. Reynaud va être contraint à l'impuissance.

– La politique me dégoûte, dit-il. Je viens de la Chambre. J'ai assisté à une séance. C'est écœurant.

Avant de rentrer à Wangenbourg, il se rend au château de Vincennes où le général Gamelin l'a convoqué. Il parcourt les couloirs, traverse les salles silencieuses. Il a l'impression de se trouver dans un couvent. Il s'étonne. Gamelin a choisi de séparer son quartier général en trois : le général Georges est à La Ferté-sous-Jouarre, le plus à l'est, et le général Doumenc et les services administratifs à Montry.

Gamelin est calme. Il dévoile une carte, annonce qu'il s'attend à une attaque allemande dans les prochaines semaines. Mais il est prêt. Il fera entrer ses troupes en Belgique. Il est sûr de lui.

Et si l'attaque principale allemande se portait sur la Meuse, à Sedan ?

La question semble ne pas le préoccuper. Il a un plan. Il s'y tient. De Gaulle, silencieux, écoute Gamelin lui confirmer que, bien que colonel, il sera chargé de commander la 4ᵉ division cuirassée.

Un sentiment de fierté envahit de Gaulle. L'état-major, hostile pourtant, doit reconnaître ses mérites et lui attribuer la fonction d'un général. Il dit à Gamelin qu'il mesure l'honneur exceptionnel qui lui est fait et les devoirs que cela implique.

– Je comprends votre satisfaction, dit Gamelin. Quant à votre inquiétude, je ne la crois pas justifiée.

De Gaulle salue. Il respecte « l'intelligence, l'esprit de finesse, l'empire sur soi » de ce « grand chef ». Et pourtant il ressent un malaise. Cet homme s'apprête dans son « cloître à assumer tout à coup une responsabilité immense, en jouant le tout pour le tout sur un tableau » que de Gaulle « estime mauvais ».

Il retrouve Wangenbourg, ses bataillons de chars. La 4ᵉ division ne sera formée que le 15 mai.

Il attend encore. Il a fait ce qu'il devait faire. Mais que peut-on changer en s'enlisant dans le monde parlementaire ? Il ne retournera auprès de Paul Reynaud que lorsque la situation politique sera éclaircie.

« Comme vous le voyez, je suis retourné au front, confie-t-il à sa "bien chère maman". Les relations entre Paul Reynaud et Daladier étaient trop tendues pour que je puisse travailler utilement. »

Cependant, il lui semble que chaque jour l'orage approche davantage. Seul fait positif, un accord a été conclu le 28 mars entre Londres et Paris interdisant à chaque pays de conclure une paix séparée.

Mais, lorsque Anglais et Français veulent contrôler les côtes de Norvège – « la route du fer est coupée », a dit Paul Reynaud –, ce sont les Allemands qui envahissent en quelques jours la Norvège et le Danemark.

L'amertume l'étreint à nouveau. Il s'exclame :

– L'affaire de Norvège est une victoire de plus à l'actif de la force mécanique ! Hélas, une fois de plus cette victoire est allemande.

Il écrit à Paul Reynaud. Il doit convaincre le président du Conseil, tenter encore de le forcer à se débarrasser de tous ceux qui l'entravent.

« Répétons que le corps militaire, par conformisme inhérent à sa nature, ne se réformera pas tout seul. C'est une affaire d'État – la première de toutes. Il y faut un homme d'État. En France, le grand homme de cette guerre sera Carnot ou ne sera pas.

« Vous seul, Monsieur le Président, pouvez, devez mener cette tâche à bien. »

Et une fois de plus il écrit qu'il est prêt à le « servir dans cette œuvre capitale ». Mais il est si tard, déjà !

Il apprend que Reynaud s'apprête à démissionner afin de se débarrasser de Daladier et de Gamelin. C'est fait le 9 mai 1940.

Un planton réveille de Gaulle à l'aube du 10 mai. Les troupes de Hitler franchissent les frontières belge, hollandaise et luxembourgeoise.

C'est la foudre.

« 10 mai 1940

« Ma chère petite femme chérie,

« Voici donc la guerre, la véritable guerre commencée. Je serais cependant assez surpris si les opérations actuelles de Hollande et de Belgique devaient constituer vraiment la grande bataille franco-allemande, cela viendra à mon avis un peu plus tard...

« En tout cas il faut s'attendre à une activité croissante des aviations et, par conséquent, prendre des précautions. Pour toi, pour le tout-petit, pour Mademoiselle, Colombey serait un bon gîte... Fais donc bien attention, de jour, à rentrer et faire rentrer s'il y a alerte, et le soir à bien éteindre les lumières... Pour Philippe, à Paris, il faut qu'il ne fasse pas inutilement le " malin " si l'on tire... »

On signale les mouvements de sept Panzerdivisionen en direction des Ardennes et de la Meuse.

Il se souvient. Le 15 août 1914, il a été blessé là, au bord de ce fleuve.

26

De Gaulle déplie les cartes, les pose sur ses genoux, puis regarde la route. Le chauffeur tente de se faufiler parmi les convois de camions et d'artillerie qui montent vers le nord.

Ce 11 mai 1940, toutes les voies d'accès autour de Wangenbourg sont encombrées.

De Gaulle se penche. Le ciel est sans nuage. Un temps propice aux attaques aériennes. Déjà des avions d'observation ont survolé le quartier général de la Ve armée, puis sont venus les stukas attaquant en piqué dans le hurlement de leurs sirènes.

La voiture s'arrête.

– Avancez, dit de Gaulle brutalement.

Il est impatient, tendu, partagé entre la colère et la détermination. C'est maintenant, dans les quelques jours qui viennent, que va se jouer le sort du pays. Et il sait, il pressent que c'est aussi le moment où il va rencontrer son destin.

Il ne peut en être autrement.

Il examine les cartes cependant que la voiture a recommencé à rouler, lentement, et qu'il lance au chauffeur sans lever la tête : « Accélérez, débrouillez-vous. »

Il compulse les communiqués du grand quartier général, et les dépêches qu'il a reçues à Wangenbourg.

Après des mois de stagnation. Le sol tremble. La foudre tombe. La stratégie allemande est d'une clarté aveuglante. On entre en Belgique. Gamelin applique son plan, va à la rencontre des troupes du Reich, et pendant ce temps les Panzerdivisionen attaquent dans le secteur des Ardennes, perçant cette ligne mal fortifiée. Pétain prétend que l'on ne peut franchir le massif forestier. Et les quelques blockhaus qui le bordent ne sont pas terminés. Ils ne comportent ni porte métallique ni artillerie ! Puis les Panzerdivisionen se rabattront vers le nord, vers Abbeville, Calais, Dunkerque, et les troupes franco-anglaises entrées en Belgique seront prises dans une nasse.

Le sort du pays va se décider sur la Meuse, comme en 1870, comme en 1914. De Gaulle répète les phrases qu'il a écrites tant de fois, découvrant cette blessure de la frontière française qui met Paris à quelques heures de la Belgique sans qu'aucun obstacle naturel interdise l'avance de l'ennemi. Il a décrit cela. Et personne n'a lu, personne n'a écouté. On n'a pas constitué le corps cuirassé qui pourrait s'opposer aux Panzerdivisionen. On dispose pourtant de trois mille chars et de huit cents automitrailleuses, mais ils sont dispersés. Et maintenant, alors que les motocyclistes allemands avancent vers Sedan – ce nom sinistre aux accents de défaite – et vont vers Dinant – là où par miracle il est resté en vie –, on le presse de rejoindre sans délai Le Vésinet où, dans le secteur de Saint-Germain, se constitue la 4e division cuirassée, dont il a le commandement.

Il est bien tard !

– Plus vite, plus vite, ordonne-t-il au chauffeur.

Il va devoir être impitoyable. Il va devoir imposer aux hommes dont il sera le chef une discipline de fer. Parce que ce qui est en jeu dépasse chaque vie. Et tout doit être soumis à un seul objectif, sauver la patrie, vaincre.

Il voit entrer dans le salon de la villa Beaulieu au Vésinet, où il s'est installé, les officiers qui doivent composer l'état-major de la 4e division. D'un regard, il les arrête afin qu'ils se tiennent au garde-à-vous, à six pas de lui, comme l'exige le règlement. Pas de familiarité. Pas de laisser-aller, pas de bavardages inutiles. Questions courtes. Silence.

Il interroge chacun d'eux au cours du déjeuner, dans cette éclatante journée du 12 mai. Les avant-gardes des Panzerdivisionen sont aux portes de Sedan, et franchissent les ponts de Dinant.

Il interroge. Affectation antérieure ? Ancienneté dans le grade ? Chefs sous lesquels vous avez servi ?

Ça, un état-major ? Ça, une division cuirassée ?

Les officiers n'ont, à deux ou trois exceptions près, aucune expérience. Les conducteurs de char n'ont qu'une durée de conduite de quatre heures sur les engins lourds, les plus puissants d'Europe, les B1 bis. Le grand quartier général a désigné comme sous-chef d'état-major un officier manifestement incapable.

De Gaulle lui jette un coup d'œil.

– Je ne veux pas de vous, demain vous serez malade.

Quant au chef d'état-major, nommé par le ministère, il se permet, sous prétexte qu'il a servi sous les ordres du général Estienne, de donner son point de vue.

– Je n'ai que faire de vos avis, je vous donne des ordres, dit de Gaulle.

Il ne dort que quelques heures. Comment donner du temps au sommeil quand il faut tout organiser, passer en revue les hommes, au Vésinet, à Chatou, s'apercevoir que les chefs de char n'ont jamais tiré au canon, que le bataillon d'infanterie associé à la division cuirassée est transporté en autobus !

De Gaulle marche au milieu des chars de modèles différents qui composent cette division improvisée.

Il contient sa colère. Et parfois elle explose, injuste, il le sait. Mais constater ces carences, alors que depuis des années il prêche, Cassandre une fois encore inutile, une réforme que Gamelin, Georges, Weygand, Pétain ont combattue, rend irritable !

Il entre, le 15 mai au matin, dans le bureau du général Doumenc, à Montry, l'un des sièges du grand quartier général.

De Gaulle regarde les grandes cartes où les flèches rouges marquent la progression des panzers. Tout va encore plus vite et plus mal qu'il ne l'avait imaginé dans ses pires prévisions. Les Panzerdivisionen de Guderian, après avoir franchi la Meuse, se laissent glisser dans la vallée de la Serre, en direction de Montcornet, le nœud des routes qui vont vers Saint-Quentin, Laon et Reims.

De Gaulle s'approche des cartes. Les Allemands, à n'en pas douter, remonteront vers Laon, Saint-Quentin, Abbeville sur la Somme pour fermer la nasse et y emprisonner les troupes franco-anglaises.

— Le commandement, dit Doumenc, veut, pour barrer la route de Paris, établir un pont défensif sur l'Aisne et sur l'Ailette. La VIe armée commandée par le général Touchon va s'y déployer.

Doumenc pointe un doigt sur la carte.

— Avec votre division opérant seule en avant dans la région de Laon, vous avez à gagner le temps nécessaire à cette mise en place. Le général Georges, commandant en chef sur le front nord-est, s'en remet à vous quant aux moyens à employer. D'ailleurs, vous dépendrez de lui seul et directement ; le commandant Chaumel assurera la liaison.

Il sort du bureau du général Doumenc. Il aperçoit Philippe qui patiente dans une salle de l'état-major. Il a envoyé une voiture le chercher à Paris, car il veut le voir avant de partir au front. Il a souvent été sévère avec cet enfant. Il se souvient d'une gifle qu'il lui a donnée alors que Philippe l'appelait innocemment « Charles ». On ne transige pas avec l'autorité et le respect. Il a aussi été un père absent, préoccupé, et un père autoritaire imposant le silence. Mais maintenant, Philippe est un homme de dix-neuf ans qui veut préparer l'École navale. Le temps du garçon souvent malade est passé ! Il s'approche. Il est grave mais serein parce qu'il a confiance en ce fils. Il lui indique qu'il faut que sa mère et la pauvre petite Anne quittent Colombey pour rejoindre Suzanne Vendroux, près d'Orléans.

– Je te remets ce que je peux d'argent pour tout le monde, car je ne suis pas sûr que les délégations et virements parviennent à leurs destinataires.

Puis il ajoute :

– En tout cas, très confidentiellement, sache que la situation est très sérieuse. Il faut vous préparer, toi et ta sœur, à quitter Paris sans attendre le dernier moment, quand ce ne serait que pour aller vous occuper d'Anne et de votre mère.

Il regarde longuement Philippe, puis d'un mouvement brusque l'embrasse.

Philippe paraît surpris et ému.

C'est vrai qu'il est un père peu démonstratif.

Un quart d'heure s'est à peine écoulé. De Gaulle quitte Montry pour La Ferté-sous-Jouarre, où le général Georges l'attend.

Il est 11 heures. Il fait un temps immuablement beau, chaud. Le ciel est limpide. Les stukas doivent s'en donner à cœur joie. De Gaulle traverse les salles du grand état-major. Que font ici tous ces officiers ? Ils devraient être pour la plupart au contact de l'ennemi, ne fût-ce que pour en rapporter à Georges des informations récentes.

Georges est calme. Il était l'un des destinataires du *Mémorandum* expédié le 26 janvier. Il est l'ami du général Giraud. Il fait partie de ces grands chefs, les « théologiens » accrochés à leur guerre passée, à leurs théories défensives. Georges est cordial.

– Allez, de Gaulle ! dit-il. Pour vous qui avez depuis longtemps les conceptions que l'ennemi applique, voilà l'occasion d'agir.

Agir ! Il le veut. Ce sont les pires conditions pourtant, mais il sent en lui une ardeur que rien ne pourra détruire. Il part aussitôt pour Laon avec sa division.

Vers 16 h 45, le 15 mai, il voit le capitaine de Nadaillac qui ouvre la voie en side-car lui faire signe de s'arrêter. On est à quelques kilomètres de Soissons. Les routes sont encombrées de réfugiés, de soldats débandés. Nadaillac fait état de rumeurs annonçant l'arrivée des Allemands.

De Gaulle observe ce flot désespéré qui révèle la déroute militaire et la démoralisation de cette population bernée, assoupie par la drôle de guerre, droguée par les discours pacifistes et persuadée qu'elle était à l'abri de la ligne Maginot. « Peuple éperdu ! »

De Gaulle est saisi par « une fureur sans bornes ».

– Ah, c'est trop bête, la guerre commence infiniment mal. Il faut donc qu'elle continue. Il y a pour cela de l'espace dans le monde. Si je vis, je me battrai où il faudra tant qu'il faudra, jusqu'à ce que l'ennemi soit défait et lavée la tache nationale.

Il en fait silencieusement le serment.

Il lance à Nadaillac :

– Retournez. Si vous trouvez des gens qui vous disent : des Allemands sont en tel point en tel nombre, avec tel matériel, faisant telle chose, je m'arrête à Soissons. Sinon nous continuons.

Il progresse jusqu'à Laon, s'installe à Bruyères, au sud-est de la ville.

Le 16, il parcourt les routes sous le même ciel limpide, que traversent les stukas.

Partout des réfugiés et des soldats désarmés. Leurs unités se sont débandées devant les panzers. Les Allemands leur ont demandé de jeter leurs fusils et de marcher vers le sud, afin de ne pas encombrer les routes. « Nous n'avons pas, leur a-t-on crié, le temps de vous faire prisonniers ! »

C'est comme si on le giflait. Voilà l'humiliation que subit le pays et dont les élites sont responsables !

Il écoute le prévôt de la division lui rendre compte qu'il a rassemblé des soldats ayant conservé leurs armes mais dont la combativité est douteuse. De Gaulle a une moue de mépris.

– Laissez-les aller, dit-il. Ces gens-là ne m'intéressent plus.

Il multiplie les reconnaissances. Il faut tenter de rassembler les éléments épars. Il faut faire vite. Déjà les patrouilles ennemies sont au contact le long du canal de la Sissonne. Heureusement, les premiers chars arrivent.

De Gaulle revêt sa vareuse de cuir et prend son casque à bourrelet. Il s'installe en bout de table, préside le repas, dans la salle de la maison de Bruyères où l'état-major est installé. Il écoute le capitaine Huart lui raconter qu'il vient de croiser sur les bords du canal le général Touchon, qui risque ainsi de se faire enlever.

– C'est ce qu'il aurait de mieux à faire, répond de Gaulle.

Il a jugé le général Touchon. Un homme qui n'ose pas se dégager de l'application stricte des plans du haut commandement, même quand ils sont dépassés.

De Gaulle sort. Le soleil est éclatant. Il fume, immobile, en regardant vers Montcornet. Il doit s'emparer de ce nœud de communication.

Il rentre dans la maison, dicte une procuration étendue en faveur de Mme de Gaulle. Puis il lui écrit :

« Ma chère petite femme chérie,

« Me voici en pleine bagarre. Appelé hier d'extrême urgence pour constituer une division. À ce point de vue tout va bien. On m'a donné ce qu'on pouvait me donner. Nous verrons bientôt la suite.

« Les événements sont *très* sérieux. J'ai confiance que nous parviendrons à les dominer. Cependant il faut s'attendre à tout. Rien de bien urgent, d'ailleurs, pour toi, quoi qu'il arrivera... Assure-toi *très discrètement* d'un moyen de transport éventuel...

« Hier soir j'ai vu Philippe, dix minutes. Il va bien... »

Il ne peut dormir. Il pense à ces derniers jours. La seule bonne nouvelle a été la désignation de Winston Churchill comme Premier ministre. Mais tout le reste est sombre. Les Hollandais ont capitulé le 15 mai. On estime à plus de deux mille les chars allemands qui se sont engouffrés dans la brèche ouverte à Sedan. Et qu'a fait Paul Reynaud ? Au lieu de prendre des mesures radicales, il a décidé de nommer le maréchal Pétain vice-président du Conseil, et de remplacer Gamelin par Weygand ! Le Maréchal arrive de Madrid et Weygand de Beyrouth. L'un a plus de quatre-vingts ans, et l'autre plus de soixante-dix ! Et tous deux ont empêché toute réforme du système militaire ! Tous deux n'ont même pas répondu au *Mémorandum*. Et ce sont ces chefs-là que Paul Reynaud veut symboliquement avoir auprès de lui !

La colère saisit de Gaulle. Il connaît les arguments de Paul Reynaud.

Pour neutraliser Pétain, mieux vaut l'avoir au sein du gouvernement qu'à l'extérieur. Illusion.

Il reste donc à agir ici, à tenter sur le terrain d'arrêter cette déroute qui s'annonce.

Il est minuit le 16 mai. De Gaulle convoque le commandant Bescond qui est le chef du bataillon des chars lourds. De Gaulle observe cet officier à la stature puissante, qui met l'accent sur les difficultés de l'assaut contre Montcornet. Les chars viennent seulement de descendre des trains. Le ravitaillement n'est pas organisé. La DCA et l'artillerie inexistantes.

De Gaulle reste impassible, puis, d'une voix sèche, dit :

– Il me faut Montcornet. Vous êtes le défenseur du char B. À vous de montrer ce qu'il vaut.

Il ajoute :

– Allez gagner votre cinquième ficelle à Montcornet.

C'est l'assaut dans le brouillard dense de l'aube. Les chars font reculer les Allemands. Montcornet est atteint. De Gaulle déplace son PC vers l'avant. Il s'emporte. Le ravitaillement en essence tarde. Il veut sur chaque homme, sur chaque unité, exercer une pression constante. Il interpelle un sous-officier, menace de le faire fusiller parce qu'il vient se ravitailler alors qu'il a encore cent vingt litres d'essence dans son réservoir de quatre cents.

Dans l'après-midi, les stukas apparaissent, attaquent sans cesse. Des unités de panzers arrivent en renfort. De Gaulle reste calme. À la popote, il préside, silencieux, le repas. Un cuisinier passe la tête.

– On dit que les Allemands sont par là ? interroge-t-il.

De Gaulle se tourne à peine, lance :

– Dis donc, est-ce qu'il y a dans tes casseroles quelque chose qui ne va pas ? Va voir, car nous voulons d'abord prendre notre repas; ensuite, on verra.

De Gaulle passe devant les prisonniers allemands, plus d'une centaine. Les voilà, ces soldats vainqueurs, vaincus à leur tour. Il observe les tankistes de sa division. Quelque chose a changé après cette journée. « Il se dégage une impression d'ardeur générale. Allons, les sources ne sont pas taries. » Et cependant, on ne peut rester dans Montcornet. « Enfants perdus à trente kilomètres en avant de l'Aisne, il nous faut mettre un terme à une situation pour le moins aventurée. »

Il effectue encore quelques reconnaissances dans sa Renault noire Vivastella, ou bien en sidecar. Il est fier d'avoir pris sa décision d'attaquer Montcornet, puis du succès remporté par ces deux assauts, des chars légers et des chars lourds. Le commandant Bescond est mort, mais les pertes en hommes sont légères, lourdes en matériel. Les Allemands, eux, ont été durement frappés.

Il dort quelques heures. Puis, ce 18 mai, il examine les cartes, passe l'inspection des différentes unités. Il observe à la jumelle les automitrailleuses allemandes qui font de brèves et prudentes reconnaissances. Les combats de Montcornet n'ont pas été vains ! L'ennemi sait que la résistance française existe. Et la VIᵉ armée a pu établir sa ligne de défense sur l'Aisne.

À 10 h 20, de Gaulle prend connaissance « pour exécution » de l'ordre qui est donné par le général Georges au général Touchon.

« J'attache la plus grande importance à ce que vous agissiez, dans le plus bref délai, sur les éléments blindés ennemis qui vous sont signalés au nord de la Serre, de manière à arrêter leur mouvement sur l'Oise... »

Il faut donc préparer l'offensive en direction de Laon et Crécy-sur-Serre, vers Saint-Quentin et Abbeville. On va attaquer l'ennemi sur son flanc.

Il lit dans le regard des officiers une question : où sont la DCA, l'infanterie, l'artillerie, les réserves de ravitaillement ?

Un officier ose exprimer ses inquiétudes.

– Pour la deuxième fois, dit de Gaulle, je vous rappelle que, quand je donne un ordre, on l'exécute sans discuter.

Il faut faire taire tous les doutes, lancer ces hommes et leurs engins à l'attaque.

Jusqu'à la rive de la Serre, tout va bien. Mais, au nord de la rivière, l'ennemi est en position : blindés, artillerie lourde.

– En fait, murmure de Gaulle, nous sommes au contact des grandes unités allemandes qui affluent vers Saint-Quentin.

Il se tient debout, seul. Il a fait placer la voiture Renault avec son chauffeur sous un bouquet d'arbres. Lui observe les combats à découvert. Il imagine ce « qu'eût pu faire l'armée mécanique dont il a si longtemps rêvé ».

Mais l'heure est à l'action et non au regret.

Au début de l'après-midi du 19 mai, sous le bombardement des stukas, un motocycliste apporte un ordre du général Georges d'avoir à cesser l'attaque. Le déploiement de la VIe armée est accompli.

Se replier alors qu'on est décidé à se battre et qu'on mène des attaques fructueuses qui retardent l'ennemi ?

De Gaulle décide de continuer à combattre, en avant de la VIe armée, un jour de plus.

À la nuit tombante, il convoque le capitaine de Nadaillac.

Par les routes encombrées, dans l'obscurité totale, il gagne avec lui Moussy où se trouve l'état-major du général Touchon.

De Gaulle entre dans la vaste salle où se tient Touchon. Une grande carte est tendue sur le mur. Il s'approche. Il s'agit une fois encore d'essayer de convaincre, de bousculer les préjugés, les habitudes, de concevoir un plan audacieux.

– La 4ᵉ division cuirassée, *ma* division, commence de Gaulle, pourrait attaquer à nouveau et, si le général Touchon lui associait deux autres divisions qui avanceraient dans le sillage de la 4ᵉ, on pourrait bousculer l'ennemi, tenter de rétablir la liaison avec le groupe d'armées du Nord.

Tout en parlant, de Gaulle sent que Touchon n'acceptera jamais s'il n'a pas reçu un ordre précis du grand quartier général. Et qui le donnera ? Pétain est maintenant effectivement vice-président du Conseil, et ce 20 mai Weygand a remplacé Gamelin. On a perdu du temps. Les Panzerdivisionen se sont emparées d'Amiens et d'Abbeville, et ont établi au sud de la Somme des têtes de pont.

De Gaulle répète sa proposition et Touchon refuse une nouvelle fois. L'ordre est de se replier derrière l'Aisne et d'attendre les nouvelles directives.

Attendre ! Alors que chaque heure enfonce davantage la France dans la défaite.

Il faut donc rentrer.

Il rédige un ordre d'opération : « Le commandant de la division connaît la fatigue de tous, mais il connaît aussi leur esprit de devoir et compte que chacun fera énergiquement et vaillamment ce qu'il a à faire. »

Il est 23 h 30.

Il doit dormir quelques heures. On le réveille déjà. Il entend des tirs d'armes automatiques. Les Allemands ne sont pas loin. Il faut repasser l'Aisne. Il voit ces routes encombrées que les stukas mitraillent. Comment douter que l'armée se défait, que le pays se décompose ?

On roule. On atteint Trucy. Voilà plusieurs jours qu'il ne peut se reposer plus de quelques heures. Il s'endort dans une salle de classe de l'école de Trucy. On l'appelle. Il maugrée.

– Depuis quand se permet-on de troubler le repos de son commandant de division ?

Il écoute les explications. Des automitrailleuses allemandes se sont mêlées au flot des réfugiés et des soldats désarmés. Elles progressent rapidement, non loin du PC.

De Gaulle s'indigne. Affolement, intoxication. Un officier arrive en courant. Les camions dont il avait la charge ont été encerclés et pris par ces automitrailleuses. Il faut en admettre la réalité.

– Eh bien, allons ! dit de Gaulle.

Il traverse l'Aisne au pont d'Arcy dans sa Renault noire qui roule au pas dans la foule accablée. On arrive à Savigny-sur-Ardres, une petite rivière qui se jette dans la Vesle, l'affluent de l'Aisne.

D'un geste, il désigne la plus grosse maison du village, une demeure du XVIe siècle située en face de l'église. Il va y installer son poste de commandement.

C'est le 21 mai. Il fait toujours beau. Il apprend que les trois autres divisions cuirassées françaises ont été anéanties. La 4e est la seule qui demeure encore constituée. Il appelle un officier, qu'on le conduise aux différentes unités.

Il fait arrêter la voiture devant un détachement du 2e bataillon de chars. Il voit le lieutenant rassembler les hommes, les faire aligner dans n'importe quel ordre. Qu'est-ce que cela ? Le lieutenant donne son nom, Jourdain.

– Existez, Jourdain ! lance de Gaulle. Présentez-les-moi dans un ordre établi.

Il s'éloigne de quelques pas, revient, interroge les soldats. Certains ont abandonné leur char sans avoir eu la possibilité de le détruire.

– On doit périr avec sa machine, dit-il sèchement.

Puis il ajoute :

– Et c'est pour cela qu'on les propose pour les citations !

L'officier explique. Ces hommes ont combattu avec héroïsme. Un chasseur portant les documents du bataillon, chiffres et ordres, séparé des autres et cerné, s'est enterré jusqu'au cou dans un champ de blé. Il faut qu'une patrouille aille le rechercher.

– Ce sont des braves, ajoute de Gaulle en regardant les hommes au garde-à-vous. Mais ce sont des couillons !

Il rentre à Savigny, convoque aussitôt une réunion des chefs de corps. Il regarde les cartes posées sur une table. Il a le sentiment que le quartier général hésite, qu'une « sorte d'inhibition morale » le paralyse alors qu'il faudrait agir vite, avec résolution. Mais les chefs laissent l'armée se défaire et bientôt ils demanderont l'armistice !

Il lève les yeux au moment où pénètre dans la salle le commandant du 2e bataillon de chars. Sa tenue est négligée. De Gaulle se redresse.

– Vous arrivez à cette réunion d'état-major comme à une partie de pêche et sans carte, dit-il d'une voix cinglante. Je vous renvoie à Tours !

Que peut faire la troupe si même les officiers se laissent aller ?

Il reste seul. Il feuillette les dépêches reçues. Paul Reynaud a prononcé un discours devant le Sénat, dans lequel il a fait l'éloge de Pétain ! Comment vaincre dans une telle confusion ?

On lui annonce qu'un officier du grand quartier général l'attend afin d'enregistrer une déclaration sur la situation militaire pour une émission quotidienne de radio, « Le quart d'heure du soldat ». Est-il prêt à prononcer une courte allocution ?

Il écrit rapidement quelques phrases, puis sort dans la cour.

Au-dessus des huit tilleuls, ce 21 mai, le ciel est d'un bleu immaculé. Il aperçoit au-delà du porche la façade de l'église de Savigny-sur-Ardres. Un camion d'enregistrement est garé dans la cour. L'officier s'approche avec un micro dont le câble serpente sur les pavés jusqu'au camion.

De Gaulle regarde droit devant lui. Il tient son texte dans la main gauche. Pour la première fois, il va s'adresser à tout le pays.

« C'est la guerre mécanique qui a commencé le 10 mai, dit-il. En l'air et sur la terre l'engin mécanique – avion ou char – est l'élément principal de la force. L'ennemi a remporté sur nous un avantage initial. Pourquoi ? Uniquement parce qu'il a plus tôt et plus complètement que nous mis à profit cette vérité... Le chef qui vous parle a l'honneur de commander une division cuirassée française. Cette division vient de durement combattre : eh bien, on peut dire très simplement, très gravement – sans nulle vantardise –, que cette division a dominé le champ de bataille de la première à la dernière heure du combat. »

Il évoque « la puissance d'un tel instrument ».

« C'est cela qu'il nous faut pour vaincre. Grâce à cela, nous avons déjà vaincu sur un point de la ligne.

« Grâce à cela, un jour, nous vaincrons sur toute la ligne. »

Il s'éloigne lentement. Il est serein. Tout est clair. Et quelles que soient les péripéties de cette première phase de la guerre, il est sûr que la France sera un jour victorieuse. Il le faut. Il ne peut prévoir la succession des événements. Mais il connaît le terme. Et il ne peut qu'être l'un des acteurs de cette histoire. Il le veut.

Il prend une feuille. Il écrit.

                                              « 21 mai 1940

« Ma chère petite femme chérie,

« Je t'écris au sortir d'une longue et dure bagarre qui s'est d'ailleurs *très bien* déroulée pour moi. Ma division se forme en combattant et l'on ne me refuse pas les moyens car, si l'atmosphère générale est mauvaise, elle est excellente pour ton mari...

« Le jour de ta fête, j'étais en plein combat et ce combat – chose rare depuis le début de cette guerre – fut un combat heureux. Dans la pensée je t'ai envoyé mes vœux les plus tendres, Yvonne. »

Il reçoit ordres et contrordres. Et parfois il a l'impression que le quartier général contrôle la situation. Et puis des rafales de mauvaises nouvelles se succèdent.

Les Britanniques se sont repliés à Dunkerque et à l'évidence ils se préparent à rembarquer pour l'Angleterre.

Weygand semble vouloir réagir. Le 22 mai, ordre est donné à la 4e division de « prendre sans délai la direction d'Abbeville et d'attaquer l'adversaire qui a installé au sud de la cité une tête de pont solidement tenue ».

Il réunit les chefs de corps, trace l'axe de progression de la division. On passera par Fismes, Soissons, Villers-Cotterêts, Compiègne, Montdidier, Beauvais : près de deux cents kilomètres sur des routes envahies par les réfugiés.

Il faut aller vite. Des chars tombent en panne. On improvise des unités. Il faudra se lancer dans la bataille dès qu'on sera parvenu au contact de l'ennemi.

Le 23 mai, un motocycliste le rejoint, porteur d'une lettre de Paul Reynaud. Le président du Conseil lui annonce qu'il vient de signer sa promotion au grade de général de brigade à titre temporaire à compter du 1er juin. C'est Weygand qui a proposé cette nomination.

Enfin on commence à admettre ce qu'il apporte à l'armée. Et cette nomination décuple son énergie et la certitude qu'il a dans son destin. Peut-être pourra-t-on redresser la situation.

Le 24 mai, alors que la division avance en direction d'Abbeville, il écrit dans la voiture.

« Ma chère petite femme chérie,

« Toujours la bagarre. Mais les choses de mon côté ne vont pas mal. J'ai comme l'impression que la surprise est surmontée et que nous allons vers le rétablissement. Mais que de plumes nous aurons laissées et laisserons encore.

« Je suis général depuis hier...

« Je t'ai fait envoyer ce matin des liasses de lettres et de papiers que j'avais gardés et que je te demande de ne pas perdre. Il y en a d'importants. »

Qui peut savoir ce qu'il advient d'un soldat qui se bat ?

Les stukas attaquent la division. On signale des avant-gardes allemandes ici et là. Et toujours ce flot, cet exode des populations, de ces « soldats sans armes qu'on avait appelés pour un autre destin ».

Il ajoute quelques mots :

« Rien de bien neuf, mais cela barde...

« Mille tendresses à ma petite femme chérie. »

Cinq jours de route et voici la tête de pont allemande.

C'est le crépuscule du 27 mai 1940. Il passe parmi les unités : « Cent quarante chars en état de marche et six bataillons d'infanterie appuyés par six groupes d'artillerie » doivent donner l'assaut au front sud de la tête de pont.

L'assaut va commencer.

Il trace quelques lignes à la hâte :

« Ma chère petite femme chérie,

« Je pense beaucoup à toi et à nos enfants. Philippe et Élisabeth devraient bien m'écrire un mot... J'ai envoyé 2 000 francs aux Dames de Sion – pour Élisabeth. J'enverrai la même somme à Stan – le collège Stanislas – dans quelques jours et te ferai parvenir les talons des mandats.

« Pour le moment je crois qu'il vaut mieux que tu ne restes pas à La Boisserie. Mais tu devrais tâcher d'y faire prendre ton argenterie car les maisons non habitées risquent – je le vois – le pillage non pas tant des troupes que des réfugiés. Philippe pourrait faire cela avec la voiture de Jean R. »

Il va être 18 heures. La bataille s'engage.

Il suit des yeux les vingt-neuf chars lourds, des B1 bis, qui s'avancent vers le village de Huppy. Il en voit certains s'immobiliser dans un chemin creux cependant que d'autres réussissent à déboucher dans Huppy, écrasant les haies, forçant les Allemands à abandonner leurs positions. Les pertes ennemies sont lourdes.

Il aperçoit en gagnant Huppy des dizaines de corps étendus dans les haies. De nombreux Allemands se sont rendus. D'autres villages sont conquis.

L'ennemi a donc reculé. Maintenant, il faut tenir. Il convoque les colonels. En les nommant, il les arrête à dix mètres de lui.

Dans une bataille en cours plus encore que dans un cantonnement, on ne doit pas oublier les distances réglementaires. Il les regarde. Les officiers se mettent au garde-à-vous. Pas de mots inutiles.

– Colonel de Ham, vous êtes à Bienfait, vous y tiendrez le village jusqu'à demain matin. Colonel François, vous êtes à Mesnil-les-Trois-Fœtus, vous tiendrez le village jusqu'à demain matin.

Il faut lancer une deuxième vague d'assaut en direction de Mont-de-Caubert.

Il fait quelques pas en compagnie de l'aumônier de la division.

– Cette guerre, murmure-t-il, n'est qu'un épisode d'un affrontement de peuples et de civilisations. Ce sera long... Mais j'ai confiance, le dernier mot restera à la civilisation la plus élevée et la plus désintéressée, la nôtre, la civilisation chrétienne.

Il allume une cigarette.

– Ce que je crains le plus, voyez-vous, c'est la transversale musulmane qui va de Tanger au Pakistan. Si cette transversale passe sous obédience communiste russe ou, ce qui serait pis, chinoise, nous sommes foutus...

Il s'éloigne. Il regrette de s'être laissé aller ainsi, mais c'était comme une détente nécessaire. Et puis la campagne de France, il en est persuadé, n'est que l'aspect d'un affrontement mondial. Lorsqu'il est entré dans ces salles du grand quartier général, qu'il a vu les grands chefs penchés sur leur plan directeur, il a eu envie de leur crier : « Regardez la mappemonde ! »

Il passe devant un groupe de prisonniers. Il remarque un jeune officier nazi qui, en attendant d'être soigné, achève d'arracher avec son poignard des lambeaux de chair à son bras déchiqueté par l'explosion d'une mine. Les dents serrées, l'officier lance :

– Vous êtes foutus ! Les Français sont foutus ! Vous résistez, c'est inutile ! Pourquoi vous obstinez-vous ?

De Gaulle s'éloigne de quelques pas. L'officier ajoute :

– Ah, de Gaulle, de Gaulle, le génie des chars...

De Gaulle ne tourne même pas la tête.

Dans l'une des salles du château de Huppy, les officiers prennent leur repas. Un immense drapeau à croix gammée leur sert de nappe.

De Gaulle écoute leurs propos optimistes. Il reste impassible. Il ne s'assoit pas. Il allume cigarette sur cigarette. Il comprend ces jeunes officiers et cependant il a envie de les houspiller. Hier, les Belges ont capitulé. Les Anglais rembarquent à Dunkerque.

L'aumônier s'approche à nouveau, s'étonne qu'il reste ainsi solitaire.

– Qu'on me foute la paix, marmonne de Gaulle. Qu'on ne m'emmerde plus.

Puis il se tourne brutalement vers l'aumônier. Il baisse encore la voix. Mais c'est pour lui-même qu'il parle.

– La poussée allemande est irrésistible. On reculera jusqu'à la Loire. Là, j'espère qu'on tiendra assez fortement et assez longtemps pour me permettre de débarquer en Bretagne avec les chars neufs que j'irai chercher en Angleterre. Alors je couperai les lignes ennemies, je rejoindrai le Massif central et le Morvan.

Il semble découvrir l'aumônier.

– Les Anglais sont des partenaires qui n'aiment jamais abandonner une partie, dit-il d'une voix plus forte. Ils lâcheront notre territoire, mais ne lâcheront pas la guerre sur leur propre terrain. Avec eux, tout peut tenir jusqu'à la victoire.

Il repart faire une reconnaissance. Il distingue dans l'obscurité des groupes de prisonniers. L'ennemi ici a été battu. Il faut qu'il en avertisse Paul Reynaud dès le retour au poste de commandement.

Il aperçoit trois chars déchenillés. Il fait arrêter la voiture. Il cherche des officiers responsables de cette unité. Il s'approche.

– Comment, dit-il d'une voix dure, vous savez que nous manquons de matériel et que le matériel est notre force essentielle, et vous abandonnez trois chars sans faire tout ce que vous pouvez pour les rendre utilisables ! C'est indigne de vous ! C'est une lâcheté et presque une trahison, rompez !

Il remonte en voiture. Il se reproche cette violence. Mais comment exprimer la rage qui l'habite devant cette guerre dont il avait prévu le déroulement et qu'on a laissé s'engager dans les pires conditions !

Et puis il est tendu. Il faut qu'il dorme.

Il rentre au château de Huppy. Un officier s'avance. Le colonel François est mort, annonce-t-il.

De Gaulle reste impassible.

– Qui le remplace ? demande-t-il.

394

Puis il gagne un coin sombre de la salle, s'assied dans un fauteuil, les jambes allongées sur un deuxième siège. Il va essayer de s'assoupir. Il le faut. Le sommeil est nécessaire à la guerre, comme l'apparence de l'insensibilité. Il ferme les yeux.

C'est le 30 mai. Les Allemands contre-attaquent avec de nouvelles unités. Les stukas bombardent sans discontinuer, piquant vers le sol dans le ciel bleu.

Il inspecte les unités. La pression allemande est de plus en plus forte. Il est convaincu maintenant que la première partie de la guerre est perdue. Reynaud a parlé de « réduit breton » où l'on résisterait. Pourquoi pas ? Il faut à tout prix « garder l'espérance ».

Le PC où il rentre est bombardé par les stukas. Il faut continuer à fumer malgré les explosions, se moquer de l'aumônier qui cache mal sa peur : « Comment, vous avez la foi et vous auriez la tremblote ? » Un sifflement plus déchirant encore. Une bombe s'enfonce dans la terre à quelques mètres du perron, sans éclater.

– Vous voyez, ils ont même des bombes qui n'éclatent pas, dit de Gaulle d'une voix ironique.

Il est réellement indifférent au danger. Il a le sentiment que la mort ne viendra pas ainsi, alors qu'il n'a pas accompli ce qu'il doit, ce qu'il porte en lui. La mort le prendra quand il ne pourra plus agir. Elle sera comme une conclusion juste, mais en ce moment elle interromprait une phase à peine commencée.

Il reçoit le 31 mai l'ordre d'arrêter l'offensive sur Abbeville – la division va être relevée – et de se rendre auprès de Weygand le 1er juin.

Il faut partir à l'aube. Les routes sont désertes, comme si tout le pays s'était vidé. Il lit les derniers messages reçus. Il découvre la citation à l'Ordre de l'armée que Weygand lui accorde. « Officier admirable de cran et d'énergie. A attaqué avec sa division la tête de pont d'Abbeville, très solidement tenue par l'ennemi. A rompu la résistance allemande et progressé de quatorze kilomètres à travers les lignes ennemies, faisant des centaines de prisonniers et capturant un matériel considérable. »

La fierté qu'il éprouve est immédiatement brisée par l'amertume et la colère. Si les divisions cuirassées auxquelles Weygand s'était opposé avaient existé, est-ce que Lille aujourd'hui – il lit cela sur l'un des messages – se serait rendue ?

Il lève la tête. Il pense aux siens, à son père. La mort lui a évité cette souffrance d'une humiliation nouvelle. Lille occupée, Paris menacé ! Et sa mère ? Il l'imagine résolue et en larmes. On dit que les Panzerdivisionen de Rommel s'apprêtent à franchir la Somme. Heureusement, sa mère doit être en Bretagne, déjà, à Paimpont. Il pense à Anne, aux enfants, à sa femme. Il faut qu'ils s'éloignent.

La voiture roule maintenant dans un Paris calme, beau, désert sous le ciel du premier jour de juin d'une intensité bleue qui éblouit.

Il fait arrêter la voiture devant le tailleur Petit-Demange, proche de l'École militaire. Il faut qu'on change aussitôt sa veste d'uniforme et son képi afin qu'il porte ses deux étoiles de général de brigade.

Puis il se fait déposer chez Paul Reynaud, rue Saint-Dominique, au ministère de la Guerre. Ici aussi, tout est calme. Il éprouve, après ces semaines de combats, de tension, d'insomnie, une sensation d'irréalité.

– Où en est-on ? demande-t-il à Dominique Leca, le directeur de cabinet de Paul Reynaud.

– Weygand commence à parler d'armistice. Il pose déjà la question de l'ordre intérieur.

De Gaulle a un mouvement de colère. Rien ne le surprend dans les intentions de Weygand. Et Pétain doit être dans les mêmes dispositions. Et derrière eux s'avance la clique des défaitistes, des pacifistes, des munichois, de tous ceux qui ne voulaient pas « mourir pour Dantzig ».

– Weygand ne pense qu'à ses conseils d'administration, lance de Gaulle avec mépris.

Weygand siège en effet à celui de la Compagnie de Suez. Peut-on être généralissime et homme d'argent ? !

Il entre chez Reynaud. Quelques mots seulement pour évoquer les combats de Montcornet et d'Abbeville, puis la situation militaire.

– Weygand est pessimiste, dit Reynaud.

Il faudrait un sursaut.

De Gaulle est prêt à servir. À prendre la tête de l'ensemble des forces cuirassées, ou bien à assumer toute autre fonction auprès de Reynaud, ici, au ministère de la Guerre.

Reynaud paraît à la fois déterminé et incertain. Il a vu Churchill hier, à Paris. L'Angleterre ne capitulera jamais, a dit le Premier ministre.

– Nous sommes liés à eux par un traité signé le 28 mars, rappelle de Gaulle.

Reynaud approuve avec conviction. Et pourtant il y a comme une hésitation en lui.

Tout au long du trajet qui conduit de Paris au château de Montry où s'est installé Weygand, de Gaulle se tait.

Sur qui donc la France peut-elle compter ? Les grands chefs militaires, Weygand, Pétain, sont des hommes vieillis et déjà, de Gaulle en est convaincu, résolus à capituler. Reynaud, le seul homme politique à être lucide et courageux, semble vaciller. Autour de lui, Pétain, Baudoin et ce lieutenant-colonel de Villelume, son chef de cabinet, que de Gaulle a aussitôt jugé comme un partisan de l'armistice, le harcèlent. Sans compter ces hauts fonctionnaires qui conseillent Reynaud et qui sont acquis eux aussi à l'idée de la cessation des combats, tel Yves Bouthillier. Et puis cette femme, l'égérie de Reynaud, qu'on croise dans les couloirs du ministère, Mme Hélène de Portes, qui donne son avis sur tout et qui veut elle aussi qu'on arrête de se battre.

Personne, donc? De Gaulle a un sentiment de vertige. Si c'était cela, son destin? Être celui qui prend en charge cet avenir que tous ceux qui ont mission de le sauvegarder abandonnent?

Weygand, en haut du grand escalier du château de Montry, lui donne l'accolade, le félicite. Il est chaleureux, affectueux même.

De Gaulle répond avec précision aux questions sur l'emploi des douze cents chars dont dispose encore l'armée française. Il faudrait les regrouper, dit-il. Il est prêt à en prendre le commandement. Le général Delestraint pourrait devenir inspecteur des chars.

Weygand écoute, puis, en s'avançant vers la grande carte qui couvre tout un mur, le bras levé, il expose la situation.

– Je serais, dit-il, attaqué le 6 juin sur la Somme et sur l'Aisne. J'aurais sur les bras deux fois plus de divisions allemandes que nous n'en avons nous-mêmes. Si...

De Gaulle reste immobile. Il fixe Weygand. Le généralissime énonce une série de conditions qui lui permettraient de redresser la situation. « Si... si... si... »

Puis il hoche la tête.

– Sinon ! conclut-t-il.

Tout est clair. Weygand sait qu'il ne rassemblera pas toutes les conditions nécessaires, donc il a déjà décidé de capituler.

De Gaulle descend à ses côtés le grand escalier du château de Montry. Cet homme aimable, intelligent, n'a pas « la passion âpre et exclusive qui caractérise le chef ». Reynaud l'a choisi par facilité, parce qu'il était comme Pétain un « drapeau ». Quel drapeau ? Celui d'un homme qui n'a jamais exercé un commandement, celui d'un brillant second de Foch.

Reynaud, Weygand, Pétain, tous les autres n'ont pas compris que, « face aux grands périls, le salut n'est que dans la grandeur ».

De Gaulle passe la nuit à Montry.

Dans la voiture qui, le 2 juin, se dirige vers son poste de commandement du château de Fontaine-Lavaganne, dans la région de Beauvais, il médite. Pour le pays et pour lui, les quelques jours qui viennent vont être décisifs.

Il rédige pour Weygand un compte rendu de leur entretien. Il veut prendre date.

« Je me permets de vous confirmer très simplement par écrit ce que j'ai cru devoir vous dire... Les divisions cuirassées, c'est notre garde, je me propose pour commander ce corps. »

Même si la possibilité d'être entendu est infime, même si le temps où l'on peut agir est sans doute déjà écoulé, il doit tenter cela, proposer cela.

Arrivé à son poste de commandement, il décide aussitôt d'inspecter les unités. Les hommes paraissent surpris par sa sévérité, la vigueur de ses critiques. Ne se rendent-ils pas compte de la situation ? Comme si l'on pouvait à cet instant ménager les susceptibilités !

Il se retire dans le petit salon du château qui lui sert de bureau, il écrit.

« Ma chère petite femme chérie,

« La deuxième grande bagarre que j'ai menée avec ma division s'est terminée par un grand succès vers Abbeville. Tu as dû en voir l'écho au communiqué (400 prisonniers, beaucoup de matériel pris). Je viens d'être cité à l'Ordre de l'armée pour cette affaire. Actuellement, repos et reconstitution dont nous avions un extrême besoin.

« Je crois qu'il vaudrait mieux que tu trouves quelque chose de meublé pour attendre la fin de la crise. Ce serait de préférence soit en Charente, soit en Dordogne ou en Haute-Vienne, soit en Bretagne (vers Brest)... Je t'enverrai 1 500 francs par mois à partir du 30 juin. Je suis passé hier à Paris et ai vu Philippe cinq minutes. Il est bien. Très compréhensif. Très tendu.

« Écris-moi bien. Même si je te réponds irrégulièrement. Depuis le 15 mai, je n'ai pas dormi trois nuits. »

Il s'interrompt longuement. Il pense aux siens. Il trace ces lignes qui le déchirent :

« J'ai de *très* graves inquiétudes au sujet de Charles Cailliau, grièvement blessé (?) en Belgique le 14 mai. Mais attends un peu pour en parler. »

Il faut préparer Marie-Agnès à la mort de son fils.

Comme si cela était possible. Il écrit un mot à sa sœur.

« Je partage toutes tes angoisses, car Charles est (je ne *veux* pas dire : *était*) un merveilleux sujet, un magnifique officier.

« Je t'embrasse du plus profond de mon cœur. Et je t'embrasse encore.

« Ton frère qui t'aime. »

Puis il ajoute quelques mots sur la lettre à Yvonne de Gaulle.

« Je t'embrasse de tout mon cœur qui t'aime, ma chère petite femme. Rien ne compte plus que ceci : il faut sauver la France. »

C'est le 2 juin 1940. L'aumônier entre dans le petit salon. Il propose de célébrer la messe ici, pour la France, et pour les siens, sa famille, et la division.

De Gaulle fait oui d'un signe de tête. L'aumônier commence. De Gaulle reste debout. Il prie. « Il faut sauver la France. »

Les nuits de juin sont courtes.

Le lundi 3, il parcourt en voiture les routes du secteur où la division est rassemblée. Il va de bois en bois, là où se sont camouflés les chars espérant échapper aux stukas. Il décore de la croix de guerre avec palme un conducteur qui est allé sous les balles rechercher son char immobilisé un temps par un incendie. Il ne s'attarde que quelques minutes. Il passe devant les hommes. « Salut, l'escadron ! » lance-t-il, puis, après avoir écouté la liste des hommes qui se sont comportés héroïquement au combat, il dit seulement : « Au revoir, l'escadron ! »

Il n'est pas indifférent, mais cette période de l'histoire lui semble close. Les événements vont si vite. Les navires anglais ont évacué les troupes britanniques de Dunkerque, et maintenant Londres accepte d'embarquer les Français. Aujourd'hui, 3 juin, la radio vient d'annoncer que l'aviation allemande a bombardé Paris.

Il regagne en voiture le château de Fontaine-Lavaganne. Il a le sentiment de l'urgence. C'est l'avenir qui importe. Et il doit s'y engager, quitte à négliger quelque peu ces hommes qui ont valeureusement combattu. Chaque minute compte. Il écrit à Paul Reynaud. Qui d'autre peut agir au sommet de l'État ?

« Monsieur le Président,

« Nous sommes au bord de l'abîme et vous portez la France sur votre dos. Je vous demande de considérer ceci :

« 1) Notre première défaite vient de l'application par l'ennemi des conceptions qui sont les miennes...

« 2) Après cette terrible leçon, vous qui, seul, m'aviez suivi, vous êtes trouvé le maître, en partie parce que vous m'aviez suivi...

« 3) Mais, une fois devenu le maître, vous nous abandonnez aux hommes d'autrefois... qui perdent cette nouvelle guerre.

« 4) Les hommes d'autrefois me redoutent parce qu'ils savent que j'ai raison et que je possède le dynamisme pour leur forcer la main...

« 5) Le pays... saluerait avec espoir l'avènement d'un homme nouveau, de l'homme de la guerre nouvelle.

« 6) Sortez du conformisme des situations acquises, des influences d'académie. Soyez Carnot ou nous périrons. Carnot fit Hoche, Marceau, Moreau.

« 7) Venir près de vous comme irresponsable ? Chef de cabinet ? Chef d'un bureau d'étude ? Non, j'entends agir avec vous, mais par moi-même. Ou alors c'est inutile et je préfère commander.

« 8) Si vous renoncez à me prendre comme sous-secrétaire d'État, faites tout au moins de moi le chef du corps cuirassé... Je suis seul capable de commander ce corps qui sera notre suprême ressource. L'ayant inventé, je prétends le conduire. »

Il relit.

Il devait écrire ces phrases sans ménagement. La situation ne permet ni les formules de politesse ni les détours de l'habileté. S'il faut frapper du poing, hausser le ton pour se faire entendre, il le fera à nouveau. Mais Reynaud est-il encore capable de s'extraire du bourbier dans lequel, par sa manière politicienne de traiter les problèmes, il s'est enfoncé ? Pourra-t-il échapper à la pression qu'exercent sur lui Pétain, Weygand, Baudoin, Villelume, Mme de Portes ? Et tous ceux qui, derrière Laval ou Déat, veulent prendre leur revanche de la défaite qu'ils ont essuyée en 1934 ou 1939 ?

De Gaulle déjeune à la popote de l'état-major, dans la grande salle du château de Fontaine-Lavaganne. Il ne parle pas, n'écoute même pas les propos qu'échangent à mi-voix les officiers. Il fume puis lentement se tourne vers le capitaine Viard, qu'il estime.

– Venez avec moi, lui demande-t-il.

Il marche dans le parc du château, puis il s'arrête, fait face à Viard.

– Que pensez-vous de la situation ?

Il a besoin de parler, en tête à tête. Il prête peu d'attention à la réponse de Viard, selon qui tout dépend des réserves stratégiques dont dispose le commandement.

– Il n'y a plus rien, murmure de Gaulle en recommençant à marcher. Et que croyez-vous qu'il va arriver ? Eh bien, je vais vous le dire : les Allemands vont liquider la poche de Dunkerque, puis ils vont nous offrir l'armistice.

Viard secoue la tête d'un air incrédule. Il refuse de croire que la guerre peut se terminer ainsi, sur cette défaite.

– Ils vont nous offrir l'armistice, reprend de Gaulle, et le gouvernement acceptera, oui, même Paul Reynaud, même Daladier accepteront. Après quoi, ils vont masquer l'armée française et foncer sur l'Angleterre.

La journée du 5 juin 1940 commence, chaude, éclatante. C'est l'aube et ce n'est qu'un répit.

De Gaulle écrit :

« Ma chère petite femme chérie,

« À mon avis le nouvel effort ennemi est imminent. Bien que j'aie l'espoir qu'il sera pour nous moins malheureux que le premier, il faut bien prévoir que cela tourne mal encore une fois. Aussi ne dois-tu pas retourner à Colombey pour le moment. Il te faut trouver une villégiature, par exemple en Bretagne... du côté de Paimpont où se trouvent les Xavier qui pourraient te rendre service. Je t'ai envoyé hier 1 500 francs et tu peux compter que j'en ferai autant et même 2 000 ou 2 500 à la fin de ce mois et à la fin de chaque mois.

« J'ai maintenant la quasi-certitude que le pauvre Charles Cailliau a été bravement tué près de Charleroi (où il était né). Cela me fait beaucoup de peine. J'ai écrit à Marie-Agnès et à Alfred pour les préparer à cette immense douleur... »

Un motocycliste entre bruyamment dans la cour du château, franchit en courant les marches du perron. Voilà, l'offensive allemande est déclenchée. Rommel vient de franchir la Somme, il se dirige vers Rouen et Le Havre.

De Gaulle sent tout son corps se tendre sous l'effet de la colère. S'il y avait eu deux masses de chars français, comme il l'avait proposé à Weygand, l'une sur la basse Seine, l'autre entre la Seine et la Marne, les Allemands auraient hésité à foncer ainsi.

Maintenant, qui pourra les arrêter ? Il faudrait organiser un repli en Afrique du Nord, ou bien vers le réduit breton. Mais d'abord, se battre.

Il se rend à Auneuil pour prendre des ordres au PC du général Frère, commandant de la VIIe armée dans la zone de qui se trouve la 4e division.

Autour de Frère, on dépouille les rapports alarmants. L'atmosphère est lourde.

– Nous sommes malades, dit Frère. Le bruit court que vous allez être ministre. C'est bien tard pour la guérison. Ah ! du moins, que l'honneur soit sauvé !

Ne rien préjuger. Se tenir prêt à toutes les éventualités. Il organise le déplacement de la division. Au loin, Beauvais est recouvert par la fumée d'un immense incendie. Une escadrille de stukas bombarde la voie ferrée proche du château de Fontaine-Lavaganne. On fixe le nouveau poste de commandement au château de Beaufresne, au Mesnil-Théribus.

De Gaulle, en y arrivant, aperçoit le général Delestraint effondré, immobile et sans voix. Puis le général se redresse, marche vers de Gaulle.

– La radio, dit-il, vient d'annoncer votre nomination comme sous-secrétaire d'État à la Guerre.

L'instant du destin.

De Gaulle se tourne vers le chef d'état-major, le commandant Chomel :

– Préparez les papiers, je signerai et je partirai.

Au moment de passer à table, il ajoute :

– Chomel, je vous emmène à Paris.

D'un mouvement des épaules, il balaie les réserves de Chomel, qui prétend être incapable de tenir ce rôle.

– Si vous ne faites pas mon affaire, je vous renverrai, dit-il.

Il donne à Chomel un texte qu'il vient de rédiger. « Je tiens à dire à tous, officiers, sous-officiers et soldats, quelle a été ma fierté de les avoir sous mes ordres dans les combats victorieux menés par la division depuis le 15 mai. J'ai la certitude que la division va poursuivre ses succès et sera un élément capital du triomphe final de la France. »

De Gaulle, à un moment, se penche et murmure :

– Plus d'autre espoir que d'acheter des chars russes. Pourvu qu'on puisse tenir jusqu'à leur arrivée.

Il passe dans le salon du château de Beaufresne. Les officiers y sont rassemblés. Ils sont au garde-à-vous, graves, tendus. Il les dévisage l'un après l'autre, serre la main de chacun d'eux, puis dit d'une voix sourde, la gorge serrée :

– Je tiens à vous remercier. Je suis fier de vous. Vous saurez faire votre devoir.

Il s'interrompt, ajoute :

– Vous pouvez disposer.

Et, sans se retourner, il gagne sa voiture.

Septième partie

*Je m'apparaissais à moi-même
seul et démuni de tout, comme un homme
au bord d'un océan qu'il prétendrait
franchir à la nage*

6 juin 1940 – 17 juin 1940

27

De Gaulle attend. La voiture vient de s'immobiliser dans la cour du ministère de la Guerre, rue
Saint-Dominique. C'est la fin de la matinée du
6 juin 1940. Le chauffeur, en uniforme de tankiste
– vareuse de cuir et casque à bourrelet –, se précipite, ouvre la portière arrière droite, salue.

Alors de Gaulle descend.

Il regarde la petite foule qui se presse dans la
cour. Il y a des officiers et des civils, sans doute des
membres du cabinet du président du Conseil, qui a
choisi de s'installer au premier étage de l'hôtel de
Brienne pour bien marquer qu'il est aussi ministre
de la Défense nationale et qu'il dirige donc personnellement les armées.

Des photographes se précipitent.

De Gaulle sent cette curiosité, cette avidité
même avec laquelle on le détaille. Il porte des leggings. Sa veste aux larges poches plaquées couvre
le haut de la culotte de cavalier. Il arbore sur ses
manches les deux étoiles de général de brigade.

Il avance lentement vers le perron, le bras
gauche replié, tenant dans sa main des gants
blancs.

Il lui semble qu'au fond de lui, quelles qu'aient
été les péripéties et les difficultés de sa vie, il a toujours su qu'un jour viendrait le moment où il accé-

derait à ce lieu, là où se prennent les décisions qui concernent toute la nation.

C'est l'instant. Et c'est aussi l'heure de la tragédie. C'est à ce croisement qu'il se trouve. Là est son destin. Il se sent si calme, si sûr de lui.

Il parcourt d'un coup d'œil cette cour. Il voit ces groupes qui se forment après son passage, ces gens qui chuchotent ou continuent de l'observer. Il les devine englués dans la quotidienneté des choses, incapables de s'arracher à l'inertie, à la stagnation qui guette toute vie. Lui a toujours voulu voir plus loin que les circonstances, quel que soit le risque que l'on prenne à dire ce que l'on devine de l'avenir. Quelles que soient l'amertume et la douleur que l'on puisse éprouver à être Cassandre. Ce qu'il a été.

Mais maintenant, ce rôle est terminé. Il participe au gouvernement. Il n'est plus un exécutant, car même un général obéit aux ordres. Désormais, il est celui qui est investi de l'autorité politique.

Dominique Leca, le directeur de cabinet de Paul Reynaud, l'accueille. Le président du Conseil est au téléphone. Il faut patienter.

Leca fait part des dernières nouvelles de l'offensive allemande qui se développe sur la Somme. Les Anglais se seraient repliés, et les troupes de Rommel avanceraient vers Forges-les-Eaux.

De Gaulle écoute. Il se sent au-delà du désespoir et du pessimisme. Si cette guerre-là est perdue, il faut en préparer et en gagner une autre. Et c'est possible. Il suffit de le vouloir. Et pour la première fois sa volonté, son espérance et ses compétences peuvent directement peser sur le cours général des choses.

Sa détermination, il le perçoit, rassure Leca qui l'interroge sur les combats de Montcornet.

– Les Allemands, dit de Gaulle, nous les avons aplatis.

Il a acquis aussi cette expérience-là. Il a vu que ses soldats sont capables d'être d'excellents combattants à condition que leurs chefs veuillent et sachent se battre.

Mais si, parmi les troupes débandées qui errent sur les routes, on trouve un général de corps d'armée, quelle peut être la détermination à se battre d'un deuxième classe ? Si Pétain reste vice-président du Conseil, et Weygand généralissime, qui peut croire qu'il existe une volonté de vaincre ? Il devine aux regards que lui lancent Baudoin, sous-secrétaire d'État, et le colonel de Villelume, qu'on va tenter de l'isoler, de le réduire à l'impuissance. Mais il ne cédera sur rien.

Et il faut veiller à chaque détail. D'un signe de tête, puis d'une voix méprisante, il refuse le bureau que Baudoin et Villelume lui proposent. Il veut rester dans la proximité immédiate de Reynaud. Il veut élargir ses compétences. Il sera sous-secrétaire d'État à la Guerre et à la Défense nationale. C'est ainsi. Il l'exige. Leca, puis Roland de Margerie, le chef du cabinet diplomatique de Reynaud, le soutiennent.

Il faut désormais que chacun choisisse son camp. Il compose rapidement son cabinet, accepte comme aide de camp le lieutenant Geoffroy Chaudron de Courcel que lui envoie l'état-major – un diplomate parlant l'anglais – puis Jean Laurent, proche de Reynaud et de Gaston Palewski, directeur de la Banque d'Indochine, pour diriger le cabinet. Il appelle Jean Auburtin, consigné dans sa caserne à Saint-Cloud. Il le fait détacher au ministère. Il veut autour de lui des hommes dévoués, efficaces, décidés à continuer le combat.

Il est enfin introduit chez Paul Reynaud. Il observe le président du Conseil, « assuré, vif, incisif, prêt à écouter, prompt à juger ». Mais Reynaud est-il capable de trancher ? Pourquoi Pétain, Weygand, Baudoin sont-ils encore en place ? Pourquoi ce Jean Prouvost, ministre de la Communication ? Suffit-il d'être propriétaire de *Paris-Soir* et de *Marie-Claire* pour entrer au gouvernement de la France ? Est-on sûr de lui, de Camille Chautemps ?

Reynaud écarte les objections. Pétain, répète-t-il, « mieux vaut l'avoir dedans que dehors ».

– Je crains que vous n'ayez à changer d'avis, commence de Gaulle.

Plus que jamais il doit tout dire. Il parle calmement mais avec une totale assurance. L'avenir se dessine devant lui.

– Les événements vont aller maintenant très vite, continue-t-il, le défaitisme risque de tout submerger... À moins d'un miracle, nous n'avons plus aucune chance de vaincre dans la métropole, ni même de nous y rétablir. D'ailleurs, le commandement, foudroyé par la surprise, ne se ressaisira plus.

Il doit conforter Reynaud dans sa volonté de combattre.

– Vous connaissez mieux que personne, reprend-il, de quelle atmosphère d'abandon est enveloppé le gouvernement. Le Maréchal et ceux qui le poussent vont avoir désormais beau jeu.

Reynaud paraît fasciné. Qui d'autre lui tient ce langage dans son entourage ? Peut-être Leca et Margerie.

De Gaulle a aperçu dans les couloirs Mme Hélène de Portes. La maîtresse du président du Conseil va d'un conseiller à l'autre, ses cheveux noirs frisés remontés sur le haut de la tête, la bouche toujours entrouverte, agitant les mains, parlant d'une voix décidée, autoritaire, les yeux ardents, et le corps bien dessiné. Cette femme-là intervient sur tout, influence Paul Reynaud, veut le conduire à céder au défaitisme, peut-être à se retirer pour ne pas assumer l'échec de cette première partie de la guerre.

– Sans renoncer à combattre sur le sol de l'Europe aussi longtemps que possible, ajoute de Gaulle, il faut décider et préparer la continuation de la lutte dans l'Empire.

De Gaulle veut se charger de la mise en place des mesures nécessaires à cette politique : transports, choix des chefs qualifiés, rapports étroits avec les Anglais.

Reynaud approuve.

– J'ai pu donner l'impression au gouvernement britannique, dit-il, que nous n'excluions pas la perspective d'un armistice.

Reynaud fait quelques pas rapides, se justifie. Il fallait ainsi obtenir l'aide des Anglais, l'arrivée de nouvelles unités britanniques, la participation de la Royal Air Force à la bataille de France.

– Mais à présent il s'agit au contraire de les convaincre que nous tiendrons quoi qu'il arrive. Vous verrez Churchill et vous lui direz que le remaniement de mon cabinet et votre présence auprès de moi sont les marques de notre résolution.

De Gaulle sort en compagnie de Reynaud. Les photographes de presse attendent au bas du perron. De Gaulle ne tourne même pas la tête quand Reynaud lui rapporte les réactions de Weygand à sa nomination.

« C'est un enfant », a dit Weygand. Et il a ajouté : « C'est plus un journaliste qu'un officier. »

Quant à Pétain, il s'est confié au général Spears, le conseiller de Churchill délégué auprès du gouvernement français.

– Et d'ailleurs, précise Reynaud, il m'a tenu les mêmes propos : « De Gaulle, a dit Pétain, je le connais, il a fait partie de mon état-major autrefois et il a écrit un livre ou du moins je lui ai dit de le faire. Je lui ai donné les grandes lignes et je l'ai corrigé... Quand il l'a publié, il n'a même pas reconnu la part que j'y avais prise. Il est non seulement vaniteux mais ingrat. Il n'a guère d'amis dans l'armée et ce n'est pas étonnant, il donne l'impression de mépriser tout le monde. »

Mépriser ? Comment ne pas le faire ! Quand les Panzer-divisionen ridiculisent tous ces chefs qui avaient prétendu que l'invasion était désormais impossible. Il n'a plus rien de commun avec eux. Et pourtant, Reynaud les a maintenus dans leurs fonctions !

Devant le perron, de Gaulle s'écarte du petit groupe des ministres qui entourent Reynaud pour la photographie officielle. Il y a là Prouvost, le radical Yvon Delbos, Frossard, ministre des Travaux publics et des Transports, quelques autres.

De Gaulle se place au fond, au bord du groupe qu'il domine de la tête et dans lequel son uniforme tranche.

Il se sent aussi tellement différent de ces hommes-là !

Il fixe l'objectif. Il serre ses gants blancs dans sa main gauche. Il se répète le serment qu'il s'est fait à lui-même au milieu de ce « peuple éperdu » jeté sur les routes de l'exode par l'aveuglement et la lâcheté de ceux qui étaient censés le conduire, préparer sa défense, prévoir son avenir : « Si je vis, je me battrai, où il faudra, tant qu'il faudra, jusqu'à ce que l'ennemi soit défait et lavée la tache nationale. »

Vendredi 7 juin. Il s'est installé au rez-de-chaussée du ministère. Reynaud est au premier étage. Il y monte pour la conférence de 10 h 30.

Il constate le défaitisme de Baudoin. Les partisans de l'armistice commencent à sortir de leur trou, critiquent les Anglais pour préparer la rupture de l'Alliance, refusent d'envisager le départ du gouvernement de Paris pour mieux lui faire endosser la défaite aux yeux de l'opinion. Ainsi le régime républicain sera-t-il liquidé. Et Weygand, Pétain et tous ces officiers « cagoulards » qui les entourent pourront-ils enfin réaliser leurs vœux politiques, sur le corps de la France vaincue, et grâce à cette défaite !

De Gaulle a une moue de mépris. Il faut préparer la deuxième phase de la guerre. Il descend dans son bureau. Le buste de Carnot qu'il a exigé se trouve placé sur la cheminée. Il donne l'ordre que la moitié des recrues soit dirigée vers la Bretagne, et l'autre moitié vers l'Afrique du Nord. Il ne croit guère au réduit breton, mais de là on pourra, si l'on y tient quelques jours, gagner l'Angleterre.

Mieux vaut un gouvernement qui se réfugierait à Quimper qu'à Bordeaux !

Il va vers la grande carte murale. On vient d'y tracer les flèches noires qui marquent la progression des Panzerdivisionen. Le front de la Somme est crevé. Les avant-gardes de Rommel vont atteindre, mais peut-être est-ce déjà fait, la basse Seine. Le scénario de Dunkerque va-t-il se répéter au Havre, les divisions françaises et britanniques acculées une fois de plus le dos à la mer ?

Il va vers la table de travail. On y a déposé les journaux. Ils évoquent tous sa nomination en termes élogieux. *Le Populaire* écrit que les « théories de de Gaulle ont reçu depuis neuf mois une éclatante et cruelle confirmation ». Pour *Le Matin*, il est « une lumière de l'armée. Jamais voix plus juste n'avait clamé dans le désert ». *L'Aube, Le Jour, L'Action française* tressent les mêmes louanges.

Il repousse les quotidiens. Voilà bien les faiseurs d'opinion ! Ils se sont tus quand il aurait fallu crier ! Blum est convaincu quand il est trop tard ! Et aujourd'hui, alors qu'il faudrait prôner la résistance, la continuation de la guerre à tout prix en Afrique du Nord, en Bretagne, dans l'Empire, ce

415

sont les mêmes qui, cela se devine entre leurs lignes, tout en saluant le nouveau gouvernement, souhaitent en fait l'armistice !

Comment ne pas mépriser ! Il ne faut se fier qu'à sa propre boussole, et refuser de se laisser influencer par ces girouettes !

Il fait entrer Philippe, serre son fils contre lui, regarde ce jeune homme maigre au visage candide et résolu. C'est lui qui va avoir la charge d'Yvonne de Gaulle, d'Élisabeth, de la petite Anne, lui qui doit les conduire en Bretagne et, si nécessaire, préparer leur départ pour plus loin, l'Afrique du Nord, l'Angleterre, là où l'on continuera de se battre. Philippe dit qu'il veut lui aussi participer au combat.

De Gaulle le regarde, le serre à nouveau contre lui. La France a besoin de tous ses fils.

Dans l'antichambre, on se presse. Il reconnaît le député Philippe Serre, le visage crispé par l'émotion. Tout le monde est penché sur une carte que deux plantons s'apprêtent à apporter à Paul Reynaud.

Il s'avance. Les officiers se redressent. Il doit, par son attitude, rassurer. Il est donc impassible, silencieux. Il traverse le petit groupe, monte chez Reynaud. Weygand est là, avec son visage parcheminé, sa voix aiguë, sa vivacité tranchante.

« On ne quitte pas Paris », répète-t-il.

Il se démasque ainsi un peu plus. Et en même temps, il confirme que la bataille de la Somme est perdue, qu'il va donner l'ordre de se replier sur la Seine, et le camp retranché de Paris. Mais il ne prépare rien pour après, comme si déjà il s'était résolu à l'armistice.

Il faut agir au contraire, élaborer un plan de transport vers l'Afrique du Nord de tout ce qui n'est pas engagé dans la bataille, le personnel des unités mécaniques, ce qui reste de l'aviation. La marine, intacte, devrait rallier les ports d'Afrique. Pour réaliser ce transport de près de cinq cent mille hommes, il faudrait obtenir l'aide britannique.

Il se rendra à Londres, avec cette demande supplémentaire, le dimanche 9 juin. Mais d'abord il doit sonder, en tête à tête, les intentions de Weygand.

Le samedi 8 juin, avant de partir vers le château de Montry où Weygand a installé son quartier général, de Gaulle examine la carte des opérations. Les Panzerdivisionen de Rommel approchent d'Elbeuf.

En entrant dans la salle du château de Montry, de Gaulle imagine déjà ce que Weygand peut dire. Le généralissime est « calme et maître de lui ». Il a fière allure, sanglé dans son uniforme. Il lève sa petite tête ronde couleur d'ivoire.

— Vous le voyez, commence-t-il, je ne m'étais pas trompé quand je vous ai, il y a quelques jours, annoncé que les Allemands attaqueraient sur la Somme le 6 juin. Ils attaquent en effet.

Il va vers la carte, montre les flèches.

— En ce moment, poursuit-il, ils passent la rivière. Je ne puis les en empêcher.

— Soit ! Ils passent la Somme. Et après ?

— Après ? C'est la Seine et la Marne.

— Oui. Et après ?

— Après ? Mais c'est fini.

De Gaulle s'avance. Comment, fini ? Et le monde ? Et l'Empire ?

Weygand éclate d'un « rire désespéré ».

— L'Empire ? Mais c'est de l'enfantillage ! Quant au monde, lorsque j'aurai été battu ici, l'Angleterre n'attendra pas huit jours pour négocier avec le Reich.

Weygand lève la tête, regarde de Gaulle dans les yeux.

– Ah, si j'étais sûr que les Allemands me laisseraient les forces nécessaires pour maintenir l'ordre !

Voilà leur pensée : l'armistice. La rupture de l'alliance avec l'Angleterre. Et la crainte de la révolution, la volonté de profiter de la défaite pour en finir avec la République.

La discussion est vaine. Mais Weygand n'est qu'un général qu'on peut destituer si le gouvernement le veut.

De Gaulle, dans les salles du grand quartier général, reconnaît des officiers des différents états-majors d'armée. Il les interroge. Le commandement, partout, estime la partie perdue et aspire à l'armistice.

De Gaulle regagne Paris. Il faut convaincre Paul Reynaud de remplacer Weygand. Peut-être par Huntziger. Certes, c'est ce général qui a déclaré, quelques semaines avant l'attaque des panzers dans les Ardennes : « J'estime qu'il n'y a aucune mesure urgente à prendre pour le renforcement du secteur de Sedan. » Mais qui d'autre ?

Il rencontre Dominique Leca. Le directeur de cabinet de Reynaud est un homme lucide, décidé à la résistance.

– Weygand, dit Leca, vient solennellement de déclarer au président Reynaud que l'heure d'une demande d'armistice va sonner. Et, bien entendu, s'il se cantonne à une argumentation stratégique, il n'en pense pas moins, c'est clair, aux fautes de la République. Il souhaite voir les pouvoirs publics tomber aux mains de l'ennemi pour déshonorer, je le répète, « la gueuse ».

Comment ne pas mépriser ces hommes qui ont eu les moyens financiers de la réforme militaire et qui ont pesé de toutes leurs forces sur le pouvoir politique républicain pour qu'elle ne leur soit pas imposée !

Il faut chasser Weygand.

De Gaulle entre chez Reynaud, l'adjure de changer de généralissime. Il propose Huntziger. Tout en parlant, il observe Reynaud. L'homme est lucide, mais il tergiverse.

Il accepte le choix de Huntziger mais, ajoute-t-il, « c'est impossible pour le moment ». Et Rommel est sur la Seine. Et le ministère de l'Intérieur téléphone à tout instant pour dire qu'il faut hâter les préparatifs du départ, que Paris n'est plus sûr.

Et ce ne serait pas le moment de changer Weygand ! Qu'attend donc Paul Reynaud ?

De Gaulle se fait conduire à l'hôtel Lutétia, où il s'est installé. Il doit y dîner avec Philippe. Il le voit qui attend dans le hall de l'hôtel, l'entraîne vers la salle de restaurant. Il est si proche de ce fils. Il lui semble reconnaître dans cette silhouette maigre, ce visage émacié, ce qu'il a été, il y a si longtemps déjà, avant 1914 : naturellement, Philippe veut se battre. Il faut lui parler de la mort de Charles Cailliau, son cousin germain. Lui demander d'aller rejoindre sa mère et la petite Anne qui sont dans le Loiret, à la Martillère, chez la sœur d'Yvonne de Gaulle. Mais Philippe insiste. Il veut participer à la défense du pays. Il faut le convaincre que son temps viendra.

– Il n'y a pas d'armes pour de nouvelles recrues, dit-il. On a donné des fusils Gras à un coup, modèle 1874, pour que les agents de police puissent combattre les parachutistes !

Il s'interrompt. Il faut que Philippe comprenne.

– Pour toi et tes congénères, reprend-il, il n'y a pas davantage d'armes. Ne vous laissez pas encercler par l'ennemi et vous ne perdrez rien à attendre de vous battre ailleurs et un peu plus tard. Pour le moment, et c'est une consigne formelle sur laquelle j'insiste : en aucun cas se laisser dépasser par l'ennemi. Autrement, tu te retrouverais derrière des barbelés comme les jeunes gens non encore mobilisés des pays envahis de 1914.

Il se lève. Il embrasse son fils, cet homme qui le continue.

C'est déjà le dimanche 9 juin. Malgré l'heure matinale, l'air est doux, le ciel d'un bleu pâle au-dessus de l'aéroport du Bourget. De Gaulle monte rapidement dans l'avion spécial d'Air France dont les moteurs sont déjà lancés. Geoffroy de Courcel et Roland de Margerie s'installent derrière lui.

Il ferme les yeux. C'est la première fois qu'il se rend à Londres et il y représente la France blessée.

Il se souvient de son enfance, de ses colères au temps de Fachoda, du discours que Churchill a prononcé le 4 juin devant la Chambre des communes : « Nous nous battrons sur les mers, nous nous battrons dans les champs et dans les rues, nous nous battrons sur nos plages et nos collines. »

Qui parle ainsi en France, qui ? *Moi.*

Geoffroy de Courcel lui tend une dépêche qui reproduit l'article que le *Times* a publié hier pour commenter la composition du nouveau gouvernement de Paul Reynaud. Courcel a traduit le texte.

« Du point de vue militaire, l'innovation la plus intéressante est la désignation du général de Gaulle, écrit le *Times*. Assez agressivement de droite, homme de théorie, apôtre presque fanatique de l'utilisation massive des engins blindés, de Gaulle est également méthodique et lucide. C'est un homme d'action autant qu'un homme d'abstraction. »

De Gaulle a un ricanement. « Agressivement de droite » ! Qu'est-ce que cela signifie, quand il est l'un des rares à vouloir se battre contre Hitler, depuis des années, qu'il a condamné la non-intervention en Espagne et la capitulation de Munich, et qu'il a toujours refusé de s'engager dans les réseaux et les complots antirépublicains ! Et dans la dernière manœuvre que trament Weygand et Pétain !

Mais peut-être pour les faiseurs d'opinion britanniques suffit-il d'être un défenseur de la France pour être à droite. Et à Paris ? Si l'on refuse d'être lâche, prêt à tous les abandons, si l'on préfère l'ordre et l'efficacité au désordre et à l'impuissance, on est aussi classé à droite par les journalistes !

Mais que vaut l'opinion de ces marionnettes ! Ce qui compte d'abord, c'est ce que l'on est, le jugement qu'en conscience on porte sur ses propres actes, sur ses pensées. Seuls Dieu et l'Histoire sont les juges souverains.

Dans la voiture qui traverse Londres et le conduit à l'ambassade, puis au 10 Downing Street, où Winston Churchill doit le recevoir, de Gaulle découvre avec des sentiments mêlés cette capitale paisible qui semble si éloignée de la guerre, protégée de l'invasion par la Manche. Il songe à l'exode sur les routes de France, en voyant ces queues devant les cinémas, cette circulation automobile tranquille. Cette nation-là, si sûre d'elle-même, combattra jusqu'au bout derrière le fossé de la mer.

Dès qu'il aperçoit Churchill, il sait que cet homme incarne ce peuple résolu et fier, âpre à défendre son sol et ses intérêts, porteur d'une histoire nationale elle aussi, comme celle de la France, millénaire.

Churchill marche les mains derrière le dos, parlant sans interruption, mêlant le français et l'anglais, le menton en avant, le cigare éteint fiché au coin des lèvres. Il argumente, explique pourquoi il ne peut autoriser la RAF à combattre au-dessus du sol français. À proximité de l'Angleterre, les chasseurs anglais abattent cinq fois plus d'ennemis. Le front est désormais trop éloigné de leurs bases.

De Gaulle écoute cet homme qui veut maintenant défendre d'abord son pays, et la résistance de ce pays est aussi l'ultime espoir de la France. Sur qui peut-elle compter ? Les États-Unis ne rentreront dans le conflit, comme lors de la Première Guerre mondiale, qu'en fonction de leurs intérêts, et la Russie attendra que l'Allemagne attaque. C'est ici, à Londres, et, si Paul Reynaud s'y décide, dans l'Empire français, que se maintiendra la résistance.

– C'est vous qui avez raison, dit tout à coup de Gaulle.

Il profite de la surprise de Churchill pour dire d'une voix calme que la France continuera la guerre par tous les moyens possibles, en Bretagne, dans le Massif central, sur la ligne Maginot, dans l'Empire si nécessaire.

Il observe Churchill qui sourit, serre le poing. « La Grande-Bretagne, conduite par un pareil lutteur, ne fléchira certainement pas », pense-t-il.

La France ne sera donc pas seule, puisque l'Angleterre a, à sa tête, un Churchill, « le grand champion d'une grande entreprise et le grand artiste d'une grande histoire ».

De Gaulle se sent encore plus déterminé.

Il voit Eden, ministre de la Guerre, accompagné du chef de l'état-major impérial, ministre de l'Air, et du Premier lord de l'Amirauté. Tous ces responsables sont inquiets, surpris par l'effondrement militaire français, soucieux de l'avenir de la flotte française, dont ils craignent que les Allemands ne s'emparent, et en même temps il perçoit chez eux la même résolution que chez Churchill.

Il pense à Pétain, à Weygand, à toute cette élite militaire et politique prête déjà à l'armistice. Il se demande si Reynaud, qui ne tranche pas dans le vif, est encore l'homme de cette histoire tragique.

Mais alors, lui, de Gaulle, il est le seul à pouvoir, en France, comme Churchill ici, tenir le langage de la résistance jusqu'au bout.

Il écoute Jean Monnet, qui dirige le comité franco-britannique de coordination pour les achats de matériels.

Il est reçu dans l'appartement de Monnet à Mountstreet. L'épouse de Monnet l'interroge, lui demande combien de temps va durer sa mission. Il reste d'abord silencieux. Tant d'éléments interviennent. Il vient de confier à Monnet : « Il n'y a plus rien à faire en France maintenant. C'est ici que nous travaillerons. »

Mais il sait déjà qu'il va, cette fois-ci encore, donner une chance à Paul Reynaud, donc rentrer en France.

Il répond à Silvia Monnet : « Je ne suis pas en mission, madame, je suis ici pour sauver l'honneur de la France. »

Il voit l'ambassadeur Corbin, les chefs des différentes missions françaises à Londres. Il ne retrouve pas chez ces hommes et même chez Monnet, le plus déterminé, la volonté de résistance qui anime les Britanniques. Il lui semble que, comme les responsables politiques qu'il a vus à Paris, le président Lebrun, les différents ministres, tous continuent de jouer leur rôle, en sachant qu'ils ne sont plus que des « figurants ».

Cette pensée ne le quitte plus dans l'avion qui, dans la soirée du dimanche 9 juin, survole plusieurs fois les pistes du Bourget avant de se poser.

Le terrain vient d'être bombardé. Des bombes n'ont pas explosé et les cratères rendent l'atterrissage difficile.

Paul Reynaud le convoque aussitôt. La situation a encore empiré. Des reconnaissances allemandes sont signalées à L'Isle-Adam. Rouen serait tombé. L'Oise est franchie. Les forces blindées allemandes s'apprêtent à lancer une offensive décisive en Champagne.

Reynaud est toujours décidé à se battre, « au besoin dans nos possessions d'Amérique », mais de

Gaulle le sent troublé. Ses plus proches collaborateurs, Baudoin, Yves Bouthillier qu'il a nommé
ministre des Finances, se déclarent désormais
ouvertement partisans de l'armistice. « Pourquoi
pas tout de suite ? » disent-ils.

– L'Italie, ajoute Reynaud, va déclarer la guerre
d'un moment à l'autre.

– Il faut que le gouvernement quitte Paris,
répète de Gaulle. Il faut défendre le réduit breton,
ou bien gagner l'Afrique du Nord. Le redressement dit de « la Marne » est possible, mais sur la
Méditerranée !

Reynaud approuve, mais il ne se décide pas.

Il fait entrer Laurent-Eynac, le ministre de l'Air,
et Campinchi, celui de la Marine. Ils demandent
des instructions. Faut-il défendre Paris ?

– Nous lutterons en avant de Paris, nous lutterons en arrière de Paris, dit Reynaud.

Cela signifie Paris ville ouverte, ville occupée
bientôt.

De Gaulle observe, sort du bureau. Il n'y a plus
de front, plus de commandement actif, plus de
peuple prêt au sacrifice.

Ce ne sont plus là que « rêves et souvenirs. En
fait, au milieu d'une nation prostrée et stupéfaite,
derrière une armée sans foi et sans espoir, la
machine du pouvoir tourne dans une irrémédiable
confusion ».

Il a le sentiment que le moment où il devra aller
jusqu'au bout de son destin approche à grands pas.

28

La tristesse empoigne de Gaulle. Il a encore dans les yeux les images de Londres, les paroles dures, résolues, de Churchill, et il voit Paris, ce lundi 10 juin 1940, écrasé par le désespoir, abandonné par la vie, et il entend autour de lui, au ministère, les voix des défaitistes, ces partisans de l'armistice qui haussent le ton, se démasquent et deviennent arrogants.

L'armée de Rommel est entrée à Fécamp. Les Panzerdivisionen de Guderian foncent vers Reims.

Dans l'antichambre de son bureau, il doit enjamber les cantines où des plantons entassent les objets les plus hétéroclites, matériels de bureau, dossiers, effets personnels, provisions de bouche.

Dans les escaliers, c'est une noria de soldats et de secrétaires qui portent des caisses jusqu'aux voitures et aux camions qui stationnent dans la cour. Le ministère – et toute la France – est comme une fourmilière crevée par les panzers et où, dans le désordre, chacun s'agite, feignant de continuer à jouer son rôle. Le gouvernement, les ministères, les personnalités politiques quittent Paris pour les châteaux des bords de Loire, dans la région de Tours. Weygand, lui, installe son quartier général à Briare, au château du Muguet. Et Pétain a déjà pris la route !

« Journée d'agonie. » De Gaulle se rend dans le bureau de Paul Reynaud qui achève d'écrire un message à Roosevelt. Il le tend à de Gaulle, qui le lit.

« Nous nous enfermerons dans nos provinces, affirme Reynaud. Et si nous en sommes chassés, nous irons en Afrique du Nord. Et, au besoin, dans nos possessions d'Amérique. »

Reynaud est donc toujours déterminé. Mais qu'attend-il alors pour chasser les partisans de l'armistice, décider qu'il faut s'installer à Brest ou à Quimper, d'où l'on pourra gagner l'Angleterre, proche ?

De Gaulle explique la position de Churchill, son inébranlable détermination. C'est l'Angleterre et aucune autre nation qui est le point d'appui.

Roosevelt ? De Gaulle a un mouvement d'impatience. Bullitt, l'ambassadeur des États-Unis, ne vient-il pas de faire ses adieux à Reynaud ? D'annoncer, avec des trémolos dans la voix, qu'il ne quittera pas Paris, et ne suivra donc pas le gouvernement de la France ? Il assure qu'il pourra ainsi intervenir en faveur de la capitale. Mais qu'est-ce à dire, sinon qu'il n'est plus nécessaire d'avoir un ambassadeur auprès du président du Conseil ? Autant reconnaître qu'on abandonne le gouvernement français !

Baudoin entre, pâle. Guariglia, l'ambassadeur d'Italie, vient d'annoncer la déclaration de guerre de Mussolini. Mais au lieu de s'indigner, Baudoin, l'un des partisans, depuis cinq ans aux côtés de Laval, de l'alliance avec l'Italie fasciste, est mielleux, pathétique. « Un jour viendra où quand même, aurait dit Guariglia, tout s'arrangera avec les Italiens. »

Comment se battre quand on écoute et rapporte avec complaisance les propos de l'ennemi ? La colère brûle de Gaulle.

Dominique Leca fait irruption dans le bureau. Le chef de cabinet indique que Mandel, ministre de l'Intérieur, précise qu'il faut un préavis de deux heures pour dégager les routes afin de permettre à Reynaud de quitter Paris. Il insiste pour que le président du Conseil ne prenne pas le risque de tomber aux mains des parachutistes allemands. On fixe l'heure du départ.

Puis de Gaulle s'assied aux côtés de Leca, pour, avec Reynaud, répondre à Mussolini. On cherche les phrases. Leca écrit. Il faut des formules fortes pour stigmatiser « ce coup de poignard dans le dos » donné par l'Italie.

Tout à coup, un planton annonce l'arrivée du général Weygand. Il entre sans attendre. Reynaud s'étonne. Weygand, hautain, prétend qu'il a été convoqué.

– Pas par moi, dit Reynaud.

– Ni par moi, ajoute de Gaulle.

Il toise Weygand qui s'assied, expose la situation militaire. Il ne dit pas que l'armistice s'impose, mais il prend date. Il dépose une feuille sur la table.

– Les choses en sont au point que les responsabilités de chacun doivent être clairement établies, dit-il. C'est pourquoi j'ai rédigé mon avis et je remets cette note entre vos mains.

Voilà l'objectif : dégager ses responsabilités. Et les faire retomber sur le pouvoir politique.

Reynaud argumente. Weygand répète que « la bataille dans la métropole est perdue », qu'il faut capituler.

– Mais il y a d'autres perspectives, dit de Gaulle d'une voix dure.

Weygand sourit et dit d'un « ton railleur » :

– Avez-vous quelque chose à proposer ?

De Gaulle lance :

– Le gouvernement n'a pas de propositions à faire, mais des ordres à donner. Je compte qu'il les donnera.

Il regarde Reynaud. Cet homme ira-t-il jusqu'au bout ?

Weygand sort du bureau sans un mot. De Gaulle se tait, il écoute Reynaud lire la dernière phrase de l'allocution qu'il va prononcer à la radio à 19 h 30. « La France ne peut pas mourir. »

De Gaulle en fait le serment : elle ne mourra pas. Et il agira avec Reynaud, ou seul s'il le faut, pour qu'il en soit ainsi.

De Gaulle, dans les escaliers, les antichambres, regarde ces caisses qui s'empilent, ces voitures qui quittent la cour. Paris est donc livré. Il fait quelques pas dans la cour. La nuit est tombée. Il aurait voulu qu'on défendît la capitale. Il avait même proposé le général de Lattre pour le poste de gouverneur de Paris. Mais les ministres, Reynaud aussi, et naturellement Weygand, en ont décidé autrement. Que peut-on faire encore avec ces hommes-là ? La question le taraude.

Vers minuit, il monte dans la voiture du président du Conseil. Paris est vide. Il tourne la tête pour voir défiler ces bâtiments glorieux, cette histoire inscrite dans la pierre, dont son père parlait si bien.

Quelques chars stationnent sur l'esplanade des Invalides.

Et puis voici les routes encombrées. Paris se vide.

De Gaulle veut s'emplir les yeux du spectacle de la débâcle. Des carcasses de voitures brûlent. De Gaulle se tourne vers Reynaud. Il faut chasser Weygand, dit-il. Le remplacer par Huntziger. Reynaud approuve une nouvelle fois.

Mais osera-t-il passer aux actes ?

On s'arrête. On repart. Les motocyclistes ouvrent difficilement la voie dans la cohue. On est souvent contraint de rouler sur les bas-côtés de la route.

Voici enfin, en même temps que l'aurore rosit le ciel, Orléans.

Des vers de Péguy reviennent à de Gaulle.

Vous les avez pétris de cette humble matière
Ne vous étonnez pas qu'ils soient faibles et creux
Vous les avez pétris de cette humble misère
Ne soyez pas surpris qu'ils soient des miséreux.

Les hommes sont ainsi. C'est avec eux pourtant qu'il faut faire l'Histoire et sauver la patrie.

La voiture s'arrête. Il descend dans la cour de la préfecture d'Orléans.

Il traverse les salons où se croisent, sans paraître se voir, des hauts fonctionnaires, des hommes politiques, des officiers.

Il retrouve Reynaud au moment où les voitures sont prêtes à partir vers Arcis-sur-Aube, là où le général Huntziger a installé son poste de commandement. Mais un regard suffit pour que de Gaulle comprenne que le président du Conseil ne s'y rendra pas, avec de bons arguments, comme il se doit. Churchill doit arriver au quartier général de Weygand, à Briare, pour la tenue d'un conseil suprême franco-britannique.

– À la réflexion, il vaut mieux que vous alliez seul chez Huntziger, dit Paul Reynaud. Pour moi, je vais préparer les entretiens de tout à l'heure avec Churchill et les Anglais. Vous me retrouverez à Briare.

De Gaulle prend la route seul.

Qui a convoqué Churchill au grand quartier général ? Weygand ? S'arrogeant ainsi des prérogatives politiques qui ne lui reviennent pas? Est-ce le premier acte de ce putsch rampant dont la défaite est l'occasion et le moyen, dont Pétain et Weygand sont les figures de proue, mais auquel certains milieux militaires, de Gaulle le sait, rêvent depuis des années?

Il arrive à Arcis-sur-Aube. Huntziger est plein de sang-froid. De Gaulle l'observe tout en lui proposant de remplacer Weygand. Car il faut continuer la guerre en Afrique puisque la bataille de France est virtuellement perdue.

– Cela implique un changement complet dans la stratégie et dans l'organisation, dit de Gaulle. L'actuel généralissime n'est plus l'homme qui puisse le faire. Vous, seriez-vous cet homme-là?

Huntziger ne laisse paraître aucune émotion.

– Oui, dit-il simplement.

– Eh bien, vous allez recevoir les instructions du gouvernement.

De Gaulle repart.

Le temps est radieux. Les bords de la route sont couverts de coquelicots. Il veut passer par Romilly et Sens « afin de prendre contact avec divers commandants de grandes unités ».

Les nouvelles sont accablantes. Il n'y a presque plus d'armée. Les Allemands ont pris Épernay et Reims. Paris a été déclaré officiellement ville ouverte. Les messages reçus de la Xe armée sont désespérés. La basse Seine a été franchie en plusieurs points. Dieppe est tombé. Des dizaines de milliers d'hommes ont capitulé à Saint-Valery-en-Caux.

La voiture s'arrête sur la route au-delà de Sens. On ne peut plus avancer. Le flot des réfugiés et des soldats débandés est ininterrompu. Parfois, on entend des hurlements ou bien des rafales d'armes automatiques, puis c'est le piétinement sourd, comme une mélopée qui recouvre tout. Un

« étrange brouillard » s'étend sur la campagne, donnant à croire qu'il s'agit de gaz. Et la panique s'empare de cette foule qui se disperse dans les champs comme un « troupeau sans berger ».

Que peut-on faire maintenant ?

Et qui veut encore agir ?

Dans la cour du château du Muguet, à Briare, de Gaulle aperçoit Paul Reynaud sur le perron. De Gaulle l'aborde, veut lui parler de la réponse de Huntziger. Mais le président du Conseil a déjà changé d'avis. Le remplacement de Weygand n'est plus à l'ordre du jour.

Mais que signifie alors gouverner, vouloir continuer la guerre avec comme généralissime un homme qui veut l'arrêter ?

De Gaulle passe dans la galerie afin de se rendre dans la salle à manger du château devenue salle de conférences. Il peut être 19 heures ce mardi 11 juin. La journée n'en finit pas, interminablement bleue.

Il aperçoit Pétain, statue blanchâtre inchangée depuis cette année 1938, date de leur dernière rencontre. Il sent le regard courroucé du Maréchal.

– Vous êtes général, dit Pétain d'une voix sèche. Je ne vous en félicite pas. À quoi bon les grades dans la défaite ?

– Mais vous-même, monsieur le Maréchal, c'est pendant la retraite de 1914 que vous avez reçu vos premières étoiles. Quelques jours après, c'était la Marne.

– Aucun rapport, grommelle Pétain.

De Gaulle regarde Pétain s'éloigner. Ce homme n'est plus poussé en avant que par l'ambition sénile et le ressentiment. Comment galvaniser le pays pour qu'il résiste, avec de tels hommes au sommet de l'État ?

De Gaulle entre dans la salle. Churchill, en costume blanc, y arrive à son tour, accompagné d'Eden, du général Ismay et du général John Dill, chef de l'état-major général.

De Gaulle s'installe. Même assis, il domine tout le monde. Le regard de Churchill s'arrête sur lui à plusieurs reprises.

Churchill a commencé à parler. Voilà les mots qu'il faudrait dire pour la France.

– Cette lutte, la Grande-Bretagne la continuera dans tous les cas et rien ne l'arrêtera... toujours, *all the time, everywhere*, partout, pas de grâce, *no mercy*.

Il mêle le français et l'anglais.

De Gaulle l'observe. Cet homme-là ne cédera jamais. Il en est encore plus sûr qu'après leur première rencontre à Londres, il y a deux jours.

De Gaulle ressent une humiliation quand il écoute Weygand et Georges exposer la situation militaire. Ce sont des hommes sans ressort.

– On se trouve sur une véritable lame de couteau, dit l'un.

– On se trouve littéralement sur une corde raide, dit l'autre.

Pas une fois ils n'évoquent la résistance ailleurs, en Bretagne, en Afrique du Nord.

– C'est bien légèrement qu'on est entré en guerre en 1939, dit Weygand, sans se douter de la puissance de l'armement allemand.

Il ment. Mais il avoue ainsi qu'il était partisan du compromis avec Hitler. Et il l'est plus que jamais.

De Gaulle voit Churchill se tasser, le menton en avant, les poings serrés, le cigare éteint au coin de la bouche. Pourquoi faut-il que ce soit lui qui donne des leçons d'énergie à la France ?

– Si la capitale est défendue maison par maison, elle pourra immobiliser de très nombreuses divisions ennemies, dit Churchill. Qu'en est-il de la guerre de guérilla ?

Mais il refuse une nouvelle fois d'installer en France des escadrilles de la RAF. Il ajoute :

– Si l'armée française peut tenir jusqu'en 1941...

Il se soucie du sort de la flotte française.

De Gaulle soutient le regard que lui lance avec insistance Churchill.

Cet homme pense d'abord au sort de l'Angleterre. Il a déjà fait le deuil de la France. Il se campe seul face à Hitler. « C'est un homme de plain-pied avec la tâche la plus rude pourvu qu'elle fût aussi grandiose. »

Elle l'est pour son pays, et il ne concédera rien.

Tout le monde se lève. On va dîner. De Gaulle suit des yeux Churchill qui grimpe allègrement l'escalier pour se rendre à la chambre qui lui a été aménagée au premier étage du château. Il incarne l'Angleterre résolue, égoïste, comme doit l'être une nation engagée dans un conflit vital.

De Gaulle parcourt des yeux la salle. Qui, ici, peut incarner une France combattante dans l'épreuve qu'elle affronte ? Pétain et Weygand, ces deux vieillards vaincus ? Ils seront le visage de la soumission. Baudoin, Bouthillier, Chautemps, Delbos, qui sont-ils ? Des fonctionnaires ou des politiciens. Reynaud ? Il est sans doute trop tard pour lui. Mandel ? Le ministre de l'Intérieur, l'ancien collaborateur de Clemenceau, a de la trempe et du courage. Mais cet homme de cabinet, cet homme de l'ombre, est-il capable de rassembler le peuple ?

En longeant la table, de Gaulle cherche sa place pour le dîner. On – sans doute Paul Reynaud – l'a placé à côté de Churchill.

Il s'assied. Il se penche vers Churchill. Le Premier ministre le fixe avec ses yeux vifs et malicieux. Il parle à nouveau de sa volonté de se battre.

Voici qu'entrent dans la salle l'amiral Darlan, chef d'état-major de la marine, et le général Vuillemin, chef d'état-major de l'air. Doit-on, interrogent-ils, lancer comme il est prévu une attaque aéronavale contre Gênes ? Darlan veut donner un contrordre. Churchill proteste. Des bombardiers anglais doivent participer à l'opération. Il faut cogner sur Mussolini, dit-il. Mais, une fois de plus, Reynaud s'incline devant les militaires. Il peut y avoir des représailles italiennes.

De Gaulle se redresse. Un coup de poignard dans le dos ne leur suffit-il pas ?

– Au point où nous en sommes, le plus raisonnable au contraire est de ne rien ménager. Il faut exécuter l'opération prévue, dit-il.

Churchill l'approuve bruyamment. Mais c'est Darlan qui l'emporte. On ne bombardera pas Gênes cette nuit.

Est-ce ainsi que la France doit être conduite ?

C'est la fin du dîner. Pétain lance à Churchill :

– En 1918, je vous ai donné quarante divisions pour sauver l'armée britannique. Où sont les quarante divisions anglaises dont nous aurions besoin pour nous sauver aujourd'hui ?

De Gaulle regarde le Maréchal partir. Il descend d'un pas juvénile les marches du perron, monte dans une Cadillac qui se perd dans la nuit.

Les convives se dispersent. Les uns gagnent le train de l'état-major stationné non loin du château. Les autres se dirigent vers leur chambre. Churchill proteste. Il n'y a qu'un seul téléphone et il est dans le cabinet de toilette.

De Gaulle reste aux côtés de Churchill. Reynaud s'approche.

– Le Maréchal m'a prévenu que la France serait dans l'obligation de solliciter un armistice, dit-il. Il a rédigé à mon intention une note. Il ne me l'a pas encore remise. Il a honte d'agir ainsi.

Honte ? De Gaulle fait quelques pas. Pétain attend le moment opportun. Comme Weygand. Comme Darlan.

Ils jouent leur jeu.

Qui peut jouer celui de la France, comme Churchill joue celui de l'Angleterre ?

De Gaulle part tôt le matin du mercredi 12 juin 1940. Les routes sont moins encombrées, mais des silhouettes hagardes sortent des fossés pour se remettre en marche dans la brume matinale. Il sait qu'en quittant le château du Muguet il va manquer la deuxième partie de la conférence avec Churchill et, dans la soirée, un Conseil des ministres qui doit se tenir autour du président de la République Lebrun, au château de Cangé.

Mais s'il veut tenter de mettre sur pied les défenses d'un réduit breton, afin de tenir quelques jours de plus et convaincre ainsi le gouvernement de se réfugier à Quimper ou à Brest, il doit se rendre à Rennes, examiner la situation militaire locale.

Il s'arrête quelques heures au château de Beauvais pour conférer avec le général Colson, chef d'état-major de l'armée de terre, afin d'étudier le transfert de plusieurs centaines de milliers d'hommes en Afrique du Nord.

Puis il se remet en route pour Rennes. Là, il rencontre le général Altmeyer et son état-major. Peut-on établir un barrage antichar entre Saint-Malo et Saint-Nazaire, faire de Brest le donjon de ce château fort breton ?

Il questionne. Il écoute, et c'est comme si, au fur et à mesure, les mots tombaient en poussière. Tout est devenu mirage. Il participe à une fantasmagorie. Qu'est-ce qui est encore possible ? Les Allemands ont dépassé Évreux. Ils ont fait prisonniers cinquante mille hommes et douze généraux à Saint-Valery-en-Caux. Les panzers de Guderian roulent vers Langres. Les Italiens que Darlan a cru devoir ménager ont bombardé Toulon, Calvi et Bastia ! La lâcheté ou l'esprit de conciliation ne paient pas, jamais !

Il roule dans la nuit claire, arrive au château de Chissay. Il faut attendre Paul Reynaud qui revient avec Baudoin du château de Cangé où s'est tenu le Conseil des ministres. Il est près de minuit.

Une longue table a été dressée pour un repas de fortune. La pièce haute est mal éclairée. On se tient debout.

De Gaulle s'approche de Reynaud. Part-on ? demande-t-il. C'est la confusion. Il entend Reynaud qui dit qu'il n'est plus question de partir pour le moment.

– J'ai rendez-vous ici demain avec les présidents des Chambres, Jeanneney et Herriot.

Dominique Leca lance :

– Où part-on ? Vers Brest ou le Sud ?

– C'est l'Afrique du Nord ou la Bretagne, dit de Gaulle.

S'ils choisissent l'une de ces destinations, ce sera pour résister. Ailleurs, il en est sûr, ils capituleront. Et que signifie cette entrevue demain avec les présidents du Sénat et de la Chambre des députés ? Comme si c'était l'heure des procédures parlementaires, des conversations de couloir entre notables politiques ?

Décidément, Paul Reynaud s'enlise.

– Quimper, répète de Gaulle, c'est l'étape des décisions énergiques.

Il écoute les protestations de Baudoin et même de Dominique Leca, qui dit :

– Bref, le général de Gaulle est seul de son avis !

De Gaulle foudroie Leca d'un regard. Jamais un tel argument n'a eu prise sur lui. Et ce n'est pas le jour où les avant-gardes des Panzerdivisionen atteignent la banlieue de Paris que lui, qui avait prévu contre tous la puissance des blindés, est prêt à l'entendre.

Il est seul de son avis. Soit. C'est Cassandre qui a raison !

Il dort quelques heures, et c'est déjà le jeudi 13 juin. Il retourne au château de Chissay, traverse la cour, jette un regard vers ces groupes bavards qui passent et repassent comme des figurants de théâtre attendant d'entrer en scène. Mme Hélène de Portes entraîne dans son sillage Camille Chautemps. Il entre dans le château, aperçoit le général Spears, le représentant de Churchill. Cet homme à la stature vigoureuse se promène dans les couloirs du château. Il s'approche. « Une maison de fous », dit-il sur un ton furieux. Il interroge de Gaulle. Pourquoi lui cacher que le gouvernement a choisi de se replier à Bordeaux et non en Bretagne ou en Afrique du Nord, qu'il a choisi cette ville dont le maire, Adrien Marquet, est un homme proche de Déat et de Laval, un de ceux qui ne voulaient pas mourir pour Dantzig! Bordeaux où, en 1870, une assemblée a accepté la défaite, l'abandon des Alsaciens et des Lorrains. Et où, en 1914, le gouvernement s'était déjà replié. Spears s'est assis près de De Gaulle sur un petit sofa. Il approuve, il dit que Churchill a été frappé par l'énergie de De Gaulle, son « flegme tranquille », « un flegme comparable à celui des Britanniques », au milieu de tous ces « figurants qui répètent des rôles lunatiques ». Il montre la cour et Mme Hélène de Portes.

De Gaulle se lève. Il veut soumettre à Paul Reynaud le texte d'une lettre à adresser à Weygand. Il faut que le généralissime sache que le gouvernement veut résister et refuse l'armistice. La consigne est donc de « tenir aussi longtemps que possible dans le Massif central et en Bretagne... Si nous échouions, nous installer et organiser la lutte dans l'Empire en utilisant la liberté des mers ».

De Gaulle relit le texte final que lui remet Reynaud. Le président du Conseil a édulcoré les termes prévus. Il a tenu compte des avis de son entourage hostile à l'envoi de la lettre.

Quand donc tranchera-t-il? Est-il encore capable de le faire alors que chaque minute compte?

De Gaulle l'aperçoit qui reçoit le président du Sénat, Jules Jeanneney, le président de la Chambre des députés, Édouard Herriot. Les deux notables sont hostiles à la capitulation, prêts à rejoindre Alger si le président du Conseil le décide.

Mais, pour cela, il faut que Reynaud échappe à la pression de Pétain et de Weygand.

Il faut l'aider jusqu'aux limites du possible, puisqu'il incarne toujours la légitimité de l'État.

De Gaulle rentre au château de Beauvais. C'est le début de l'après-midi. Les caisses et les cantines à nouveau s'entassent. On partira en début de soirée pour Bordeaux.

Tout à coup, un appel téléphonique de Roland de Margerie, le chef du cabinet diplomatique de Paul Reynaud.

– Une conférence va s'ouvrir dans un instant à la préfecture de Tours entre le président du Conseil et Winston Churchill qui vient d'arriver avec plusieurs de ses ministres, dit Margerie. Je vous en préviens en hâte comme j'en suis moi-même prévenu. Bien que vous ne soyez pas convoqué, je suggère que vous y veniez. Baudoin est à l'œuvre et mon impression n'est pas bonne.

De Gaulle descend à grands pas les escaliers du perron. Pourquoi Reynaud ne l'a-t-il pas convoqué ? A-t-il cédé à son entourage défaitiste, à Pétain et à Weygand ?

La route paraît longue du château de Beauvais à Tours. La cour de la préfecture est remplie d'une foule de parlementaires, de journalistes, de fonctionnaires. « C'est le chœur tumultueux d'une tragédie près de son terme. »

De Gaulle entre dans le bureau. Reynaud est seul en compagnie de Margerie et de Baudoin. Les Anglais ont demandé à se concerter dans le jardin. Margerie explique que les Français leur ont posé une question : « Malgré l'accord du 28 mars 1940, qui exclut toute suspension d'armes séparée, l'Angleterre accepterait-elle que la France demandât à l'ennemi quelles seraient, pour elle-même, les conditions d'un armistice ? »

De Gaulle se sent brusquement accablé.

Ainsi Reynaud a accompli ce pas ! Il a lui-même ouvert la porte qui donne sur une capitulation. Il a cédé, sans doute croyant faire une manœuvre habile !

Churchill entre, en costume blanc, avec son éternel cigare au coin de la bouche. Il est entouré de Lord Halifax, de Lord Beaverbrook, de Sir Alexander Cadogan et du général Spears.

De Gaulle croise le regard de Churchill qui se dérobe. Il écoute le Premier ministre, qui ne répond pas à la question clairement posée selon Margerie. Les poings serrés, le Premier ministre martèle :

– Nous nous battrons jusqu'au bout, n'importe comment, n'importe où, même si vous nous laissez seuls.

Puis il parle de la flotte française qui ne doit jamais être remise aux Allemands. Il demande qu'on livre à l'Angleterre les quatre cents pilotes de la Luftwaffe qui sont prisonniers en France.

De Gaulle le fixe au moment où Churchill se lève. Il lui semble que le Premier ministre vient de faire le deuil de l'alliance française. Ne se rend-il pas compte qu'il prête la main aux défaitistes ?

Et tout cela à la suite de la manœuvre de Reynaud !

De Gaulle s'avance vers le président du Conseil ; il parle avec vivacité.

– Est-ce possible que vous conceviez que la France demande l'armistice ? interroge-t-il.

Reynaud lui prend le bras, l'entraîne.

– Certes non, dit-il. Mais il faut impressionner les Anglais pour obtenir d'eux un concours plus étendu.

Pauvre habileté qui ne va profiter qu'aux défaitistes, qui crée le trouble partout.

De Gaulle s'approche de Baudoin qui, entouré de journalistes, pérore.

Baudoin affirme que Churchill a montré la plus grande compréhension à l'égard de la situation de la France, et qu'il aurait dit – il cite, précise-t-il : « L'Angleterre comprendrait si la France faisait un armistice et une paix séparés. »

Est-ce possible ?

De Gaulle se précipite. Churchill passe près de lui, traversant le couloir plein de monde qui mène à la cour. Il salue de Gaulle, murmure une phrase, que de Gaulle entend mal. A-t-il dit « l'homme du destin » ? Voici Spears. De Gaulle l'arrête, rapporte les propos que tient Baudoin. Spears s'indigne. Il a été témoin de toute la conférence, dit-il.

De Gaulle le fixe. Cet homme ne ment pas.

Spears explique qu'à la question posée Churchill a répondu en français : « Je comprends », mais dans le sens « je comprends ce que vous dites », et cela ne signifiait pas accord avec la demande française. Si cela avait été le cas, il aurait dit : « *I agree.* »

De Gaulle serre les dents. Il ferme à demi les yeux. Il doit rester calme, flegmatique, en effet. Maître de lui.

– Eh bien, Baudoin fait courir le bruit que la France est maintenant libérée de ses engagements avec l'Angleterre. C'est regrettable.

Puis il regagne sa voiture.

La route défile lentement jusqu'au château de Beauvais en cette fin de jeudi 13 juin.

Il est atterré. Il a le sentiment que cette journée marque un tournant décisif. Que les défaitistes viennent de remporter une victoire. Que le mouvement qui peu à peu poussait Reynaud à partir en

Algérie, à continuer la guerre, se trouve brisé. Reynaud s'est cru habile, mais il a commis une faute stratégique en envisageant ouvertement la reddition.

Pourquoi rester dans ce gouvernement dont le chef lui-même évoque, fût-ce par habileté, l'armistice ?

Au château de Beauvais, de Gaulle écoute l'appel radiodiffusé que lance Reynaud.

« S'il faut un miracle pour sauver la France, je crois au miracle ! dit Reynaud d'une voix déterminée. Quoi qu'il arrive dans les jours qui viennent, où qu'ils soient, les Français vont avoir à souffrir. Qu'ils soient dignes du passé de la nation, qu'ils deviennent fraternels, qu'ils se serrent autour de la patrie. S'il faut un miracle pour sauver la France, je crois au miracle. Le jour de la résurrection viendra. »

De nobles mots, de belles espérances ! Mais de Gaulle prend la plume. Il va rédiger sa lettre de démission car ce dont a besoin le pays en ce moment, c'est de décisions, d'appels à combattre, de mesures pour préparer la guerre de demain. Il faudrait s'adresser aux soldats, faire partir les unités encore constituées en Afrique du Nord, demander à la Flotte d'appareiller. Voilà ce que serait un discours de chef du gouvernement décidé à poursuivre la lutte et s'en donnant les moyens.

Paul Reynaud n'a plus que de bonnes intentions.

C'est la nuit du 13 au 14 juin. De Gaulle vient de terminer sa lettre de démission. Il s'apprête à la faire parvenir à Paul Reynaud, Georges Mandel, le ministre de l'Intérieur, téléphone. De Gaulle a de l'estime pour cet homme courageux et patriote. Il accepte d'aller le voir aussitôt, car Mandel a appris par Laurent, le chef de cabinet, que de Gaulle s'apprête à démissionner.

Voici à nouveau la préfecture de Tours, mais elle est maintenant presque entièrement plongée dans l'obscurité. Mandel, élégant, pâle, le cou serré dans un haut col blanc, parle avec gravité.

De Gaulle suit des yeux le ministre de l'Intérieur qui va et vient, racontant le Conseil des ministres qui s'est tenu au château de Cangé autour du président de la République. Weygand y a été convié, mais pas de Gaulle ! Un Conseil dramatique. Weygand a fait état d'émeutes communistes à Paris, leur chef Thorez, un déserteur, s'installant à l'Élysée.

Mandel s'immobilise.

Il a, continue-t-il, téléphoné au préfet de police. Weygand mentait. Il lui a lancé : « On vérifie les informations avant d'en saisir le gouvernement. » Mais Weygand, par sa fausse nouvelle, a effrayé les modérés. Après tout, Staline est l'allié de Hitler. Pourquoi les communistes à Paris n'en profiteraient-ils pas ? Puis le général, avec « âpreté, une arrogante furie, a plaidé pour l'armistice immédiat ».

– Tous les défaitistes se sont ralliés à lui à visage découvert, tous ont condamné l'idée, au nom du courage – Mandel ricane –, de départ hors du territoire national. « Les fers aux pieds, s'il le faut », a dit Weygand. Et, ajoute Mandel, pour la première fois, Weygand a menacé, disant à haute voix, après avoir quitté la salle du Conseil : « Il faut enfermer ces fous. » Dans son intervention, il a répété plusieurs fois, comme un démagogue : « Vous avez le cul bien installé sur vos chaises, et, parce que vous ne savez pas vous décider à traiter, des soldats meurent inutilement à cause de vous. »

Comment ne pas mépriser cet homme ?

De Gaulle reste maître de lui, mais il est indigné. Ces chefs qui ont empêché de forger l'instrument de la guerre, les voilà donnant des leçons !

– Une fois Weygand parti, poursuit Mandel, Pétain a lu un texte : « L'armistice est à mes yeux la condition nécessaire de la pérennité de la France... Je resterai parmi le peuple français pour partager ses peines et ses misères. » Pétain a ajouté : « La renaissance française sera le fruit de cette souffrance. »

De Gaulle se tait. Weygand, Pétain – ceux que Chautemps nomme à mi-voix Napoléon et Jeanne d'Arc, par dérision – viennent de dévoiler quel est leur but : l'armistice et le pouvoir. Pétain pose sa candidature. Et, derrière lui, tous ceux qui, depuis des années, répètent : « C'est Pétain qu'il nous faut. »

Pétain qui, en Conseil des ministres, répondant à une question du président Lebrun, a expliqué la débâcle parce qu'on a « renoncé trop vite aux colombophiles et aux pigeons voyageurs », Pétain, qui a conseillé de « disposer à l'arrière d'un pigeonnier grâce auquel le grand quartier général resterait en communication permanente », ambitionne de prendre la tête du pays !

L'amertume, la rage froide envahissent de Gaulle. Le désespoir donne à son visage déterminé une expression sombre.

– La vieillesse est un naufrage, dit-il. Pour que rien ne nous soit épargné, la vieillesse du maréchal Pétain va s'identifier avec le naufrage de la France.

Mandel rappelle l'existence de la Cagoule, des réseaux Corvignolles.

– Il y a comme un relent de coup d'État militaire dans les propos de Weygand et de Pétain. Démissionner dans ces conditions ? dit-il en s'approchant de de Gaulle. Peut-être, ajoute-t-il, obtiendrons-nous finalement que le gouvernement aille tout de même à Alger. La fermeté a habilement prévalu, au Conseil des ministres, insiste-t-il. Reynaud a répondu à Pétain vigoureusement : « Ce que vous proposez là est contraire à l'honneur de la France. »

Il s'interrompt, répond à un appel téléphonique.

– Les avant-gardes allemandes entrent dans Paris, dit-il.

Il fait quelques pas, revient vers de Gaulle.

– De toute façon, nous ne sommes qu'au début de la guerre mondiale.

Enfin un homme qui, comme Churchill, comprend la dimension de cette guerre.

De Gaulle se penche, écoute.

– Vous aurez de grands devoirs à accomplir, général, dit Mandel. Mais avec l'avantage d'être, au milieu de nous tous, un homme intact.

Il pointe le doigt.

– Ne pensez qu'à ce qui doit être fait pour la France et songez que, le cas échéant, votre fonction actuelle pourra vous faciliter les choses.

De Gaulle, alors que l'aube du vendredi 14 juin se lève, rentre au château de Beauvais. Mandel a raison : tant qu'il y a un gouvernement de la France qui continue, fût-ce maladroitement, à se battre, il doit en faire partie.

Il ne démissionnera pas. Il partira avec lui pour Bordeaux.

29

De Gaulle regarde, derrière les tours massives du château de Beauvais, l'aube du vendredi 14 juin 1940 qui, à l'est, éclaircit déjà la nuit.

Des moteurs tournent. On charge des caisses dans les voitures. Il est fourbu. C'est comme si son corps avait été battu. La fatigue tout à coup l'accable. Il monte lentement les marches du perron. Dans le hall, des silhouettes qui se découpent malgré la pénombre. Il reconnaît Jean Auburtin, lui fait signe de le suivre jusqu'à son bureau, une chambre où s'entassent des dossiers, ceux préparés pour le transport des troupes en Afrique du Nord. Mais qui, dans ce gouvernement, décidera de les y envoyer ? Reynaud, décidé à se battre, louvoie pourtant. Le téléphone sonne. Geoffroy de Courcel prend l'appareil, écoute. L'aide de camp a le visage tendu, émacié par les nuits sans sommeil. Il tend le téléphone à de Gaulle. La voix d'un officier qui annonce que le grand quartier général se replie à Vichy. Un silence. Puis l'officier reprend. Les Allemands sont au Havre.

– Ce n'est pas vrai ! rugit de Gaulle.

Il faut qu'il reste maître de lui. Il questionne. Il écoute.

– Les Allemands ont investi complètement Paris, poursuit l'officier. Ils sont à Caen, à Alençon.

– Taisez-vous, taisez-vous, répète de Gaulle. Vous n'avez pas le droit de dire cela !

Il a la gorge serrée. Chaque nom de ville est un coup qu'on lui porte. Il raccroche. Il voit Auburtin voûté, atterré.

– Comment en sommes-nous arrivés là ? murmure Auburtin.

Contrôler son émotion, endiguer le désespoir, raisonner calmement.

– Par le triomphe de la seule force mécanique, commence de Gaulle. Les masses allemandes n'ont pas eu à intervenir. La percée sur Sedan et Longwy une fois réalisée, les chars ont poussé droit devant eux.

Il ne peut plus parler. Toutes les occasions perdues l'étouffent. Si l'on avait lu, appliqué ce qu'il a écrit, rien de ce qui se produit ne serait survenu.

– Ces chars, reprend Auburtin, n'a-t-on pas tenté de les couper de leurs bases ?

De Gaulle fait en levant son bras un grand geste las, désespéré.

– Alors la guerre est perdue, dit Auburtin en se tassant davantage.

De Gaulle se met à marcher. Ne jamais céder. Vouloir.

– Il y a encore de l'espoir.

Auburtin se rapproche, se redresse.

– Qu'entendez-vous par là ?

– Eh bien, ne pas capituler ! Car, si la guerre est perdue dans la métropole, du point de vue de l'Empire tout peut encore être sauvé. Plus j'y songe, plus je crois que la seule solution, c'est le retrait en Afrique du Nord.

Il va vers la fenêtre. Le jour maintenant est levé.

– À l'abri de la mer, nous pouvons reconstituer un matériel abondant que nous fourniront l'Angleterre et l'Amérique. Cette dernière nous a livré la semaine passée neuf cents canons. En un ou deux ans, nous pouvons disposer d'une écrasante supériorité de matériel.

Pendant qu'Auburtin soulève des objections, de Gaulle regarde par la fenêtre. Dans la cour, les premières voitures démarrent.

– Avec une aviation puissante pour protéger le territoire et la zone de débarquement, il n'y a pas de difficultés techniques insurmontables, dit-il. Nous pourrons ainsi reconquérir la métropole à partir de l'Empire.

Il se retourne vers Auburtin.

– En tout cas, jamais je ne signerai l'armistice. Ce serait contraire à l'honneur et à l'intérêt français. Jamais je ne m'y résoudrai. Je reprendrai un commandement, n'importe lequel.

Il secoue la tête.

– Cela n'aura d'ailleurs aucune importance.

Il interrompt Auburtin qui s'inquiète des horreurs que produira une occupation totale du pays.

– Il se passera de très vilaines choses, dit de Gaulle d'une voix sourde. Mais l'armistice les empêchera-t-il ?

– Pour imposer cette solution, reprend Auburtin d'une voix hésitante, ne faut-il pas une dictature ?

– Ah non ! Il y faut le concours de l'opinion publique. Et le gouvernement est là pour la galvaniser, avec la presse et la radio.

– Comment faire confiance aux politiciens retors ? demande Auburtin.

De Gaulle le fixe. Il murmure :

– « Vous les avez pétris de cette humble matière / Ne vous étonnez pas qu'ils soient faibles et creux. »

Puis il lance :

– L'enjeu en vaut la peine.

C'est le départ. Sur le perron, il salue ses hôtes, Le Provost de Launay. Bientôt, les Allemands seront ici, dans ce château de Touraine, comme ils doivent déjà occuper les principaux bâtiments de Paris. Toute une histoire nationale piétinée.

Et sur les routes, voici l'exode du peuple humilié, harassé, perdu.

Il voit ces femmes entassées avec leurs enfants dans des voitures, des charrettes. Il pense aux siens réfugiés à Carantec, à sa mère malade à Paimpont, à la pauvre petite Anne, à toutes les familles séparées.

« Sombre voyage. »

Et quel serait le sens de toutes ces souffrances si un jour, au bout du chemin, il n'y avait pas, enfin, l'espérance du renouveau de la nation ?

Se battre pour cela. Faire de l'indignation qui l'habite une force et une résolution irrésistibles. Ne jamais céder.

Il aperçoit, dans une voiture qu'on double, Dominique Leca, le directeur de cabinet de Paul Reynaud. Il la fait stopper, descend, va vers Leca. Autour d'eux, la campagne dans la gaieté et la légèreté du printemps. Et dans les fossés, des carcasses de voitures qui achèvent de brûler. Car la mort est là qui rôde dans le ciel bleu. Parfois, des avions surgissent, bombardent, mitraillent ce peuple en fuite qu'on a si mal défendu. Trahi.

– Où en est-on ? Que fait-on ? lance-t-il à Leca.

Leca paraît surpris qu'il ne sache pas, qu'il pose cette question. Mais est-ce que Paul Reynaud l'a tenu au courant de ses dernières manœuvres ? Le président du Conseil, dit-on, a adressé un nouvel appel au secours à Roosevelt. Qu'espère-t-il ? Une intervention des États-Unis, parce qu'il dit : « Vous verrez, si vous n'intervenez pas, la France s'enfoncer comme un homme qui se noie et disparaître après avoir jeté un dernier regard vers la terre de liberté d'où elle attendait le salut » ? Les États-Unis sont guidés par leur seul intérêt.

C'est d'abord en soi et de soi qu'on attend le salut.

De Gaulle marche aux côtés de Leca sur le bord de la route. Il l'écoute exposer un nouveau projet. Il s'agirait de diviser l'autorité légitime française en deux : l'une restant en France, Pétain peut-être la dirigeant, comme un « bourgmestre », et l'autre s'installant en Afrique du Nord.

Encore des habiletés !

– Il s'agit de savoir si on se bat ou si on ne se bat pas, lance de Gaulle avant de remonter dans sa voiture.

Les routes après Angoulême sont moins encombrées, comme si le flot des réfugiés n'avait pu encore atteindre ce point.

De Gaulle regarde cette campagne qui change, cette France pétrie par l'Histoire, où chaque colline ici est un jardin, un verger, un vignoble. Comment laisser ce pays souillé par la défaite ? Comment l'abandonner aux mains de ceux qui, par leur aveuglement sinon leur trahison, l'ont livré ?

On roule à nouveau lentement. L'unique pont sur la Garonne, puis les rues du centre de Bordeaux, le cours de l'Intendance sont embouteillés par les voitures officielles, les camions remplis de caisses. Devant l'hôtel Splendid, de Gaulle aperçoit une petite foule où le noir des complets-veston côtoie les toilettes claires des femmes élégantes. Tout le Paris gouvernemental se retrouve ici avec ses rumeurs et sa futilité.

De Gaulle se rencogne. Rue Vital-Carles, dit-il, au siège de la région militaire. C'est là que s'est installé Paul Reynaud.

La voiture s'engage dans la rue étroite qui part du cours de l'Intendance. Mais on avance au pas, tant sont nombreuses les voitures officielles.

Comment organiser la résistance ici, au milieu de cette ville où tous les ragots, toutes les rivalités et toutes les ambitions vont se rencontrer ?

Dans les couloirs du bâtiment où les caisses s'entassent, il croise Marquet, le député-maire de Bordeaux, qui attend Paul Reynaud. Marquet l'interpelle, explique que l'armistice, la fin de la guerre sont un impératif. Qu'il serait criminel de continuer le combat.

De Gaulle se détourne. Un officier lui apprend que les troupes allemandes défilent sur les Champs-Élysées.

Et il faudrait ne plus se battre ! Mais à quoi bon, alors, ce soldat inconnu couché sous la dalle ? Est-il mort pour que les fanfares de la Wehrmacht viennent résonner sous les voûtes de l'Arc de Triomphe ? Il faudra un jour que, sur les Champs-Élysées, cette marque d'infamie soit effacée par un grand fleuve glorieux !

Il en fait le serment. Il ne vivra que pour cela.

Il entre dans le bureau de Paul Reynaud. La réponse de Roosevelt à l'appel qu'il lui a adressé sera naturellement négative, explique le président du Conseil, mais, se justifie-t-il, il fallait montrer que la France n'était pas seule.

Comment Paul Reynaud ne voit-il pas qu'il ne reste que l'Angleterre et, s'il le veut, la volonté française de se battre dans l'Empire ?

– Depuis trois jours, je mesure avec quelle vitesse nous roulons vers la capitulation, commence de Gaulle.

Il parle d'une voix forte, tranchante. Il n'admettra pas les faux-fuyants, les arguties. Il s'approche de Paul Reynaud.

– Je vous ai donné mon modeste concours, mais c'était pour faire la guerre. Je me refuse à me soumettre à un armistice.

Il tend le bras vers le cours de l'Intendance. Il pense à ces groupes qu'il a vus agglutinés devant l'hôtel Splendid, à ces hommes et à ces femmes qui vont être prisonniers de leurs intrigues, de leurs mensonges, de leurs inutiles habiletés, de leurs passions.

– Si vous restez ici, reprend de Gaulle, vous allez être submergé par la défaite.

Il serre le poing.

– Il faut gagner Alger au plus vite. Y êtes-vous, oui ou non, décidé ?

– Oui.

De Gaulle fixe Paul Reynaud. La réponse a été nette. Cet homme veut résister, mais la question demeure : saura-t-il prendre les décisions « exorbitantes de la normale et du calcul » qu'impose la situation ? Il a déjà trop tardé. Il a trop manœuvré. « Faire la guerre sans ménager rien ou se rendre tout de suite, il n'y a d'alternative qu'entre ces deux extrémités. »

Mais, puisqu'il paraît à cet instant vouloir enfin quitter la France pour Alger, il faut l'appuyer encore.

– Dans ce cas, reprend de Gaulle de la même voix rude, je dois aller moi-même tout de suite à Londres pour arranger le concours des Anglais à nos transports. J'irai demain. Où vous retrouverai-je ?

– Vous me retrouverez à Alger.

Reynaud a parlé d'une voix résolue. Sa détermination semble entière. Et pourtant de Gaulle doute.

Il est assis dans la salle à manger de l'hôtel Splendid. Il écoute Geoffroy de Courcel avec qui il dîne. Autour d'eux, dans cette grande pièce décorée de miroirs, aux tentures poussiéreuses, c'est le brouhaha. À une table, de Gaulle aperçoit le maréchal Pétain. Plus loin, c'est Chautemps. Et, dans un coin de la salle, Mme Hélène de Portes en compagnie de Baudoin, du colonel de Villelume et d'un diplomate américain, Anthony Biddle, qui remplace l'ambassadeur Bullitt resté à Paris. Tous ceux-là sont partisans de l'armistice, comme Bouthillier, le ministre des Finances, comme Prouvost.

De Gaulle interrompt Geoffroy de Courcel qui explique qu'il n'a pu trouver d'avion pour Londres.

– On partira par la route, dit-il. On passera par Rennes, où l'on prendra contact avec le général Altmeyer, puis on gagnera Brest, et on embarquera sur un navire de guerre pour Plymouth. Et de là, Londres.

Il se tait. Peut-être pourra-t-il rendre visite aux siens, à sa mère, à sa femme, et à ses enfants qui sont à Paimpont et à Carentec.

Il ne peut penser à eux, le cœur étreint, que quelques secondes. Jean Ybarnegaray, ministre d'État, s'assied à la table. Il était un partisan de la lutte. Et voici qu'il proclame :

– Pour moi, ancien combattant, rien ne compte que d'obéir à mes chefs, Pétain et Weygand.

Comment lui faire entendre que, « pour un ministre, le salut de l'État doit l'emporter sur tous les sentiments » ?

Ybarnegaray est buté dans sa fidélité. Combien seront-ils comme lui, ceux qui vont être aveuglés ?

La colère l'emporte contre ces élites qui ne sont pas dignes du rang qu'elles occupent, ni de ce qu'elles représentent, ni des sentiments qu'elles expriment. Et chacun de ces chefs joue sa carte.

De Gaulle transmet à l'amiral Darlan l'invitation, au nom de Paul Reynaud, d'avoir à se rendre à Bordeaux. Car le sort de la Flotte pèsera sur l'avenir. Les Anglais sont obsédés par la crainte de la voir tomber aux mains des Allemands. Et si elle rallie les ports de l'Empire, elle constituera pour le gouvernement replié à Alger un atout considérable. De Gaulle joint Darlan au téléphone, mais l'amiral se dérobe.

– Aller à Bordeaux demain, dit-il d'une « voix mauvaise ».

Il ricane presque.

– Je ne sais ce que peut bien y faire le président du Conseil. Mais je commande, moi, et je n'ai pas de temps à perdre.

Voilà l'état d'esprit de ceux qui entourent Reynaud et sont censés le servir ! De Gaulle quitte la salle à manger du Splendid. Il se dirige vers la table où achève de dîner le maréchal Pétain. Il regarde longuement le Maréchal en le saluant.

Cet homme dans « l'extrême hiver de sa vie », il l'a rencontré depuis ses premières années... au temps d'un autre monde, avant 1914, dans les cours de la caserne du 33e régiment d'infanterie et dans les salons d'Arras, à chaque pas. Mais il a le sentiment que ce dernier face-à-face silencieux, dans cette lumière un peu trop brillante des lustres à pendeloques, est un adieu.

Pétain tend sa main. De Gaulle la prend. Pas un mot.

Entre eux, désormais, pour toujours, le désastre de la France.

Il faut partir.

Et dans la nuit, à nouveau les routes, ce flot, ce pays qui saigne.

Il se tait mais ne peut dormir. Tout va se jouer dans les heures qui viennent. Il a appris que le maréchal Pétain a envoyé un télégramme à Weygand pour lui demander d'être présent au prochain Conseil des ministres. « Le Maréchal considère que l'extrême délai pour prendre parti est samedi midi. »

On est ce 15 juin.

On roule dans les rues de Rennes au début de la matinée. On voit le général Altmeyer, le préfet d'Ille-et-Vilaine, le général Guitry, commandant la région militaire.

De Gaulle est tendu. Il doit rester impassible, même si chaque phrase qu'il entend est une douleur. Les Anglais se retirent, marchent vers Brest afin d'y rembarquer. Ils ne se considèrent plus comme devant obéir au commandement français.

« Tenir, dit-il, tenir autant qu'on le peut. »

Il repart. Il traverse cette forêt de Brocéliande qui entoure Paimpont. Sa mère est là, dans l'une des petites maisons de Paimpont. Elle prie. Exténuée, comme si la maladie de la patrie, elle qui se souvient de 70, de la capitulation de Bazaine, des larmes de ses parents, était sa propre maladie. Elle est à bout de forces, mais elle fait face, digne, courageuse, sereine, sûre de sa foi, fière de sa vie. Et pleine d'espérance.

Elle est une leçon exemplaire.

Et il ne peut rester près d'elle que quelques minutes.

On repart déjà, vers Morlaix, Carhaix, Carantec enfin. Voici la villa d'Arvor. C'est le milieu de l'après-midi du samedi 15 juin. De Gaulle traverse à grands pas le jardin. Les propriétaires de la villa s'y tiennent. Ils occupent le rez-de-chaussée. Les deux étages sont loués à la famille de Gaulle.

Tous les enfants sont là autour d'Yvonne de Gaulle. Philippe, Élisabeth et la pauvre petite Anne. À peine une demi-heure à passer avec eux, à prendre sur ses genoux la toute-petite, celle que Dieu a choisie pour dire la souffrance du monde, et l'espérance encore.

Il se lève. Il faut aller plus au sud, dit-il. Il fera parvenir aux siens des passeports diplomatiques auxquels ont droit les familles des membres du gouvernement.

Il sent sur lui le regard de son fils. Il mesure toute la détermination, le désir de se battre de Philippe.

Il fait quelques pas seul à seul avec Yvonne de Gaulle.

– Ça va très mal, je m'en vais à Londres, dit-il, peut-être allons-nous continuer le combat en Afrique, mais je crois plutôt que tout va s'effondrer. Je vous préviens pour que vous soyez prête à partir au premier signal.

La route encore. La voiture, une 402 Peugeot, roule entre deux colonnes de soldats britanniques et canadiens qui se dirigent vers Brest. Ils paraissent joyeux.

Il n'aperçoit pas quelques petits groupes de Français désœuvrés.

Il se sent peu à peu gagné par le désespoir. Il pense aux siens, laissés ici au milieu des périls.

Il écoute avec une consternation mêlée de colère les propos de l'amiral de Laborde qui, à Brest, au siège de l'Amirauté, ne montre aucune détermination à continuer le combat. Et l'amiral défend Weygand et Pétain.

Il faut quitter ces hommes qui ne veulent plus se battre.

De Gaulle embarque à bord du contre-torpilleur *Milan*.

La nuit tombe sur la rade de Brest. Il est sur la passerelle en compagnie du général Lemoine qui convoie avec des chimistes une cargaison d'« eau lourde » que le ministre de l'Armement, Raoul Dautry, envoie à l'Angleterre.

De Gaulle reste silencieux. Il pense à Dautry, à l'énergie et à la lucidité de cet homme, à son intelligence, à la certitude qu'il a manifestée d'une victoire future.

Combien sont-ils comme lui, face à ceux qui se prétendent de grands chefs, Weygand, Pétain, Darlan, Laborde ? Deux visages de la France.

Le *Milan* longe le cuirassé *Richelieu*, paré à appareiller pour Dakar. L'équipage rend les honneurs.

L'émotion étreint de Gaulle. Toute cette force du pays, cette marine, ce savoir, est-il possible qu'ils soient annihilés par l'armistice, la capitulation, l'acceptation de la défaite ?

Il doit donc refuser cette abdication.

Il reste sur la passerelle. La nuit est claire. On atteindra Plymouth à l'aube.

Il regarde l'étrave creuser son sillon plus clair dans l'étendue noire de la mer.

Le capitaine du *Milan* se tient près de lui. De Gaulle lui jette un coup d'œil.

– Seriez-vous prêt à vous battre sous les couleurs britanniques ? lui demande-t-il d'un ton brusque.

L'officier se retourne. Il a le visage étonné. Puis, d'un mouvement de tête, il répond par la négative.

De Gaulle se tait. La route sera longue.

Il dit, sans regarder l'officier :

– Croyez-vous qu'il soit drôle aujourd'hui de s'appeler le général de Gaulle ?

30

De Gaulle traverse Londres. Il arrive de Plymouth. Dans le jour qui se lève, ce dimanche 16 juin 1940, la ville est calme, les rues désertes. Mais çà et là, devant les bâtiments officiels, il remarque des casemates, des empilements de sacs de sable, et, derrière ces barricades, des soldats casqués, le fusil en bandoulière, veillent.

Il ressent, à parcourir cette cité pourtant endormie, une impression de résolution tranquille, une volonté sereine. Les Anglais ne capituleront jamais. Il éprouve une sorte d'humiliation à cette pensée, qui le rassure, le conforte et en même temps l'affecte.

Cependant que la voiture longe Hyde Park, il se souvient des routes de France encombrées, des soldats tête nue, en chemise, mêlés aux réfugiés. Il revoit les rues et les trottoirs de Bordeaux envahis par une foule anxieuse. Il pense à cette salle à manger de l'hôtel Splendid, à ces ministres qui complotent tout en se gobergeant. Il imagine les propos d'Hélène de Portes, cette « dinde » qui donne ses avis sur tout et conseille à Paul Reynaud de mettre fin à la guerre. On dit que Reynaud, à table, pour interrompre les propos hystériques qu'elle tenait, lui a envoyé deux verres d'eau au visage.

Il méprise cette France-là.

Il entre dans le hall du Hyde Park Hotel. Les boiseries, le cuir des larges fauteuils et les cuivres brillent. Il est pris d'une rage froide à l'égard de tous ceux qui ont permis par leur aveuglement que la France soit renversée comme un seau qu'on vide. Et le peuple, les institutions... toute la société s'est répandue en tout sens.

Il entre dans sa chambre. Il veut faire sa toilette. Son maintien, sa tenue, son apparence doivent être aussi une manière d'affirmer qu'il refuse cette lâcheté qu'est le désordre. Et il n'y a pas de petite démission. « Les vaincus sont ceux qui acceptent la défaite. »

Il est prêt quand Charles Corbin, l'ambassadeur de France, et Jean Monnet pénètrent dans sa chambre. Il pressent à leur expression que la situation s'est encore dégradée. Il n'y aurait plus de résistance coordonnée. Les Allemands sont en train de franchir les ponts sur la Loire. Ils ont pris Besançon.

Il murmure comme une plainte : « Besançon ».

Mais il sait, en dévisageant Corbin et Monnet, qu'il y a plus grave encore.

– Ils savent, disent-ils, qu'à Bordeaux l'esprit d'abandon progresse rapidement.

– D'ailleurs, pendant que vous étiez en route pour venir ici, ajoute Monnet, le gouvernement français a confirmé par télégramme la demande faite oralement, le 13, à Winston Churchill par M. Paul Reynaud et tendant à obtenir que la France fût dégagée de l'accord du 28 mars.

Il ne veut pas montrer ce qu'il éprouve. Comme il le craignait, Reynaud a cédé, sans doute pour obtenir des Anglais une réaffirmation vigoureuse de l'alliance qui lui permettra de s'opposer aux défaitistes de son gouvernement.

Comment n'a-t-il pas compris que le temps n'est plus aux manœuvres !

De Gaulle écoute le récit du Conseil des ministres qui s'est tenu la veille. Weygand était présent, répétant : « Vous faites tuer des hommes pour rien ! Combien de temps cela va-t-il durer ! » Mais, en même temps, Weygand a refusé d'user de l'autorisation donnée par Reynaud de laisser aux généraux le choix de cesser le combat quand ils le jugeaient sans espoir.

De Gaulle ne laisse rien paraître. Mais la manœuvre de Weygand et derrière lui de Pétain est claire : faire endosser au gouvernement la défaite, lui imposer l'armistice, le déconsidérer afin que l'armée et ses chefs restent seuls maîtres de la politique du pays.

Au cours de ce Conseil, Chautemps, en politicien roué, a proposé que le gouvernement demande aux Allemands les conditions de l'armistice. *Seulement* les conditions.

De Gaulle a une moue de mépris. Comme s'il ne s'agissait pas du premier pas vers la capitulation. Et Reynaud a télégraphié à Churchill pour l'avertir de cette démarche, appuyée par une majorité du Conseil des ministres. Reynaud a dû espérer un refus des Anglais d'accepter cette rupture de l'accord. De Gaulle se lève. C'est sans doute la fin.

– Nous pensons, reprend Corbin, que les Anglais vont accepter moyennant des garanties concernant la Flotte. On approche donc des derniers moments. D'autant que le Conseil des ministres doit se réunir à Bordeaux dans la journée et que, suivant toute vraisemblance, ce Conseil sera décisif.

Monnet se lève à son tour, s'approche de De Gaulle. C'est un petit homme replet au visage rond, à l'apparence débonnaire. Mais l'œil est vif. De Gaulle l'interroge du regard.

– Il nous a semblé, commence Monnet, qu'une sorte de coup de théâtre jetant dans la situation un élément tout nouveau serait de nature à changer l'état des esprits et en tout cas de renforcer M. Paul Reynaud dans son intention de prendre le chemin d'Alger.

De Gaulle prend les feuillets que lui remet Monnet. Il s'agit d'une proposition d'union de la France et de l'Angleterre entraînant la fusion de leurs pouvoirs publics, la mise en commun de leurs ressources et de leurs pertes, la liaison complète entre leurs destins respectifs.

De Gaulle lit, écoute. Fondre les deux nations ? Projet grandiose, qui exclut toute réalisation rapide. Et serait-ce même « souhaitable » ? Possible ? Mais, dans la « crise ultime » où est plongé Reynaud, peut-être en effet est-ce « un élément de réconfort et, vis-à-vis de ses ministres, un argument de ténacité ».

Il faut aussi jouer cette carte.

– Vous seul pouvez obtenir cela de M. Churchill, reprend Monnet. Il est prévu que vous déjeunerez tout à l'heure avec lui. Ce sera l'occasion suprême, si toutefois vous approuvez l'idée.

Ne jamais renoncer à une possibilité.

Il est 10 h 30. De Gaulle demande à ce qu'on le mette en communication avec Paul Reynaud.

Voix lointaine, encore plus métallique, de Reynaud.

– Quelque chose de très important se prépare du côté anglais pour aider la France, commence de Gaulle. Je ne peux être plus précis.

– Chaque minute compte, dit Reynaud.

Il peut repousser le Conseil des ministres jusqu'à 17 heures.

– Faites vite et fort, ajoute-t-il. Il faudrait que ce geste fût d'une portée considérable pour arrêter le courant en faveur d'une négociation immédiate avec les Allemands.

– Il l'est, répond de Gaulle.

Il a le sentiment de l'urgence. Il participe à une nouvelle rédaction de ce projet d'union. Il prend contact avec les responsables anglais afin de mettre sur pied des convois permettant le transport des troupes en Afrique du Nord.

Il faut tout tenter, même l'impossible, continuer d'agir même si partout il se heurte au scepticisme. On ne croit plus guère à un « sursaut de la France officielle ».

Il ressent ce doute comme une blessure et une humiliation. Mais le temps n'est pas aux susceptibilités. La seule puissance qui va demeurer engagée dans la guerre, c'est l'Angleterre. Il s'en convainc à chaque instant qui passe dans cette matinée du dimanche 16 juin. Tout doit être subordonné à cette réalité.

Il apprend de la mission militaire française qu'un navire français, le *Pasteur*, chargé de lots de munitions, de milliers de mitrailleuses et d'un millier de canons de 75, fait route des États-Unis vers Bordeaux.

Folie ! Il tranche. Il est membre du gouvernement. On doit lui obéir. Il prend la décision de faire décharger cette cargaison dans un port anglais. Il lit dans les yeux des officiers une sorte de frayeur. Il connaît bien cette attitude. Depuis toujours, il lui semble qu'on s'écarte de lui comme de quelqu'un qui attire la foudre, parce qu'il s'expose, parce qu'il ose.

Oui, il ose ! Faudrait-il hésiter entre le risque du conseil de guerre, l'accusation de trahison, et le danger de voir ces armes tomber entre les mains des défaitistes et des Allemands, qui roulent vers Bordeaux ?

Que l'Angleterre dispose de ce matériel ! Qu'elle sache qu'il y a un responsable français à ses côtés.

La matinée passe vite. Il est comme un homme qui tente de colmater les brèches alors que la crue submerge tout. Mais il n'y a pas d'autre attitude à avoir si l'on ne veut pas se laisser emporter par le flot comme un corps mort.

Il s'assied en face de Winston Churchill, dans la salle à manger du Carlton Club. Il aime l'énergie de cet homme dont le visage massif exprime la détermination, la volonté de combattre. Churchill mâchonne son cigare. Son corps tassé semble près de faire éclater les coutures de ce costume gris à rayures roses, ample pourtant mais qui semble encore trop étroit pour lui. La veste est froissée. Mais on oublie le ridicule et le négligé de cet accoutrement. De chacun des gestes de Churchill – le poing serré, la tête penchée – émane une inépuisable combativité. Et, en même temps, il donne l'impression de garder à l'égard des événements de la distance.

Il dit, dès que de Gaulle s'est installé :

– Que va-t-il advenir de votre Flotte ?

Voilà la hantise, l'angoisse des Anglais.

– Quoi qu'il arrive, répond de Gaulle, la flotte française ne sera pas volontairement livrée. Ni Pétain ni l'amiral Darlan n'y consentiraient, répète-t-il.

Mais, lorsqu'il observe Churchill, il doute qu'il l'ait convaincu. Le risque pour les Anglais est si grand que les navires français tombent aux mains des Allemands qu'ils voudraient les voir rallier des ports britanniques. Churchill a envoyé des télégrammes en ce sens à Reynaud, offrant en échange l'acceptation par l'Angleterre d'un armistice séparé de la France avec l'Allemagne.

– Non, c'est tout autre chose que vous avez à faire pour nous encourager dans la crise effroyable où nous sommes, martèle de Gaulle.

Il faut qu'il persuade Churchill de la nécessité de ce projet d'union entre les deux pays. Au fur et à mesure qu'il parle, il sent qu'il entraîne Churchill, qui tout à coup marmonne, le cigare toujours au coin des lèvres.

– Dans un moment aussi grave, il ne sera pas dit que l'imagination nous a fait défaut, dit Churchill.

Il se lève. Il va convoquer le cabinet britannique au 10 Downing Street, à 15 heures.

Il reste moins de deux heures avant la réunion du Conseil des ministres à Bordeaux. De Gaulle va et vient avec Corbin dans une petite pièce attenante à la salle des séances où délibèrent les ministres anglais. De temps à autre Churchill sort, fait quelques pas, demande une précision, puis rentre dans la salle.

Il revient, dévisage de Gaulle en souriant.

– Je m'arrangerai, dit-il, vous pourriez être commandant en chef.

Les minutes s'écoulent. Puis, tout à coup, la porte s'ouvre. Tous les ministres anglais entrent dans la petite pièce, Churchill lance :

– Nous sommes d'accord.

On jouera donc ce dernier atout.

De Gaulle prend le téléphone. Il est 16 h 30. Il reconnaît la voix impatiente de Paul Reynaud. Sans doute les services de Weygand sont-ils à l'écoute. Mais peu importe. De Gaulle commence à dicter :

« Les deux gouvernements déclarent que la France et la Grande-Bretagne ne seront plus à l'avenir deux nations mais une seule union franco-britannique... Tout citoyen français jouira immédiatement de la citoyenneté en Grande-Bretagne, tout sujet britannique deviendra citoyen de la France... Pendant le cours de la guerre, il n'y aura qu'un seul cabinet de guerre et toutes les forces de la Grande-Bretagne et de la France seront placées sous sa direction...

« L'union concentrera toutes ses énergies contre la puissance de l'ennemi, où que se livre la bataille. Et ainsi, nous vaincrons. »

Il devine l'étonnement et l'enthousiasme de Reynaud.

– C'est très important, répète le président du Conseil. Je vais l'utiliser en séance tout à l'heure...

Puis il rapporte qu'au premier Conseil des ministres qui s'est tenu à 11 heures du matin, ce dimanche, Pétain a exigé l'armistice – « cette mesure est la seule capable de sauver le pays », a-t-il dit –, qu'il a remis sa démission de ministre d'État et de vice-président du Conseil. Le président de la République l'a refusée.

– Le projet d'union est donc d'autant plus important. C'est un élément nouveau et capital, ajoute Reynaud.

De Gaulle perçoit une hésitation.

– Ce que vous me dites là, interroge tout à coup le président du Conseil, c'est vous qui le dites ou bien c'est Churchill ?

Churchill s'avance. De Gaulle lui tend l'appareil, ne peut détacher ses yeux du visage résolu du Premier ministre, qui lance :

– Allô, Reynaud ? De Gaulle a raison ! Notre proposition a de grandes conséquences. Il faut tenir.

Churchill écoute Reynaud, puis, après quelques secondes, ajoute :

– Alors à demain, à Concarneau.

C'est là que doit se tenir un conseil suprême interallié.

On se congratule. De Gaulle écoute Churchill qui parle avec enthousiasme. Peut-être ce projet n'est-il qu'une illusion, un mythe, mais il marque symboliquement la volonté commune de se battre. Cela suffira-t-il pour donner à Paul Reynaud l'élan nécessaire qui lui permettra de continuer la guerre, de décider enfin le transport du gouvernement en Algérie ? Le président de la République, Lebrun, le président du Sénat, Jeanneney, celui de la Chambre des députés, Herriot, en sont d'accord, apprend-on. Alors ?

Peut-être une chance !

Il faut rentrer d'urgence à Bordeaux.

De Gaulle, le buste serré par un gilet de sauve-tage, regarde défiler la côte anglaise qu'éclaire encore le crépuscule de ce dimanche 16 juin 1940. L'avion, un bimoteur léger De Havilland 89A Dragon, est anglais. Churchill a tenu à le lui prêter pour éviter toute méprise avec la chasse et la DCA britanniques. Et il est prévisible que de Gaulle devra effectuer de nombreux voyages vers Londres.

De Gaulle tente d'apercevoir la France, mais, après quelques dizaines de minutes de vol, l'avion est déjà entré dans la nuit.

31

De Gaulle descend le premier de l'avion, alors que les hélices tournent encore. La douceur de l'air bordelais le surprend. La nuit est claire. Il est 21 h 30, ce dimanche 16 juin.

Il fait quelques pas, et la défaite lui saute au visage. Il distingue, sur de nombreuses pistes de cet aérodrome de Mérignac, des voitures, des camions, des campements même. Des réfugiés et des soldats sont installés là. Plus loin il aperçoit, rangés aile contre aile, des avions au fuselage brillant dans la nuit.

Ce désordre à nouveau, comme le symbole d'un régime frappé par la foudre, impuissant à affronter les périls. Et dans lequel les plus brillants des hommes, les plus courageux, tel Reynaud, tels ces soldats courageux qui donnaient l'assaut à Montcornet et à Abbeville, ont été annihilés, entravés, trahis.

Il avance au milieu de ce chaos.

Le pilote anglais le rejoint, indique qu'il restera dans l'avion, prêt à décoller de nouveau. Il montre d'un geste les pistes avec une expression de commisération.

De Gaulle s'éloigne. Tant de fois depuis des semaines sa détermination est mêlée d'humiliation, de désespoir et de colère.

Il voit venir vers lui le colonel Humbert et Jean Auburtin que Courcel a avertis de l'heure approximative d'arrivée. Il devine, dès lors que les visages des deux membres de son cabinet sortent de l'ombre, que, depuis sa dernière communication avec Reynaud, des événements graves se sont produits. Les deux hommes paraissent effondrés.

Reynaud a présenté sa démission, disent-ils. Le Conseil des ministres a été suspendu après l'annonce par Reynaud du projet d'union franco-britannique. Reynaud est allé conférer avec le président Lebrun, à l'hôtel de la Préfecture. Il est en fait démissionnaire, et son successeur sera à l'évidence Pétain, dont tous les propos depuis deux jours confirment qu'il est candidat à la direction du gouvernement.

Pétain. De Gaulle se redresse. Sa décision est prise. Il faut repartir dès demain matin. Ici, le défaitisme l'a emporté.

Il marche rapidement vers les bureaux de l'aérodrome. Il doit téléphoner à Londres.

Il écoute Auburtin et Humbert raconter maintenant en détail ce Conseil des ministres.

Reynaud a été assailli de toutes parts dès qu'il a exposé l'idée d'union. Chautemps a lancé :

« Nous ne voulons pas devenir un dominion britannique. »

« Plutôt devenir une province nazie, au moins nous saurions ce qui nous attend », aurait dit Ybarnegaray.

Quant à Pétain, il a marqué son mépris pour le projet.

« C'est un mariage avec un cadavre. »

De Gaulle a envie de crier son mépris.

L'inconscience de ces hommes ainsi que leur veulerie lui donnent la nausée.

Il faut rompre, partir, connaître l'exil. Il ne peut plus cohabiter avec ces gens-là. Mais c'est un arrachement qui est si douloureux qu'il se sent fourbu. La tâche à accomplir est si immense. Ce ne sont pas que quelques chefs qui renoncent à la dignité, c'est bien tout un régime qui paraît à la lueur de la foudre dans son affreuse infirmité, sans nulle mesure et sans nul rapport avec la défense, l'honneur, l'indépendance de la France.

Cela aussi, il ne devra plus l'oublier.

Mais il se sent déjà seul.

On dit que Weygand sera ministre de la Guerre dans le gouvernement de Pétain. Peut-être le généralissime envisagera-t-il de le faire arrêter. On trouve toujours des prétextes et c'est un gouvernement militaire qui naît de cette débâcle. Il apprend que certains ministres ont vivement protesté contre l'ordre qu'il a donné de dérouter le *Pasteur* sur l'Angleterre. Ils ont souhaité son inculpation.

Il ne faut pas tarder à quitter Bordeaux, sinon, il en est sûr, il sera pris dans la souricière. Marquet tient la police bordelaise, Weygand l'armée.

Il songe à ses enfants, à Yvonne de Gaulle. Il repartira pour Londres demain matin.

Au téléphone, Monnet l'accuse de pessimisme. De Gaulle l'écoute évoquer la possibilité pour le gouvernement de gagner l'Afrique du Nord.

Trop tard. Ils vont serrer le cou de tous ceux qui refusent l'armistice.

Il connaît leur haine. Leur ambition démesurée, leur calcul politique nourri de rancœurs accumulées depuis plusieurs années.

Il dit : « J'ai sous les yeux la trahison et dans le cœur le refus dégoûté de la reconnaître victorieuse. »

Mais il sera seul, sans moyens, comme il l'a été si souvent. Mais la solitude et le dénuement même tracent une ligne de conduite.

Il monte dans la voiture. Il veut rencontrer Paul Reynaud une dernière fois. Mais il sait que sa décision de partir est irrévocable. « L'Histoire est la rencontre d'un événement et d'une volonté. »

Il est cette volonté.

Il arrive rue Vital-Carles, au siège de la région militaire où doit se trouver Paul Reynaud. Il aperçoit Dominique Leca, accablé. Il écoute le directeur de cabinet du président du Conseil, qui lui explique le sens de la démission de Reynaud, que lui-même regrette. Reynaud veut que les partisans de l'armistice, Pétain en tête, découvrent eux-mêmes l'impossibilité de le conclure, tant les exigences allemandes seront démesurées. Et dans deux ou trois jours, mercredi au plus tard, Reynaud reviendra au pouvoir. Le président Lebrun est d'accord avec cette manœuvre.

Et Jeanneney et Herriot l'approuvent.

Comment Reynaud peut-il croire cela, imaginer qu'un Pétain, dévoré d'ambition, se contentera d'un intérim de quelques heures ? Son gouvernement, il l'a déjà constitué depuis plusieurs jours. Et il ne lâchera plus les rênes, et il se soumettra aux diktats du Reich, quels qu'ils soient. Parce qu'il y a une logique de l'abdication.

De Gaulle tourne la tête. Hélène de Portes s'approche. Elle est en fureur.

– On voulait, crie-t-elle, que Reynaud joue les Isabeau de Bavière, qui a livré le royaume de France aux Anglais ! Eh bien, non ! répète-t-elle.

Une « dinde » ! Le visage même de la décadence du régime.

Il s'écarte. Il ne parle pas du sort de la France avec n'importe qui.

Hélène de Portes hurle.

Il entend Leca lui dire brutalement :

– La sécurité d'aucun d'entre nous ne me paraît désormais assurée sur le territoire français au cours des prochaines journées.

Paroles sensées.

Reynaud apparaît.

Pétain, en effet, explique-t-il, a présenté à Lebrun un gouvernement déjà constitué. Baudoin sera aux Affaires étrangères. Laval espérait ce poste, mais Weygand, ministre de la Guerre, l'a récusé, et Pétain s'est incliné. Baudoin doit dans les prochaines heures prendre contact avec l'ambassadeur d'Espagne, José Felix de Lequerica, qui depuis plusieurs jours discute sur un projet d'armistice avec les milieux défaitistes.

De Gaulle regarde Reynaud, « injustement broyé par des événements excessifs ». Le président du Conseil lui semble arrivé à « la limite de l'espérance ». L'Histoire est impitoyable, « car toujours le chef est seul en face du mauvais destin ».

Mais il garde toute son estime à cet homme de valeur. Il ne lui cache rien de ses intentions.

Puis de Gaulle s'éloigne.

Il voit Jean Laurent, son directeur de cabinet. Laurent lui remet les clés de l'appartement qu'il possède à Londres, au quatrième étage, 8 Seamore Place, à l'est de Hyde Park. Laurent se propose aussi de demander à Dominique Leca cent mille francs sur les fonds secrets de la présidence du Conseil. Laurent est sûr que Leca et Reynaud accepteront de débloquer cette somme.

Soit. Il n'est pas de politique sans moyens. Et ceux-ci sont dérisoires. Les fonds secrets sont estimés à plus de dix-huit millions. L'aide accordée, précieuse, sera minime. Mais ce qui compte à cette heure, c'est de ne pas se laisser prendre, engloutir dans la défaite et la lâcheté.

Il est près de minuit, ce dimanche 16 juin.

De Gaulle arrive à l'hôtel Montré, où se sont installés les diplomates britanniques. Il rencontre l'ambassadeur Ronald Campbell et le général Spears. Il compte gagner l'Angleterre, dit-il. Il partira demain matin avec le De Havilland Dragon que lui a prêté le Premier ministre anglais.

Spears, sur un ton d'autorité, annonce qu'il décollera avec de Gaulle. Le général anglais tentera de convaincre Georges Mandel de se joindre au voyage. Le ministre de l'Intérieur est en danger s'il demeure entre les pattes de Weygand et de Marquet.

C'est le lundi 17 juin. La nuit a fraîchi. De Gaulle s'arrête devant l'entrée de l'hôtel Normandy, proche de l'hôtel Splendid. Il y a retenu une chambre. Il se tourne vers Geoffroy de Courcel. Il sait que son aide de camp a choisi de rejoindre son unité au Levant, et qu'il espère, là-bas, continuer la lutte. Courcel veut-il l'accompagner à Londres ?

Le lieutenant n'hésite pas.

« Si vous avez de la place », dit-il.

Nuit courte. Nuit « épouvantable ». Moment où l'on tranche les amarres. Il se souvient de ce récit des *Révoltés du Bounty* écrit par sa grand-mère et qu'il avait lu dans l'enfance. Il va rompre avec l'ordre militaire, avec les hiérarchies politiques.

Au fond de lui, il n'est pas étonné de ce moment. Peut-être s'y prépare-t-il depuis qu'il a conscience d'être l'homme d'un destin. Mais il n'imaginait pas qu'il soit si douloureux de s'arracher à une société, à cette trame serrée des habitudes, des repères, au milieu desquels il a pris, bien que toujours à part, sa place.

Il va falloir – mais en combien de temps ? – devenir le centre autour duquel tout ce qu'il quitte se reconstituera.

À 7 heures, devant l'hôtel Normandy, il retrouve Courcel, Spears, Laurent. Celui-ci lui tend la mallette contenant les cent mille francs accordés par Reynaud. Il faut maintenant échapper aux éventuels espions et argousins de Weygand, capables d'empêcher l'avion de décoller.

Il veut pour cela donner le change, passer rue Vital-Carles, à la région militaire, prendre des rendez-vous pour la journée qui commence.

Il entre d'un pas tranquille dans ce qui est aussi le siège de l'état-major. Il est calme. Le choix est fait.

Il s'assied sur le bureau du général Laffont, parle comme si le temps ne comptait pas. Il argumente. Il dit, en levant les bras :

– Les Allemands ont perdu la guerre.

Il lit l'effarement sur le visage des officiers qui l'écoutent.

– Ils sont perdus et la France doit poursuivre le combat, ajoute-t-il.

On n'ose pas le contester. Est-ce qu'on discute avec un fou ?

Il sort lentement.

Il a le sentiment que plus rien ne peut l'arrêter. Margerie lui a confirmé que les passeports diplomatiques vont être remis à Yvonne de Gaulle et à ses enfants.

Qu'est-ce qui pourrait le retenir ici où le combat n'est plus possible ? Il monte dans la voiture que conduit Marcel Hutin, un soldat. Veut-il aussi gagner l'Angleterre ? Hutin invoque des raisons familiales. Elles sont légitimes. De Gaulle lui serre la main.

Le pilote est au pied de son appareil. Il a repéré un espace libre pour décoller. Il faut faire vite. À tout instant, la piste peut être envahie par ces véhicules qui stationnent dans le désordre.

De Gaulle, avant de monter, regarde ces soldats qui, dans le soleil matinal, s'étirent, torse nu, vont et viennent, inactifs alors que la France s'agenouille.

Ne plus jamais voir cela.

Il la regarde, la France, défilant sous les ailes du De Havilland. Il l'a toujours imaginée « telle la

472

princesse des contes ou la madone aux fresques des murs, comme vouée à une destinée éminente et exceptionnelle ». Il a toujours eu « d'instinct l'impression que la Providence l'a créée pour des succès achevés ou des malheurs exemplaires ».

C'est le temps du malheur.

Il voit dans les ports de La Rochelle et de Rochefort des navires qui brûlent, incendiés par les avions allemands.

Il survole Paimpont. Sa mère est là, malade.

Autour, c'est la forêt de Brocéliande, « fumante des dépôts de munitions qui s'y consument ». On fait une halte à Jersey pour faire le plein de carburant.

Puis la mer, comme un immense fossé protégeant cette forteresse anglaise.

L'avion atterrit sur l'aéroport de Heston, proche de Londres.

Il fait beau, ce lundi 17 juin, à 12 h 30.

Dans les rues de Londres, il voit de petits groupes attroupés devant les vendeurs de journaux. Les quotidiens ont sorti des éditions spéciales dont les titres en lettres d'affiche noires barrent la première page.

FRANCE SURRENDERS

C'est comme s'il recevait une gifle. Mais il ne se rendra jamais. Et la France, un jour, sera debout.

Il prend connaissance du discours prononcé à 12 h 30 par le maréchal Pétain.

« Français,

« Je fais à la France le don de ma personne pour atténuer son malheur...

« C'est le cœur serré que je vous dis aujourd'hui qu'il faut cesser le combat... »

La voilà, la trahison. L'armistice n'est pas signé. Rien n'a été discuté. Et Pétain, par ces quelques mots, « il faut cesser le combat », livre des dizaines de milliers d'hommes à l'ennemi.

Comment aurait-il pu tolérer cela ? Les hommes sont pires encore qu'il ne les imaginait.

– C'est le *pronunciamiento* de la panique, dit-il avec mépris.

Mais il faut prendre sur soi pour ne pas douter de l'avenir alors qu'on entre dans une petite chambre de l'hôtel Rubens, Buckingham Road. L'hôtel est modeste mais proche de Westminster. Plus tard, on s'installera dans l'appartement de Jean Laurent.

De Gaulle écarte les rideaux. Rue calme d'une ville maîtresse de son destin. Il se tourne vers Geoffroy de Courcel, lui demande de téléphoner à l'ambassade de France et aux missions françaises.

Partout la gêne, les dérobades, les réticences, les refus. Il ne pourra compter que sur son énergie. Il le savait.

Il sera « seul et démuni de tout, comme un homme au bord d'un océan qu'il prétendrait franchir à la nage ».

OUVRAGES DE CHARLES DE GAULLE

La Discorde chez l'ennemi. (Librairie Berger-Levrault, 1924, Librairie Plon, 1972)

Le Fil de l'épée. (Librairie Berger-Levrault, 1932, Librairie Plon, 1971).

Vers l'armée de métier. (Librairie Berger-Levrault, 1934, Librairie Plon, 1971)

La France et son armée. (Librairie Plon, 1938 et 1971)

Trois études. (Librairie Berger-Levrault, 1945, Librairie Plon, 1971)

Mémoires de guerre. (Librairie Plon, 1954, 1956, 1959, également chez Pocket)
> * L'appel 1940-1942
> ** L'unité 1942-1944
> *** Le salut 1944-1946

Discours et messages. (Librairie Plon, 1970)
> * Pendant la Guerre (Juin 1940-Janvier 1946)
> ** Dans l'Attente (Février 1946-Avril 1958)
> *** Avec le Renouveau (Mai 1958-Juillet 1962)
> **** Pour l'Effort (Août 1962-Décembre 1965)
> ***** Vers le Terme (Janvier 1966-Avril 1969)

Mémoires d'espoir. (Librairie Plon, 1970 et 1971, également chez Pocket)
> * Le Renouveau (1958-1962)
> ** L'Effort (1962-....)

Articles et écrits. (Librairie Plon, 1975)

Lettres, Notes et Carnets. (Librairie Plon, 1980, 1981, 1982, 1983, 1984, 1985, 1986, 1987 et 1997)

Table

Imprimé en France sur Presse Offset par

BRODARD & TAUPIN

GROUPE CPI

4565 – La Flèche (Sarthe), le 30-11-2000
Dépôt légal : septembre 1999

POCKET – 12, avenue d'Italie - 75627 Paris cedex 13
Tél. : 01.44.16.05.00